国家社科基金重大项目"泛非主义与非洲一体化历史文献整理与研究(1900—2021)"(项目号:23&ZD325)的阶段性成果

上海师范大学研究生教材项目和教育部国别和区域研究(培育)基地资助

非洲史十五讲

FIFTEEN LECTURES on the history of Africa

张忠祥 ◆ 著

上海三联书店

目 录

第一讲　导论 …………………………………………………… 1
第二讲　非洲黑人文明的形成及特征 …………………………… 36
第三讲　传统非洲的社会结构和语言文化 ……………………… 77
第四讲　传统非洲的思想意识与技术 …………………………… 101
第五讲　早期殖民侵略和奴隶贸易 ……………………………… 127
第六讲　西方对非洲殖民政策的变化 …………………………… 145
第七讲　近代北非国家的改革 …………………………………… 168
第八讲　南部非洲的变革与冲突 ………………………………… 184
第九讲　列强瓜分非洲和殖民制度的形成 ……………………… 200
第十讲　非洲人民的反抗与战后民族独立运动 ………………… 226
第十一讲　独立后非洲国家的政治发展 ………………………… 248
第十二讲　独立后非洲国家的经济发展 ………………………… 261
第十三讲　泛非主义与非洲一体化 ……………………………… 295
第十四讲　新南非的政治经济与外交 …………………………… 340
第十五讲　非洲正走向复兴 ……………………………………… 374

主要参考书目 ………………………………………………………… 386

第一讲

导　论

2024年夏天，上海天气特别炎热，即便是炎热的夏天也没有影响人们参观古埃及文明的热情。7月19日，"金字塔之巅：古埃及文明大展"在上海博物馆展出的首日，就有1.2万名观众到访，此后好几个月的门票早已被预约一空。这说明，中国人民对包括古埃及文明在内的非洲文明十分感兴趣。这也十分契合中国提出的全球文明倡议，因为文明交流互鉴的基础是相互学习对方的文明与历史。因此，学习非洲史也是很有意义的，一方面，可以增加对非洲国家历史的深入了解；另一方面，有助于中非文明交流互鉴。这正是我们撰写《非洲史十五讲》教材的目的之所在。

《非洲史十五讲》不是非洲通史，不能面面俱到，更不能包罗万象，而主要是按专题撰写，对非洲历史发展进程中的重要问题进行探讨，其中不少是笔者多年讲课的积累。因使用对象是研究生，所以结合学术前沿，对有关问题进行个案研究，以利于研究生研究能力的培养。

一、非洲史研究的资料问题

非洲史研究最常见的问题是资料短缺，尤其缺乏档案资料和其他书面文献,这种状况在撒哈拉以南非洲更加明显。自20世纪中叶以来,随着历史研究手段的多样化,甚至是革命性的变化,给非洲史研究带来了新的机遇。时至今日,对非洲史研究有用的手段多种多样,托马斯·斯皮尔列举了11类与非洲历史研究相关的资料来源,包括考古资料,语言学资料,口头传说,生物学资料,艺术、艺术史和视觉文化、档案与文字资料、人种学和人类学资料、地理、气候和环境学、卫生、疾病、饥荒和人口统计学、历史绘画、海外非洲人的资料。[1]譬如,J. H. 格林伯格运用语言学的研究手段,对非洲大陆的语言进行了全面的分类和比较,从而解决了班图人起源地争论不休的公案。格林伯格计算出班图语中42%的词汇至今仍存在于西非各种语言中,他由此推断,"班图人起源于尼日利亚和喀麦隆的交界地区"[2]。历史绘画,包括岩画可以从中找到文字资料缺乏记载的历史信息。有时,农作物的改变也会影响非洲历史发展的进程,如16世纪高产农作物玉米从新大陆引进到非洲,促使班图人口的激增,是导致班图人大迁徙的主要原因之一。当然,对非洲史研究而言,最常见的资料来源主要有三类:考古资料、书面文献和口头传说。

非洲大陆历史悠久,历史遗址和文物都十分丰富。在20世纪,非洲考古取得重大进展,肯尼亚1470号人的发现和埃塞俄比亚人类老祖母"露西"的发现,证明了非洲是人类文明的发祥地。考古资料弥补了非洲书面文献的不足,因为考古所提供的无声证据往往比官方的编史家更可靠。英国学者巴兹尔·戴维逊依据20世纪非洲考古学成就,从非洲人本身的活动出发,比较系统地还原了非洲的悠久历史和古老文明,写成《古老非洲的再发现》一书,涉及非洲重大文明,如麦罗埃文明、古代西非文明、东非斯瓦希里文

---

[1] Thomas Spear, "Methods and Sources For African History Revisited", *Journal of African History*, Vol. 47, 2006, pp. 305—319.

[2] 艾周昌主编:《非洲黑人文明》,北京:中国社会科学出版社1999年版,第75页。

明、南部非洲的大津巴布韦文明等。该书所讲的是在殖民统治时期开始以前,一千五百年或者更多的时间内,撒哈拉沙漠以南非洲和非洲人的情况。

戴维·菲利普森比较全面地总结了20世纪40年代至80年代非洲考古所取得的成就,著《非洲考古》①。作者在介绍非洲考古成就时,每一个主题都引用考古的原始资料,并且阐述这一主题研究中的各种学术观点及其沿革过程。安德鲁·里德和保罗·莱恩主编《非洲历史考古》②,着重论述与非洲历史学相关的考古成就,包括努比亚、斯瓦希里海岸、萨赫勒地区、尼日尔河流域、津巴布韦、大西洋奴隶贸易、南非的工业等领域的考古进展。此外,还有一些对非洲历史研究有帮助的考古文献,如安·斯塔勒主编的《非洲考古:批判性的介绍》;苏珊·凯希主编:《超越酋邦:通向非洲复杂性的途径》;约瑟夫·乌格尔主编:《前殖民时代非洲百科全书:考古、历史、语言、文化和环境》和马丁·豪尔:《非洲考古》③。

就书面文献而言,非洲存在不平衡性。北非和东北非地区书面文献比较丰富,西非和东非地区次之,南部非洲和中部非洲最缺乏。古埃及发明了著名的象形文字,后来又有了僧侣体、世俗体,这些文字为埃及留下了丰富的历史文献。埃塞俄比亚历史上也曾留下丰富

---

① [英]戴维·菲利普森:《非洲考古》(David W. Philipson, *African Archaeology*),剑桥大学出版社1985年版。
② [美]安德鲁·里德和保罗·莱恩主编:《非洲历史考古》(Andrew M. Reid, Paul J. Lane, eds., *African Historical Archaeologies*),纽约2004年版。
③ [英]安·斯塔勒主编的《非洲考古:批判性的介绍》(Ann Stahl ed., *African Archaeology: A Critical Introduction*)牛津2005年版;苏珊·凯希主编:《超越酋邦:通向非洲复杂性的途径》[Susan Keech McIntosh (ed.), *Beyond Chiefdoms: Pathways to Complexity in Africa*]剑桥1999年版;约瑟夫·乌格尔主编:《前殖民时代非洲百科全书:考古、历史、语言、文化和环境》(Joseph Vogel ed., *Encyclopedia of Pre-colonial Africa: Archaeology, History, Languages, Cultures, and Environments*)沃尔纳特克里克1997年版;马丁·豪尔:《非洲考古》(Martin Hall, *Archaeology Africa*)伦敦1996年版。

的文献资料,该国"编写皇家编年史的工作早在十三世纪就已开始。几乎每代君主,即便在衰落时期,至少有一部或一部以上详尽记录当时大事件的编年史。这个传统流传于整个十九世纪并延续到二十世纪"。①

古代地中海沿岸的史学家和中世纪阿拉伯学者,在他们的著作中有相当部分涉及非洲的历史。西方"历史学之父"希罗多德在他的名著《历史》中保存了部分古埃及的历史,如关于胡夫大金字塔,希罗多德认为10万人造了30年,光修筑石头通过的道路就用了10年时间,金字塔本身的建造用了20年,"金字塔是用磨光的石头,极其精确地砌筑成功的。每块石头的长度都超过三十尺"。②成书于公元一世纪的《红海回航记》保存了东非阿克苏姆王国的早期历史。一些阿拉伯学者,如马苏第(约950年),白克里(1029—1094),伊德里西(1154年),亚库特(约1200年),阿布·菲达(1273—1331年),欧麦里(1301—1349),伊本·巴图塔(1304—1369年)和哈桑·伊本·穆罕默德·武扎恩等人的著作记载了公元9世纪至15世纪左右的非洲历史,特别是西部和中部苏丹的历史。

17世纪西非重要的伊斯兰文化中心——廷巴克图的史学家编写的《苏丹史》和《法塔史》,不仅记述了桑海帝国及其被摩洛哥人征服和统治的历史,而且还涉及这一地区的早期历史,包括古代加纳帝国和马里帝国的历史中的重大事件。19世纪末20世纪初,非洲知名的历史著作有卡尔·克里斯琴·赖因多夫的《黄金海岸和阿散蒂史》和塞缪尔·约翰逊的《约鲁巴人历史》。J. D. 费奇认为,"这确实是两部很严肃的历史著作"。③比较著名的阿拉伯文献还有莫拉斯·法

---

① I. 赫尔贝克:"十五世纪以来的文字资料",[布基那法索]J. 基-泽博编辑:《非洲通史》第一卷,中国对外翻译出版公司、联合国教科文组织出版办公室,1984年版,第87页。
② [古希腊]希罗多德:《历史》,王以铸译,商务印书馆2001年版,第166页。
③ [布基那法索]J. 基-泽博主编:《非洲通史》第一卷,中国对外翻译出版公司1984年版,第20—28页。

里亚斯主编:《马里共和国中世纪阿拉伯铭文:金石学、年代学和桑海-图阿雷格历史》;塞纳·汉拉塔:《穆斯林历史,非洲社会:非洲伊斯兰研究前沿》(2005 年)等。①

  非洲人也用自己的语言文字撰写历史。用斯瓦希里语撰写的《基尔瓦编年史》成书于 1530 年左右,现在能看到的是 1877 年在桑给巴尔复写的。也有用真正的非洲文字,如巴蒙文和瓦伊文写的历史资料。巴蒙文是土生土长的非洲文字,流行于喀麦隆中部,是一种象形文字与音节文字的相结合的文字。20 世纪初期,巴蒙王国的国王尼奥亚(1885—1931 年在位)利用在巴蒙人中早已存在的象形文字符号,发明了一套特殊的字母符号,最初共有 510 个字母符号,经过 4 次改革后,到 1918 年定型时简化为 92 个字符。尼奥亚国王曾经花费多年心血,用巴蒙文编写了一部《巴蒙的历史和习俗》的著作,并主持编写了巴蒙传统的医学处方,整理了一些民间文学作品。瓦伊文是穆穆卢·杜韦拉·布克勒于 1833 年前后发明的,它流传于利比里亚、塞拉利昂境内的瓦伊族,是一种以记事符号为基础的音节文字,到了十九世纪末,几乎所有的瓦伊族人都认识这种文字,并经常用这种文字写私人信札和官方书信、记账并记载习惯法、谚语、故事和语言。许多邻近民族,如门德族、托马族(即洛马族),格尔泽族(即克佩勒族)和巴萨族,采用和改革了瓦伊文,用于类似的目的。②在尼日利亚南部伊格博人居住和邻近的喀麦隆埃克伊族居住地,流行的

---

① [法]莫拉斯·法里亚斯主编:《马里共和国中世纪阿拉伯铭文:金石学、年代学和桑海-图阿雷格历史》(P. F. de Moraes Farias ed., *Arabic Medieval Inscriptions from the Republic of Mali: Epigraphy, Chronicles and Songhay-Tuareg History*)牛津 2003 年版;塞纳·汉拉塔:《穆斯林历史,非洲社会:非洲伊斯兰研究前沿》(Sean Hanratta, "Muslim histories, African societies: the venture of Islamic studies in Africa")《非洲历史杂志》(JAH)2005 年第 46 卷,第 479—491 页。

② [英]D. 达尔比:《利比里亚和塞拉利昂土著语言文献概览》(D. Dalby, "Survey of the indigenous scripts of Liberia and Sierra Leone"),《非洲文学研究》(ALS)1967 年第 8 期,第 1—51 页。

是另一种图画文字——恩西比迪文。它于 19 世纪末才被外人知晓。当地居民主要用它记载秘密社团的活动，并在寺庙中使用。这套文字由无数个简化了的图画文字符号组成。

此外，西方文献、印度文献、波斯文献、中国文献都保留着大量非洲史的资料。1415 年葡萄牙占领摩洛哥的休达城，标志着非洲开始进入被西方殖民的时代，在长达 5 个多世纪的时间里，殖民主义与非洲结下不解之缘。来自西方的传教士、探险家、商人、殖民官员、旅行家和移民等都曾留下对非洲的记载。从欧洲文字书写非洲的国籍来看，16 世纪大部分是葡萄牙人，17 世纪多数是荷兰人、法国人和英国人，18 世纪多数是英国人和法国人，19 世纪多数是英国人、德国人和法国人。自 16 世纪以来，欧洲人对非洲的文献记载"浩如烟海，即使是最重要的著作或作者，也无法一一列举"。[1]关于非洲历史的西方文献可以参考费奇著的《欧洲出版文献中关于西非前殖民时代的原始资料导读》，亚当·琼斯和比特里克斯·海因茨主编的《1900 年前撒哈拉以南非洲欧洲文献资源》等[2]。记载非洲历史文献的还有中文文献，如曾经四次陪同郑和下西洋的费信，撰写了《星槎胜览》，记载了东非城邦的商业贸易、居住环境、风土人情、气候物产等情况，成为研究东非国家历史和中非关系史的重要材料。

总的来看，非洲尽管有古埃及文、阿拉伯文、豪萨文、斯瓦希里文、阿姆哈拉文、瓦伊文、巴蒙文等文字的书面资料，以及西文和中文等文献资料，但是非洲书面文献对于历史研究而言是明显不足的：首

---

[1] I. 赫尔贝克："十五世纪以来的文字资料"，J. 基-泽博编辑：《非洲通史》第一卷，中国对外翻译出版公司、联合国教科文组织出版办公室，1984 年版，第 92 页。

[2] ［英］费奇：《欧洲出版文献中关于西非前殖民时代的原始资料导读》(J. D. Fage, *Guide to Original Sources for Pre-colonial Western Africa Published in European Languages*)麦迪逊 1994 年版；亚当·琼斯和比特里克斯·海因茨主编：《1900 年前撒哈拉以南非洲欧洲文献资源》(Adam Jones and Beatrix Heintze eds., "European sources for sub-Saharan Africa before 1900")，庞德研究专刊(*special issue of Paideuma*)1987 年第33 卷。

先,分布不均,撒哈拉以南非洲,尤其是中南部非洲缺乏文字资料;其次,文字不够普及,"至今黑非洲绝大多数本地语言尚无相应的文字,在 1000 多种本地语言中,只有 50 多种有文字或正在形成文字,不及总数的 1/20"[①];再次,记述非洲的西方文献尽管很丰富,但其不足也是十分明显的,西方文献的时间是有限的,主要涉及非洲近现代历史,即便是非洲近现代史仅凭西方文献也是不全面的;最后,黑人创造的文字时间普遍比较短,黑人自己创造的语言文字,如瓦伊文、巴蒙文等一般只有一二百年的历史。因此,非洲缺乏系统的、贯穿古今的编年史。

非洲历史除了书面文献和考古资料两个资料来源之外,还有口头传说。口头传说在很大程度上是最直接、最丰富和最真实的历史资料来源。正如一则非洲谚语所说的,"老人的嘴气味难闻,但所说的却是金玉良言"。[②] 对非洲历史研究而言,口头传说就显得非常宝贵。

二、非洲史资料同样保存在中国历代文献之中

非洲不是与外界隔绝的大陆,非洲一直与外部世界保持着接触和联系,在此交往的过程中,外部世界也保留了大量非洲的资料,成为今天研究非洲历史的重要内容,其中包括中文文献。中国的正史、游记、笔记都保存了有关古代非洲历史和中非关系史丰富的资料。这些资料对于今天研究北非和东非地区古代社会经济、政治制度、人民生活、风俗习惯等都有重要的参考价值。

---

① 李保平:《非洲传统文化与现代化》,北京大学出版社 1997 年版,第 84 页。
② [布基那法索]J. 基-泽博;总论,J. 基-泽博编辑:《非洲通史》第一卷,中国对外翻译出版公司、联合国教科文组织出版办公室,1984 年版,第 5 页。

(一)"二十四史"中记载的非洲

"二十四史"是中国"正史",是由专门史官撰写的史书。在"二十四史"中,并非每一部都有关于非洲的记载,但是有关非洲的材料保存了不少。"二十四史"记载了北部非洲和非洲之角,以及东非的历史,涉及今天的埃及、索马里、肯尼亚、坦桑尼亚等非洲国家。

1. 埃及

埃及是中国古籍中最早记载的非洲国家[①]。在司马迁著的《史记》中,就有多处记到埃及。"安息在大月氏西可数千里……其西则条枝,北有奄蔡、黎轩。""初,汉使至安息……汉使还,而后发使随汉使来观汉广大,以大鸟卵及黎轩善眩人献于汉。"[②]条枝指今天的伊拉克,关于黎轩,学术界众说纷纭,但一般倾向于指埃及的亚力山大城,是Alexandria 的译音[③]。"黎轩善眩人"是随着安息的使团来到汉朝的,他虽然没有留下姓名,但确是有史可考的来到中国的第一个非洲人。

班固在《汉书·张骞传》中也记载了上述史实,只是将"黎轩"写作"犁靬",同样指埃及的亚力山大城。到范晔写《后汉书》时,除了将"黎轩"写作"犁鞬"外,又出现了"大秦"和"海西"的名称。《后汉书·西域传》写道:"大秦国一名犁鞬,以在海西,亦云海西国……至桓帝延熹九年,大秦王安敦遣使自日南徼外献象牙、犀角、玳瑁。"关于"大秦"究竟指什么地方,是中外学者争论已久的一个问题,公认的看法是:大秦指罗马帝国。古代罗马帝国的版图很大,地跨欧亚非三大洲。桓帝延熹九年是公元166年,这位大秦王安敦,就是罗马帝国的皇帝马可·奥里略·安敦尼。他遣使给汉王朝的礼物象牙、犀角、玳瑁,并非意大利的物产,实际上是东北非地区的物产。很有可能,这个罗马帝国的使节就是从埃及来的。

[①] 许永璋:《"二十四史"中记载的非洲》,《河南大学学报》1984年第4期。
[②] 《史记》卷 123,大宛列传第 63。
[③] 陈连庆:《公元七世纪以前中国史上的大秦与拂菻》,《社会科学战线》1982 年第 1 期。

在中国的古籍中,大秦还有一个名称,这就是"拂菻"。"拂菻,古大秦也,居西海上,一曰海西国,去京师四万里,在苫西,北直突厥可萨部,西濒海,有迟散城,东南接波斯。地方万里,城四百,胜兵百万。"①中国学者认为,拂菻实指君士坦丁堡,以城名为国名②。

阿拉伯人占领北非地区后,称埃及为 Misr。此后,中国古籍就出现了对埃及的另几种称呼。唐代著作中称"勿斯离",宋代著作称"勿斯里",元代著作称"密乞儿""密昔儿",皆指埃及。

《明史》比较详细地记载了埃及使节来中国访问的史实。"米昔儿,一名密思儿。永乐中遣使朝贡。既宴赉,命五日一给酒馔、果饵,所经地皆置宴。"③又记载,正统六年(公元1441年),埃及国王阿失剌福亲自率领使团来中国访问。明政府送给国王"彩币十表裏,纱、罗各三匹,白氎丝布、白将乐布各五匹,洗白布二十匹",对王后和其他使臣也有赠品。在这次来访后,"不复至"。不过,官方联系虽然暂时中断,中国与埃及两国的文化交流和民间交流却一直在继续着。④

2. 索马里

中国古籍对非洲之角的记载,同当时中国与这一地区的海上交通有关。唐代,中国到索马里的航线已经开辟了。中国对索马里的最早的记载,见于段成式的《酉阳杂俎》,称"拔拔力国",拔拔力是索马里北部的巴巴利(Barbary)或者柏培拉(Berbera)。⑤

《新唐书》采用了《酉阳杂俎》关于拔拔力国的记载,只是字句略有不同。"大食……西南属海。海中有拔拔力种,无所附属。不生五

---

① 《新唐书》,西域传下。
② 齐思和:《中国和拜占庭帝国的关系》,上海人民出版社1956年版,第7页。
③ 《明史》,西域传。
④ 马坚:《中埃两国人民的传统友谊关系》,《中国和亚非各国友好关系史论丛》,三联书店1957年版,第72—73页。
⑤ 冯承钧:《诸蕃志校注》,中华书局1956年版,第55页;黄盛璋:《中国和索马里的传统友好关系》,《世界历史》1981年第3期。

谷,食肉,刺牛血和乳饮之。俗无衣服,以羊皮自蔽。妇人明晰而丽,多象牙及阿末香,波斯贾人欲往市……兵多牙角,而有弓、矢,士至二十万,数被大食所破略。"①

对索马里记载较多的是《明史》。这与郑和下西洋多次到达非洲有密切的关系。随同郑和下西洋的费信,回国后写了《星槎胜览》一书,介绍了木骨都束、卜刺哇、竹步的情况,这些地方都在索马里的东部海岸。这些材料被《明史》采用。

如《明史》对木骨都束的记载如下:"木骨都束,自小葛兰舟行二十昼夜可至。永乐十四年(公元1416年)遣使与不刺哇、麻林诸国奉表朝贡,命郑和赍刺及币偕其使往报之。后再入贡,复命和偕行,赐王及妃彩币。二十一年(公元1423年),贡使又至。比还,其王及妃更有赐。宣德五年(1430年),和复颁诏其国。国濒海,山连地旷,硗瘠少收。岁常旱,或数年不雨。俗顽嚣,时操兵习射。地不产木,亦如忽鲁谟斯,垒石为屋,及用鱼腊以饲牛羊马驼云。"②小葛兰就是印度的奎隆③。物产方面,不刺哇有马哈兽(即大羚羊),花福鹿(即斑马),犀牛、象、骆驼、没药、乳香、龙涎香等。竹步则有狮子、金钱豹、鸵蹄鸡(鸵鸟)、龙涎香、乳香、胡椒等。

3. 肯尼亚

中国古籍中关于马林迪(Malindi)的最早记载,出现于明代。严从简《殊域周咨录》中称麻剌国或麻林国。《郑和航海图》中称为麻林地。《明史》采用了"麻林"这个译名。《明史·外国传》关于麻林国的记载是这样的:"麻林,去中国绝远。永乐十三年遣使贡麒麟。将至,礼部尚书吕震请表贺,帝曰:'往儒臣进《五经四书大全》,请上表,朕许之,以此书有益于治也。麟之有无,何所损益,其已之。'已而麻林

---

① 《新唐书》,西域传下。
② 《明史》,外国传七。
③ 冯承钧:《西域地名》,中华书局1982年版,第78页。

与诸蕃使以麟及天马、神鹿诸物进,帝御奉天门受之。百僚稽首称贺,帝曰:'此皇考厚德所致,亦赖卿等翊赞,故远人毕来。继自今,益宜秉德迪朕不逮。'十四年又贡方物。"

4. 坦桑尼亚

唐代中国文献称桑给巴尔为"僧祇"。古代的桑给巴尔(Zenjibar),是阿拉伯人和波斯人对索马里以南直至莫桑比克的东非海岸及沿岸的统称,并不是仅仅指今天的桑给巴尔岛。"桑给"(Zenji)是他们对黑人的称呼,"巴尔"为海岸。桑给巴尔,意思是黑人的海岸。唐代文献简译为"僧祇"。《新唐书·南蛮传》记载,开元间,室利佛逝国(今印尼苏门答腊)曾向唐朝"献侏儒、僧祇女各二"。又记载,元和八年(公元813年),诃陵国(今印尼爪哇)"献僧祇奴四"。这里说的僧祇女和僧祇奴,都是指桑给巴尔人。

随着海上交通的进一步发展,宋代有关桑给巴尔的知识更加丰富了。宋代对桑给巴尔有几种译称,"层拨"(《诸蕃志》),"昆仑层期"(《岭外代答》)和"层檀"(《宋史》)。

《宋史·层檀传》有一段较为详细的记载:"层檀国在南海傍,城距海二十里。熙宁四年(公元1071年)始入贡。海道便风行百六十日,经勿巡、古林、三佛齐国乃至广州……人语如大食。地春冬暖。贵人以越布缠头,服花锦白氎布,出入乘象、马……谷有稻、粟、麦,食有鱼,畜有绵羊、山羊、沙牛、水牛、骆驼、马、犀、象,药有木香、血竭、没药、硼砂、阿魏、薰陆。……元丰六年(公元1083年),使保顺郎将层伽尼再至,神宗念其绝远,诏颁赍如故,仍加赐白金二千两。"[1]

(二) 游记、笔记类资料

公元三世纪中叶,鱼豢所著《魏略》一书,就提到了埃及的亚历山

---

[1] 《宋史》,层檀传。

大城。《魏略·西戎传》在记载大秦（罗马帝国）时写道："大秦国一号犁靬。……其国在海西，故俗谓之海西。有河出其国，西又有大海。海西有迟散城，从国下直北至乌丹城西南，又渡一河，乘船一日乃过。"①据考证，迟散城，就是埃及的亚历山大城。当时罗马帝国的东部，包括叙利亚、埃及和小亚细亚等地。《魏略》一书久已失传，目前我们能够看到的内容，是宋代裴松之注释《三国志》时所引用而保存下来的。

到了唐代随着海上丝绸之路的发展，中国不仅同北非，而且同东非沿海一带都开始了经济和文化交流，于是，中国对非洲的了解便逐渐增多，有关非洲的记载也就方便起来。

迄今为止，有史可考的第一个亲自到过非洲，并且留下比较详细记录的中国人，是唐代的杜环。他所写的《经行记》一书，是目前所知的我国最早的一部非洲游记。1962年12月，在加纳举行的第一届国际非洲学家会议上，加纳总统恩克鲁玛说："中国人也在唐代（公元618—907年）出版了他们最早的一部关于非洲的主要记录。"②

杜环生卒年不详，他是《通典》作者杜佑（公元735—812年）的族子。关于他的事迹，杜佑有一个简略的介绍："族子环随镇西节度使高仙芝西征，天宝十年至西海。宝应初因贾商船舶，自广州而回，著《经行记》。"③根据这一记载，我们知道，杜环是在公元751年怛逻斯（Talas）战役中被大食（阿拉伯帝国）所俘。在大食生活了十余年，于公元762年从海路回国的。

原书《经行记》已佚，现在我们能够读到的部分内容，是杜佑在《通典》中引用时保存下来的，共有1500多字。书中记载了摩邻国，中外学者大都认为在非洲，但是摩邻国具体在哪里，学术界有争议，

---

① 《魏略》，西戎传。见《三国志·魏书》卷30，裴松之注引。
② 恩克鲁玛在第一届国际非洲学家大会上的致词。1962年12月12日于加纳。
③ 《通典》，卷191，边防七。

有的认为在肯尼亚的马林迪①,有的认为是摩洛哥或马格里布②,有人认为是东非国家③,还有人认为是埃塞俄比亚古国阿克苏姆④。杜环记载了摩邻国的地理位置、物产和当地的风俗习惯等情况。"又去摩邻国,在勃萨罗国西南,渡大碛,行二千里至其国。其人黑,其俗犷,少米麦,无草木,马食干鱼,人餐鹘莽。鹘莽即波斯枣也。瘴疠特甚。诸国陆行之所经也。胡则一种,法有数般,有大食法,有大秦法,有寻寻法……不食猪狗驴马等肉,不拜国王父母之尊。不信鬼神,祀天而已。其俗,每七日一假,不买卖,不出纳,唯饮酒谑浪终日。"⑤

在《经行记》之后,有段成式的《酉阳杂俎》。段成式,临淄人,博闻强记,搜集很多佚文秘籍,于850年到860年之间写成《酉阳杂俎》。书中详细记载了拔拔力国(今索马里境内)的物产和风俗习惯。书中写道:"拔拔力国在西南海中,不食五谷,食肉而已。"当地出产象牙和阿末香。"波斯商人欲入此国,团集数千人,赍彩布,没老幼共刺血立誓,乃市其物。"书中还说它"自古不属外国。战用象牙排、野牛角,为稍、衣甲、弓矢之器。步兵二十万,大食频讨袭之。"⑥

除了拔拔力国外,《酉阳杂俎》还记载了"孝亿国""仍健国""悉怛国"和"忽斯离国"等。据考证,"孝亿国"指埃及南部,"仍健国"指突尼斯,"悉怛国"似即苏丹,"忽斯离国"就是埃及。⑦

《经行记》关于摩邻国的记载和《酉阳杂俎》关于拔拔力国的记载,均为后来撰写《新唐书》提供了资料。

---

① 戴闻达:《中国人对非洲的发现》,商务印书馆1983年版,第15页。
② 张星烺:《中西交通史料汇编》,中国书局1977年版,第2册,第9页;许永璋:"我国最早的一部西亚非洲游记——《经行记》",《西亚非洲》1983年第1期。
③ F. Hirth, Early Chinese Notice of East African territories, *Journal of the American Oriental Society*, Vol. XXX, p.46.
④ 沈福伟:《唐代杜环的摩邻之行》,《世界历史》1980年第6期。
⑤ 《通典》,卷193,边防九。
⑥ 《酉阳杂俎》卷四。
⑦ 张星烺:《中西交通史料汇编》,第二册,中国书局1977年版,第11—12页。

到了宋代特别是南宋,中国与非洲的海上交通有了进一步的发展。这时,中国和非洲国家之间,无论在政治、经济、文化方面的接触和交往,都比以前增多了。由于交往频繁,关于非洲的知识也就扩大了。宋代记载非洲的著作,主要有《岭外代答》《诸蕃志》和《事林广记》等书。

《岭外代答》作者周去非,永嘉(今浙江温州)人,隆兴元年(公元1163年)进士,1172年至1178年任桂林通判,1178年写成《岭外代答》。《岭外代答》记载的是非洲北非和东非的一些情况。

《岭外代答》记载了木兰皮国,"大食国西有巨海,海之西,有国不可胜计。大食巨舰可至者,木兰皮国耳。盖自大食之陀盘地国发舟,正西涉海,一百日而至之"。关于物产方面,书中说:"木兰皮国所产极异。麦粒长二寸,瓜围六尺。米麦窖地,数十年不坏。产胡羊,高数尺,尾大如扇;春剖腹,取脂数十斤,再缝而活,不取则羊以肥死。"[1]木兰皮国是指柏柏尔人在摩洛哥建立的阿尔摩拉维德(Almoravide)王朝(1061—1147年),其地域包括北非西部,甚至西班牙的一些地方[2]。

《岭外代答》还记载了昆仑层期,在"西南海上""连接大海岛"。出产有大象牙、犀角、大鹏、骆驼鹤(鸵鸟)和野骆驼。"骆驼鹤身项长六七尺,有翼能飞,但不高耳。"[3]关于昆仑层期,一说是指马达加斯加岛及其附近的东非海岸[4]另一说是指桑给巴尔(Zenjibar)[5]。

《诸蕃志》是赵汝适在1225年写成的。他在南宋嘉定至宝庆年间,任福建路市舶提举。当时福建的泉州是中国对外贸易的重要口岸。赵汝适由于工作关系经常接触来自西洋各国的商人、水手和使

---

[1][3] 《岭外代答》,卷三。
[2] 冯承钧:《诸蕃志校注》,中华书局1956年版,第66—67页;张铁生:《中非交通史初探》,三联书店1965年版,第65—66页。
[4] 费琅著,冯承钧译:《昆仑及南海古代航行考》,中华书局1957年版,第32页。
[5] 张铁生:《中非交通史初探》,三联书店1965年版,第19—20页。

者,并参考其他资料,写成专谈外国风土物产的《诸蕃志》。

《诸蕃志》记载的非洲国家有忽斯里、弼琶啰、中理、遏根陀、层拔、昆仑层期和木兰皮等。

《诸蕃志》说:"忽斯里国属白达国节制。""国王白皙,打缠头,着番衫,穿皂靴。""其国多旱。……有江水极清甘,莫知水源所出。岁旱,诸国江水皆消减,惟此水如常。"①忽斯里就是埃及,白达即巴格达。这里提到的江就是尼罗河。

《诸蕃志》介绍弼琶啰国时说:"弼琶啰国有四州,余皆村落。"这里的人民"事天不事佛",即信奉伊斯兰教。物产有骆驼、绵羊、龙涎、木香、苏合香油、没药、玳瑁,还有重百斤的大象牙,重十余斤的大犀角。书中还介绍一种野兽,"名徂蜡,状如骆驼,而大如牛,色黄,前脚高五尺,后低三尺,头高向上,皮厚一寸"。②徂蜡就是长颈鹿,因为阿拉伯语称长颈鹿为 Zarafa,音译为徂蜡发,即徂蜡。

《诸蕃志》介绍中理国时说,"国有山与弼琶啰国隔界,周围四千里"。物产有乳香、血竭、芦荟、玳瑁,而且牛羊骆驼甚多。关于人民的生活情况,"民屋用葵茆苫盖,日食烧面饼、羊乳、骆驼乳"。书中详细记载了鲸鱼及其用途:"每岁常有大鱼死,飘近岸,身长十余丈,径高二丈余。国人不食其肉,惟刳取脑髓及眼睛为油。"③中理国,据考证,为索马里。

《诸蕃志》记载遏根陀国时,说它乃"忽斯里之属也"。"相传古有异人徂葛尼,于濒海建大塔,下凿地为两屋,砖结甚密,一窖粮食,一储器械。塔高二百丈,可通四马齐驱而上。至三分之二,塔心开大井,结渠透大江以防。他国兵侵,则举国据塔以拒敌。上下可容二万。内居守而外出战。其顶上有镜极大,他国或有兵船侵犯,镜先照

---

① 冯承钧:《诸蕃志校注》,中华书局1956年版,第60—69页。
② 同上书,第56页。
③ 同上书,第58页。

见,即预备守御之计。近年为外国人投塔下,执役扫洒数年,人不疑之。忽一日得便,盗镜抛沉海中而去。"①徂葛尼就是希腊马其顿王亚历山大大帝,遏根陀就是埃及的亚历山大港。其中所说的大塔就是古代埃及的法鲁斯岛灯塔②。

元代记载非洲的著作,首先要提到汪大渊的《岛夷志略》。汪大渊,江西南昌人,是14世纪上半叶中国著名的旅行家。1329年至1345年间,两次乘船出海,经历数十国,回国后于1350年写成《岛夷志略》。

该书在"层摇罗国"条下说:"国居大食之西南",山是树木很少,沿海盐碱地较多,不适宜种植稻麦,因此"多种薯以代粮食"。该书记载了当地的气候和风俗,以及人民的生产、生活情况。男女都梳着发髻,穿短裙。"取禽兽为食,煮海为盐,酿蔗浆为酒。"当地出产红檀、紫蔗、象牙、龙涎、生金、鸭嘴、胆矾。据考证,层摇罗即层拔,都是桑给巴尔的不同译法。③

《岛夷志略》有"哩伽塔",书中介绍说:"田瘠宜种黍。民叠板石为居。掘地丈余深,以藏种子,虽三载亦不朽也。气候秋热而夏凉。""煮海为盐,酿黍为酒,以牛乳为食。"书中详细叙述了采集珊瑚的方法:"其树或长一丈有余,或七八尺许,或一尺有余。秋冬民闲,皆用船采取,以横木系破网及纱线于其上,仍以索缚木两头,人于船上牵以拖之,则其树槎丫挂挽而上。"据考证,哩伽塔在摩洛哥境内④。

在元代,中国出现了第一幅关于非洲的地图。这幅图在1311年至1320年间朱思本所绘制的《舆地图》中。该图所画的非洲是三角形,早于欧洲人和阿拉伯人关于非洲的地图。《舆地图》已失,只能在

---

① 冯承钧:《诸蕃志校注》,中华书局1956年版,第69—70页。
② 张铁生:《中非交通史初探》,第59页。
③ 许永璋:《我国古籍中关于非洲的记载》,《世界历史》1980年第6期。
④ 张铁生:《中非交通史初探》,第60页。

明代罗洪先增补的《广舆图》中见到。

明代郑和七下西洋,四次到达非洲,随同郑和出使西洋的马欢、费信和巩珍,回国后写了三本书——《瀛涯胜览》《星槎胜览》和《西洋番国志》。费信的《星槎胜览》记载的非洲国家有竹步、木骨都束、卜剌哇国和剌撒国。在唐宋时期,常常用"昆仑层期""层拔"国笼统称呼东非沿海地区;到元朝汪大渊游历东非时,除继续用"层摇罗"这个统称外,虽然也记录了一些城邦的名字,如千里马(格迪)、加里那(基那尼)等,但其译音和具体内容还有模糊之处。而在明朝的文献记载中,则大大前进了一步。明代文献对东非城邦的记载更加准确。

费信的《星槎胜览》卷四对今索马里首都摩加迪沙的描述不但详细,也很确切。"木骨都束国,自小葛兰(印度的奎隆)顺风二十昼夜可至。其国濒海,堆石为城,垒石为屋四五层。厨厕待客俱在其上。男子拳发四垂,腰围梢布。女人发盘于脑,黄漆光顶,两耳挂络索数枚,项带银圈,缨络垂胸。出则单布兜遮,青纱蔽面,足履皮鞋。山连旷地,黄赤土石,田瘠少收。数年无雨,穿井甚深,绞车以羊皮袋水。风俗嚣顽,操兵习射。其富民附舶远通商货。贫民网捕海鱼。"①

《郑和航海图》,原来收录在明茅元仪编辑的《武备志》一书中。图的原名是"自宝船厂开船从龙江关出水直抵外国诸番国"。1960年向达整理了《郑和航海图》。向达认为,"图上的不骨都束、不喇哇,以及见于费信书中的竹步,具在进索马里境内。麻林地、慢八撒具在肯尼亚境内"。并且认为,过亚丁湾到非洲东北部,应绕过瓜达富伊角南的哈丰角。

清代有关非洲知识的著作不少,涉及面也比较广。不过,有关非

---

① 费信:《星槎胜览》,卷四。

洲的知识散见于各类著作中。例如,在林则徐主编的《四洲志》,魏源的《海国图志》和徐继畬(1795—1873)撰写的《瀛环志略》里都介绍非洲的内容,涉及非洲的地理、社会和政治情况。张德彝的《航海述奇》,王锡祺编写的《小方壶斋舆地丛钞》里收编的《探地记》《三洲游记》等则是对非洲某些地方发见闻和游记。

在荷兰人开辟欧洲——好望角——雅加达——中国航线以后,就有中国水手在这条航线上做工,他们不准去荷兰本土,到了好望角就要调头。但是,这些人未留下记载。留下记载的访问过南部非洲的第一个中国人是樊守义(1682—1753)。

樊守义,山西平阳人,于1707年奉旨,随艾若瑟赴欧。他从澳门启程,经过2个月到达巴达维亚。等候季风,再经3、4个月,"始见大狼山(好望角)",1711年樊守义东还,写下《身见录》。这是中国人亲历好望角航线最早的著作。

谢清高的《海录》比樊守义记载的地方多,更详细。谢清高(1765—1821),广东梅县人,随外国船出洋14年,几乎跑遍了全世界,后来眼睛都瞎了。亲自口授,由别人记录成书。他记述了非洲的毛里求斯(妙哩士),莫桑比克(麻沙密纪),索法拉(生哪),好望角、圣赫勒拿(散爹哩),几内亚湾(咖补唔荦)等。他所记之准确,他说,"妙哩士,西南海中岛屿也,周围数百里,为佛郎机所辖"。他第一次谈到黑奴来自非洲,欧洲人在非洲贩卖黑奴,"其麻沙密纪国、生哪国、咖补唔荦国,皆为西洋所夺。又尝掠其民,贩卖各国为奴婢"。

近代访问埃及的第一人是伊斯兰教学者马德新(1794—1874年)。1841年他取道缅甸、印度到麦加朝觐。1844年在埃及居住了半年之久。在《朝觐途记》一书中,记述了他在埃及的见闻。

徐继畬的《瀛寰志略》对非洲的记载甚为准确。《瀛寰志略》成书于道光十二年(1848年),综述了世界五大洲的地理历史概况,非洲志是其中的一部分。徐继畬,山西五台人,道光进士,曾在福建办通商事务兼署闽浙总督,后任总理事务衙门行走。由于职业的关系,他十分关心时事,熟悉外国情况。他的著作还吸收了《海国图志》(成书于1842年)中非洲志的内容。该书从宏观角度对整个非洲作了全面介绍,对非洲各个区域和国家,"叙其方位、标明经纬度",对历史和社会政治状况也有较准确的记载。

"麦西(厄日多、埃及多、伊楫……)古名厄日多,在红海、地中海之间。北临地中海;东临红海;东北一隅,与亚细亚一犹太、阿拉伯相连;西北连的黎波里;西南连沙漠;南界努北阿,纵横一千七百余里。地本沙碛,有尼罗河从南方发源,沿红海之西岸,北流入地中海。……西土之制度,文物,皆其所创,邻近诸部咸臣服。有商中叶,希腊诸国兴,而麦西之权分。周末,为波斯所灭,后为希腊之马其顿所取。西汉时,意大里之罗马兴,麦西归降,为属国数百年。唐初,阿拉伯取其地,由是为回回部落。明初,土耳其取为别部,镇以大酋。嘉庆三年,佛郎西大将军拿破仑攻克之。越三载,复以其地归土耳其。近年麦西酋叛土王,自立为国。土王以大众征之,构兵累年不能胜。麦西攻土耳其东土诸部,皆下之。土王告急于诸邻。波斯欲助土耳其,因胁取麦西为蕃部。俄罗斯以大兵入土境,名为救土,将隐图之。英吉利、佛郎西皆勒兵劝和,其酋乃还所侵地,复通贡于土耳其为外蕃。……其国居民二百五十万,居都城者三十万。兵十二万,大战舰十四艘。"①

徐继畬在《瀛寰志略》中记载了西非地区贩卖黑奴的情况。"阿非利加西土,由地中海口门之外,地形折而南下,面大西洋海。数千里尽属沙漠。其土人面黑如墨染,高颧、扁鼻、唇厚,须发全皱,似骨重羊毛,混沌无知,近禽兽。衣好华彩,半裸其体,不蔽阴阳,用金珠象牙,遍身悬缀,以为美观。相聚则婆娑跳舞。男女随意杂配,种族

---

① 艾周昌编注:《中非关系史文选》,华东师范大学出版社1989年版,第168—169页。

无别。耕作者少,掘食草根如芋薯。土肥沃,自生长。……值饥乏,族类相攻掳,获生口,卖以为奴。各国之船,往来贩鬻。"①

(三) 资料汇编类文献

中国学者已经对中文典籍中的关于非洲历史的资料进行整理和研究,代表性的有张星烺编著《中西交通史料汇编》,艾周昌编注《中非关系史文选》(1500—1918)等。

1. 张星烺与《中西交通史料汇编》

张星烺先生 1930 年出版的《中西交通史料汇编》,共有 6 册,1977 年,中华书局将原书和增补内容合在一起,由朱杰勤加以校订,重新出版。这部书从中外史籍中摘录了大量资料,按照地区和国家分类编排,并对地名及历史事件进行了考证。其中,第二编为《古代中国与非洲之交通》。除了从外国人著作(例如《伊本·白图泰游记》)中摘引材料外,还从《汉书》《新唐书》《元史》《明史》以及《经行记》《酉阳杂俎》《岭外代答》《诸蕃志》《岛夷志略》《星槎胜览》等中国古籍中搜集整理了不少有关古代非洲和中非关系的记载。据张星烺考证,在这些古籍记载中,涉及的非洲国家和地区有摩洛哥、阿尔及利亚、突尼斯、埃及、苏丹、埃塞俄比亚、索马里、肯尼亚以及桑给巴尔等地。

2. 艾周昌与《中非关系史文选》(1500—1918)

艾周昌是华东师范大学历史系教授,是中国著名研究非洲史的专家。1989 年艾周昌编注出版《中非关系史文选》(1500—1918)(华东师范大学出版社 1989 年出版),该书分五个部分:一、黑人在中国;二、非洲见闻录;三、时人论说;四、华工与华侨;五、中非外交。该书节录的著作有四五十种,还有不少近代报刊和档案。其中第二部分

---

① 艾周昌编注:《中非关系史文选》,华东师范大学出版社 1989 年版,第 179 页。

《非洲见闻录》和第三部分《时人论说》,都是直接记载非洲情况的,约占全书内容的2/3。这些内容对于研究非洲各国的社会经济、政治制度、人民生活、风俗习惯等方面,都有重要的史料价值。

例如,湖北天主教徒郭连成于咸丰九年(1859)随意大利传教士赴欧,两次访问埃及。回国后,写《西游笔略》,他记述了乘坐轮船、火车以及参观面粉厂的过程。郭连成可能是向中国人最早报道金字塔的人。"十六[咸丰九年(1859)七月十六日],天晴。午前八下钟,泊苏夷士。午后二下钟,坐小火船上岸。四下钟,上火轮车,七下二刻,抵加以罗。""加以罗乃厄日多国京都。此处房屋高耸,树木差池。城外有河,名泥罗,可通亚立[山]府,为厄日多国之佳壤。""加以罗城内,有最奇之古迹,状如冢,皆石为之,阔下而锐上。其最大者,即下之隅量之,长约六十丈,高亦二十丈。内有古人之棺,不知何代所造。外有回回教之礼拜堂,华美可观。"①

中国古代文献中对非洲的记载,目前仍然未受到国际学界应有的重视,其中一个很重要的原因是语言问题,西方学者和非洲学者一般不懂中文,不能阅读中国古代文献。所以,将中国文献中有关非洲历史的文献资料翻译成英文,向世界学术界分享,这是一个摆在中非学者面前的一个迫切的任务。

三、非洲史研究在中国

中国非洲史研究大致开始于20世纪50—60年代,经过几代学人的共同努力,取得了显著的成就。非洲史研究里涉及的面很广,比如政治、经济、文化、军事等,甚至在经济方面还可以细化到商业史、

---

① 郭连城:《西游笔略》。

农业发展史等等。概括起来,国内研究学者所涉及的非洲史研究领域大致有十一个方面。

(一) 非洲通史

新中国成立后,中国学者以马克思主义为指导,努力编写出具有中国特色的非洲通史,为高校的教学和非洲史的普及服务。自20世纪60年代起,杨人楩先生在北京大学讲授非洲史,在讲稿的基础上写成《非洲史纲要》初稿。杨先生去世后,北京大学历史系的郑家馨、陆庭恩等教授对原书稿进行修改和整理,将该书正式出版,书名为《非洲通史简编》(人民出版社1984年版)。这部书从远古写到1918年,资料丰富、观点公允,具有很高的学术价值。

在20世纪80年代,还有一部中国学者集体编写的《非洲通史》(北京师范大学出版社1984年版)。这是为适应高校开设非洲史课程的需要,中国非洲史研究会委托国内16所高校的专业教师,集体编写了这部教材。全书分古代、近代、现代3部分,内容比较全面系统,叙述简明扼要。陈翰笙先生题了书名,纳忠先生作序。

1990年艾周昌先生受国家教委委托,和时任北京大学亚非研究所所长陆庭恩教授联合编著《非洲史教程》,作为高等学校文科教材。由于该书写作严谨、观点公允,尽管出版已有30多年,至今仍然被当作大学非洲史的教科书使用。

由艾周昌、陆庭恩担任总主编的三卷本的《非洲通史》(华东师范大学出版社1995年版),也是集体之作,反映了20世纪90年代中国的非洲史研究的最高水平。该书是我国"七五"哲学社会科学重点研究课题,几乎动员了全国的非洲史研究力量,历经10年完成。它由古代卷、近代卷和现代卷3本组成,近200万字,采用历史发展的统一性和多样性相结合的手法,系统介绍了非洲的发展历史,在非洲奴隶贸易、古代印度洋贸易、伊斯兰文明在非洲的传播、奴隶贸易、殖民主义的双重影响、非洲民族解放运动等问题上作了深入的探讨。该书获得了多项奖励,包括1995年上海市优秀图书一等奖、1996年中国图书优秀奖、1995年上海市社会科学优秀著作二等奖、教育部普通高校第二届人文社会科学研究成果一等奖等。目前,中国非洲学界正在编纂《非洲通史》(多卷本),它是国家社科基金中国历史研究院重大历史问题研究专项重大招标项目,首席专家为李新烽研究员。这将是新时代中国版的多卷本非洲通史。

(二) 非洲殖民史

殖民主义是如何入侵非洲的,这是新中国成立后亟需了解的问题,尤其是在20世纪60年代,非洲民族解放运动高涨的时候,更是如此。1961年4月27日毛泽东在接见非洲朋友时说:"我们对于非洲的情况,就我来说,不算清楚。应该搞个非洲研究所,研究非洲的历史、地理、社会经济情况。我们对于非洲的历史、地理和当前情况都不清楚,所以很需要出一本简单明了的书,不要太厚,有一二百页就好。可以请非洲朋友帮助,在一二年内就出书。内容要有帝国主义怎么来的,怎样压迫人民,怎样遇到人民的抵抗,抵抗如何失败了现在又怎么起来了。"[①]7月4日中国社科院亚非研究所应运而生。1962—1966年间世界知识出版社陆续出版了《非洲手册》丛书。

1982年艾周昌与程纯合写的《早期殖民主义侵略史》一书,以马克思主义理论为指导,论述了资本原始积累时期欧洲列强侵略、征服和奴役非洲、亚洲、美洲各国人民的历史。该书的主要观点和不少的史料都来自《马克思恩格斯全集》。比如关于资本原始积累的起讫时间,艾周昌教授写道:"根据马克思恩格斯的解说,资本原始积累阶段的殖民,开始于15世纪末美洲的发现和新航路的开辟,一直延续到

---

① 1961年4月27日毛泽东同几内亚、南非、塞内加尔、北罗得西亚(今赞比亚)、乌干达、肯尼亚外宾的谈话,《西亚非洲》2011年第5期,封二。

十八世纪末。"①1987年陆庭恩教授所著的《帝国主义与非洲》一书，是研究非洲殖民主义和帝国主义的力作。

进入21世纪以来，国内学界对殖民主义史的研究逐步走向深入。郑家馨主编的《殖民主义史·非洲卷》（北京大学出版社2000年），系统研究了西方列强在非洲殖民活动的500多年历史。该书是国家哲学社会科学基金"八五"重点研究项目，是北京大学历史系集体合著的多卷本《殖民主义史》中的一卷。该书主要研究1415年以来500多年英、法、葡、德、意等欧洲国家在非洲大陆殖民活动的轨迹，它们在各个时期所奉行的不同殖民政策和制度以及非洲国家反殖民主义斗争的经验教训等。在非洲殖民史上一些重大问题上，如奴隶贸易、帝国主义瓜分非洲、殖民制度的演变、殖民主义的影响和后果等问题，作者都提出了独到的见解，反映了该学科领域当时最新的研究成果。其他研究成果，还有高岱等著《殖民主义史·总论卷》（2003年），张顺洪等著《英美新殖民主义》（2007年），孙红旗著《殖民主义与非洲专论》（2008年）。在这些著作中，学者大都运用了马克思的"双重使命"理论，对殖民主义在非洲的影响做一分为二的评价。中国学者运用马克思的双重使命理论，一般而言，是在否定殖民主义的基础上，客观上承认一点殖民主义对非洲的建设性作用。这种一分为二，绝对不是等量齐观的，远不及非洲学者"插曲说"那样轻松自如。

近年来，在非洲殖民主义的个案研究方面，也有所突破。李安山以加纳东部省为研究对象，通过实地考察，掌握了大量的第一手资料，分析了加纳人民与英国殖民政府的敌对、平民与酋长的冲突、宗教领袖与世俗权威的争斗、下属酋长与最高酋长之间的对立等4组矛盾，认为在殖民统治时期，加纳发生的反抗运动不是一种孤立现

---

① 艾周昌、程纯：《早期殖民主义侵略史》，北京：人民出版社1982年版，第1页。

象,它继承了前殖民时期非洲传统社会中的因素,并在建立民族主义政权后继续发挥作用。①

延续4个多世纪的黑奴贸易是非洲历史上的一个重大事件,也是殖民主义史研究中的重点之一。徐济民认为,研究奴隶贸易不能局限于揭露其罪恶,还要从当时的社会经济发展、早期资本主义生产方式和交换方式的一系列变化去考察,说明它与资本主义生产方式的历史联系;奴隶贸易除了严重破坏非洲的社会生产力外,它在客观上也引起非洲沿海和近海地区社会经济关系的变革,使当地出现了新的社会经济因素。②徐济民的这种观点在改革开放之初,算是十分大胆的观点,很快引起了争议。吴秉真先生反对用一分为二来评价奴隶贸易。吴秉真认为:"罪大恶极的奴隶贸易在非洲造成的影响是极其严重的,应该全盘否定,而不应借用一分为二的观点来肯定它,为它评功摆好。"③

关于奴隶贸易的研究,大多数学者将重点放在大西洋奴隶贸易的研究,舒运国先生则独辟蹊径,将研究重点放在东非地区的奴隶贸易。他围绕东非奴隶贸易的特点、影响等问题,发表了系列文章,认为东非奴隶贸易是19世纪后"走私奴隶贸易"时期的贩奴中心,一些阿拉伯奴隶贩子与西方不法商人相勾结,在后期奴隶贸易中扮演了不光彩的角色;奴隶贸易给东非地区的发展带来了极大的影响,使当地一些国家迅速走向衰落,失去了抵御西方殖民入侵的能力。④在个案研究方面,沐涛以尼日利亚南部的伊博族的奴隶制为研究对象,考

---

① 李安山:《殖民主义统治与农村社会反抗——对殖民时期加纳东部省的研究》,长沙:湖南教育出版社1999年版。
② 徐济民:《奴隶贸易与早期资本主义的发展》,《世界历史》1983年第1期;徐济民:《奴隶贸易引起西非社会经济关系的变化》,《西亚非洲》1983年第6期。
③ 吴秉真:《关于奴隶贸易对黑非洲影响问题的探讨》,《西亚非洲》1984年第5期。
④ 舒运国:《西方殖民主义者与东非奴隶贸易》,《郑州大学学报》1985年第1期;舒运国:《阿拉伯人与东非奴隶贸易》,《世界历史》1991年第5期。

察了大西洋奴隶贸易对非洲黑人传统社会的影响。①

(三) 非洲民族独立运动史

从 1951 年到 1980 年,有 47 个非洲国家赢得独立,到 1990 年,纳米比亚的独立宣告了非洲独立运动的完成。非洲民族独立运动史是 20 世纪 60 年代至 90 年代初中国非洲史学界研究的重点之一,先后出版了《鼙鼓声动五百年:非洲民族英雄史话》(1983 年)、《民族解放运动史》(1985 年)和《非洲民族独立简史》(1993 年)等著作。《非洲民族独立简史》由吴秉真和高晋元主编,世界知识出版社 1993 年出版。该书按时间顺序,主要叙述 19 世纪末帝国主义瓜分非洲,非洲人民由反对殖民主义转而明确提出独立的要求开始,到 1990 年纳米比亚获得独立,非洲国家全部取得独立为止。"这是一本记录非洲人民从争取独立到赢得独立全过程的历史书。"②顾章义认为,二战促使非洲人民的觉醒。他指出,第二次世界大战"使非洲社会政治经济和阶级结构发生了重要的变化,唤起了非洲人民新的觉醒,因此成为非洲人民争取独立运动的新起点"。③

此外,还发表了一系列有影响的论文,对非洲民族独立运动的领导权、独立的道路等问题进行了探讨,认为非洲民族独立运动大都由各国的民族主义者领导,他们有的是资产阶级,有的是小资产阶级,也有的是部落酋长、封建贵族。领导权的差异对争取独立的道路也产生了影响,非洲国家独立道路归纳起来有 3 种类型:以武装斗争为主的民族解放战争道路;走非暴力的和平道路;武装斗争与和谈相结合的道路。高晋元认为,非洲民族独立战争有 4 个特点:(1) 几乎都

---

① 沐涛:《试论黑奴贸易与伊格博族奴隶贸易的发展》,《西亚非洲》1988 年第 1 期。
② 吴秉真、高晋元主编:《非洲民族独立运动简史》,世界知识出版社 1993 年版,第 7 页。
③ 顾章义:《论二战与非洲民族独立运动的崛起》,《史学集刊》1990 年第 4 期,第 57—62 页。

在民族主义政党尤其是较激进的民族主义政党的领导下进行;(2)部族因素对一些非洲国家的民族独立战争有深刻影响;(3)战争的方式主要是小规模的农村游击战;(4)国际援助,主要是非洲邻国和社会主义国家的援助对战争的胜利起了重要作用。①

(四) 非洲文明史、文化史

自20世纪80年代以来,国内研究非洲文明史和文化史的著作逐渐多了起来,对非洲大陆整体研究的有宁骚主编的《非洲黑人文化》、艾周昌教授主编的《非洲黑人文明》、刘鸿武著的《黑非洲文化研究》和李保平教授著的《非洲传统文化与现代化》等。近年来,对非洲文明史和文化史的研究趋向深化,从原先洲的层面向次区域和国别层面发展,如段建国著的《刚果(金)文化》和刘鸿武等著的《东非斯瓦希里文化研究》等。

李保平在《非洲传统文化与现代化》一书中,对非洲传统文化做了分析研究,作者着重考察了祖先崇拜、至高神崇拜、成人仪式、口传历史、神话、谚语等内容,将非洲传统文化的基本特征概括为村社文化、口传文化和大众文化。作者对传统文化与现代化的关系进行了理论分析,对非洲传统文化的取舍提出了自己的看法。作者指出:"在现代化过程中,非洲要保留、光大其传统文化的有益成分,摒弃其落后成分。那种幻想一步到位地实行现代化,置传统文化于不顾,盲目、生硬地照搬西方工业化和民主化模式的做法,或一味赞颂本民族辉煌的过去,消极抵制现代文明的做法,都是失之偏颇的。"②

(五) 非洲人口史

国内研究非洲人口史的专家,首推舒运国教授。舒运国教授早

---

① 高晋元:《试论战后非洲的民族独立战争》,《西亚非洲》1986年第5期,第60—71页。
② 李保平:《非洲传统文化与现代化》,北京大学出版社1997年版,第233页。

在1996年著《非洲人口增长与经济发展研究》(华东师范大学出版社1996年版)认为,非洲人口史研究中有两大难题,即人口统计资料的缺失和人口资料可靠性的低下。进入21世纪,这种形势有所改变,学者们采用各种新方法,诸如推算法和参照法等,逐步建立起非洲人口的历史和时间序列。

2017年,舒运国教授在《非洲人口史研究评析——人口数量研究的进展》一文中,对国际学界就非洲人口问题的最新研究进行了介绍,如麦克艾弗迪和琼斯(Colin McEvedy and Richard Jones)关于非洲大陆人口的时间序列,根据他们的研究,前农业时代的非洲有人口125万,1500年有4600万,1900年有1.1亿,1975年有3.85亿。还有威尔考克斯(W. F. Willcox),杜兰德(J. D. Durand),考德威尔(J. C. Caldwell)以及曼宁(P. Manning)等人的研究。尤其是曼宁采取推算法和参照法,建立了1850—1950年间非洲的人口数字序列。舒运国教授指出:对于非洲人口史的研究,主要还是集中在近代和现代,而对于古代非洲人口史的研究仍然存在着许多盲点,需要学术界继续努力。[1]

(六) 非洲经济史

早在20世纪80年代,中国非洲问题研究会与时事出版社编辑部合编了《非洲经济发展战略》(时事出版社1986年版),中国社会科学院西亚非洲研究所和人民出版社合编了《非洲经济》(人民出版社1987年)对非洲经济及其发展战略进行了介绍。比较全面的介绍非洲经济的是1992年张同铸主编的《非洲经济社会发展战略问题研究》,这是第一本比较好的介绍非洲经济的研究著作,是集体研究的结晶。谈世中主编的《反思与发展——非洲经济调整与可持续发展》

---

[1] 舒运国:《非洲人口史研究评析——人口数量研究的进展》,《上海师范大学学报》(哲学社会科学版)2017年第4期。

一书,对非洲经济发展的历史进行了回顾,对独立后非洲经济发展的理论进行了反思,对非洲经济调整方案进行了历史评价。作者根据非洲的实际情况,指出非洲社会经济的发展不能照搬西方的模式,也不能照搬东方的模式,而应走具有非洲特色的可持续发展之路。作者提出:"社会经济的可持续发展是非洲国家的必然选择。"①

20世纪80年代开始的结构调整,是国内非洲经济史研究的一个重点。结构调整是西方国家以新自由主义的方式,为非洲国家开出的药方,其特点是国有企业私有化、资源配置市场化、对外贸易自由化。舒运国教授在《失败的改革——20世纪末撒哈拉以南非洲经济结构调整评述》一书中,对结构调整及其对非洲的影响进行了深入研究,总的结论是,这次调整是一次失败的改革。同时,舒运国教授认为这一调整是有必要的,他说:"必须指出的是,结构调整毕竟是非洲国家经济改革的一次尝试(尽管它以不适当的形式出现),改革程度不同地纠正了非洲国家的一些决策失误,它的经验和教训,不但对非洲国家今后的经济发展提供了有益的借鉴,也为其他发展中国家的经济改革提供了十分有益的借鉴。"②舒运国和刘伟才在《20世纪非洲经济史》一书中,梳理了20世纪非洲经济发展的脉络,认为20世纪非洲经济存在两次转型:第一次由传统经济向殖民地经济的转型;第二次是殖民地经济向现代化的民族经济转型。③在此基础上,2014年舒运国教授承担了国家社科基金重大项目多卷本《非洲经济史》,即将推出一部中国版的非洲经济史。

近年来,非洲国别经济史的研究也取得新进展。严磊在他博士论文的基础上修改成的《赞比亚经济发展史简论》一书,就是研究非

---

① 谈世中主编:《反思与发展——非洲经济调整与可持续发展》,社会科学文献出版社1998年版,第192页。
② 舒运国:《失败的改革——20世纪末撒哈拉以南非洲经济结构调整评述》,吉林人民出版社2004年版,第222页。
③ 舒运国、刘伟才:《20世纪非洲经济史》,浙江人民出版社2013年版,第252—255页。

洲国别经济史的代表。作者在回顾独立以来赞比亚经济发展过程的基础上，探讨赞比亚政府如何解决经济发展所遇到的种种问题，以赞比亚为个案揭示了当代非洲国家经济发展中的经验与教训。作者认为："从总体来看，赞比亚的改革比较被动，穷于应付。而且改革措施没有连贯性，反复不定，特别是缺乏强有力的政策保证，从而使得改革的总体执行效果不佳。"①

（七）非洲国别史

国内学者对非洲国别史的研究，原先主要集中在南非和埃及这样的重要国家。最早的是埃及史，1963年纳忠写的《埃及近现代史》。南非也是国内学者研究较多的非洲国家，郑家馨著《南非史》。艾周昌、舒运国、沐涛、张忠祥合著的《南非现代化研究》，也属于国别史，它是以南非的现代化为线索的，作者认为，南非现代化属于追赶型的现代化模式，20世纪80年代，南非的发展速度逐渐缓慢下来，主要是种族隔离制度的束缚，在南非后来是"经济现代化越发展，种族歧视越严重，政治越不民主"。1994年新南非的诞生"为（南非）现代化的继续发展创造了条件"。②毕健康著的《埃及现代化与政治稳定》，从政治制度因素、宗教因素和社会因素等层面全面研究了当代埃及政治问题，作者指出："政治制度是保持政治稳定的基本因素，伊斯兰极端组织是造成政治动荡的政治动员和组织因素，经济和社会问题是影响政治稳定问题的基本因素。"③

近年来，中国学界对埃及与南非之外的非洲国家的研究渐渐多了起来。张湘东研究了1950年至2010年的埃塞俄比亚的联邦制。

---

① 严磊：《赞比亚经济发展史简论》，中国社会出版社2012年，第224页。
② 艾周昌、舒运国、沐涛、张忠祥：《南非现代化研究》，华东师范大学出版社2000年版，第2—3页。
③ 毕健康：《埃及现代化与政治稳定》，社会科学文献出版社2005年，第15页。

二战以来,多民族的埃塞俄比亚先后两次采用联邦制,并逐步从一党制过渡到多党制。作者分析国家结构形式与民族问题之间的关联,认为埃塞俄比亚联邦制的实行与多民族这一国情密切相关。作者指出:"联邦制虽然在很大程度上缓和了埃塞根深蒂固的民族矛盾,但是埃革阵政权必须意识到联邦制存在的风险。联邦制下的国家和地区,在政治、经济衰退尤其是遭遇危机时,地方民族主义情绪很容易人为扩大化,以达到少数群体的利益要求。"[1]周倩在《当代肯尼亚国家发展进程》一书中,研究了肯尼亚的政治发展史,但作者认为"从总体上来说,肯尼亚现代国家的成长仍处于发展的初级阶段"[2],这一评价值得商榷。因为,在研究非洲国家政治的时候,不能以西方的标准或者我们自己的标准去衡量它。

(八) 非洲思想史

张宏明著的《近代非洲思想经纬》是一部研究18至19世纪非洲思想史的力作,该书分两部分:第一部分是18世纪的非洲思想,讨论了种族主义、废奴主义与近代非洲思想及近代非洲知识分子,专门讨论了阿莫、伊奎亚诺、库戈亚诺3名非洲知识分子的思想。第二部分是19世纪的非洲思想,讨论了殖民主义与近代非洲思想、19世纪非洲思想发展概述、19世纪非洲知识分子价值取向,重点研究了布莱登与霍顿的思想。这本书在中国学者研究非洲思想家方面具有开创性,不要说18世纪的阿莫、伊奎亚诺、库戈亚诺等非洲思想家对中国人来说十分陌生,就是布莱登与霍顿,中国学者的研究也十分有限。以布莱登为例,作者从他的生平与思想轨迹、非洲个性思想、布莱登对非洲思想发展的影响3个方面加以论述,认为"布莱登不仅是近代非洲思想的集大成者,而且也影响了几代非洲知识分子的思想。在

---

[1] 张湘东:《埃塞俄比亚联邦制:1950—2010》,中国经济出版社2012年,第170页。
[2] 周倩:《当代肯尼亚国家发展进程》,世界知识出版社2012年,第268页。

现代非洲主流思想,诸如非洲民族主义、泛非主义、黑人精神、非洲社会主义等理论中都可以寻觅到布莱登'非洲复兴思想'的踪影"。①

(九) 非洲史学史

伊本·赫勒敦(Ibn Khaldun,1332—1406 年,又译伊本·卡尔敦),出生于突尼斯,曾任埃及大法官,著《历史绪论》和《格拉纳达史》等,他是阿拉伯世界著名的哲学家和历史学家。西方学者认为,伊本·赫勒敦是世界上第一位研究历史哲学的学者。

中国学者对赫勒敦的研究开始于 20 世纪 80 年代,最早介绍赫勒敦史学思想的是复旦大学的张广智教授(见《历史教学》1982 年第 6 期)。还有静水的《阿拉伯史学大师:伊本·卡尔敦》(《世界史研究动态》1985 年第 5 期)。徐善伟专门论述了伊本·卡尔敦的历史哲学思想,认为卡氏所创立的"文化科学"既是一种历史哲学,亦包含着丰富而深刻是社会学、经济学、政治学的内容。总之,其"文化科学"就是对人类社会历史所进行了一种哲学思考,即西方人所谓的思辨是历史哲学。②

近年来国内学者对非洲史学史研究取得了新进展,包括对非洲民族主义史学流派和史学家,如范西纳、兰杰、阿贾伊、奥戈特和阿杜·博亨的研究,以及对非洲医疗社会史的研究,都有论文发表。张忠祥等著的《20 世纪非洲史学与史学家研究》是这方面的代表性的成果,该著作对 20 世纪非洲史学的流派以及代表性历史学家进行了研究,在国别方面有南非史学研究。③

(十) 中非关系史

在这方面的研究学者比较多,成果也比较丰富,代表性的成果

---

① 张宏明:《近代非洲思想经纬》,社会科学文献出版社 2008 年版,第 324 页。
② 徐善伟:《论伊本·卡尔敦的历史哲学》,《史学理论研究》2001 年第 3 期,第 100 页。
③ 张忠祥等:《20 世纪非洲史学与史学家研究》,北京:商务印书馆 2023 年版。

有:沈福伟著的《中国与非洲2000年》和艾周昌、沐涛合著《中非关系史》等。许永璋对中非关系史的一些问题从典籍方面进行考证,如"汪大渊生平考辨三题""摩邻国在哪里?""三兰国考"等,后来集辑出版了《中国与亚非国家关系史考论》一书。艾周昌教授在论文《近代时期的中国与非洲》中回应了近代中非关系史上的所谓"500年中断说"。

2000年在非洲华侨史研究领域,李安山推出了一部力作——《非洲华侨史》(中国华侨出版社2000年1月版)。该书洋洋洒洒50多万字,是我国第一部详细论述整个非洲华侨华人历史发展的著作,时间跨度从唐代直至1999年。该书资料详实、论证严密,在许多问题上都体现出作者的真知灼见。在非洲华侨的祖先、契约华工的人数、清朝政府对南非华侨的政策、非洲华侨对抗日战争的贡献、华侨华人迁移非洲的路线、华人的适应性、华人家族主义、华人的双重认同等问题上作者都提出了自己的看法。2006年,李安山编注出版《非洲华侨华人社会史资料选辑》,分文件与报道、回忆与访谈、附录三部分,为人们研究非洲华侨史提供了丰富的社会史资料。

(十一) 非洲新文化史研究

20世纪下半叶,新文化史在西方兴起,对非洲历史研究也产生很大影响。在这一背景下,对非洲新文化史的研究也逐渐开展了起来,包括非洲环境史、非洲医疗卫生史和妇女史等。

国内对非洲环境史的研究,以包茂红教授为代表。包茂红原先研究南非种族隔离制度,20世纪90年代出国留学,改环境史为研究的主攻方向,成为国内非洲环境史研究的第一人。2002年,包茂宏在《南非环境史研究概述》一文中提出,20世纪90年代南非环境史研究成果主要集中在自然资源的利用和保护、国家公园的建立、环境保护主义的形成、人与环境的关系、城市环境变迁、自然灾害和可持续发展等研究领域。他同时认为南非环境史研究存在的问题主要是理论基础薄弱、种族偏见和缺乏宏观整体研究,随着南非社会的进步和史学的发展,南非环境史研究将得到更大发展。①2012年包茂红著《环境史学的起源和发展》一书,该书分上下两编,上编以国家和地区分章分析世界环境史学的兴起原因、发展历程、主要学术观点、存在的问题和未来发展趋势。下编采用口述史的方法访谈世界著名环境史学家对国际环境史学的历史和发展的认识。其中有一章专门论述"非洲环境史研究"。作者认为,"环境史是继传统史学、殖民主义史学和民族主义史学之后的另一重要流派"。包茂红归纳了非洲环境史存在的主要问题:第一,非洲环境史研究在个案研究中取得了丰硕成果,但在理论整合上做得不够。第二,非洲环境史研究在地区上极不平衡,南部非洲和东部非洲多,比较深入,北非研究少;农村研究多,而城市环境几乎没有研究。第三,非洲环境史研究的发展有赖于拓宽史料来源,革新对史料的认识。要提高研究水平,需要更多的考古发掘,多收集口述和文字资料。②

近年来中国学者对肆虐非洲大陆的疾病进行了研究,成为中国非洲史研究的一大亮点。自古以来昏睡病就是肆虐非洲大陆的主要疾病,严重阻碍了非洲农业、畜牧业和交通运输业的发展,极大地影响了非洲历史的演进。于红在《非洲昏睡病历史研究》一文中概述了非洲社会控制自然生态系统,以阻止昏睡病传播、蔓延的社会机制,并评析了殖民主义对非洲生态系统的影响。作者指出殖民主义入侵引发的巨大震荡和冲击,破坏了非洲人抵御昏睡病威胁的社会机制,导致了昏睡病的大规模暴发与流行。詹世明在《艾滋病:非洲的世纪难题》一文中对非洲的艾滋病进行了深入的研究,作者指出,非洲是艾滋病最大的受害区。艾滋病在非洲的肆虐有其特有的政治、经济

---

① 包茂宏:《南非环境史研究概述》,《西亚非洲》2002年第4期。
② 包茂红:《环境史学的起源和发展》,北京大学出版社2012年版,第102—104页。

和社会背景,并已经与许多固有问题形成了恶性循环。艾滋病不仅摧残人的身体和生命,而且影响了非洲的经济发展,造成社会危机,带来新的不稳定因素。只有经过非洲国家和国际社会的共同努力,才能真正遏止艾滋病在非洲的严重蔓延趋势。[1]关于非洲的艾滋病问题,黄文静、陈曾福在《非洲艾滋病蔓延的社会原因——乌干达、肯尼亚个案研究》一文中,以乌干达、肯尼亚为个案进行分析,认为艾滋病蔓延主要受以下几个方面因素影响:普遍贫困;传统的社会习俗;妇女的屈从地位;宗教的负面影响。张忠祥在《20世纪70年代以来非洲史学的新进展——以医疗史研究为个案》一文中认为,"自20世纪70年代以来,非洲医疗史的研究取得了显著的进展,丰富了非洲史学流派,是非洲史学的发展日益精彩纷呈的标志之一"[2]。

中国的非洲史研究经过几代学人的努力,已经既取得不小的成绩,同时也要看到与国际已经水平的差距。近年来,在一些方面正在取得突破,展现出中国非洲史研究的生机与活力。一方面是有的资深研究人员,如李安山教授,活跃在国际非洲史研究的第一线,当选为联合国教科文组织《非洲通史》国际科学委员会副主席;另一方面,一批从海外学成回来的青年才俊,如许亮、刘少楠、孙遇洲、邓哲远等已崭露头角,显示出中国非洲史研究新的希望以及后继有人。

本书是研究生教材,得到上海师范大学研究生院研究生教材项目以及教育部国别和区域研究基地项目的资助,同时,得到上海三联书店的大力支持,在此对出版方表示衷心感谢。

---

[1] 詹世明:《艾滋病:非洲的世纪难题》,《西亚非洲》2001年第4期。
[2] 张忠祥:《20世纪70年代以来非洲史学的新进展——以医疗史研究为个案》,《史学集刊》2015年第4期。

第二讲

非洲黑人文明的形成及特征

　　非洲大陆是人类文明的重要发源地之一，包括古埃及、库施、阿克苏姆、加纳、马里、桑海以及大津巴布韦等一系列王国均是著名的非洲文明古国。它们创造出丰富多彩的文明成果，向世界展示了非洲璀璨、古老的文明历史，成为世界文明不可或缺的一部分。非洲黑人文明是指撒哈拉以南非洲黑人各民族在过去所创造的物质文明和精神文明的总和。由于自然环境、发展方式以及与外部交往等的差异，非洲黑人文明呈现出多中心的差异性，同时也有共性，形成了"非洲个性"，为世界文明的百花园增添了一道非洲色彩。

一、非洲黑人文明的存在是毋庸置疑的

　　欧洲人长期否认非洲黑人创造了自己的文明，他们坚持认为，任何文明的一个最基本的因素是文字的存在。所以，他们把除埃及以外的非洲其他地区都排除在古代文明之外。

　　德国哲学家黑格尔就是持这一观点的代表人物，他认为非洲黑人没有历史、没有哲学、没有文明，只有黑暗和停滞。黑格尔在《历史

哲学》一书中,把非洲分成三部分,一是"非洲本土",即撒哈拉以南非洲;二是"欧洲的非洲",指撒哈拉以北非洲;三是"亚洲的非洲",指尼罗河流域,特别是埃及。他写道,非洲本土属于"幼年时代的地方,还笼罩在夜的黑幕里,看不到自觉的历史的光明"。①黑格尔这一观点在19世纪十分流行,成为西方学者对非洲的基本认识,甚至到20世纪60年代,非洲国家纷纷独立之际,仍然有其追随者。1963年,牛津大学现代史钦定讲座教授休·特雷弗-罗珀(Hugh Trevor-Roper)声称:"可能在将来会有非洲历史可以讲授,但目前还没有,只有在非洲的欧洲人的历史。其余是一团漆黑……而黑暗不是历史的题材。"②20世纪90年代"文明冲突论"的提出者亨廷顿,对非洲文明的存在仍然表示出怀疑的态度,他用了"可能还有非洲文明"这样的表述。③

　　文明不仅意味着个人的进步,同样也标志着由个人所组成的共同体实现了较高程度的发展。追寻文明的起源并非是对某一群体或国家进行简单的历史溯源,而是遵循某种标准从中寻找划分其阶段的关键事件。但是,文明的标准究竟是什么,是否不符合某一特定标准就不能被称为文明仍然是学界争论不休的话题,而对上述两大问题的回答也是判断非洲是否能被称为"文明"的关键。

　　目前,学术界对于文明标准的问题尚未形成完全统一的定论,而文明所呈现的意义也随着时代的发展呈现出不同的面貌。文明(Civilization)这一概念,是早期启蒙思想家尝试描述一种与野蛮相区别的进步状态,比如霍布斯认为人类的发展应当是"结合了一定水平的政治发展和一定生活方式的状况""是一种结合了政府、休闲和

---

① [德]黑格尔:《历史哲学》,王造时译,上海:上海书店出版社2006年版,第85页。
② Hugh Trevor-Roper, "The Rise of Christian Europe", *The Listner*, 70, 1809(1963), p.871.
③ [美]塞缪尔·亨廷顿:《文明冲突与世界秩序的重建》,周琪、刘绯、张立平、王圆译,北京:新华出版社1998年,第29页。

智力培养的状态"。①文明与"进步""先进"等相关联,容易陷入西方中心论,因为西方认为自身的制度、经济、文化等诸多国家、社会要素相比于世界其他地区为优——"文明的状况是欧洲人民的保留(尽管程度不同),而它的对立面是野蛮、野蛮或自然状态",②因此,西方自认为,自己是先进文明的代表,有责任将自身的文明传播至世界其他地区。这也成为西方实行"文明使命",进行海外殖民扩张的重要依据。20世纪中叶以来,随着世界格局的变迁,以及人类学、民族学领域的发展,学界对"文明"研究开始发生转变,即尝试改变原有的、以西方为中心的"文明"概念,在人类学、社会学基础的上试图探讨具有普遍性的文明定义。

随着科学的发展以及考古技术的进步,考古学家对于古代人类遗址的调查也愈加详细,这也推动了学界对文明标准的界定。在文明标准上,戈登·柴尔德(Gordon Childe)认为,任何文明的一个最本质的因素是文字的存在。③丹尼尔(Glyn Edmund Daniel)将"城市、文字以及复杂的礼仪"④作为衡量文明的标准。亚历山大·卡尔·桑德斯(Alexander Carr-Saunders)则提出文明应当同"城市"以及"发明创新"相结合来进行定义。⑤

目前,国际上特别是西方较为认同的文明标准主要包括"冶金、文字、礼仪建筑以及城市"四大基础因素,这一标准较好地综合了不

---

① Robert P. Kraynak, "Hobbes on Barbarism and Civilization," *The Journal of Politics*, Vol. 45, No. 1 (Feb., 1983), pp. 90—91.
② Brett Bowden, ed., *The Empire of Civilization: The Evolution of an Imperial Idea*, The University of Chicago Press, 2009, p. 28.
③ Gordon Childe, *African civilization, precolonial cities and states in tropical Africa*, Cambridge, 1987, p. 7.
④ Glyn Edmund Daniel, *The First Civilizations: The Archaeology of Their Origins*, Crowell, 1968.
⑤ Alexander Carr-Saunders, "What is Civilization," *Theoria: A Journal of Social and Political Theory*, No. 6, Charter Commemoration Number (1954), pp. 9—15.

同学者之间的意见,也同样体现出人类长期发展所具有的进步性。但是,缺乏上述某一或几个因素的群体是否就意味着同"文明"相隔绝,其创造的诸多踪迹应当被如何看待?这仍然是值得商榷的话题。非洲大陆当中具有发达文化却缺少某一因素的国家、地区是否就不能称之为"文明"呢?其实也不尽然。

数千年来,在撒哈拉以南非洲的不同的地区,孕育出多个满足"冶金、文字、礼仪建筑以及城市"这一标准的古代文明,其中包括使用科普特(Coptic)文字的努比亚、使用吉兹语(Geez)的古阿克苏姆王国等。但是在这些古代文明之外,非洲仍然有一些特别的存在:这些古代非洲的国家与地区有着较为发达的文化,拥有冶金、礼仪建筑以及城市,但唯独缺少了文明判断标准中的重要一环——文字系统,其中,贝宁王国、大津巴布韦等著名的非洲古代国家均是这一状况的典型代表。按照目前较为流行的文明标准,贝宁王国以及大津巴布韦不应当冠以文明之称,但这并不妨碍许多学者仍将贝宁与大津巴布韦视为文明。[1]

从文字的定义上来看,作为文明的判定标准之一,文字本身的价值"取决于它们跨越时间和空间保存语言和信息的能力",[2]换言之,文字本身对于文明而言更多地只是一种记录信息的手段而非文明的本质。那么,如果存在其他能够保存语言与信息的载体,或是存在能够分别执行保存语言与保存信息功能的不同载体,文字本身是否还

---

[1] 克利夫兰前艺术馆馆长威廉·米利肯(William M. Milliken)明确提出古代贝宁具有高度发达的文化这一论断。国际文化财产保护与修复研究中心的韦伯·恩多罗(Webber Ndoro)则将大津巴布韦看作是绍纳文明的中心。参见:William M. Milliken, "Treasure of Ivories and Bronzes from the Ancient Kingdom of Benin," *The Bulletin of the Cleveland Museum of Art*, Vol. 24, vo. 3 (Mar., 1937), pp. 35—36; Webber Ndoro, "Great Zimbabwe," *Scientific America*, Vol. 277, No. 5 (November 1997), pp. 94—99.

[2] Britannica, The Information Architects of Encyclopaedia, "Writing", *Encyclopedia Britannica*, 21 Sep. 2023, https://www.britannica.com/facts/writing. Accessed 22 September 2023.

能够成为文明判定的金标准之一是值得讨论的。当今许多不被视为古代文明的国家或地区往往不是缺少保存语言的能力,而是缺少或是未发现系统的、保存其既有信息的载体。①但这一状况在诸如贝宁王国、大津巴布韦一样的非洲古代国家得到了很好的解决,其自身独特的文化传统使得他们能够在一定程度上达成"保存语言与信息"的目标:从保存语言的功能来看,尽管没有书面文字,但是非洲的语言却在代代口头相传当中保存下来,比如贝宁王国使用的埃多语(Edo)②以及大津巴布韦文化使用的绍纳语(Shona)等。非洲的口述传统不仅是弥补非洲内部文献不足的重要工具,同样是记录非洲地区历史变迁的主要资料,正如著名非洲史学家简·范西纳(Jan Vansina)在其著作《与非洲同在》中论述到的:"口头传统通常反映了非洲的过去,并能作为有用的史料来源"。③因此,尽管部分非洲国家与地区没有成熟的文字系统,但他们独特的口头传统却能够帮助他们补上缺乏书面文字所带来的多种状况。按照当今较为通用的文明标准判断,具有口头传统与拥有文字的非洲古国都拥有了跨越时空保存语言和信息的载体,应当被视为文明。

结合目前比较流行的文明判断理论,冶金以及礼仪建筑往往能够展现出一个文明物质层面发展的水平与程度,城市则能够展现出一个文明发展的多重纬度。具体到非洲来看,冶金、礼仪建筑以及城市的共同发展刚好是非洲由史前走向文明初创与发展的时期,而这

---

① 近年来学界对夏朝是否存在这一问题的争论是这一现象的典型表现。"疑古派"与"支持派"之间的重要争论点就在于缺乏证明夏朝存在的文字记录,但正如我国学者杜勇所讲,夏朝是否拥有文字并不是证明其存在的必要条件。参见:Li Liu and Hong Xu, "Rethinking Erlitou: Legend, History and Chinese Archaeology," *Antiquity*, Vol. 81, Issue.314(1 December 2007), pp. 886—901;杜勇:《关于历史上是否存在夏朝的问题》,《天津师范大学学报(社会科学版)》2006年第4期,第53—58页。
② 埃多语(Edo)是尼日利亚埃多州使用的一种语言。它是埃多人的母语,也是贝宁帝国及其前身伊戈多米戈多数千年来的主要语言。埃多语是贝宁市以及埃多州南部周边城市和地方政府使用的语言。
③ Jan Vansina, *Living with Africa*, University of Wisconsin Press, 1994, p.218.

一时期同样是非洲国家或者独立城邦的产生时期。金属冶炼、文字的使用、城市的出现,在撒哈拉以南的非洲都已具备。非洲黑人文明的存在已是一个不可争辩的事实。[1]

二、古代东北非地区的文明

古代东北非地区的文明,是指尼罗河中上游的古代文明,包括早期努比亚文明、库施文明与阿克苏姆文明等。

1. 早期努比亚文明

努比亚文明是非洲黑人创造的诸文明中最早的一个,在非洲大陆仅次于古代埃及文明。"努比亚"原先是个地名,包括今天阿斯旺以南的埃及尼罗河地区(称埃及努比亚)和库斯提以北的苏丹尼罗河地区(称苏丹努比亚),即北纬12度至24度之间的尼罗河盆地。

公元前4000年末期,努比亚文明已经发展到一定的程度,考古学家称之为"A族群文化"。他们属于半游牧民族,放牧绵羊、山羊和牛,通常住在小帐篷里,逐水草而居。从使用的生产工具看,基本处于新石器时代,也使用来自埃及的铜制工具。这时期文化的一个重要特征表现在陶器制作上,它们普遍制作精巧,图饰和造型富于艺术性。努比亚人制作的一种带黑边的赤色陶器技术,后来被传到下埃及,使这种陶器成为整个尼罗河地区古代陶工艺术的典型代表。在努比亚地区也发现埃及生产的花瓶、珍珠、护身符等物品。双方的生产技术肯定相互传播过,因为埃及的农业文明与努比亚的畜牧文明在经济上有互补性。在古代,战争是文明交流的重要手段,埃及对努比亚的战争开始于第一王朝时期,现存苏丹国家博物馆的一块沙石

---

[1] 艾周昌主编:《非洲黑人文明》,北京:中国社会科学出版社1999年,绪论第2—10页。

板刻画,生动地描绘了第一王朝第三任国王阿托提斯统治时期对努比亚的进攻。此后古埃及历任国王的铭文中几乎都记录了攻打努比亚的记录。

公元前 3000 年以后,"A 族群文化"趋于衰落,进入"B 族群文化"时期,这一时期的努比亚文化相对落后,主要原因是当时埃及实现了全国统一,建立了强大的中央集权制国家,对南部入侵的规模和次数都有了增加。这一时期的墓葬虽然延续着 A 族群的特征,但已没有什么殉葬品。

公元前 2200 年前后,趁着埃及发生动乱,无暇顾及向南入侵之机,努比亚早期文明有了进一步的发展,从"B 族群文化"进入"C 族群文化",有了一个新的繁荣时期。"C 族群文化"的中心范围大致在北纬 22 度至 23 度之间,即今天埃及纳赛尔水库附近地区。从考古发掘的结果看,此时的努比亚人虽然还是游牧民族,但也有少部分人定居下来。他们建造了两种类型的房子:一种是圆形的,墙壁用石头砌成,上面抹泥;另一种是用土坯建造的方形房子。这时墓葬的随葬品更加丰富,有各种陶器、匕首、短剑、战斧等生产工具和武器,还有象牙手镯、贝壳耳环、骨制和陶制念珠、臂环等装饰品。随着埃及中王国的建立和内乱的平息,努比亚重新面临北方军队的入侵。尽管"C 族群文化"一直存在到公元前 16 世纪,但是,为了躲避埃及人的入侵,可能也由于北方气候变得干燥的原因,努比亚人大约从公元前 21 世纪起,开始向南迁徙。

公元前 2000 年左右,在原努比亚地区南部、今苏丹北部的尼罗河流域出现了黑人历史上的第一个国家——库施王国(The Kingdom of Kush),努比亚文明开始向库施文明过渡。

2. 库施文明

"库施"一词源自古埃及人对尼罗河第一瀑布以上地区的称呼,它原是努比亚的一个地名。库施文明分为三个发展阶段:凯尔迈时期、纳帕塔时期和麦罗埃时期。

库施王国的早期阶段其首都在凯尔迈(Kerma),所以,这个时期的库施王国又称"凯尔迈王国"。凯尔迈位于尼罗河第三瀑布南面不远处,它的统治范围北至巴腾哈杰尔,向南延伸到白尼罗河地区,它控制着尼罗河流域的南北通道,充当非洲不同地区文明传播的媒介。

凯尔迈文明已经具备了比较高的发展水平,"凯尔迈城本身规模庞大、结构复杂,并经历了一千多年的发展"。[1]在经济方面,凯尔迈文明的主要产业是农业。受到尼罗河泛滥的影响,肥沃的尼罗河盆地构成使农业的潜力丰富,为凯尔迈发展农业提供了得天独厚的自然环境。但农业并非凯尔迈文明经济的唯一产业,贸易在促进凯尔迈地区一个或多个国家的发展中同样发挥了重要作用,"在古王国,埃及人似乎一直到凯尔迈进行贸易。在中王国,凯尔迈人曾经被期望将凯尔迈的商品带到北方的米尔吉萨,在第二中间期,他们显然与阿斯旺进行过贸易"。[2]考古学家杰夫·安柏林(Geoff Emberling)的发现也支持了这一观点。[3]政治上看,凯尔迈/库施的统治者建立了集权统治,同时拥有较为强大的军事力量,有能力召集来自努比亚地区的许多军队,同时能够对埃及南部发动战争。[4]在文化层面,凯尔迈文明在一定程度上受到埃及因素的影响,比如古典凯尔迈时期的西部寺庙(Western Deffufa)建筑也同埃及中王国时期的金字塔建筑有许多相似之处。[5]

---

[1] G. Emberling, B. B. Williams eds., *Oxford Handbook of Ancient Nubia*, pp. 201—212.

[2] Bruce G. Trigger, "The Rise of an African Civilization", *The International Journal of African Historical Studies*, Vol. 9, No. 1 (1976), p. 21.

[3] Geoff Emberling, "The Gold of Kush", *Archaeology*, Vol. 62, No. 6 (November/December 2009), p. 56.

[4] W. Vivian Davies, "Kush in Egypt. A New Historical Inscription", *Sudan & Nubia*, No. 7 (2003), pp. 52—54.

[5] Robert G. Morkot, *The Black Pharaohs*, London: The Rubicon Press, 2000, pp. 54—55, p. 66.

在 1910 年代凯尔迈文明遗址被最初发掘时，凯尔迈文明被认为是由埃及统治者所管理，在事实上是埃及的一部分。①对这一观点最强有力的反驳来自瑞典考古学家查尔斯·伯内特(Charles Bonnet)，他不仅认为凯尔迈文明独立于古埃及文明，还认为在诞生后约一千年的时间内，凯尔迈文明逐步发展出一整套较为成熟的专制统治机制并统治了周边地区。②该观点如今已经被学界逐步接受。

凯尔迈文明与古代埃及之间长期处于一种和平与战争交织的状态：一方面，凯尔迈文明因自身盛产黄金而成为埃及重要的贸易伙伴，双方曾因此进行过友好的贸易往来；但在另一方面，古埃及对于商业的追逐、保护商道的考虑促使其不断向南部的下努比亚地区进行扩张，这也使得埃及将拥有较强军事实力的凯尔迈文明看作是潜在威胁。③凯尔迈对埃及的战争当中频频获胜，甚至一度接近灭亡古埃及。不少学者将凯尔迈战胜埃及的原因归结于埃及的软弱，但是，近些年来的学者对这一假设提出了质疑，并认为埃及之所以软弱，可能是因为凯尔迈过于强大的缘故。④到了埃及法老图特摩斯一世末期(公元前 1520 年)，埃及征服了凯尔迈地区并建立统治，⑤同时使得该地区逐步走向了"埃及化"。⑥公元前 1070 年，随着埃及新王国的解

---

① George Andrew Reisner, *Excavations at Kerma*, Cambridge, Mass.: Peabody Museum of Harvard University, 1923, pp.1—8.
② 参见：Charles Bonnet ed., *Kerma, Royaume de Nubie*, Genève: Mission Archéologique de l'Université de Genève au Soudan, 1990; Charles Bonnet, "An African Kingdom of the 2nd and 3rd Millennia B.C.", p.38。
③ 比如为了保护金矿开采，法老辛努塞尔特一世(Senusret I)建立了堡垒来保护阿拉奇干河和加布加巴干河沿岸的金矿开采作业。David N. Edwards, *The Nubian Past: An Archaeology of the Sudan*. London: Routledge, 2004, p.78, p.91.
④ 参见：Stuart Tyson Smith, "State and Empire in the Middle and New Kingdom," in Judith Lustig ed., Anthropology and Egyptology: A Developing Dialogue, Sheffield: Sheffield Academic Press, 1997。
⑤ David O'Connor, *Ancient Nubia: Egypt's Rival in Africa*. University of Pennsylvania, p.25.
⑥ William Y. Adams, "The First Colonial Empire: Egypt in Nubia, 3200—1200 B.C.", *Comparative Studies in Society and History*, Vol.26, No.1 (Jan., 1984), p.66.

体,库施王国得以重新建立。

公元前 760 年,库施的政治中心由凯尔迈迁移到纳帕塔(在尼罗河第三与第四瀑布之间)。此时,库施已经是一个统一强大的国家,其疆域北起尼罗河第一瀑布,南到尼罗河第六瀑布的广大地区。国王佩耶在位期间(公元前 751 年至公元前 716 年),他乘埃及统治者内讧之机,率军北上,攻占埃及首都底比斯以及埃及古城孟菲斯,开创了埃及第二十五王朝(公元前 730—公元前 656 年),即黑人王朝——埃塞俄比亚王朝。根据现存喀土穆博物馆的"佩耶石碑"记载,此时库施与埃及实行联邦式的统治,佩耶既是库施的国王,又是埃及的国王,并宣布阿蒙神为至高无上的神。

公元前 663 年,亚述军队大举进攻埃及,打败了库施军队,攻占了底比斯城。库施被迫将首都迁回纳帕塔,在埃及统治八十余年的黑人王朝也就此结束。此后,库施文明逐渐摆脱了埃及文明的影响,走上了独立发展的道路。公元前 593 年,埃及第二十六王朝的法老萨美提克二世派军队远征库施,洗劫了纳帕塔,捣毁了宫殿、庙宇等建筑。为了远离北方邻居,公元前 591 年,库施国王阿斯佩尔塔(Aspelta)将库施首都迁往拥有良好水源与农业条件的麦罗埃,这标志着库施文明进入麦罗埃时期。[1]

麦罗埃位于尼罗河第五和第六瀑布之间的河谷平原地带,土地肥沃,水源充足,适宜发展农业。在麦罗埃时期,铁器得到广泛的运用。考古学家已在麦罗埃附近发掘出大规模的冶炼遗址,包括炼铁的熔炉、铸造工具和铁制生产工具等。有学者认为,麦罗埃是当时地中海沿岸以南非洲最大的冶铁中心,是"古代非洲的

---

[1] 参见:D. M. Dixon, "The Origin of the Kingdom of Kush (Napata-Meroë)", *The Journal of Egyptian Archaeology*, Vol. 50 (Dec., 1964), p. 123; Festus Ugboaja Ohaegbulam, Towards an Understanding of the African Experience, Lanham: University Press of America, 1990, p. 66。

伯明翰"。①

近年来，学界的相关研究开始关注到纳帕塔与麦罗埃时期库施王国的宗教、艺术及其体现出的多元色彩。这一多元色彩形成的原因一方面是库施同外部世界交流的结果，一方面则是库施王国自身发展的产物。其中，库施外来文化影响并存的特点在麦罗埃时期库施的艺术方面表现得尤为突出——比如在埃及的影响之下，库施国王开始建造自己的金字塔，并且在形式上主要是模仿新王国时期常见的埃及私人精英家庭金字塔。②弗朗西斯·布雷耶（Francis Breyer）则认为有证据证明这一时期库施王国的陶瓷生产在一定程度上受到了希腊化的影响，这一特征也表现在库施王国玻璃生产行业中——"它装饰有希腊-埃及风格的场景，并带有希腊标题"。③兰迪·哈兰德（Randi Haaland）则探讨了麦罗埃时期库施王国出现的一些新元素（狮子和大象图像）的出现，并认为这种因素与库施同印度洋各地的互动有关，这些互动涉及贸易、手工艺专家的迁徙和思想的流动。④但是，库施文明同样有着自己的特色，比如麦罗埃时期库施的建筑和装饰也发生了变化，并具有了区别于纳帕坦时期的独立特征。⑤此外，麦罗埃文字同样保留了库施自身的独特个性。

---

① ［埃及］G. 莫赫塔尔主编：《非洲通史》第二卷，中国对外翻译出版公司、联合国教科文组织编出版办公室 19984 年，第 239 页。
② Michael J. Kolb, *Making Sense of Monuments: Narratives of Time, Movement, and Scale*, Oxon and New York: Routledge, 2020, p. 72.
③ Francis Breyer, *Napata und Meroë: Kulturgeschichte eines nubischen Reiches*, pp. 80—86.
④ Randi Haaland, "The Meroitic Empire: Trade and Cultural Influences in an Indian Ocean Context", *The African Archaeological Review*, Vol. 31, No. 4 (December 2014), pp. 649—673.
⑤ Nezar AlSayyad, *Nile: Urban Histories on the Banks of a River*, Edinburgh: Edinburgh University Press Ltd., 2019, p. 102.

3. 阿克苏姆文明

约公元前 1 世纪，阿克苏姆（Aksum）王国开始在埃塞俄比亚兴起。[1]当时的阿克苏姆是一个贸易的重要中心，该国家聚集了许多内陆地区的产品并通过红海沿岸出口，以换取来自罗马和拜占庭帝国各地的奢侈品。[2]随着阿克苏姆成为罗马和印度之间贸易路线上的主要力量并获得了印度洋贸易的垄断权，它逐步迈入了希腊罗马文化领域，希腊语开始成为阿克苏姆国家的官方语言和文学语言。[3]同时，由于与希腊罗马世界的联系，阿克苏姆王国还在公元 4 世纪中叶将基督教定为国教。[4]但是，这并不意味着阿克苏姆的文化已经完全外来化，盖兹语就是在公元 4 世纪流传在阿克苏姆王国内部的一种产生于本土的古老文字。

阿克苏姆王国真正的腾飞是在公元 3 世纪左右，这一时期的阿克苏姆已经对阿拉伯南部的也门以及东南部的索马里和西南部的几个较小部落建立了某种形式的统治。[5]但是，关于阿克苏姆与库施两大文明在公元 4 世纪之前的交往情况究竟如何仍是学术界争论的话题，尽管目前的少量的文学、铭文证据能够推测双方在一定程度上存在着贸易以及和平交流，但双方的交往程度如何、是否具有连续性仍有待于考证。[6]但是对于公元 4 世纪中叶阿克苏姆对库施首都麦罗

---

[1] Stuart Munro-Hay, "The Rise and Fall of Aksum: Chronological Considerations", *Journal of Ethiopian Studies*, Vol. 23 (November 1990), p. 48.
[2] David W. Phillipson, "Aksum in Africa", *Journal of Ethiopian Studies*, Vol. 23 (November 1990), p. 55.
[3] Louise Minks, *Traditional Africa*, San Diego: Lucent Books, 1995, p. 28.
[4] Samantha Kelly ed., *A Companion to Medieval Ethiopia and Eritrea*, Leiden: Brill, p. 34.
[5] 参见：Rodolfo Fattovich, "The Development of Ancient States in the Northern Horn of Africa, c. 3000 BC—AD 1000: An Archaeological Outline", *Journal of World Prehistory*, Vol. 23, No. 3 (November 2010), pp. 165—167。
[6] 参见：George Hatke, *Aksum and Nubia: Warfare, Commerce, and Political Fictions in Ancient Northeast Africa*, New York: New York University Press, 2013, pp. 25—35; Derek A. Welsby, *The Kingdom of Kush: The Napatan and Meroitic Empires*, London: British Museum Press, 1996, pp. 196—205。

埃的占领则标志着独立的库施王国的终结这一点基本没有异议。①在被阿克苏姆王国击败之后,库施王国最终于公元 6 世纪正式解体。

作为库施王国之后东非地区的主要文明,阿克苏姆王国同样有着较为发达且多彩的文明表现形式。除去上文中提到的宗教与文字外,阿克苏姆王国同样有着较为发达的政治、经济体制以及独特的文化。政治方面,阿克苏姆王国实行以国王为核心的早期封建等级君主制,国王在其中居于核心地位。在经济方面,阿克苏姆的农业是一种犁耕和灌溉农业。阿克苏姆人不仅能够使用犁、镰刀等工具进行农业劳动,并且能够进行人工灌溉——现有的考古遗迹已经表明阿克苏姆已经拥有可用于收集雨水的水坝和蓄水池,畜牧业也较为发达。手工业方面,阿克苏姆还可以生产陶罐、玻璃以及使用金属制品,但是采矿业发展相对一般。商业方面,阿克苏姆大部分出口产品似乎是通过在非洲大陆地区的军事掠夺以及与这些地区的贸易获得的,很少包括农业以及手工业产品。同时,阿克苏姆还会使用黄金来同外部世界进行贸易,比如交换牛、盐、铁等,还会使用黄金进口黄铜制造的军用物品、进口铁矛和其他金属制品等等。②总体上看,阿克苏姆的经济基本上仍以小规模、自给自足的生产为主,并且牢固地建立在对家养植物和对动物畜牧业的开发之上。③

文化方面,除去来自希腊的影响,阿克苏姆本身同样形成了较有特色的文化,尤其在建筑方面最为明显:阿克苏姆大多数建筑,如宫殿、别墅、平民住宅以及其他教堂和修道院,都是由石头和木材交替

---

① Mohammad Ali, *Ethnicity, Politics, and Society in Northeast Africa Conflict and Social Change*, Lanham: University Press of America, 1996, p.119.
② Yuri M. Kobishchanov, Translated by Lorraine T. Kapitanoff, *Aksum*, University Park and London: The Pennsylvania State University Press, 1979, pp.126—139.
③ D. W. Phillipson, *African Archaeology (Third edition)*, Cambridge: Cambridge University Press, 2005, p.122.

建造的,这些结构中突出的木支撑梁被称为"猴头"。此类建筑既是阿克苏姆建筑的主体,也是阿克苏姆对后来建筑影响的标志。同时,阿克苏姆人还会建造巨大的石碑建筑以标记坟墓所在地。①在存在了约800年后,阿克苏姆王国最终在一位名叫古迪特(Gudit)女王的入侵后走向了衰落,但是学界关于导致阿克苏姆王国最终衰落的原因却提出了不同的看法:比如 D.W. 菲利普森认为随着伊斯兰势力占领通往亚历山大和拜占庭的贸易路线,阿克苏姆帝国在 7 世纪中期开始衰落;卡尔·W. 布泽则将这一现象归结于气候变化对社会生产以及经济的破坏。斯图尔特·蒙罗-海伊则认为内部与外部的政治问题是导致阿克苏姆衰落的因素。②尽管尚未形成定论,但不论原因如何,阿克苏姆王国最终退出了历史的舞台。

三、古代西非文明

与东北非地区相比,西非地区文明的出现相对较晚。尽管从公元前四千年左右西非地区就具有了向复杂社会结构发展的趋势,③但总体上看西非迈向文明发展时间仍然相对较长,已有的考古证据表明,西非地区经历了从较早的提吉特文化(Tichitt culture)到

---

① D. W. Phillipson, *Foundations of an African Civilization: Aksum & the Northern Horn, 1000 BC-AD 1300*, Woodbridge: James Curry, 2012, p.122, p.140.
② 参见: D. W. Phillipson, *Foundations of an African Civilization: Aksum & the Northern Horn, 1000 BC-AD 1300*, p.209; Karl W. Butzer, "Rise and Fall of Axum, Ethiopia: A Geo-Archaeological Interpretation", *American Antiquity*, vol.46, no.3 (Jul., 1981), pp.471—495; Stuart Munro-Hay, "The Rise and Fall of Aksum: Chronological Considerations", *Journal of Ethiopian Studies*, Vol.23 (November 1990), pp.47—53。
③ Michael Brass, "The Emergence of Mobile Pastoral Elites during the Middle to Late Holocene in the Sahara", *Journal of African Archaeology*, Vol.17, No.1 (June 2019), p.3.

著名的诺克文化(Nok Culture)的发展进程。[1]尽管这些文化创造出许多辉煌灿烂的成果——比如诺克文化的冶铁技术就是自身独立发展出来的,这不仅是对殖民主义史学"非洲没有本土文明"观点的有力反击,同样是证明非洲发展内源性的有力证据[2],并且对西非地区文明后续的发展产生深远影响[3]。但是,这种早期文化在西非地区存在时间较长,一直持续至公元纪年依然存在,直至后来的萨赫勒王国(包括加纳、马里以及桑海帝国)以及森林国家(伊费、贝宁等)出现,西非才开始迈向国家文明阶段。

1. 西非早期铁器时代文明

西非早期铁器时代的时间为公元前500年至公元1000年前后的这样一个时段。比埃及使用铁器的时代略晚,公元前7世纪初,埃及各地使用铁器工具已经十分广泛和普遍。西非早期铁器时代文明有两个代表即诺克文化和萨奥文化。

诺克(Nok)位于今尼日利亚境内,是北部城市阿布贾向东北方向通往卡方尚的一个小村庄。20世纪30年代,人们在当地矿坑中发掘出制作精美的赤陶头像,此外还有铁器、石器装饰品。经考古学家的研究表明,上述物品制作于公元前500年至公元200年,属于西非早期铁器时代。人们把诺克地区这一西非早期铁器时代的文化称为诺克文化。

考古学家后来又在诺克村及其周围出土了大量诺克文化的遗址

---

[1] Minze Stuiver and Nicolaas J. van der Merwe, "Radiocarbon Chronology of the Iron Age in Sub-Saharan Africa", *Current Anthropology*, Vol. 9, No. 1(1968), pp. 48—62.
[2] Christopher Ehret, *Ancient Africa: A Global History, to 300 CE*, Princeton: Princeton University Press, 2023, p. 19.
[3] 有学者认为诺克文化的陶瓷制作影响了后续西非布拉文化(Bura Culture)、杰内-杰诺(Djenne-Djenno)以及伊费(Ife)的陶瓷制作方式。参见:Andrea L. Stanton, Edward Ramsamy, Peter J. Seybolt & Carolyn M. Elliott, eds., *Cultural Sociology of the Middle East, Asia, & Africa: An Encyclopedia*, Thousand Oaks: SAGE Publications, Inc., p. 8.

和文物。其中既有炼铁遗址、原始炼铁炉,也有大量陶器和石器,包括石磨、石臼、石斧等。"迄今为止,已知的西非最著名的铁器时代早期社会或许是诺克人社会,公元前 500 年,诺克人无疑已经在冶铁。可能还要早一些。"①遗址中铁器和石器并存,说诺克人尽管已经掌握了冶铁技术,但是由于刚刚步入铁器时代,铁器既不精当,又不丰富,石器仍然成为铁器工具的补充手段。铁器与石器的混用是诺克文化处于早期铁器时代的真实写照,这也是人类历史上掌握铁器冶炼技术之初的普遍现象。

在诺克地区出土了大量动物或人物头像,其中最有名的是赤陶雕像。雕像作品一般是上部大下部小,以人头像为例,额头部位特别大,几乎占据整个脸部的一半,眼睛、鼻子和嘴巴逐步缩小。雕像与人体的真实比例也是如此,诺克雕像的头部占身高的 3/4,而实际比例为 1/6。诺克雕像的脸部处理很具特色,比如眼睛的瞳孔都是由手工钻出的孔洞,眉毛平直。赤陶由焙烧黏土而成,诺克赤陶雕像质地坚硬,耐腐蚀,许多作品至今仍保持原样,足见其制作技术的高超和手法的娴熟。

萨奥位于西非乍得湖地区的沙里河下游地区,在 20 世纪 30 年代,考古学家在此发现古城遗址,发掘出青铜、黄铜和铁器等金属物品,同时也发现了石质、骨质、角质和珍珠贝的雕刻品。学术界称之为萨奥文化。经放射性碳素年代测定,确定其存在的时间为公元前 425 年至公元 1700 年之间。在出土文物中,数量最多的是焙烧过的黏土制品。大至村落四周的防御性围墙,小至各类生活用品,如炉灶、陶器、玩具和饰物,因其数量大、品种多,因此有人把萨奥文化称为"陶土文化"。

萨奥作品与诺克作品虽然都以人和动物为主要表现对象,诺克

---

① [埃及]G. 莫赫塔尔主编:《非洲通史》第二卷,北京:中国对外翻译出版公司 19984 年,第 475 页。

作品把两类表现对象区分得十分清楚,而萨奥作品则不然,人和动物作品相互渗透和融合,有些作品同时具有人和动物的特征,以至于很难把人或动物的作品区分开来。萨奥文化和诺克文化存在不同之处,它们都是西非早期铁器时代的典型代表。

西非早期铁器时代是西非历史发展的重要阶段,不断增多的考古资料表明,早期铁器时代的西非居民使用铁器工具成功开发了他们生活的自然环境,在经济发展的基础上,社会出现分化并形成阶级,这为国家的产生奠定了基础。日后出现的加纳及约鲁巴诸国家,正是在此基础上演化出来的。西非是撒哈拉以南非洲最早使用铁器的地区,伴随着班图人的迁徙浪潮,铁器由西非传入东部非洲、中部非洲和南部非洲。

2. 加纳、马里和桑海

西非地区第一个真正意义上的国家当属位于今天的毛里塔尼亚东南部和马里西部的古加纳帝国(Ghana Empire),根据口头传说,其创始人瓦卡亚曼加(Wakayamangha)在公元 300 年左右创立了该帝国,[1]现代学者基本上赞同这一观点——"他们选择这个日期的原因之一是,当时在北非铸造的硬币在苏丹西部被发现"。[2]但是,关于究竟是哪一种族建立了加纳王国的问题始终被各方学者争论:部分早期文献甚至认为建立加纳的是柏柏尔人。到了近代,早期殖民主义史学的拥护者往往将非洲的起源归结于外来含米特人的影响。而现代部分学者则在考古发现的基础上认为建立加纳帝国的是非洲本土的索宁克人。[3]

---

[1] A. J. H. Goodwin, "The Medieval Empire of Ghana", *The South African Archaeological Bulletin*, Vol. 12, No. 47 (Sep., 1957), p. 108.
[2] Patricia and Fredrick McKissack, *The Royal Kingdoms of Ghana, Mali, and Songhay Life in Medieval Africa*, New York: Henry Holt and Company, p. 10.
[3] Patrick J. Munson, "Archaeology and the Prehistoric Origins of the Ghana Empire", *The Journal of African History*, Vol. 21, No. 4 (1980), pp. 457—466.

尽管学界关于建立加纳帝国的种族这一问题尚未形成完全的定论,但这并不影响加纳帝国的辉煌。在文化方面,加纳帝国的口述传统是极其具有特色的记录方式,同样也是在缺乏文字资料的状况下了解加纳帝国历史的重要参考依据。[1]在经济上,加纳帝国以其跨撒哈拉贸易而著称——由于北非从公元四世纪开始就开始饲养骆驼,进而极大地提高了穿越沙漠的能力,跨撒哈拉贸易也从中得到了相当大的发展。得益于此,伊斯兰世界开始与加纳帝国有所接触,加纳帝国也因此成为跨撒哈拉贸易的南部终点站、苏丹的"入境口岸"、贸易的集散地,黄金贸易尤为盛行,[2]而这一贸易同样使得伊斯兰教传入了加纳。加纳帝国的城市化也相当发达,并且呈现出"移动性"这一独特特征。[3]在政治上,加纳国王不仅是政治首脑,同样是国家司法和宗教的首脑。"加纳"一词的本意是战士或战争首领,是给予统治者的头衔。[4]

根据古代著名历史学家伊本·赫勒敦的记载,随着北非阿尔摩拉维王国势力的增强,加纳的权力逐渐被蚕食。1076 年,阿尔摩拉维王国洗劫了首都库姆比萨利赫,许多附属民族脱离了社会。[5]在这一进程中,索索帝国(Sosso Empire)逐步壮大并开始强迫加纳称臣。到了 13 世纪,强大起来的伊斯兰教国家马里帝国(Mali Empire)在

---

[1] Steven J. Salm and Toyin Falola, *Culture and Customs of Ghana*, London: Greenwood Press, 2002, pp.59—60.
[2] J. D. Fage, "Ancient Ghana: A Review of The Evidence", *Transactions of the Historical Society of Ghana*, Vol.3, No.2 (1957), pp.3—24.
[3] Daniel McCall and Reed F. Stewart, "Reconstructing Early Mande Civilizations: Ghana and Mali", *Bulletin of the American Schools of Oriental Research*, *Supplementary Studies*, no.20, Reconstructing Complex Societies: An Archaeological Colloquium (1974), p.44.
[4] Willie F. Page, R. Hunt Davis, Jr., eds., *Encyclopedia of African History and Culture*, vol.2, New York: Facts on File, 2005, pp.85—87.
[5] J. F. Ade Ajayi ed., *History of West Africa (2nd. ed.)*, New York: Columbia University Press, 1976, p.124.

国王松迪亚塔(Sundjata Keita)的带领下,在基利纳战役中击败了索索帝国并将加纳帝国纳入到统治范围,①开始了马里帝国在西非的统治。

马里帝国最初只是尼日尔河上游以曼丁地区为中心的一个小国,随着11—12世纪加纳帝国的衰落以及跨撒哈拉贸易的南迁,马里逐步发展起来并最终在13世纪成为一个大帝国。马里帝国在文化层面与加纳帝国类似,同样以口头传说作为记载自身历史的重要手段,其中,"格里奥"(Griot)便是承担这一责任的口述记录人,马里帝国的著名史诗《松迪亚塔》便是由格里奥所记载、传颂。②在宗教方面,马里帝国信仰伊斯兰教,在马里帝国另一著名君主曼萨·穆萨(Mansa Musa,又名坎坎·穆萨)统治时期,马里帝国达到了国力巅峰。曼萨·穆萨也在1324至1325年进行了马里帝国历史上著名的"麦加朝觐",并在沿途当中散发财物,展现出当时马里帝国的强大国力。曼萨·穆萨还和平吞并了廷巴克图城市并在当地修建了清真寺。在政治层面,马里帝国的国王称之为"曼萨"(Mansa),拥有绝对权威,帝国的大部分地区由自治王国组成,这些王国承认曼萨的最终权威并纳贡。贸易是马里崛起和成功的重要因素。马里帝国不仅同加纳帝国一样从事黄金贸易,同样还从事盐、铜的相关贸易。③到了14世纪之后,随着马里帝国逐步丧失了对跨撒哈拉贸易的掌控、桑海帝国的崛起与蚕食、周边敌对民族的崛起以及持续不断的内战状

---

① Kevin Shillington, *History of Africa*, London: Palgrave Macmillan, 2012, pp. 93—101.
② [几内亚]吉·塔·尼亚奈:《松迪亚塔》,李震环、丁世中译,上海:上海译文出版社,1983年,第1页。
③ Sékéné Mody Cissoko, "Formations Sociales et État en Afrique Précoloniale: Approche Historique", Présence Africaine, Nouvelle série, No. 127/128, Colloque Sur «La Problématique De L'état En Afrique Noire»: Dakar: 29 Novembre—3 Décembre 1982 (3e Et 4e Trimestres 1983), pp. 50—71.

态，马里帝国逐步走向衰落并在17世纪走向灭亡。①

继马里帝国之后而崛起的是桑海帝国（Songhai Empire），其最初可能发源于登迪（Dendi）地区，位于尼日利亚古尔宾-索科托河与尼日尔河交汇处的西北部。②已知居住在该地区的另一个群体是多族人（Do Peoples），他们是在河流沿岸肥沃的土地上种植庄稼的农民。10世纪之前，这些早期定居者被更强大的桑海人征服，所有群体逐渐开始讲同一种语言，这一国家最终被称为桑海。公元七世纪左右，桑海酋长们在尼日尔河畔建立了加奥王国（Gao）以及加奥城，该城最终在11世纪成为桑海帝国的首都。③尽管自创始以来一直处于发展状态，但桑海始终是马里帝国的附庸，加奥城也在1325年被曼萨·穆萨所攻占。直至14世纪末，桑海王国才真正从马里手中获得独立，成为一个帝国。

与马里帝国相同，桑海帝国在经济方面同样十分依赖于萨赫勒地区的陆路贸易和尼日尔沿岸的河流贸易：黄金与盐的贸易仍然在萨赫勒地区陆路贸易路线当中居于核心地位。象牙、鸵鸟羽毛和奴隶被送往北方，以换取盐、马、骆驼、布料和艺术品。④而地方上所缴纳的税赋也是桑海帝国财政的重要来源。随着桑海帝国商业的不断发展，部分非桑海商人在塑造桑海帝国方面开始发挥重要作用——

---

① J. Ki-Zerbo and D. T. Niane eds., *General History of Africa IV: Africa from the Twelfth to the Sixteenth Century (Abridged Edition)*, Oxford: J. Currey; Berkeley: University of California Press, 1997, pp.70—76.
② 登迪曾是桑海帝国的一个省份。其中心位于今天尼日尔的加亚市、尼日利亚的坎巴市和贝宁的马朗维尔市。E. W. Bovill, "The Niger and the Songhai Empire", *Journal of the Royal African Society*, vol.25, no.98 (Jan., 1926), pp.138—146.
③ David C. Conrad, *Great Empires of the Past: Empires of Medieval West Africa*, New York: Chelsea House, 2009, p.59; Henry Louis Gates, Jr. and Kwame Anthony Appiah eds., *Encyclopedia of Africa vol.1*, New York: Oxford University Press, 2010, p.133.
④ Alice Willard, "Gold, Islam and Camels: The Transformative Effects of Trade and Ideology", *Comparative Civilizations Review*, Vol.28, No.28(1993), pp.88—89.

保罗·斯托勒（Paul Stoller）指出："非桑海商人能够控制货币的流动……他们在许多情况下建立了经济客户的区域网络。由于非桑海商人几乎完全控制了货币，贵族们经常发现自己处于一种象征性的尴尬境地，不得不向商人借钱，以支撑他们日益萎缩的政治客户网络。"[1]同时，桑海王国还大量使用战俘以及购买的奴隶作为生产单位。在手工业上，桑海王国有许多工业，如剪裁、皮革加工、染色、金矿开采、锻造、铜矿开采和盐矿开采等。除了已经提到的产业外，桑海人还从事石工、农业和渔业。[2]在政治方面，桑海帝国同样实行了国王集权制。桑海国王通过任命总督和城市长官来管理尼日尔河谷周围的当地朝贡国。如果这些地方酋长不违抗桑海帝国的政策，他们仍然被授予在各自辖区的权力。[3]而桑海帝国与著名商业城市廷巴克图之间的政治关系仍然是学者讨论的话题。[4]宗教方面，尽管桑海帝国信奉伊斯兰教，但仍有一定比例的人员信仰非洲本土的传统宗教。

3. 伊费和贝宁

森林国家当中的伊费帝国（Ife）与贝宁王国（The Kingdom of Benin）同样是西非这一时期文明的重要代表。伊费帝国是西非地区历史上第一个约鲁巴王国。根据现有研究成果，伊费王国大约在公

---

[1] Paul Stoller, "Social Interaction and the Management of Songhay Socio-Political Change", *Journal of the International African Institute*, Vol. 51, No. 3 (1981), pp. 765—780.

[2] Robin Walkerand Siaf Millar, *Sword, seal & Koran: the glorious West African Empire of Songhai (250 BC-1660 AD)*, Birmingham: Concept Learning, 2000, p. 43.

[3] John Iliffe, *Africans: the history of a continent*, New York: Cambridge University Press, 2007, p. 72.

[4] 学界传统观点认为桑海帝国时期的廷巴克图不仅是自治的，而且能对桑海帝国产生重要政治影响。而1990年代左右的研究开始认为廷巴克图不仅不是自治，同时对于桑海帝国的政治影响也微乎其微。参见：Michael A. Gomez, "Timbuktu under Imperial Songhay: A Reconsideration of Autonomy", *The Journal of African History*, Vol. 31, No. 1 (1990), pp. 5—24.

元5到9世纪左右开始形成——在这一时期,后来成为伊费王国首都的伊莱-伊费(Ilé-Ifè)周边开始形成人口聚集点。随着人口与定居点的增加,周边部族开始联合起来以谋求生存,而伊费则是其中较为强大的联合体。在公元10—11世纪左右,伊费帝国的建立者奥杜杜瓦(Odùduwà)与另外一个首领奥巴塔拉带领的联合体产生了冲突并获胜,最终于11世纪左右建立起伊费国家。[1]在此之后,奥杜杜瓦的后裔开始从伊莱-伊费地区向其他地区扩张,进而形成了其他约鲁巴国家。经过长期发展,伊费帝国于14世纪达到自身国力的顶峰,但仅仅在一个世纪后,15世纪初期,在长期干旱、西苏丹地区的政治动乱(如马里帝国的崩溃)、伊费帝国的内部政治危机以及流行病的影响下,伊费帝国迅速走向终结。[2]

作为跨撒哈拉贸易重要参与者之一,伊费很早就开始沿尼日尔河上游至加奥城这一路线进行对外贸易,其中,伊费提供的商品有很大一部分是手工业产品,而这主要得益于伊费较高的手工业生产水平。根据目前的考古发现,伊费早在11世纪便拥有了较为成熟的生产玻璃珠的能力,玻璃珠不仅是当时跨撒哈拉贸易甚至是跨印度洋贸易的重要商品,同样是展现约鲁巴人社会政治地位、经济权力和精神象征意义的对象。[3]此外,伊费的青铜、石头和陶土雕塑艺术也十分发达——"古代伊费艺术作品不仅具有强大的视觉力量、惊人的美感和罕见的技术成就,而且也是表达这个早期中心历史和政治核

---

[1] 参见:J. Ki-Zerbo and D. T. Niane eds., *General History of Africa IV: Africa from the Twelfth to the Sixteenth Century (Abridged Edition)*, p.138。
[2] Akinwumi Ogundiran, *The Yourba: New History*, Bloomington: Indiana University Press, 2020, pp.53—56, p.109, pp.154—179.
[3] Abidemi Babatunde Babalola, "Ancient History of Technology in West Africa: The Indigenous Glass/Glass Bead Industry and the Society in Early Ile-Ife, Southwest Nigeria", *Journal of Black Studies*, Vol.48, No.5(2017), pp.501—521.

心问题的物品"。①因此，伊费的手工业制造品并非只是伊费艺术能力的体现，同样是还原伊费历史的重要参考内容之一。

西非地区另外一个重要的森林国家则是贝宁王国。该王国位于西非南部海岸附近（即今天的尼日利亚南部地区），始建于12世纪。②根据已有的口头传说资料，贝宁王国最初是由Ogiso（意为：天空之王）王朝进行统治，③但因种种原因，Ogiso王朝到了14世纪已然不能够维持其统治并遭到了人民的反抗。在驱逐了Ogiso王朝的最后一位统治者奥吉索之后，贝宁人民派人去伊费帝国请求奥杜杜瓦，希望让他的一个儿子作为他们的统治者。尽管奥杜杜瓦生前未能满足这一要求，但他的儿子兼继承人奥巴卢丰则将他的兄弟奥兰米扬派往贝宁进行统治。④这一口头传说不仅成为贝宁与伊费同祖同源的证据之一，同样是贝宁王国的正式开端。

在政治上，贝宁国王被称为"奥巴"（Oba），奥巴不仅代表着至高无上的王权，同样在宗教层面被视为神圣的化身，被认为拥有神奇的力量。⑤在经济方面，贝宁王国在内陆贸易之外开始与欧洲有所接触，15世纪末还开始与欧洲人进行一些胡椒、奴隶、布料和象牙方面的贸易。⑥在文化方面，贝宁的青铜、黄铜以及象牙手工制品同样达到了一个相当高的水平。其中，贝宁王国的宫廷与仪式艺术品是贝

---

① Suzanne Preston Blier, "Art in Ancient Ife, Birthplace of the Yoruba", *African Arts*, Vol. 45, No. 4 (2012), pp. 70—85.
② J. Ki-Zerbo and D. T. Niane eds., *General History of Africa IV: Africa from the Twelfth to the Sixteenth Century (Abridged Edition)*, p. 140.
③ Robert W. Strayer, *Ways of the World: A Brief Global History with Sources (2nd ed.)*, New York: Bedford/St. Martin's, 2013.
④ A. F. C. Ryder, "A Reconsideration of the Ife-Benin Relationship", *The Journal of African History*, Vol. 6, No. 1 (1965), pp. 25—37.
⑤ R. E. Bradbury, *The Benin Kingdom and the Edo-speaking Peoples of Southwestern Nigeria*, Ldondon: International African Institute, 1957, pp. 40—42.
⑥ A. F. C. Ryder, Benin and the Europeans 1485—1897, New York: Humanities Press, 1969, pp. 32—41.

宁艺术的重要组成部分,其不仅反映出贝宁王国手工技艺的高超,同样是反映贝宁宫廷历史、生活状况的一手材料。①

现有的资料表明,贝宁王国在公元1200年至1300年左右就已经变得相当繁荣。在奥巴·埃夸雷(Oba Equare,在位时间约为1440年至1481年)统治时期,贝宁王国的国力到达了巅峰——埃夸雷不仅凭借强大的军队征服了西部的约鲁巴土地和东部的下尼日尔地区,同时还发起了行政改革,建立了复杂的官僚机构。到了16世纪,在奥巴·埃西吉(Oba Esigie)的带领下,贝宁王国仍不断向外扩张自身版图。但是到了18、19世纪,贝宁内部的政治斗争以及其他约鲁巴国家的发展逐步削弱了贝宁王国的实力。外加上英国殖民势力的侵入,贝宁王国最终于1897年被并入英国的尼日利亚保护国,丧失了独立地位。②

四、中南非洲与东非黑人文明

中南非洲黑人文明的代表有加涅姆-博尔努、卢巴王国、刚果王国与绍纳王国等,这些王国的兴起与班图人大迁徙密切相关。③此外,东非地区的斯瓦希里文明也与班图人迁徙有关。

1. 班图人大迁徙

非洲大陆到底有多少个民族?迄今没有一个准确的数字,有人认为,非洲有2000多个民族,还有人认为,有700个民族;比较通常

---

① 参见:Kate Ezra, *Royal art of Benin: The Perls collection in the Metropolitan Museum of Art*, New York: Metropolitan Museum of Art, 1992。
② Anne Kerr, Edmund Wright, *A Dictionary of World History (3 ed.)*, Oxford: Oxford University Press, 2015.
③ D. W. Philipson, *The Later Prehistory of Eastern and Southern Africa*, London: Heinemann, 1977, p.141.

的说法是，非洲有 1000 多个民族。造成今天非洲大陆民族众多的一个重要原因，就是历史上延续将近 2000 年的班图人的大迁徙。

班图人的起源地和迁徙的原因

非洲大陆是黑人的家园和世界各地黑人的故乡。黑人占今天非洲大陆总人口的 2/3 左右。黑人又叫尼格罗人，分布在撒哈拉以南非洲的广大地区。尼格罗人一般分为苏丹尼格罗人和班图尼格罗人两种。苏丹尼格罗人主要分布在两河一湖地区，即尼日尔河—乍得湖—尼罗河中上游，西起大西洋沿岸，东至埃塞俄比亚高原西侧。班图尼格罗人则分布在苏丹尼格罗人以南广大地区，简称班图人。因其发展迅速，并不断地迁徙，班图人已经成为赤道非洲和南部非洲各国的基本人种。

由于非洲缺乏文字资料，古代非洲的历史不是那么清晰，包括"班图人的起源地"这样的问题，存在着较大的争议。有的学者认为，班图人起源于尼罗河上游和东非大湖地区；有的学者认为，班图人起源于刚果河盆地。美国学者约瑟夫·格林伯格在《非洲语言分类研究》一书中，主要从语言学角度进行研究，具体计算出班图语词汇中有 42% 仍然保留在西非语言之中，他据此认为，班图人发源于尼日利亚和喀麦隆的交界处，大体上在喀麦隆高原的西侧。

关于班图人迁徙的原因，学术界同样存在着争议，中国学者艾周昌和陆庭恩两位先生认为有两个原因：一是班图人生产力的提高、人口快速增长，加速了人口与土地的矛盾，导致班图人的迁徙。班图人由狩猎和采集经济向农耕经济过渡后，物质生活得到一定改善，尤其是班图人较早掌握了冶铁技术，热带锄耕农业的发展，加之香蕉、薯蓣和玉米等高产农作物的引入，粮食产量的增加，加速了人口的繁殖。当土地已经无法支撑人口快速增长的时候，班图人只得向外迁徙，寻求新的土地。二是撒哈拉沙漠的扩大和南移，使得沙漠沿线的苏丹尼格罗人南迁，推动着班图人向外扩散。

班图人大迁徙历时将近两千年,从公元1世纪开始,11世纪后大大加快,到19世纪才结束。前后持续了1800年之久。

班图人迁徙的路线及影响

班图人的大迁徙是以部落为单位陆续扩展开来的。他们一股一股地向前推进。有时,后来的一股越过前面的部落;有时,前后来的部落融合为新的部落,再向前迁徙。

班图人迁徙大致分为四个阶段:第一阶段,一批接一批的班图人沿着刚果河各河道从喀麦隆中部和乌班吉的林地向扎伊尔赤道森林以南的林地迅速迁徙;第二阶段,迁徙各族结合起来,定居下来,然后继续向外迁徙,其范围更大,包括西海岸的刚果河口至东海岸的鲁伍马河之间整个中部非洲地区;第三阶段,班图各族迅速向南进入气候更加湿润地区;第四阶段,占领当今班图非洲的其余地区。

班图人迁徙的路线十分复杂,大致可以分为东、西和南三条路线:

西线是班图人最早向外迁徙的路线。他们到达的范围:大约北起刚果(金)北部和喀麦隆的南部,南到纳米比亚北部,西抵大西洋,东到邻近大湖地区的广大地带。这些西迁的班图人后来形成了刚果人、芳人、赫雷罗人、班吉人、隆达人、卢巴人、库巴人、恩哥拉人等民族。

南线是班图人迁徙数量最多、历时最久的方向。他们先后进入鲁伍马河至赞比西河地区、赞比西河至林波波河之间地区,最后进入今天南非,如科萨人一直到南非大鱼河流域,祖鲁人到达南非的纳塔尔地区。今天分布于坦桑尼亚、马拉维、赞比亚、莫桑比克、津巴布韦境内的恩戈尼人、恩森加人、图姆布卡人、恩德贝莱人和聪加人等,都是班图人南迁后形成的民族。

向东迁徙的班图人形成吉库尤人、坎巴人、戈戈人、干达人、尼亚姆韦齐人和马孔德人等民族。迁到沿海地区的一部分,由于受阿拉伯人的影响,形成了混合居民——斯瓦希里人,他们讲斯瓦希里语。这种语言以班图语为主,吸收了大量的阿拉伯语的词汇和发音而形成的。

班图人大迁徙是非洲历史的重大事件,对今天非洲民族构成、种族分布等都产生了深远的影响。

首先,班图人大迁徙是造成了今天非洲大陆民族十分复杂的一个重要原因。非洲是世界上民族最多的大陆,这与班图大迁徙有关系。因为,在大迁徙的过程中产生了许多新的民族。

其次,班图人大迁徙改变了过去非洲大陆基本人种分布的格局。非洲南部最早的居民主要是科伊桑人。但今天这一地区的居民中90%是班图人,这是班图人迁徙的结果。

第三,班图人大迁徙的过程中,形成了一系列的国家,如古代刚果国、隆达国、安哥拉王国、库巴王国,以及莫诺莫塔帕帝国等等。

2. 加涅姆-博尔努

加涅姆-博尔努(Kanem-Bornu)是中南非洲地区较早出现的国家之一。学界多数学者将8世纪左右卡内姆-博尔努帝国的形成看作是非洲本土游牧民族的产物。在加涅姆帝国存在的最初几百年中,本土卡努里(Kanuri)一直受到来自北方的扎格哈瓦游牧民族建立的杜古·瓦王朝(Dougouwa)的统治。[1]公元1068年,使用卡努里语且信仰伊斯兰教的塞法瓦人在击败杜古瓦王朝之后建立起塞法瓦王朝(Sayfawa Dynasty)[2]到了14世纪,在与本土的萨奥文明(Sao Civilization)以及游牧民族比拉拉人(Bilala People)的战争当中接连失利后,塞法瓦王朝的统治者被迫将首都从卡内姆迁至博尔努,开始

---

[1] J. F. Ade Ajayi ed., *History of West Africa (2nd. ed.)*, p.162.
[2] Dierk Lange, "Ethnogenesis from within the Chadic State. Some Thoughts on the History of Kanem-Borno", Paideuma, Vol.39 (1993), pp.261—277.

了卡内姆-博尔努帝国的博尔努时期。①加涅姆-博尔努帝国在第 54 任国王伊德利斯·阿鲁玛(Idris Alooma)掌权时(在位时间约公元 1580—1603 年,另一说法是公元 1571—1602/1603 年)达到了顶峰,但到了十八、十九世纪便因为富拉尼族的崛起、干旱灾害的威胁而走向衰落。1846 年,本·穆罕默德·阿明·奥马尔一世取代了塞法瓦王朝,虽然仍沿用了加涅姆-博尔努帝国的名号,但帝国已经名存实亡,并最终逐渐演变成为今天尼日利亚地区的博尔努酋长国。

加涅姆-博尔努帝国的经济十分具有特色。作为跨撒哈拉贸易的参与者,加涅姆-博尔努帝国在历史上的大部分时间内一直通过一条从利比亚海岸到乍得湖的穿越撒哈拉的重要贸易路线与北非相连。②同时,博尔努时期的商业十分兴盛,乍得湖以西地区的农业潜力和基于盐生产的经济交流为博尔努提供了坚实的经济基础。这也是博尔努早期能够实现扩张的原因之一。③

3. 卢巴王国与刚果王国

卢巴王国(The Kingdom of Luba)是中南非洲地区诞生的一个班图国家,约 1585 年左右建立,大致位于现在刚果民主共和国南部的乌朋巴洼地附近,是刚果盆地的第一个黑人文明国家。现有研究表明,卢巴王国可能是在 1500 年之前由卡隆戈附近的某个康戈洛人通过几个父系氏族的融合而建立的。在盐、金属和铜资源、人口的混合和贸易的推动之下,卢巴王国出现了城市,并且在政治制度方面取得了进步。由于早期卢巴历史的唯一可用来源是语言数据和口头传统,因此历史学家往往根据卢巴皇家和地方法庭,以及与王权密切相

---

① Kevin Shillington, *History of Africa*, pp.190—191.
② B. G. Martin, "Kanem, Bornu, and the Fazzan: Notes on the Political History of a Trade Route", *The Journal of African History*, Vol.10, No.1 (1969), p.26.
③ Paul E. Lovejoy, "The Borno Salt Industry", *The International Journal of African Historical Studies*, Vol.11, No.4 (1978), pp.629—668.

关的姆布耶秘密社团(Mbudye)①中传播的口头传统来了解卢巴的历史。根据卢巴王国的口头传说记载,在第一位卢巴国王康戈洛·姆万巴(Kongolo Mwamba)时期,一位来自东方的猎人伊伦加·姆比迪·基卢韦(Ilunga Mbidi Kiluwe)与国王的两个姐妹结婚并育有一子,其子名为卡拉拉·伊伦加(Kalala Ilunga)。随着康戈洛的统治愈发残暴,伊伦加最终推翻了康戈洛的统治并成为新的卢巴国王,开启了卢巴王国的扩张时代。②直至十九世纪末西方殖民主义的入侵才最终消亡:比利时人于公元1885年左右进行了占领,并创建了后来的比属刚果(公元1908—1960年)。

卢巴王国事实上以母系血统为主,但在此之后也转向了父系习俗。国王是从地方上的土地所有者发展而来的,通过进一步收购邻近的土地以及通过联姻以及血缘关系将小酋邦联合起来。③卢巴的统治阶级还发展了一个名为班布耶(Bambudye)的秘密社团,所有国王、酋长和其他政治领导人均加入其中,对于增强卢巴的政治凝聚力与维持帝国内部的稳定具有重要作用。此外,盐、铜和铁矿石等贸易物品事实上被国家以及上层阶级所瓜分,而这也是卢巴王国发展的关键。④卢巴王国的艺术同样具有特色,以卢卡撒(Lukasa)———一种卢巴王国借以记录历史事件的精美艺术作品最为典型。⑤

---

① 姆布耶本质上是口头传说的记录人员,主要负责维护与国王、他们的村庄和这片土地的习俗有关的口述历史,类似于马里的"格里奥"。
② Kevin Shillington ed., *Encyclopedia of African History*, New York: Taylor & Francis Group, 2005, p.854.
③ Kevin Shillington ed., *Encyclopedia of African History*, p.854.
④ Willie F. Page, ed., Revised edition by R. Hunt Davis, Jr., *Encyclopedia of African History and Culture Volume III: From Conquest to Colonization (1500 to 1850)*, New York: Facts on File, Inc., 2005, pp.156—157.
⑤ 卢卡撒是一种手持式木制物品。它们既是卢巴政治制度的例证,也是卢巴国家的历史编年史,同样是当地酋长国的领土图。参见:Mary Nooter Roberts, "The Naming Game: Ideologies of Luba Artistic Identity", *African Arts*, Vol.31, No.4 (Autumn, 1998), pp.56—73 + 90—92.

刚果王国(Kingdom of Kongo)是古代中非西部一个讲班图语的国家,在15世纪成为强大的贸易王国,位于今天安哥拉北部、刚果民主共和国西部、加蓬南部以及刚果共和国境内。根据对口头传说的考察,刚果王国大约在公元14世纪中期左右兴起。当时的一位名为尼米·阿·恩齐马(Nimi a Nzima)的统治者与邻近的姆巴塔王国的统治者恩萨库·劳(Nsaku Lau)结盟并娶其女为妻,两人育有一子名为卢克尼·卢阿·尼米(Lukeni lua Nimi)。尼米在其父亲原有领土的基础之上展开了扩张活动,最终建立了刚果王国。在尼米之后,刚果王国扩张的步伐则一直持续到16世纪。[1]但是从17世纪开始,刚果王国开始陷入到内战与分裂之中,实力大大损耗。尽管1743年开始有过短暂的统一,但从1763年开始刚果王国再次陷入内乱,实力大大衰落,这一乱局到了柏林会议前后仍在持续;1883年,刚果国王佩德罗五世邀请葡萄牙人作为其军事伙伴以获得内部斗争的胜利。尽管在1888年葡萄牙军队帮助佩德罗五世取得了斗争的胜利,但是佩德罗五世也随之成为葡萄牙的附庸,这标志着刚果王国丧失了其独立地位。直至1900年被吞并。[2]

在政治方面,刚果王国并非是一直由国王大权独揽,而是在一定程度上受到内部的制约。比如在15世纪至17世纪刚果王国官员和贵族共同组成了刚果王国皇家委员会(刚果语:Ne Mbanda-Mbanda)。未经委员会同意,国王不能任意宣战、任意任命、开放或关闭道路。[3]文化方面,刚果王国的基督教信仰是一大特色,这其中很大一部分原因在于:相比与其他国家,刚果王国接触到西方的时间

---

[1] John Thornton, "The Origins and Early History of the Kingdom of Kongo, c.1350—1550", *The International Journal of African Historical Studies*, Vol.34, No.1 (2001), pp.89—120.
[2] David Anderson and Richard Rathbone eds., *Africa's Urban Past*, Oxford: James Currey Ltd. pp.73—75, p.78.
[3] Anne Hilton, *The Kingdom of Kongo*, Oxford: Clarendon Press, 1985, pp.37—38.

较早——1483年左右葡萄牙探险家登陆海岸是刚果王国第一次同西方接触。在该世纪90年代,葡萄牙人重返回刚果,但这次是带着基督教传教士。此后不久,在位的恩津加·阿·恩库武(Nzinga a Nkuwu)便皈依了基督教,教名为若昂一世(João I)。① 在经济方面,刚果王国使用贝壳作为自身的货币,同时会设置一些市场以用于商业贸易,除了作为商业中心之外,它也是进行政治谈判、处决罪犯和举行巫师仪式的地方。② 同时,早期的刚果王国还从事奴隶贸易,只是随着废奴运动的进行逐步转向了象牙和橡胶贸易,并且使得刚果王国的大城市与人口聚集点向小型贸易村庄转变。③

4. 绍纳王国与大津巴布韦

绍纳王国同样是这一时期中南非洲文明的重要组成部分,马蓬古布韦王国(Kingdom of Mapungubwe)与津巴布韦王国(Kingdom of Zimbabwe)便是其中的典型代表。马蓬古布韦王国位于大津巴布韦以南沙什河和林波波河的交汇处(今津巴布韦境内),其国家所在的马蓬古布韦城是中南非洲地区的第一座绍纳城市,考古学家认为它约在1075年左右崛起。④ 有学者猜测,马蓬古布韦的前身是一个名为K2的班图定居点及其人民,这里的人被沙什——林波波地区混合农业的可能性所吸引并于1075年左右迁移至马蓬古布韦,进而推动了马蓬古布韦的崛起。⑤ 马蓬古布韦一直繁荣到十五世纪,随着奴隶

---

① John Thornton, "The Development of an African Catholic Church in the Kingdom of Kongo, 1491—1750", *The Journal of African History*, Vol. 25, No. 2 (1984), pp. 147—167.
② Georges Balandier, *Daily life in the Kingdom of the Kongo from the Sixteenth to The Eighteenth Century*, New York: Pantheon Books, 1968, pp. 135—136.
③ David Anderson and Richard Rathbone eds., *Africa's Urban Past*, p. 76.
④ Willie F. Page, R. Hunt Davis, Jr., eds., *Encyclopedia of African History and Culture*, vol. 2, p. 153.
⑤ Ivan Hrbek, *General history of Africa IIV: Africa from the Seventh to the Eleventh Century (abridged edition)*, Oxford: J. Currey; Berkeley: University of California Press, 1992, pp. 323—324.

贸易带来的灾难性影响,马蓬古布韦最终衰落。①

由于未能找到马蓬古布韦本土的文字文献,因此对于马蓬古布韦的了解主要来自考古证据。根据已有的证据可知,在经济方面,马蓬古布韦王国可能主要从事农业以及对外贸易:在相关遗址的沉积物中发现了大量驯养动物的骨骼遗骸,在这些遗址被烧毁的储藏室的瓦砾中发现了许多被烧毁的栽培植物种子。这些农民拥有的动物包括有驼峰和无驼峰的骆驼、牛、山羊、绵羊和狗。另一项重要的经济活动是对外贸易,马蓬古布韦可能与埃及和印度进行过有关玻璃珠商业贸易活动。同样在这里还发现了一些来自中国的宋青瓷残片。②这些证据均说明马蓬古布韦可能与外部世界有过一定交往。在内部的行政区划方面,马蓬古布韦王国首次使用石墙来划分重要区域。有一座石墙住宅,可能是首席议员居住的地方。石头和木头被一起用作划分。马蓬古布韦山周围还会有一个木栅栏,首都的大部分人口都居住在西边的墙内。根据不同的居住地点,整个王国可分成三个等级:平民居住在低洼地带,地区领导人占据小山顶,首都马蓬古布韦山为最高权力机构。③

大津巴布韦同样是中南非洲地区最为著名的文明之一,同样也是学界争议较多的文明之一。根据放射性碳测试,大津巴布韦作为一个核心地域的最初发展历史可以肯定地追溯到 13 世纪左右,即马蓬古布韦衰落之后。④到了 15 世纪左右,在黄金产量下降、内部人口

---

① J. Ki-Zerbo and D. T. Niane eds., *General History of Africa IV: Africa from the Twelfth to the Sixteenth Century (Abridged Edition)*, p.263.
② Andrie Meyer, "K2 and Mapungubwe", *South African Archaeological Society Goodwin Series*, Vol.8 (2000), p.11.
③ Ivan Hrbek, *General history of Africa IIV: Africa from the Seventh to the Eleventh Century (abridged edition)*, p.325.
④ Thomas N. Huffman and J. C. Vogel, "The Chronology of Great Zimbabwe", *The South African Archaeological Bulletin*, Vol.46, No.154 (Dec., 1991), p.69.

问题、外部动乱和入侵的共同压力下，津巴布韦逐步崩溃。①现有的研究表明，在经济方面，大津巴布韦自 14 世纪始就已成为成熟的贸易社会。除去与内部的贸易往来之外，某些来自遥远国度的物品来到了大津巴布韦：叙利亚玻璃、中国青瓷盘（主要来自明朝，公元 1368 年至 1644 年），波斯彩陶碗、珊瑚、青铜钟和铁勺（绍纳人不使用的器具）。但是在大津巴布韦却没有发现 15 世纪中叶开始流行的中国青花瓷器；这表明当时大津巴布韦的经济重要性已经下降。②在政治上，大津巴布韦是一座最令人印象深刻的纪念碑，它以大城为主，大城上覆盖着巨大的巨石，从其结构来看，大围城是大津巴布韦统治者的藏身之地。③大津巴布韦国王（别称为：曼波 Mambo）被视为神，他与妻子、妃子和官员们过着奢华的生活。国王的权力受到一定的限制：他必须完美无缺，如果他病得很重，就必须自杀。由于与人民隔绝，因此他依赖他的官员、朝臣和王后来行使自身权利。因此，国王的权威在很大程度上取决于他的人格力量。④此外，国王还是神圣的领袖，其必须通过王室祖先向上苍求助，以确保人民和土地的肥沃。因此，国王在宫殿后面保留了一个特殊的隔间，以代表人民与祖先交流。⑤在艺术方面，大津巴布韦是撒哈拉以南最大的古代石头建筑，其保存最久、最令人印象深刻的遗迹是它的石墙，在部分墙上还拥有图案。⑥

---

① R. Gayre, *The Origin of the Zimbabwean Civilization*, Salisbury: Galaxie Press, 1972, p.197.
② Webber Ndoro, "Great Zimbabwe", *Scientific American*, Vol. 277, No. 5 (November 1997), p.98.
③ J. Ki-Zerbo and D. T. Niane eds., *General History of Africa IV: Africa from the Twelfth to the Sixteenth Century (Abridged Edition)*, p.215.
④ Oyekan Owomoyela, *Culture and customs of Zimbabwe*, London: Greenwood Press, 2002, p.32.
⑤ Thomas N. Huffman, "Debating Great Zimbabwe", *The South African Archaeological Bulletin*, Vol.66, No.193 (June 2011), p.29.
⑥ Roderick J. McIntosh and David Coulson, "Riddle of Great Zimbabwe", *Archaeology*, Vol.51, No.4 (July / August 1998), pp.44—49.

学界关于大津巴布韦文明的一个最有争议的话题便是大津巴布韦文明的起源问题：一方面，在被发现后的很长一段时间内，大津巴布韦起源问题始终受到带有西方中心色彩的"含米特理论"影响，包括雷蒙·达特(Raymond Dart)的"多重外来影响"论、布鲁威尔所坚持的"腓尼基人"论等等均否定了非洲本土的创造性，在一定程度上成为西方中心主义的帮凶。①另一方面，尽管部分学者坚持大津巴布韦文明的本土论，但是对于大津巴布韦内部来源却有着一定的分歧——比如斯科菲尔德(J.F. Schofield)与福奇(L. Fouché)在研究该时期陶器的基础上认为马蓬古布韦与大津巴布韦类似，两者具有一脉相传的可能性。②霍夫曼则主张马蓬古布韦的居民在抛弃了原定居点后迁往了大津巴布韦，③即马蓬古布韦——津巴布韦的发展顺序。但同时也有学者质疑这一观点并强调了两者之间存在的差异，④甚至认为马蓬古布韦与大津巴布韦是同时期的存在，同一时期成长的还有卡米(1450—1800年)与穆塔帕(1450—1800年)。⑤同时，还有不少的学者还提出了大津巴布韦文明外来说等观点。⑥因此，关于大津巴布韦的谜题仍然需要更多的证据、资料以及研究来加以证明，特别是需要在摒弃政治、种族偏见的立场上对大津巴布韦文

---

① 刘伟才：《大津巴布韦学术史论》，上海：上海三联书店，2020年，第113—132页。
② J. F. Schofield, "The pottery of the Mapungubwe District", In: L. Fouché ed., *Mapungubwe: Ancient Bantu Civilisation on the Limpopo*, Cambridge: Cambridge University Press, 1937, pp.119—124.
③ Thomas N. Huffman, "Debating Great Zimbabwe"(June 2011), p.29.
④ G. Caton-Thompson, "Mapungubwe. I. The Excavations and Culture", *Antiquity*, Vol.13, Issue.51 (September 1939), pp.324—341.
⑤ Shadreck Chirikure, Mark Pollard, Munyaradzi Manyanga and Foreman Bandama, "A Bayesian chronology for Great Zimbabwe: Re-Threading the Sequence of a Vandalised Monument", *Antiquity*, Vol.87, No.337(2013), pp.854—872.
⑥ 学术界关于大津巴布韦起源的争论可参见：Munyaradzi Manyanga And Shadreck Chirikure, "The Mapungubwe—Great Zimbabwe Relationship in History", *South African Archaeological Society Goodwin Series*, Vol.12(2019), pp.72—84。

明进行客观还原。

5. 斯瓦希里文明

在公元 7 世纪左右,东非海岸形成了特殊的斯瓦希里(Swahili)文明。尽管早期的斯瓦希里文明并未形成统一国家,但是其发展却是在其他业已成熟的文明形态的影响下建立的,尤其受到同一时期波斯、阿拉伯以及伊斯兰教的影响。所谓斯瓦希里文明是由东迁的班图人与来此地的波斯人、阿拉伯人融合而成的一种文明形态。不过,也有学者认为,最早的斯瓦希里人可能是讲班图语的农民,他们在大约 1200 年前从西部迁移到沿海。居住在沿海地区为食品和贸易提供了特殊的机会。他们在拉穆群岛、桑给巴尔岛和基尔瓦岛上建立了小渔村,①进而构成了斯瓦希里的早期文化雏形。这一特征同样在斯瓦希里语上面同样有所表现:"斯瓦希里语是一种班图语,与肯尼亚海岸使用的其他语言密切相关。"②但与东非其他文明不同,斯瓦希里文明的发展在很大程度上依赖于外部世界,这也造就了斯瓦希里独特的文明形态——从 8 世纪到 15 世纪,随着阿拉伯帝国兴起以及跨印度洋贸易的逐步兴盛,不仅来自阿拉伯的商人开始同斯瓦希里进行贸易,阿拉伯征服者也开始逐步控制东非沿海岸地区,并在公元 10 世纪建立起一系列城邦。在这一进程当中,波斯——阿拉伯移民也开始逐渐融入非洲人口中,进而推动斯瓦希里形成一种独特的、非洲本土因素与阿拉伯因素相融合的文明形态。③

---

① Thomas H. Wilson, *City states of the Swahili Coast*, New York: F. Watts, 1998, pp.18—19.
② Thomas Spear, "Early Swahili History Reconsidered", *The International Journal of African Historical Studies*, Vol.33, No.2 (2000), pp.257—290.
③ Lyndon Harries, "The Arabs and Swahili Culture", *Africa: Journal of the International African Institute*, Vol.34, No.3 (Jul., 1964), pp.224—229.

五、非洲黑人文明的特征

非洲黑人文明既具有非洲个性，表现出它的共性，又呈现出多样性，此外，它在很大程度是一种通俗文明。

（一）鲜明的非洲个性

非洲黑人文明尽管是多中心，呈现出丰富多彩的特性，同时也有共性，即"具有强烈的'非洲个性'"。①"非洲个性"这一概念由爱德华·布莱登最早提出的，其不仅肯定了非洲过去的成就，更是认为非洲黑人文明与白人文明没有本质差别，"上帝用同样的一滴血液创造了所有的人，并确定了他们的生存范围"。此外，布莱登还承认了非洲文明"追求人与自然和谐统一"。②"非洲个性"并不单单体现在某一非洲国家或区域的文明之中，而是与非洲文明多样性这一特征相结合，共同展现出非洲黑人文明的别样色彩。"非洲个性"的形成也是有科学基础的，因为"撒哈拉以南的民族在遗传上是基本一致的……只存在着一个准黑人集团"。它包括苏丹人、班图人、科伊桑人、俾格米人，"以及各族不同的少数集团，如跟'埃塞俄比亚人'近似的各种少数集团"。③

非洲黑人文明的"非洲个性"最为典型的体现便是许多非洲黑人国家内部盛行的口头传统（Oral Tradition）。尽管口头传统并非是

---

① 艾周昌主编：《非洲黑人文明》，北京：中国社会科学出版社1999年，第348页。
② *Sierra Leone Times*, 27 May 1893. In M. Yu. Frenkel, "Edward Blyden and the Concept of African Personality," African Affairs, vol. 73, no. 292 (Jul., 1974), p. 279, p. 283.
③ [布基纳法索] J. 基-泽博编辑：《非洲通史》第一卷，北京：中国对外翻译出版公司1984年，第198页。

非洲黑人文明所独有,但是非洲黑人文明对于口头传统的使用却有着其他国家、地区与民族没有的特色:第一,相比于其他文明,非洲黑人文明对于口头传说的应用范围更为广泛。如上文所写,口头传说包含着许多历史的内容,包括加纳帝国、马里帝国以及卢巴王国均通过口头传统来记录其发展进程当中诸多历史事件。这一现象正如简·范西纳所言:"大多数殖民前的非洲文明是'口头文明'。"[1]传统社会的非洲人不仅能够通过口头传统了解他们的起源和历史,还能够了解他们的公民和宗教义务、手工艺和技能,以及传统中的神话与传说故事。[2]因此,非洲黑人文明的口头传说在很大程度上弥补了文字资料的不足,成为非洲黑人文明过去记录的重要载体。第二,相比于其他民族,非洲黑人社会对于口头传统尤为重视。比如在非洲历史上曾多次出现专门从事记录口头传说的人员——比如在西非许多地区出现的"格里奥"[3]、卢巴王国的"姆布耶"等等,并且有专门的学校培养这些口头传说的传承人。约鲁巴史学家塞缪尔·约翰逊(Samuel Johnson)的《约鲁巴人的历史》一书同样展现出口头传统在约鲁巴社会中的重要地位——"由于约鲁巴人不懂字母,他们的学习主要是依赖于口头传统"。[4]

　　非洲个性的另一重要载体便是非洲独特的宗教信仰。尽管基督教与伊斯兰教在非洲传播的时间很久,不少非洲人信奉基督教或伊斯兰教,但是这不能改变非洲大众对传统宗教的信仰,非洲大陆上仍然保留了许多非洲本土的宗教,这些宗教最为重要的特征便是追求

---

[1] Jan Vansina, "Once upon a Time: Oral Traditions as History in Africa", *Daedalus*, Vol. 100, No. 2(1971), p. 442.

[2] G. C. Cooper, "Oral Tradition in African Societies", *Negro History Bulletin*, vol. 46, no. 4(1983), pp. 101—103.

[3] Bernth Lindfors ed., *Forms of folklore in Africa: Narrative, Poetic, Gnomic, Dramatic*, Austin: University of Texas Press, 1977, p. 27.

[4] Samuel Johnson, *The History of the Yorubas*, Lagos: C. M. S. Bookshops, 1921, p. 125.

与自然之间的和谐统一。这一特征从很早的时期开始就已经被人所观察到，比如人类学家爱德华·伯内特·泰勒（Edward Burnett Tylor）提出了"万物有灵论"（Animism）①一词来描述非洲及其他地区对于图腾或物品崇拜的原始信仰，试图表达非洲黑人文明与自然之间的和谐共生。P. 阿莫里·塔尔博特（P. Amaury Talbot）就认为"尼日利亚南部省份的大部分人口都是异教徒，致力于万物有灵论和祖先崇拜"②，从而展现出非洲黑人文明中追求与自然和谐统一的特征。

（二）多样性特征

非洲黑人文明的另一特征是多样性特征，这一特征的形成本质上受到非洲自然状况以及文化交流的双重影响：一方面，由于非洲大陆面积广阔，各地区的自然地理环境差异较大，在不同地域、环境下诞生的黑人文明受到各自所处环境的影响，往往会呈现出不同的文明形态。另一方面，在多种条件的影响下，各非洲黑人文明同外部世界的交流状况也不尽相同，受到的影响也有所区别。正是上述状况推动了这一时期的非洲黑人文明呈现出多样性的特征。

非洲黑人文明的多样性既体现在非洲文明的多中心，又直观地体现在各文明创造的艺术方面。比如大津巴布韦文明的艺术与西非贝宁王国、东非的阿克苏姆王国之间的艺术就存在着一定差别：尽管三者均存在一定的陶制、石头以及青铜等金属艺术制品，并且很多艺术品均是为统治阶层所制作，但是各自最具特色的艺术品却并不完全相似——大津巴布韦最为出名的是其石头建筑与雕像，除去上文所讲的津巴布韦的石头城外，皂石鸟也是这一时期大津巴布韦雕塑的代表，这些雕塑结合了人类和鸟类的元素，用嘴唇代替了喙，用五

---

① Edward Burnett Tylor, *Primitive Culture*, London: J. Murray, 1871.
② P. Amaury Talbot, *The Peoples of Southern Nigeria*, London: Oxford University Press, 1926, p.103.

趾脚代替了爪子。学者们认为,这些鸟是王权的象征,可能与大津巴布韦统治者的祖先有关。①尽管同样使用金属,但是大津巴布韦在金属艺术方面的成就却与阿克苏姆以及贝宁王国大相径庭。其中,贝宁王国的艺术则更多地因其青铜器而闻名——"贝宁人的青铜风格多样、刻意而充满活力,具有权威性,是一个强大民族的艺术。没有任何媒介比青铜更适合证明武学的生命力,它的平静反映了它的力量。事实上,即使所有这些贝宁青铜器都是完全静止的,但它们呈现出一种运动状态"。②并且贝宁王国的艺术相比之下形式更加多样化,其中最著名的是青铜和黄铜浮雕以及国王、王后的雕像。青铜容器、装饰品、珠宝和仪式物品同样具有独创性。③相比之下,阿克苏姆王国最令人印象深刻的则是其阿克苏姆用整块花岗岩雕刻而成的巨大石碑。但是阿克苏姆并非只拥有石制艺术,其玻璃、金属以及木制艺术同样发达。特别是在金属艺术方面,黄金被用于硬币和珠宝,用作其他金属制品的箔材或镶嵌物,以及编织和刺绣中的丝线。④但是与贝宁王国不完全相同的是,阿克苏姆王国的铜及其各种合金被广泛使用,它被用于各种各样的工艺品,包括十字架、铃铛、链环、装饰板、钉子、铰链、把手和其他明显用于制造或装饰木制建筑的物品,以及部分用于个人装饰或打扮的物品。尽管上层精英使用频率更为常见,但是阿克苏姆下层人民同样也在使用。此外,阿克苏姆还使用了金、银、铜等金属来制造钱币,⑤这是阿克苏姆王国相比于上述两大

---

① Thomas N. Huffman, "The Soapstone Birds from Great Zimbabwe", *African Arts*, Vol.18, No.3 (May, 1985), pp.68—73.

② Louis Carré, "Benin—The City of Bronzes", *Parnassus*, Vol.8, No.1 (Jan., 1936), p.14.

③ Kate Ezra, *Royal art of Benin: The Perls collection in the Metropolitan Museum of Art*, New York: Metropolitan Museum of Art, 1992.

④ D. W. Phillipson, *Archaeology at Aksum, Ethiopia, 1993—1997, Vol.2*, London: British Institute in Eastern Africa, 2000, pp.497—498.

⑤ D. W. Phillipson, *Foundations of an African Civilization: Aksum & the Northern Horn, 1000 BC-AD 1300*, p.167, pp.181—191.

文明独具特色的地方。

（三）通俗文明为主的特征

世界各地区各民族的文明，都有雅文化与俗文化，精英文化和大众文化之分。非洲黑人文明"是一种以通俗文明为主的文明"。[①]因为撒哈拉以南非洲各地的传统文明，包括传统社会里的哲学、伦理道德、法律、宗教信仰、政治制度、教育、文学、音乐、舞蹈、雕刻、绘画、历史，以及科学技术、医学等等都是一代一代地通过口头传说言传身教保留与发展起来的。当然，并不是说非洲黑人文明没有雅文化，没有文字记录的精英文化。只是说，相比之下，雅文化、精英文化相比于大众文化、通俗文化要少一些。近现代欧洲的一些学者否认非洲黑人文明的存在，除了他们的种族偏见之外，他们既没有看到确实存在的非洲文字记载，又没有认识到非洲通俗文明的重要性。

在撒哈拉以南非洲不仅历史、文学、伦理道德等通过口耳代代相传，而且科学技术也是代代秘传，并且与敬神紧密结合。例如，铁匠在非洲传统社会里地位很高的，在班巴拉人的传说中，铁匠被称为天地的长子。开始工作前，铁匠师傅召唤创造的四种基本元素：水、土、气、火。水盛在一个容器里，火在熔炉里，气由风箱送入，土放在工作间旁边。工作时，学徒不能发问，只能静静观察和卖力鼓风。到了口授阶段，师傅将其全部技艺授予学徒，训练并纠正他，直至技术纯熟。

通俗文明与高雅文明没有高低贵贱之分，也不是泾渭分明、不可逾越的。爵士音乐在全世界都公认是一种高雅文化，但它的源头确是植根于非洲黑人文明的基础上的。

总之，从东北非到西非再到中南非洲地区，经过长期发展而形成

[①] 艾周昌主编：《非洲黑人文明》，北京：中国社会科学出版社1999年，第351页。

的非洲黑人文明不仅具有鲜明的"非洲个性",同样展现出非洲不同地域文明的多样性、历久弥坚的通俗性特征,为世界文明的发展贡献了属于非洲的元素。

在历史学、考古学等迅速发展的今天,学界对于非洲黑人文明的研究已然呈现出多学科交叉、多领域合作的态势,也基本实现了对于非洲黑人文明起源的客观追溯。但是,在非洲黑人文明的特征方面,由于其内部存在着诸多不同文明,对于非洲黑人文明特征的总结始终存在缺憾。此外,我国学者对于非洲各黑人文明的研究仍然不够深入,随着非洲国家在我国国际战略地位方面的提升,加强对非洲过去的认识同样也是理解非洲当今现状的历史钥匙,而对非洲文明起源、特征的研究更能够帮助我们从深层次把握非洲地区传统、观念以及发展历程与经验,更好地推动双方往来。

在相关研究的同时,对于学界既往对非洲黑人文明的研究进行一定的回顾同样具有必要性。文明研究始终是难点,同样也是每个国家所不可避开的重点,对于文明特别是自身文明话语权的把握始终是实现独立自主、增强民族自信、推动国家发展的重要助力。文明只有姹紫嫣红之别,但绝无高低优劣之分,各个文明的形成不仅有着共同特征,也因环境等诸多因素的不同形成其独特性。文明的独特性,构成了文明之间交流互鉴、互动的内在根据;文明的普遍性,则使各种文明的共享与交流成为可能。想要真正地实现文明互鉴,就应当坚持历史研究的客观性,在此基础之上来审视其他文明的起源与发展历程,认真总结其他文明的独特之处,方可实现文明交流互鉴,乃至推动人类命运共同体的构建。

第三讲

传统非洲的社会结构和语言文化

非洲对于大多数国人而言,仍然是一块神秘的大陆。2010年上海世博会非洲联合馆吸引了2000多万参观者,表现出中国人对非洲文化浓厚的兴趣。与此同时,中国普通民众对于非洲也存在种种误解,甚至是偏见。本讲将解读传统非洲以家族—村社—王国为核心的社会结构,剖析长期影响非洲社会发展的酋长制、村社制等政治经济制度,并对非洲黑人独特的文化习俗进行必要的阐释。

一、传统非洲的社会结构

传统非洲或者非洲传统社会,一般是指殖民入侵前的非洲,那时的非洲社会结构呈现出家族—村社—王国的构架,酋长制和年龄等级制度盛行。殖民统治时期,殖民者为了有效地统治非洲,往往对非洲的传统社会结构予以保留,特别是在英属殖民地更加是如此,他们在非洲实行间接统治,保留土著政权,为殖民统治服务。非洲国家独立以后,传统的社会结构也没有完全消除,如一些非洲国家仍然保留酋长制。

（一）家族—村社—王国

在非洲传统社会里，人们分属各个村社，土地为村社所有，分配给村社成员耕种，村社成员则要向头人、酋长贡献一部分收获物，头人、酋长再将其中的一部分贡献给国王。这样，家族—村社—王国构成传统非洲基本的社会结构。在漫长的历史发展中，尽管非洲多次经历社会变迁，但这种社会结构以其顽强的生命力存在着，显示了非洲传统社会谜一样的独特性。

家族或者称大家庭是非洲传统社会的基本细胞，是生产和分配的基层单位。父系大家庭一般由家长及其妻子（可能多妻），儿子及其妻子、未成年的孩子，还有非血缘的外来人，如依附者、被保护者、奴隶或农奴等组成一个独立的、自给自足的单位。在一夫多妻制家庭中，每个妻子有自己的茅屋和耕地，家长控制财产，组织耕种一块全家的公用地。母系大家庭的家长由最年长的舅舅担任，大家庭由舅舅的姑表兄弟和他们的众妻、他自己未婚子女、他外甥和外甥媳妇及他们的未婚子女组成。在加纳阿肯人、索宁克人、中央班图诸族和苏丹的努巴族等族的社会中，可以看到这样类型的大家庭。大家庭规模不等，小的几十人，大的上百人。非洲大家庭具有共同的特征：如强烈的共同体归属感、家庭财产共有观念和祖先崇拜等。

村社是在大家庭的基础上发展起来的。它是以单个大家庭或由若干个大家庭聚居的村庄为单位的共同体。非洲传统社会里，村社的发展水平不一，存在着各种过渡形态，但一般都具有一些基本的特点：

村社成员的构成上是血缘与地缘相结合。血缘关系不再是联系人们的唯一纽带，地缘联系不断加强。一个村可以是几个并非同一血缘的大家庭组成，大家庭成员也可以由并无血缘关系的外来人员加入，不同的大家庭成员之间往往互相通婚。

村社主要生产资料土地归村社集体所有与个体使用相结合。土地及其自然资源如森林、水源等归村社集体所有,这是村社赖以存在的基础。但实际支配权仍然在大家庭手里,每个成员可以取得为保证自己及其小家庭成员的生存所必需的土地。耕地、菜园、住地和牲畜饲养地等归个人使用,牧场、草地、狩猎场地等由公社共同使用。土地的耕作也是个人和集体相结合,公田由全体成员集体劳作。如19世纪70年代坦桑尼亚苏库马村社集体劳动的情况:

"村中有一公地,上竖木杆,系铜铃百余枚。每日晨刻,社长派人将球力撼之,声震阖村,男妇皆起,至公地操作。午后球又震,始回饮食,须明日复至也。若逢雨雪,则各在家操作。"①

村社内部有一个原始民主的管理体系。最高权力机构是全体成年男性社员大会。这种原始的民主制是在尊重长者的情况下,通过传统的协商办法体现的。每个村社有一个村长,即酋长,他由村社最年长、德高望重的人担任,常常是世袭的,除非死亡否则其职位在任何情况下都不能撤换,他掌握集体财产的分配权,并将收缴上来的一部分税赋上交高一级酋长或国王。

自给自足的自然经济居于统治地位。大家庭、土地的集体所有制和自给自足的自然经济是村社赖以存在的基础。村社是跟简单再生产和自然经济相联系的。千百年来,人们在村社制度下从事原始的锄耕农业,周而复始地进行着简单再生产,维持最简陋的生活。村社—大家庭体制不利于调动人们的积极性,激发人的进取精神、积累财富和发展经济。因为在非洲传统社会里,大家庭成员乃至亲友都有权分享别人的收入。村社制度虽然对保持非洲社会的长期稳定起

---

① 艾周昌主编:《非洲黑人文明》,中国社会科学出版社2004年版,第183页。

了较大的作用,是非洲黑人传统社会长期停滞不前的根源之一。

王国是在大大小小的村社的基础上发展起来的。在非洲历史上具有代表性的王国有加纳王国(约公元3—13世纪)、马里王国(公元13—15世纪)、刚果王国(约公元14—18世纪)、加涅姆—博尔努王国(约9—19世纪),以及存在到20世纪初的布干达王国、库巴王国等。以刚果王国为例:

> 刚果王国的政治结构分为4个层次。最底层是村社,由被称为"恩库隆图"的世袭村长负责。多个村社组成地区,地区长官由省督或国王任命。地区之上有省,省督负责征税和供物。最高一层是国王领导下的中央政府,主要由宫廷总管、大法官、税务官、警察总监、传令官和大祭司组成。16世纪后期,国王的宫廷卫队约有2万人,遇到大的战事,国王有能力调动约8万人的大军。①

布干达王国的最高统治者叫卡巴卡,即国王,他是由大酋长和内廷官吏开会选举的。新的卡巴卡的候选人,通常都是前任国王的儿子。老国王从每一个氏族(基卡)至少娶一个妻子,作为后妃;各个大酋长通常总是选举出身于他本氏族的后妃所生的儿子。继承王位的选举一经决定,失败的候选人不是被投入监狱便是被处以死刑。此外,国王妻妾成群,可以有几百个妻子。

库巴人在16世纪末发展成为一个拥有18个部落的联盟,其中以中部的布尚戈部落最为强大,由该部落的酋长担任部落联盟的首领,负责从其他部落征收贡品和领导征服周边地区的战争。芒戈人、卢卢阿人和勒莱人的部落先后被吞并或被逐出,这样就形成库巴王国。

---

① 李安山:《非洲古代王国》,北京大学出版社2011年版,第187—210页。

大津巴布韦遗址(张忠祥摄)

(二) 非洲酋长制

酋长制度是传统非洲一项重要的政治制度。在撒哈拉以南地区,这个制度存在了相当长的时间。直到今天,这一制度在不少国家仍然在起作用。酋长通常是指前资本主义社会中氏族、部落共同体的首领、头人乃至早期王国的统治者和管理者。在非洲不同的地区、不同的部落,对酋长的称谓不尽相同。例如,大湖地区的布尼奥罗族、津札族和哈亚族等称其大酋长为"穆卡马",意为最高统治者;赞比亚境内的罗兹族称其大酋长为"利滕加",意为土地拥有者;坦桑尼亚境内的苏库马族、尼亚姆韦齐等族称"恩特米";南非祖鲁族把最高酋长称为"恩科西";在信仰伊斯兰教的地区通常把首领称为"埃米尔";等等。[①]

酋长分为若干等级,最底层的酋长是氏族村社的头人,一般由村

---

① 彭坤元:《略论非洲酋长制度》,《西亚非洲》1997年第1期,第23—30页。

议事会选举出的德高望重的长者,也有不少的村级酋长是世袭的。他们掌握村社的公共财产,管理村社成员。之上是部落的酋长,再上面是部落联盟的酋长,他们相当于国王。以东非布干达王国为例,大酋长被称为"巴康古"。

> 大酋长(巴康古)是国王任命的非世袭官员,他们组成一个会议(卢基科)协助国王。这些大酋长中,最重要的是管辖布干达本部以外繁荣四大地区的巴康古……所有的大酋长,每年都要在国王的首都(基布加)度过几个月,每个大酋长在首都都有个名誉职位。其余的时间,大酋长们是在他们自己所管辖的省里度过的,他们在省里行动有如小国王,每个大酋长都有他自己的一套官吏班子,包括一个副司令,一个奴隶总管,一个家具总管和一个守门总管。此外,每个大酋长都有一大群妻子、仆役和奴隶。大酋长有权向他的子民征收捐税,发生战争时有责任率领军队作战。大酋长死亡时,用树皮布包裹尸体,埋葬在一所属于他的房子里。①

酋长既是一个部落天然的统治者,又是部落的宗教领袖。平时,他们的主要职责是主持祭祀,管理内部事务,调解部落之间、氏族之间或成员之间的纠纷。战时他又是军事统领,率领本族成员与敌人作战。酋长的特殊地位,使他慢慢积累起超出一般成员的财富。在游牧部落,酋长往往是拥有最多牲畜的人,在农业部落,酋长除了占有大片好地外,还负责管理全族的公共土地,每年耕种和收获的季节,酋长都要求社员先到酋长地里干活,然后才耕种自己的土地。酋长财富不断积累、权力不断扩大,他们妻妾成群,有自己的侍从甚至护卫。

---

① 佐伊·马什,G. W. 金斯诺思合著,伍彤之译:《东非史简编》,上海人民出版社1974年版,第204—207页。

第三讲　传统非洲的社会结构和语言文化 _ 83

非洲酋长(来源:网易)

非洲酋长(来源:网易)

很多部落的酋长都有独特的权力标志物。南部非洲莱索托人的权杖是一根人形木雕拐杖；贝宁酋长的权力标志是一柄精心装饰的宝剑；卢巴人酋长过去以女奴为座椅，后来改成木雕的宝凳，凳腿雕成妇女半身像；努尔人、霍屯督人酋长身上会披一件豹皮或山猫皮长袍。

非洲国家独立后都颁布法令对酋长的权限、地位和作用作了明确规定。大体可分为两种情况：少数国家如刚果、几内亚等，明令取消了酋长的行政管理等权力；大多数国家如加纳、尼日利亚、多哥、科特迪瓦、喀麦隆、扎伊尔、卢旺达、布隆迪等，都在不同程度上保留了酋长制，将这种传统社会组织形式纳入现代政权的组织结构之中。许多非洲国家由政府向一级酋长发放相当于部级官员的薪水，提供专用汽车，并负责一定数额服务人员的开销。有的国家也定期向二级酋长发放薪俸。三级酋长（即村级酋长）的收入大多数来自村民缴纳的税赋。

今天，酋长在非洲已经失去昔日的统治权力，更多的是一种荣誉称号，甚至对于那些为非洲当地发展作出杰出贡献的外国人士，也可以授予他酋长的荣誉称号，如达之路国际控股集团有限公司老总何烈辉先生被尼日利亚授予酋长。不过，在非洲传统社会里，酋长仍然在发挥联系村民的纽带作用，尽管今天非洲国家设立法院法庭，但是，一些民事纠纷村民往往更愿意找酋长评判，他们对酋长的判决往往也是心悦诚服的，对酋长仍然表现出尊敬甚至是敬畏的态度。

（三）年龄等级制

年龄等级制是非洲传统社会的牢固纽带。在非洲黑人各族传统观念中，人生划分为若干个自然阶段，而每一个自然阶段都有相应的特定阶层，即等级，同一阶层（等级）的成员都规定有明确的责任，都须准确地知道自己的地位。

努尔人、丁卡人、马赛人、祖鲁人、富拉尼人等很多非洲部落都存在年龄等级制度。每个年龄组都要依次经历三个特征鲜明的年龄等级：少年、武士、长老。马赛人的等级尤其严格，成年男子要分4个年龄级："年轻武士"级、"年长武士"级、"中年"级、"老年"级。那些刚刚升到"武士"的年轻人往往期盼袭击行动的到来，好为自己的年龄组赢得勇猛的好名声。

同一个年龄组成员之间是完全平等的，可以毫不拘礼，任意打闹、玩笑。在所有的工作、战斗、娱乐活动中他们几乎在一起，其亲密程度甚至超过了亲兄弟姐妹。他们共同遵守特定的习俗和禁忌，如努尔人严禁参加自己同龄人的葬礼。一个男子不能与同一年龄组同伴的女儿结婚，因为他们之间辈分不同，好比"父亲"和"女儿"。在献祭宴会上，人们按照他们在年龄等级中的位置，分组入座就餐，体现长幼有序。

在非洲传统社会中，年龄等级制普遍存在，它具兼具教育和行政管理方面的作用。婴儿一降生，他们就属于各个群体发社会一员，开始接受不同阶段的教育和学习，年龄等级制就是一种全面的社会规范。在布须曼人的社会里，男孩一旦超过4岁，就开始学习射箭和狩猎知识。吉库尤人在10岁左右，男童女童都要参加象征分娩的神秘仪式，对儿童进行有关生命和性知识的教育。进入青春期后，男女青年要参加成年仪式。在马赛人那里，在同一时候行割礼的男孩，都属于同一个年龄等级。他们在举行成人仪式的同时，也接受了本族的教育，他们都要学习本民族的口述历史、创世神话，要尊重和服务长者等等。

年龄等级在行使行政管理职能方面也有独到的作用。一般的社会成员不会违背年龄等级的规则而自行其是，如果违反就会遭到社会的唾弃。比如在非洲传统社会中，举行成年仪式的男女都必须行割礼，如果有人害怕痛苦而不愿意，那他就无颜在这个社会立足，父母也不会原谅他。

祖鲁战士

年龄等级制还可以提供可靠而富有战斗力的军事力量。如19世纪初,北恩戈尼人打破部落界限,在年龄等级制的基础上,把各部落的男青年编组在兵团中,形成同龄兵团制度。丁吉斯瓦约抛弃各部落各自拥有独立武装力量的传统,创建同龄兵团。恰卡继位后,继续完善同龄兵团,抽调20至40岁的男子集中训练、居住和作战,使之具备长期兵役制的性质。恰卡在战争实践中创造了"公牛角"战阵。在坦桑尼亚,马萨伊人军事力量也是依靠年龄等级制。马萨伊人的男子都按年龄分为若干等,每个等级以15岁为度。一旦成为"莫兰"(意思为"青年战士")后,就要接受紧张的军事训练,参加狩猎狮子的活动。每一个地段都设有一个训练营地,所有未婚男丁都住在营地里,服从军事头目的指挥。全境所有同龄成员结为一个整体。

年龄等级制还常和各种秘密盟会结合在一起,这使村社的组织更加牢固、严密。这种秘密组织广泛存在于非洲热带雨林地区的部族中。这些部族的成员分别加入诸如"波罗盟会""桑德盟会""多摩盟会"和"拿摩盟会"等秘密盟会。这些组织一般都承担举行成年仪式、行割礼以及在体力和知识方面对青年男女进行培训等任务,就像一所"丛林学校"。青年人进入这些组织进行学习的时间大约是3至4年。在举行仪式时,主持人和会员要戴上本会特有的面具,跳一种专门的舞蹈。

年龄等级制度有利于形成社会成员的共同行为规范和共同道德准则,他们之间荣辱与共、休戚相关,有利于培养团结协作的集体主义精神,朝夕相处又增进了他们相互关爱的深厚感情。因而,这一制度是非洲传统社会结构为什么这么牢固的主要原因,也是非洲传统抵御西方殖民入侵的重要力量。

二、非洲语言文化

非洲不是孤岛,历史上很早就与外界产生联系和交流,撒哈拉沙漠也不是不可逾越的障碍,班图人的大迁徙持续了将近2000年,这导致非洲民族众多,语言文化呈现出非常丰富多彩的特点。

(一)丰富的语言文字

非洲大陆并非只有黑人,其居民有五个人种:欧罗巴人种,亦称高加索人种,分布于北非、东北非与南非;尼格罗人种,即我们通常所说的黑人,约占非洲居民的三分之二;俾格迈人种,分布于赤道附近的热带森林中;科伊桑人种,殖民入侵前广泛分布于南部非洲,现分布在非洲西南部的卡拉哈里沙漠地带;蒙古人种,马达加斯加岛上的居民及非洲华侨华人。非洲语言非常丰富,分属五大语系:

第一,亚非语系,也叫闪米特—含米特语系。亚非语系的诸语言分布在北非、东北非和西非的部分地区。亚非语系分5个语族:闪米特语族、柏柏尔语族、库施特语族、埃及语族和豪萨语族。闪米特语主要包括阿拉伯语、埃塞俄比亚的阿姆哈拉语和提格雷语。在阿拉伯人征服之前,整个北非地区除了埃及都讲柏柏尔语,今天马格里布地区仍然有讲柏柏尔语的人。埃及语族包括古埃及语和科普特语,古埃及语早已消亡,科普特语现在只在科普特教的祈祷仪式中使用。库施特语族包括索马里语、加拉语、贝扎语、锡达莫语和阿法尔语,讲这些语言的人主要分布在索马里、肯尼亚东北部、吉布提、埃塞和苏丹东北部。属于豪萨语族的语言分别在尼日尔、尼日利亚北部和喀麦隆、乍得的部分地区。这个语族最重要的语言是豪萨语。

第二,尼日尔—科尔多凡语系。这是非洲最大的语系,包含数百种语言,它的分布范围西起塞内加尔河口,向东经过尼日河流域和几内亚湾沿岸,到喀麦隆和中非共和国,再往南,直达纳米比亚和南非。这个语系分7个语族:西大西洋语族、曼德语族、沃尔特语族、克瓦语族、阿达马瓦—动部语族、科尔多凡语族、贝努埃—刚果语族。从尼日利亚境内的贝努埃河流域起,一直到非洲南端,分布着贝努埃—刚果语族诸语言,其中最重要的是班图语。班图语包括300多种语言,肯尼亚的吉库尤语,卢旺达的卢旺达语,布隆迪的隆迪语,津巴布韦的绍纳语,马拉维和赞比亚的尼杨扎语,安哥拉的隆达语,莫桑比克的聪加语,博茨瓦纳的茨瓦纳语,南非的祖鲁语和科萨语,莱索托的索托语等都属于班图语。

第三,尼罗—撒哈拉语系。从乍得北部的提贝斯提高原到乍得湖地区,再向东到达尼罗河上游地区,分布着尼罗—撒哈拉语系诸语言,包括4个语族和2个孤立语:沙里—尼罗语族、撒哈拉语族(卡努里语族)、桑海语族、科曼语族以及马巴语和富尔语。

第四,科伊桑语系。这个语系的语言包括纳米比亚南部纳马族(霍屯督人)讲的科伊科伊语,纳米比亚和博茨瓦纳的桑语。讲这两种语言的人仅20万左右。另外,坦桑尼亚的桑达维语和哈察语也属于科伊桑语系。

第五，马达加斯加语。马达加斯加语不属于非洲任何一个语系，而属于马来—波里尼亚语系，原因在于岛上的居民是在公元10世纪以前从印度尼西亚迁去的。①此外，非洲大陆还有一些属于印欧语系的语言，如英语、法语、葡萄牙语和西班牙语。

非洲大陆并非像有的人想象的那样，只有语言，没有文字。殖民统治后，非洲长期使用宗主国的文字，这也是事实。但是，非洲文字产生的历史很早，如著名的古埃及的象形文字，即便在黑非洲，也曾经产生本土文字，如瓦伊文字、巴蒙文字等。

古埃及文字出现于公元前4000年，经过长期的发展，逐渐形成了象形文字。这种文字有碑铭体和祭司体两种形式，前者主要是写在寺庙的墙上、墓碑和庆功碑上，后者主要用于公文，写在纸草纸上。到了公元初几个世纪，古埃及文字渐趋衰落，科普特文字取而代之，这是一种以希腊字母为基础的新的文字形式。今天，科普特文字仍然在科普特教堂的祈祷仪式上使用。

在公元初的几个世纪里，埃塞俄比亚境内的阿克苏姆王国，以阿拉伯半岛南部的示巴(Sheba)文的字母为基础，创造了吉兹文字，到了14世纪，在吉兹文字的基础上，发展了阿姆哈拉文字，沿用至今。

非洲大陆还在阿拉伯文字的基础发展起自己的文字。伊斯兰教传到西非以后，豪萨族、富尔贝族和卡努里族以阿拉伯字母为基础，发明了本族语言文字，这些文字统称为阿扎米(Ajami)文字。流传于东非地区的斯瓦希里语以阿拉伯字母为基础，产生了斯瓦希里文。19世纪末，被拉丁字母所代替。

除此之外，撒哈拉以南非洲还产生了本土文字。瓦伊文(Vai)最早被外人知晓是在19世纪30年代。它流传于利比里亚、塞拉利昂

---

① 宁骚：《非洲的语言和文字》，《西亚非洲》1983年第5期。

境内的瓦伊族,是一种以记事符号为基础的音节文字,文字语言完全吻合。巴蒙(Bamoun)文字流行于喀麦隆中部,它是一种象形文字与音节文字的结合体。20世纪初期,巴蒙王国的国王尼奥亚(1885—1931年在位)利用在巴蒙人中早已存在的象形文字符号,发明了一套特殊的字母符号。最初共有510个字母符号,经过4次改革后,到1918年定型时简化为92个字符。恩西比底(Nsibidi)文字流行于尼日利亚南部伊格博人和邻近的喀麦隆埃克伊族住地,这是一种图画文字。它于19世纪末才被外人知晓。当地居民主要用它记载秘密社团的活动,并在寺庙中使用。这套文字由无数个简化了的图画文字符号组成。

(二)独特的文化习俗

1. 图腾崇拜

图腾崇拜在各民族早期发展阶段都普遍存在过。在氏族公社时期,每个氏族都采用一种动物、植物或日月星辰为本氏族的图腾,并加以崇拜。图腾崇拜在非洲传统社会里十分普遍,图腾是非洲黑人信仰的旗帜、安全的保护神、行为的预言者,同时又是社会秩序的基石、物质资料的赐予者,因而他们对图腾特别敬仰,有一套特殊的祭祀仪式和禁忌[1]。

在传统社会里,非洲黑人认为图腾是圣物、保护神,他们相信对图腾的真诚膜拜,就能得到图腾的生机活力与魔力,否则就会遭到严厉的惩罚。如奉狮子为图腾的阿赞德人认为,只要身上带一颗狮子的牙齿,就可得到狮子的勇猛,从而精神抖擞。奉猫为图腾的多哥高原的阿凯布人认为,遇到危险时只要抓住猫尾巴就可得救。图腾深深影响着,甚至支配着非洲黑人的生活习俗。富尔贝人奉凤头鸟为

---

[1] 袁南生:《走进非洲》,中国社会科学出版社2011年版,第179—182页。

图腾,他们的头饰刻意模仿图腾,所以该族男男女女头顶都剃光四周,独留一缕头发,远远望去,恰似一个鸡冠。以太阳为图腾的科尼吉亚人头顶上立一个小圆圈,周围的头发四散纷披,犹如四射的光芒。刚果河流域的黑人或磨尖牙齿,或毁损门牙,这是为了模仿其图腾斑马、鳄鱼的牙齿。非洲人在生活习俗上刻意模仿图腾,一是为了表明自己所崇拜的图腾;二是想得到图腾的神佑和帮助。

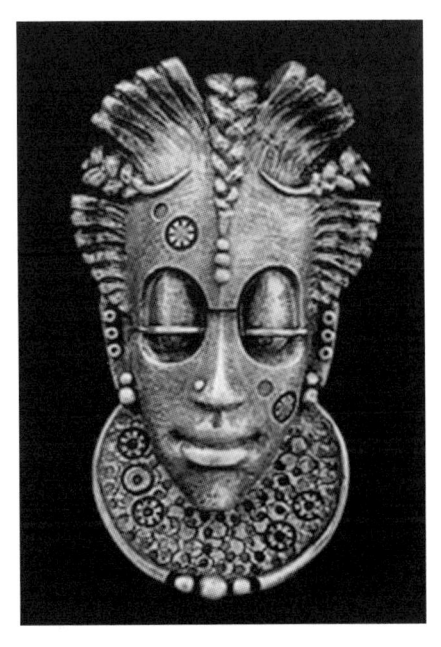

非洲面具

许多黑人部族的舞蹈都直接模仿图腾的动作,所以博茨瓦纳人想了解对方属于哪个氏族,只须询问"你跳什么舞?"即可知晓。

非洲各个氏族、各个部落有自己的图腾,一些非洲国家和民族也有自己的图腾。乌干达国旗的中心部位是一只皇冠鹤,这是乌干达的国鸟。津巴布韦国旗、国徽和货币上,有一只津巴布韦鸟,是红脚茶隼,它成为津巴布韦的国鸟。这是津巴布韦绍纳人信奉的图腾,最初发现于著名的南部非洲石头城——大津巴布韦遗址祭祀场

津巴布韦鸟(来源:中国网上博物馆)

的石柱上,津巴布韦独立后,将它列为该国的特有标志。

图腾与禁忌紧密相联。禁忌起源于人们对所崇拜的图腾的敬仰和恐惧,禁忌形成后有助于维系对图腾的敬畏感和神秘感。图腾崇拜首先要敬重图腾,禁止捕杀图腾崇拜的对象,不准提图腾的名字。图腾死了要说睡着了,有的按照人的方式安葬。非洲人普遍相信,遵守禁忌会太平无事,族人会繁荣昌盛。触犯禁忌将会给本人和族人带来不幸。禁忌的类型有:讳名、禁止碰触、禁止诅咒侮辱、禁止伤毁食用、禁止同一图腾的人结婚等。以椰子树为图腾的万尼卡人,他们将毁坏椰子树,看作如同杀害了自己的母亲,难以宽恕。因为,椰子树赋予他们生命和营养,正如母亲对孩子一样。以鳄鱼为图腾的巴魁纳人,相信若杀死一条鳄鱼会使雨水不顺。以狮子为图腾的巴通人,如果在万不得已的情况下杀死一头狮子,他们连死狮子都不敢看,怕突然瞎了眼睛。他们用兽皮擦眼睛,以求宽恕。

2. 割礼习俗

在非洲传统社会里,判定少男少女是否成年,不是根据其年龄,而是是否经过割礼。到了一定的年龄,男孩必须割除阴茎的包皮,而女孩则必须割除阴蒂和小阴唇,甚至割除大阴唇,并将阴道口部分缝合。在非洲54个国家中有30多个在不同范围内实行割礼。其中,肯尼亚、埃塞俄比亚、乌干达、苏丹和索马里等国约有80%的男女实行过割礼。

在过去,接受割礼的年龄一般比现在要大,通常都与青春期的来临重合或在其后,受割礼者要持续隔离一年之久。现在,仪式是在冷天举行的,这是一年中卫生条件最好的时节,不过,新入会者们只被隔离三到四个月。他们的年龄一般是8—10岁,很少超过14—15岁。年龄的降低和隔离期的缩短在很大程度上是因为现代化带来的诸如需要去上学的影响以及现代经济的压力,它要求年轻人去挣钱。

非洲男子的割礼对于非洲人来说很重要,是人生的一件大事。

只要经过这一刀,就算成年了。不经过割礼,无论活到多大年纪,也被视为"孩子"。因此,每个男子都要割礼,即使在外地学习或工作,到割礼的时候也要赶回家乡行割礼。比如,对于赞比亚巴罗瓦勒、卡邦波和姆维尼伦加地区的隆达人、卢瓦勒人、乔奎人和卢查兹人来说,割礼是典型的成人仪式:

> 新入会者们在一次象征性死亡之后得以重生为成年男性。在此期间新入会者们与世隔绝并最终带着新获得的成人名字重返人间。一个没受过割礼的人永远都是个小孩,他不能和那些受过割礼的成年男性一起吃饭,只能单独吃或者和女人们一块吃。在过去,没有女人会和他发生性关系,尽管今天由于与不行割礼的部落的接触,这些部落里的女性已经放松了这项禁忌。在过去,一个没有受过割礼的男人根本不会用给未受割礼的人煮饭的火来为自己弄吃的。因此,与表明完整男性资格的获得相关,这种仪式还强调了参与者在性方面的成熟。作为一个能够获得的男性资格的人,这种仪式还使新入会者相信他具有完全的性能力。①

割礼的仪式总是隆重而热烈。南非科萨人的割礼仪式要摆设盛大的宴席,因而往往在一年的收获季节才举行割礼仪式。整个地区的年轻人从各个村庄赶来,参加这个传统的典礼,向孩提时代告别。人们聚集在一个宽大的广场中央,姑娘们靠着墙,男子跳着雄壮活泼的舞蹈。即将行割礼的青年们赤裸着上身,手拿一根系有白色带子的长棍,加入舞蹈的队伍,演绎着惊心动魄的战斗舞蹈。接着是晚宴,人们尽情享用科萨人自制的啤酒、烤肉和玉米糊。随后,青年们

---

① [英]维克多·特纳:《象征之林——恩登布人仪式散论》,商务印书馆 2006 年 11 月第 1 版,第 151 页。

围坐在火堆边,听长老讲故事,学习本族的历史。次日一早,青年人走进茅屋,祭司在酋长的陪同下,口里念念有词,轮流为青年们行割礼,将泥土和鲜血混合,涂在小伙子的脸上。他们在伤口愈合之前,不许离开这间茅屋,村里有人专门为他们送去饮食,直至康复。

非洲成年礼

女性的割礼给女孩带来极大的痛苦甚至灾难。然而在非洲割过阴的母亲总是会让自己的女儿行割礼。往往是自己的母亲、奶奶或者姐姐等已经割过阴的女子使劲按住女孩,让她施行割礼。女孩被割阴后,双腿绑在床上,至少要躺一周,只能吃一些粗糙的食物,尽量减少排尿。割阴无疑是最原始的陋习,是惨无人道的。许多女孩挨割之后就血流不止、休克、感染或得了破伤风,因而丧命。然而在非洲传统社会里,未被割阴的妇女被人瞧不起,没有人会娶她。非洲国家已经开始认识到割阴的危害,纷纷从法律层面废除这一陋习,然而,非洲传统社会里的非割礼女子不娶的态度增加了废止这一陋习的难度。

3. 婚姻习俗

一夫多妻制是古代非洲最常见的婚姻形态。黑人往往把妇女与财产同等看待，财产越多的人占有的女人越多，其社会地位也越显赫。在信仰伊斯兰教的那些部族里，按《古兰经》教义，"男人可以娶两到四个老婆"，每个老婆必须各自拥有一部分财产而且分开居住，所以穆斯林娶妻的上限是4个。其他部族则不受限制。

妻子的来源很多：有的是支付聘礼明媒正娶而来的；有的是正妻的妹妹，以姐妹共夫的形式嫁过来的；有的是死去兄弟的遗孀，以兄弟共妻的形式继承来的；有的是在部落间的战争中掠夺而来到其他族的女子。女人在家庭中的地位取决于她的生育能力，生的孩子越多，地位越高。但是，正妻的地位一般要高于其他妻子。娶妻最多的是部落的酋长，有几十个，上百个妻妾的酋长是很平常的。

一夫多妻制在非洲传统社会里占主流，其基本原因是经济方面的。非洲许多地方长期停留在自然经济阶段，多娶一个妻子，就多个人干活。娶的妻子越多，劳动力也就越多，财富自然也就多了。有的部族里丈夫之所以慷慨以自己的妻室"招待"客人，主要也是为了多得儿女。正妻也常常主动要求丈夫再娶，以分担她所承担的家务活和田间劳动。

对于传统社会的非洲人来说，婚姻对改变一个家庭的经济状况很重要，生有多个女孩的家庭可以通过嫁女儿获得大量彩礼。彩礼可以是牲畜、农具、布匹和钱币等，最常见的是牲畜，特别是牛。娶一位新娘，少则几头牛，多则几十头牛。祖鲁人结婚，男方需要送女方父亲10头牛，如果新娘的父亲是酋长，数量有所增加，一般送酋长20头牛。布干达人为了筹集彩礼，常结伙到离家较远的地方抢牛，抢牛付彩礼成风。当地人们基本认可这一行为，认为为了彩礼去抢牛并不是什么丢人的事情。

在非洲传统社会里存在着一些奇特的婚俗：

> 每年的9月，摩洛哥的柏柏尔人都会举行"摩赛姆节"，这是

当地女子的求偶盛会。待嫁的姑娘们会在"新娘集市"上公开展示自己。男子可以随意向中意的女人搭讪求爱,但是决定权在女子手中。如果女子对求爱的男子有好感,则允许他握住自己的手,如果她对男子不满意,则不与他握手。在这一集市上,无论是姑娘,还是离婚女子或寡妇,都可以寻觅夫婿。而且结过婚的女子,因为有婚姻和生育的经验,有时还比姑娘受欢迎。

在尼罗河流域的丁卡族部落中,女子也在集市中寻觅如意郎君。她们会宰杀一只大肥鸡,用各种香料腌制烧熟,然后拿到集市上去卖。如果有男子看上女子,就会去问价钱,女子若是不喜欢他,便会漫天要价;如果来问价的男子是女子心仪的对象,女子便会邀请男子共同享用这只肥鸡。①

4. 相信巫术

古非洲人相信,念诵某种咒语、履行某种仪式和动用某种法物就能通过超自然的力量来达到特定的目的,这就是神秘的巫术。

巫术流行于非洲传统社会中,无论男女老少,不仅对巫师深信不疑,而且都会在日常生活中用一点巫术来求福禳灾。俾格米猎人会在地上画一只羚羊,当太阳刚刚升起的时候用箭快速刺中这只羚羊,这样他就相信这一天的打猎一定会顺利。造独木舟的人为了杀死木头里的蛀虫,会一边用斧子敲打木材,一边念杀死蛀虫的咒语。

禁忌是巫术的另一面。猎人外出打猎时,妻子必须严守贞操,否则猎人就会被野兽伤害。不孕的妇女严禁靠近果园,否则果树就会受到"传染"而不结果实。西非的一些部族观念里,伤害人的影子就等于人身伤害。在南非的一些族群,假如狒狒上了茅舍,或者乌鸦、猫头鹰栖息在屋顶,主人就以为要大祸临头,赶忙请来巫师举行洁净

---

① 任荣:《古非洲生活》,汕头大学出版社2009年版,第91—95页。

仪式。

在非洲传统社会里,巫师一般都有很高的社会地位,人们相信他能够祛病除魔、察妖辨邪。他在村子里广受欢迎,兜售各种药物、护身符,使中邪的人恢复健康、帮助求雨,自许有通神的本领,查找并且驱赶施邪术害人的妖巫。巫师的职业,有的是世袭的,有的不是。成为巫师要经过长期的特殊训练,或者四处拜师学艺。职业巫师的全副行头非常吓人。脸上罩着夸张的面具,手里拿着角马尾制成的鞭子。作法的时候,周围的人很少知道巫师究竟是谁,但是内行的人一眼就能够认出他。

只要村里有人被巫术搅扰了,就会请巫师举行降神会。盛装的巫师口袋装着巫药和跳舞时用的装饰品:哨子、响葫芦、铃铛、脚镯、手镯、臂环、腰带。巫师在地上画一个圆圈,沿着圈线插上装有药物的兽角,有时还放上一个使妖巫"显形"的水罐。接着鼓声响起,巫师随乐起舞,很快进入精灵附体、如醉如痴的状态。巫师的法术并不总能奏效。假如巫术失灵,巫师会解释说,这是由于施术过程中有人犯了禁

非洲巫师(来源:新浪网)

忌,或者有人在暗中施行了反巫术的缘故,没有人质疑他的说法。

5. 口传文化

在文字不发达的地方,人们的记忆力往往特别发达。古老的黑非洲,除了极少数王国,大多数部族始终没有产生文字。这些部族的历史和传统文化仅仅依靠人们的记忆,世世代代,口口相传。

非洲黑人的口述文化包罗万象,涉及生产生活和精神领域的各个方面,且相互渗透,浑然一体。保存和传递这种文化的人,一般是祭司、巫师,或者秘密盟会的组织者,或者村社长老,或者说唱艺人。他们往往是部族社会中的年长者和德高望重的人。他们是非洲历史和文化的活记忆。在西非,传承口头传说的人称为"格里奥",他们既是诗人、乐师、歌手,又是巫师,常被王公选为顾问。与民间的同行相比,这些宫廷的格里奥类似史官,靠记忆和口授来保存王国的历史。在非洲班巴拉人中有两类口述艺人,一类被称为"索马",意为"博学的人",他们精通制铁、纺织、狩猎、捕鱼、家族世系等方面的专门知识,是这些知识的传授人。另一类讲述者称为"迪埃利",意为说唱艺人。他们或云游四方,或依附于权贵,他们是各种传统乐器的演奏者和音乐知识的保存者和传授者。他们讲述的故事虽然是为人们提供娱乐,却拥有家族世系、先人伟业、历史沿革等方面的渊博学识。

非洲的口述历史包括家系史、部族史和王国史。非洲最恢宏的口述史诗,要数讲述马里帝国开国史的《松迪亚塔》。这部长诗记录和歌颂了马里帝国开创者松迪亚塔的丰功伟绩。史诗是这样开始的:"芒丁的孩子们,黑人的子孙们:请你们听我说,我要对你们讲的是松迪亚塔的故事,他是光明之国的国父,草原之国的国父,是善射的弓手们的祖先,是征服了一百个国王的统帅。"[1]史诗赞美松迪亚塔"像雄师一样威严有力,像水牛一样粗壮结实"。史诗详细叙述了

---

[1] [几内亚]吉·塔·尼亚奈:《松迪亚塔》,李震环、丁世中译,上海译文出版社1983年版,第4页。

代表正义和善良的松迪亚塔历经艰险,由弱变强,率领正义之师最终战胜了阴险暴虐的苏曼古鲁,建功立业、励精图治,给臣民带来幸福。讲述者往往插入自己的议论,让故事更加跌宕起伏、扣人心弦。

在口口相传的故事中,既有王国的历史、家族的谱系,又有创世神话、风俗来历和生活寓言。马吉人说,早先人是可以触到天的,那时人不用干活,上帝每天把人的葫芦装满,人不劳动就可以吃到现成的饭。一天,有个女人把脏葫芦放在外面使一个天童的手指感染了,上帝一怒之下便回到了天上。另外一个民族的人说,是一个女人用擀面杖戳天,激怒了上帝。非洲的口头传说还有寓教于乐的功能,教育人要诚信、不要贪婪等等。

苏丹东部的努巴人流传着这样的故事:起初,天空很低,人们伸手就能够着。妇女们搅拌粟米时都习惯用手抓住天空。做饭的时候,由于天空太低,人们的手抬不高,经常被热锅灼伤。有一次,一个妇女实在难以忍受,大发脾气,拿着勺子向天空猛戳。勺子冲破云彩,把天空刺了个大口子,天空被触怒了,它一下子升高很多,变成一个远离地面的拱行面。

丁卡人中也流行着类似的传说:当初,造物主跟人们住得很近,是人们冒犯了他,才离开人们的。当造物主住在人们头顶上近在咫尺的地方的时候,人世间根本不知道什么叫疾苦。天神甚至允许他的孩子们沿着天地之间搭好的绳子爬到天空来找他。天神每天把足够的粟米送到人间来,人们不用劳动。后来,一个妇女贪婪地想要更多的粟米,在捣米时,她拿捣捶狠狠地敲击天空,天神生气地离开了,通往天空的绳子也被切断了。从此,疾病和死亡降临人间,可怕的饥饿也开始威胁人们。[①]

[①] 李汉平译:《祖先的声音:非洲神话》,中国青年出版社2003年版,第25页。

需要强调的是，上述非洲人的文化习俗，尤其是割礼、巫术，主要存在于非洲传统社会之中，传统社会一般指西方殖民者入侵之前的非洲，或者是西方殖民者已经入侵非洲，但非洲原来的文化习俗还保留着。也就是说，上述习俗并非是今天非洲国家民众的普遍习俗，这一点要特别注意。

第四讲

传统非洲的思想意识与技术

非洲不仅有着悠久的历史,而且有自己独特的文明。非洲传统宗教、哲学、美学、史学等构成非洲传统社会思想意识的主要内容。非洲人民在长期的生产生活中积累了丰富技术,如农作物栽培技术、手工业技术、医学知识、建筑等等,其中建筑是其技术的典型代表。

一、非洲传统宗教

传统宗教是非洲人民原有的、有着悠久历史和广泛社会基础的宗教。传统宗教是非洲精神文化的内核,也是非洲价值观的重要源头。[1]所以要了解非洲传统社会的思想意识必须从非洲传统宗教讲起。非洲传统宗教的基本内容有:自然崇拜、祖先崇拜、图腾崇拜、部落神崇拜和至高神崇拜。它的核心内容是尊天敬祖。所谓天就是自然,祖就是祖先。

---

[1] 张宏明:《非洲传统宗教的学术境遇和学术争鸣》,《浙江师范大学学报》(社会科学版)2021年第5期。

（一）尊天敬祖观念

非洲各族人民信仰的宗教主要有三种：传统宗教、伊斯兰教和基督教。基督教和伊斯兰教是后来从外部传入非洲的宗教。从表面上看，当前撒哈拉以南非洲国家中穆斯林和基督徒占人口多数。例如，2020年，非洲基督教徒有6.67亿，基督教徒在23个非洲国家中占人口多数。①实际上，传统宗教在非洲社会生活的各个方面仍有根深蒂固的影响。因为，伊斯兰教和基督教在任何一个非洲国家里都没有能够真正取代传统宗教，而是同传统宗教融为一体。不论是伊斯兰教还是基督教在非洲都有一个吸收传统宗教的因素，走本地化道路的过程。

非洲传统宗教有自己的特点，它不同于拥有大量经典著作、众多庙宇和僧侣的世界性宗教，它没有书写的历史和经文。但是，凡是没有文献的地方，人们的记忆力往往较强。直到今天，非洲传统宗教的祭礼上，有的仍使用一种秘密语言，或称其为礼仪语。而这种礼仪语是祭礼发源地的方言。这说明，非洲传统宗教尽管没有经典可查，但是它通过口头方式，师生相承，将礼仪代代相传。

非洲文明的一个重要特征是人与自然的广泛协调一致，但它是通过上帝来实现的。非洲人的至高神就是上帝。至高神在塞拉利昂的曼代人那里叫恩盖欧（Ngewo），在加纳阿散蒂人那里叫尼阿美（Nyame），尼日利亚的约鲁巴人叫它为奥罗伦（Olorun）。至高神在非洲各地称呼不同，但是它的威力是大同小异的。至高神是天地万物的创造者，也是部落祖先的创造者。

自然构成人类生存的环境，人类从中获得物质生活手段。在非洲人传统社会里，由于生产力发展水平所限，对于人类赖以生存的自然界还不可能有科学的认识。因此，他们把人与自然的协调变成了

---

① 李安山：《基督教在非洲：起源、传播与演变》，《非洲语言文化研究》2023年第2辑。

人对自然的崇拜。在非洲人看来,自然万物是上帝创造的,自然展现上帝,在自然中上帝无处不在。他们崇拜多种自然精灵,如地神、山魔、林鬼、塘怪、河精、树妖、神蛇、神牛等等。

在非洲人看来,日、月、星辰都不是纯粹的自然物,而是同上帝相联系的。祖鲁人讲,上帝造了人,然后造日、月供人照明。在阿散蒂人、南迪人、卢奥人看来,太阳就是上帝的化身。在阿赞德人、哈亚人、伊博人当中,太阳被神化为神灵,甚至被认为是上帝的儿子。班布蒂人、多罗博人、卢奥人则把月亮视作女性的神灵、上帝的陪伴者、太阳的母亲或姐妹。阿赞德人、阿散蒂人、查加人认为星星是上帝的儿子。

许多野生动物,在非洲人眼里也是神圣的。如豹、蟒、羚、鳄、象、狮等,对那些禁杀这些动物的部落来说是神圣的。如果猎人杀死了这类动物,一定要向该动物的灵魂赎罪,否则该动物的灵魂会像鬼一样追逐他。加纳北部的一些内地部落相信,人死后会变成动物返回阳世。所以他们把动物视为神物,并说:"它们是我们的祖先,它们不会伤害我们。"[1]

非洲传统宗教认为,人的身体来自母亲,精神来自父亲。死去的人们在精灵世界中也像现世的部落那样组织起来,而且死去的祖先能够保佑其后裔。因此,人们要定期举行宗教仪式,纪念祖先,祈求祖先的保护。在非洲传统社会里,祖先在人们日常生活中的影响是十分深远的,"祖先至上这种思想对我们来说无关紧要,但对那些住在偏僻村庄的非洲老年男女来说,没有祖先的存在和祖先的能力,他们每时每日的生活,或许我们可以不过分地说,就毫无意义了"。[2]

班图人十分崇拜祖先亡灵,他们把祖灵看成家族的成员,在一切重要时刻都向他们求援。出生、婚嫁、患病和家族团圆时,均要乞灵

---

[1] [英]帕林德:《非洲传统宗教》,张治强译,北京:商务印书馆1992年版,第53页。
[2] 同上书,第57页。

于家族的祖先亡灵。求雨、播种、收获、捕鱼、狩猎和打仗时也要向祖灵求援。为了抚慰亡灵、求助于亡灵,非洲人采取许多仪式。伊博人每隔一定时间,向祖先奉献祭品。加纳南部的噶人认为祖先之灵随时都在身边。他们在饮酒前必先洒一点酒,在吃饭前必先放一口饭在地上奉送给祖先。阿散蒂人每3周祭祖一次,称作"休息"。祭祀时,每张小凳代表一位祖先,这些小凳往往是祖先的遗物,阿散蒂人认为祖先的灵魂与他们用过的凳子息息相关。

有的非洲人部落,为了使自己的部落得到强有力的祖灵保护,甚至把族长或祭司在年老体衰之前按例杀死,以达到有一个充满活力的强壮的冥助者的目的。如希卢克人对首领百般尊崇,却从不允许他寿终正寝。首领一旦有体衰之兆,即遭杀身之祸,但亡灵依旧被奉若神明。

祖先崇拜是非洲传统宗教典型形态。非洲人的日常生活离不开祖先的影响,否则,他们认为生活便毫无意义了。祖先崇拜有利于巩固家庭和部落的团结与和谐。因为死去的祖先能保佑其后裔,只有家长才有权向祖灵求援,所以家庭成员必须服从家长才能受祖灵的佑助。酋长的祖先是整个部落的力量源泉,而酋长是祖先在人间的代表,所以全部落的人要接受酋长的领导。

(二) 自然崇拜

自然崇拜是非洲传统宗教的最初形态。远古时代,非洲人把直接关系到自己生存的自然物和自然力进行神化,这样就产生了自然崇拜。由于非洲人各部落赖以生存的地理环境相差很大,所以自然崇拜的对象也不尽相同。日、月、雷、风往往成为共同的崇拜对象,但山地部落主要崇拜山神,沿海、沿河的部落则崇拜水神。

对土地的崇拜。自然界诸多事物中,土地和人的关系最密切,关系人们的衣食住行。非洲人为了祈求丰收,保障食物来源,就通过各种崇拜仪式,向地神表示感激和敬畏,祈求地神保佑。一些非洲人部落在耕地前,要用牺牲献祭,因为他们认为,翻耕土地会触犯地神。如居住在乍得境内的塔尔人(Tal)在播种前要向大地献祭。祭祀时必须裸体。他们还设有土地庙,酋长即位时要祈求地神的保护。耕作前,必须由土地庙守护者开第一犁。除了祈求地神宽恕的献祭外,还有报答地神的献祭。这是在收获以后进行的一种崇拜仪式,或用土地上收获的果实献祭,或以舞蹈、歌唱的方式表示谢意。

尼日利亚的伊博族十分崇拜地神,他们把地神叫作阿腊。伊博人眼中的地神已超出原来的意义,把它升华为主神。他们认为,阿腊主宰整个人类,包括生者和死者。每个村社都有阿腊神的祭祀地。伊博人在播种前和收获时要向阿腊神献祭。老祭司代表人们向阿腊神祷告:"您的孩子给您送来了椰酒。请保佑他们及其田地。请不要让他们遭到任何不幸。"①

阿散蒂人也崇拜地神,并且认为它是位女神,她的圣日是星期四。所以,阿散蒂人把地神叫作"星期四大地"。他们禁止在星期四去地里干活,以免惊动地神。在耕种前,阿散蒂人要用家禽、芋头等供品慰问地神;收获后要用酒或牺牲答谢地神。就是在挖坟时也必须灌奠,还要向地神祈祷:"圣日为星期四的大地啊!请接受并饮下这杯醇酒,您的孙子某某死了,求您恩赐这一小块土地,允许我们给他挖个坟坑。"②

尼日利亚的伊博人崇拜太阳,他们有专供敬拜太阳的圣地。他们认为太阳是至高神的孩子。非洲人对月亮的崇拜也很普遍,个人祈祷时,往往求助于月亮。西非的伊博人见到新月时会举起双手说:"新月,请像上个月的月亮那样保护我吧!"南部非洲的布须曼人在新月和满月出现时都要唱歌、跳舞和祈祷。他们经常祈求月亮:"月亮

---

① [英]帕林德:《非洲传统宗教》,张治强译,北京:商务印书馆1992年版,第48页。
② 同上书,第47页。

啊，你高高在上，明天帮我杀死一只羚羊吧！让我吃一顿羚羊肉！"

在非洲的一些地区，人们还崇拜风暴、闪电和霹雳。在很多地方，风暴神有最高大宏伟的庙宇，他们的祭司居众祭司之首。大多数伊博人崇拜闪电。他们的村庄大多有供奉闪电神的圣地。闪电神的标志是一棵树和村前的两个瓦罐。每当收获芋头之前，在圣地举行一年一度的崇拜闪电神的礼仪，杀鸡献祭，然后由献祭者分而食之。约鲁巴人崇拜雷电神香郭（Shango）。它被称为善于用石头作战的"投石手"或"神弹手"。在它的庙宇里可以看到石头。

对火的崇拜。火是自然界常见的现象，原始森林的熊熊大火使远古时代的非洲人感到恐惧，但火能够照明取暖，防御野兽，又能使人熟食，从而使非洲人感到崇敬。对火的崇拜在远古时代世界各地都普遍存在，非洲也不例外。这种崇拜甚至一直流传到今天。巴干达人有派女孩去守护神火的习俗。奥万博人敬拜圣火"奥米洛·郭希隆哥"（Omilo Guoshilongo），在酋长的卧室内燃烧圣火，不能让它熄灭。他们认为火是酋长的生命，而酋长又是部落的生命。努科因人和赫雷罗人也都崇拜圣火。努科因人的"每个小群体都有一个圣火，那是决不可以熄灭的，族长的正妻必须日夜守着它……只要圣火继续燃烧并受到族人的崇拜，猎人们和采集者就能够找到足够当天吃的食物"。在赫雷罗人那里，头人正妻的茅屋前的祭坛上永远燃烧着圣火，正妻和她的儿女们日夜守护着它。

植物崇拜比动物崇拜出现更晚些时候，其崇拜范围比动物崇拜要小。但是，认为植物有灵的观念在古代非洲人思想中还是普遍存在的。许多村庄都有一棵祀奉当地守护神的圣树。他们或在圣树底部放几个瓦罐，或将树的四周用树枝编成的篱笆围着，旁边常有一座庙宇。刚果黑人崇拜"米隆"（Mirrone）树，人们常常把它种在房前屋后，并把它当作家庭守护神。俾格迈人崇拜的最重要的神是森林神，他们经常向它敬献食物，还要为它唱赞美歌。

非洲人对自然的崇拜,实际上是在生产力水平很低的情况下对自然界虚幻的认识。他们崇拜的对象都与其生产和生活息息相关。非洲人各部生存环境的差异决定其自然崇拜对象的不同,如住在山区的部落崇拜山神,沿江沿海部落则崇拜水神。自然崇拜的对象随着生产力的发展和生产方式的变迁而发生变化。如游牧民族崇拜牲畜,一旦步入农耕社会就会改变崇拜对象。自然崇拜是一种原始的宗教形式。自然崇拜是因为人们对自然物缺乏科学认识和对某些自然现象感到恐惧所形成的,但在非洲人中也有保护自然和生态环境的积极因素。

(三) 图腾崇拜

图腾崇拜是在自然崇拜、祖先崇拜的基础上发展起来的宗教形式。图腾崇拜产生在氏族社会制度普遍建立之后。"图腾"是印第安语(Ototeman),意思是"他的亲族""他的标记"。所谓图腾是指被同一氏族的人奉为保护神和象征的某种动植物或自然界的其他物体。

图腾崇拜是一种普遍现象。它的崇拜对象较广泛,但多数为动植物,尤以动物占多数。阿坎人崇拜老鼠,维奈巴人以羚羊为图腾,科特迪瓦的阿朱克鲁人崇拜蜥蜴,贝宁的丰人奉豹为图腾,瓦卢克人崇拜乌龟,济贝格人崇拜鸵鸟,乌干达瓦伊卡人崇拜鬣狗。在游牧部落中,图腾多为家畜。作为图腾被黑人崇拜的动物还有:巨蟒、鳄鱼、猿、狼、豪猪、猴、鹦鹉、乌鸦等等。还有一些非洲黑人崇拜植物图腾,努埃尔人的一支崇拜棕榈树,卢格巴拉人以蘑菇为图腾,东非万尼卡人的图腾大多为椰子树,还有一些黑人部落崇拜的图腾既非动物又非植物,如乌干达的安科累人以鼓为图腾,多哥的阿克波索部落中的一支奉小刀为图腾。

非洲人的图腾崇拜不是一成不变的,它随着生产力的发展、社会的进步而发生变化。图腾崇拜产生于狩猎—采集经济的鼎盛时期，因此，崇拜对象主要是某种动植物，明显地保留着从自然崇拜中脱胎出来的痕迹。随着一些非洲人部落进入畜牧—农耕社会，生产门类不断增加，于是图腾的种类不断扩大，崇拜某一图腾的群体也形成多种层次。最初奉某一物为图腾的是氏族，后来出现了个人、家庭、部落、部落联盟的图腾。

图腾崇拜有许多礼仪和禁忌。奉鼓为图腾的安科累人既要为鼓献祭牲口、牛奶、玉蜀黍和酒，还要为其保暖。他们相信，只有这样，鼓才给人赐福，使本族繁荣昌盛。非洲人认为，只要平时崇拜图腾，经常向它献祭，关键时刻就可以得到帮助。如多哥高原的阿凯布人以猫为图腾，他们相信在危急关头只要抓住猫尾便可得救。图腾与禁忌紧密相连，遵守禁忌就会得到图腾的佑助，反之则遭灾祸。丰人和阿散蒂人禁止食用他们作为图腾崇拜的动物蟒蛇和鳄鱼。班布蒂人不仅禁食图腾动物的肉，甚至严禁触摸图腾动物的某一部位。东非万尼卡人以椰子树为图腾，他们严禁毁坏椰子树，认为每毁掉一棵椰子树，就等于杀害了自己的母亲。

图腾崇拜是特定社会发展阶段的产物，它在某种程度上有利于加强家族、氏族、部落和部落联盟的团结。因为，他们认为，信奉同一图腾的人是亲属，彼此有血缘关系，所以相互之间要团结一致。图腾禁忌则约束着人们的行为，人们借助图腾来管理社会。在南非的巴罗朗族，如果发生比较大的纠纷，酋长难断是非时，就会拿出珍藏的图腾标志——铁锤，让双方当事人对着铁锤发誓，理亏的一方据说会受到图腾惩罚。在这种心理影响下，理亏者自然表现出胆怯，那么，酋长据此作出裁决。图腾崇拜影响着非洲人的生活习俗。班巴拉人以羊为图腾，所以其成年男子头上都梳有羊角状的两束头发。图腾崇拜还影响到非洲人的文化艺术。在文学方面，非洲人各族有关民族起源的神话传说大多与图腾有关。在绘画方面，保存下来的非洲岩画中许多内容都是有关图腾崇拜的形象和仪式的。布须曼人将图腾动物画在洞穴里,如多德雷赫特附近的大羚羊洞,利奇顿丹农场的河马洞,罗克伍德峡谷的大黑蛇洞和象洞等。

(四)部落神崇拜

随着氏族向部落、部落联盟和军事民主制阶段的发展,非洲人的宗教观念也发生了变化,他们崇拜的对象除了无数个自然崇拜物、图腾和祖灵之外,还产生了各部落的保护神和代表这一时代生产力发展水平的各种神祇。

在非洲传统社会里,对部落神的崇拜在很多地方表现为对国王和酋长的崇拜。如在南非班图人中,酋长不仅是各族的首领,而且是各族团结的象征。酋长是祭司和法术师,是统治者和立法者,是战争的指挥者和财富的赐予者。在恰卡统治时期,祖鲁人把这位著名的国王抬高到了和神一样的地位,他的臣民毕恭毕敬地向他膜拜。文达族酋长,"不仅在他的大半生中被视为半神;到了晚年,有的还正值壮年,便发誓与女人断绝来往,赶走妻妾,然后跳一种庄重的、真正使他成为神的独人舞,此时,他实际上便自封为神了"。[1]

阿散蒂国王具有各种非常神圣的称号,他是民众的代表或太阳的儿子。他的灵魂被认为充满太阳的活力,这是国家幸福的源泉。国王被称为"宣告时令开始的人"。国王还自称"我是世界的中心,世上万物皆绕着我转"。人们用太阳的标志——四臂等长的十字架——象征国王。

国王即位时要举行隆重的庆典。斯威士人的王位必须由男系继承,即位仪式开始时,来自全国各地的人们聚集在一起,然后由仪式主持人把年轻的继承人介绍给大家:"这就是你们的新国王。"新国王

---

[1] *The Bantu-speaking Tribes of South Africa*, 1937, London, p.176.

要接受几件王权标志:蘸过黑牛胆汁的长矛、铜手镯及据说可使持有者隐形的权杖。阿散蒂国王即位仪式时必须要有蕴含着国魂的金凳子。登基典礼秘密举行:先把王位继承人带到存放祖先用过的许多凳子的房里;然后把他放在名望最高的祖先的凳子上稍坐片刻;最后把他连举三次。这样他就成了新国王。这种仪式赋予国王特殊的神圣性,同时他也为各种禁忌所约束,如不能赤脚走路,不能摔倒,否则会给国家带来灾难。

国王去世,臣民不得直接言死,常说"天黑了""大树倒了""山崩了""升天了""房塌了"等等。①国王的殡殓相当隆重,用金粉塞满七窍。国王崩殂后要保密,直到新王即位。谁泄露国王的死讯,就会被指控为"妄图灭国"。为了保证新国王的健康,他决不会住在前任国王的村子里,不能触摸尸体,不能接近坟墓,哀悼死者的时间不能太长。酋长、国王死后便成了神。人们认为在阴间他仍享有国王的地位,因此逢年过节便举行人祭,为他添加扈从,给他送去关于他生前所在族的信息,以便得到他的佑助。

总之,非洲人各族通常崇拜他们的国王、酋长,他们活着时是半神,死后就成为部落神。其他众神之间互为亲属关系,且各司其职,实际上反映了非洲人社会中出现的劳动分工和社会分工。部落神崇拜比自然崇拜、图腾崇拜和祖先崇拜是一大进步,是生产力发展和社会进步在人们宗教观念上的反映。

(五)神职人员

随着生产力的发展,复杂社会分工的出现,宗教神职人员就从氏族成员中独立出来,成为执掌宗教事务的专职人员。这样,本来是兼职的和临时性的祭司、巫师就成了专职的世袭的神职人员。神职人

---

① [英]帕林德:《非洲传统宗教》,张治强译:北京:商务印书馆1992年版,第77页。

员专业化后,他们就有时间、有精力对宗教观念进行系统化的处理,同时也着手使宗教仪式程序化、复杂化,力图使一般平民不能直接接近神灵。他们给宗教增添许多神秘主义的成分,原来每个人都可以进行的许多宗教仪式和巫术,现在都被宣告无效,非经神职人员之手不可,原来对自然界的变化,谁都可以据原始宗教礼仪进行占卜,现在却只能由专门的神职人员来解释。

原来认为神灵的意志可以借助自然现象昭示给众人,现在必须由神职人员作中介,总之,神职人员的出现导致众人丧失与神直接交往的能力。非洲传统宗教发展到有独立的神职人员,说明传统宗教日臻完善。

祭司是最常见的神职人员。在西非,凡拜神的地方都有受过严格训练的祭司。祭司的来源有两种:一是世袭,二是因为"精灵附体"而成为祭司。不管是哪种类型,他们在成为祭司前都要接受严格训练,时间长达数年。训练是很艰苦的,他们要坚守节操,遵守各种严格的食物禁忌和行为戒律,通常只吃少量食物,睡在坚硬的地上,学会忍受苦难。在老祭司的指导下,他们潜心学习向神请教和服侍神的各种秘密。在非洲传统宗教中,妇女也能成为祭司。

祭司的任务是在神与普通人之间起中介作用,因此,他们尽量要使自己的职业神秘化。他们的装饰与众不同,祭司经常穿白色衣服,这种颜色被认为是神圣的颜色。有的祭司用白、红颜料在身上画上线条,把头发搞成古怪的样子,处处显示出与众不同。他们有时还佩戴象征性的装饰品,或各种各样的驱邪物和护身符。通灵人也是非洲传统宗教的神职人员。所谓通灵人,是指被神或祖先的精灵"附体"的信徒,他们把来自精灵世界的预言传述给人们。通灵人大多为女性,她们一般隶属于某个神庙,或在祭司领导下工作,或以自由职业者的身份应那些需要指导的人的邀请去服务。

非洲传统宗教的神职人员还有占卜师和巫医。占卜师也叫预言家,是靠神的启示来解决问题的专家。占卜师与通灵人极为相似,因为他们都能成为精灵附体的对象,都是依靠神谕来回答问题的。占卜师还要学习用土药治病。他是非洲黑人传统社会中的重要人物,村民经常向他求助。他用骨头和坚果卜测命运,显示过去,预卜未来,找到失物或发现盗贼,以及给人治病。抛开迷信的成分,实际上占卜师是凭丰富的生活经验和广泛的闲谈资料来处理某一问题的。

巫医是神职人员之一。他们是给中巫术之人治病的大夫。与妖巫相反,他们维护公众利益,不是害人而是给人治病。因此,他们在非洲黑人传统社会里是备受尊敬的社会成员。

祭司、通灵人、占卜师和巫医都是非洲传统宗教的神职人员。神职人员成为独立的职业,表明传统宗教发展日趋完善、系统。要成为神职人员都要经过严格的训练,他们之间的身份有时是相互重叠的,如有的祭司可能兼占卜师与巫医于一身。

(六) 对外来宗教的态度

传统宗教是非洲土生土长的宗教,外来宗教是指由外部传入非洲的宗教,主要是伊斯兰教和基督教。

伊斯兰教于公元7世纪兴起在阿拉伯半岛,不久就随着阿拉伯人对北非地区的征服和阿拉伯人、波斯人移居东非沿海地带传入撒哈拉以南非洲,到今天,伊斯兰教成为非洲信奉人数最多的宗教。全非共有2亿多穆斯林,占人口总数的41%左右,在非洲独立的55个国家中,穆斯林占居民多数的国家有15个。

在撒哈拉以南的非洲,伊斯兰教之所以能比较广泛传播,是因为伊斯兰教的教义适合非洲许多地方的实际。伊斯兰教产生于阿拉伯氏族部落社会转变为阶级社会时期,在其教义中保留了许多这一时期的痕迹。大多数非洲居民把信仰安拉与信仰他们原来的神灵结合在一起,只是把安拉作为至高神。而伊斯兰教中许多关于"灵魂不死"、家族主义观念、伦理道德以及家庭生活规范与非洲氏族部落社会很接近,如一夫多妻制、祖先崇拜。撒哈拉以南非洲当时还没有类似的成文法典,《古兰经》正好满足了这一需要。非洲许多地方尚无文字,阿拉伯文正好填补这一空白。还有,伊斯兰教的教义认为,应该对"异教徒"进行圣战。圣战可以被非洲上层用来消灭异己,扩大地盘,甚至可以以"圣战"为号召,抗击殖民主义的侵略。所有这一切都有利于伊斯兰教在非洲的传播。

伊斯兰教在非洲得到了迅速传播,一方面对非洲传统宗教产生强大的冲击,另一方面也明显地适应了非洲传统宗教的习俗,如魔法、巫术等。皈依伊斯兰教的非洲人往往用传统宗教的观念去理解伊斯兰教,所以,许多非洲穆斯林并未真正放弃自己的传统宗教,有的只是采纳了伊斯兰教的外壳。这样,就出现了保留某些传统宗教因素的混合伊斯兰教。

基督教传入非洲要比伊斯兰教早,早在1世纪,基督教兴起初期就传入埃及等地。到了4世纪,基督教势力扩张到阿克苏姆王国(今埃塞俄比亚)。5世纪科普特教会和埃塞俄比亚教会同君士坦丁堡公开决裂。15世纪后,随着欧洲的殖民探险基督教又向撒哈拉以南非洲传播。1499年,葡萄牙传教团最先抵达非洲,并在刚果、安哥拉和东非等地进行传教活动。随着奴隶贸易的猖獗,基督教在非洲许多地区进行传教活动。但在19世纪初叶以前,传教活动收效不大,随着殖民侵略步伐的加快,才掀起传教高潮。但是,基督教在非洲的传播不如伊斯兰教那样成功,这主要是由于基督教与殖民侵略捆绑在一起,且其教义和仪式与非洲传统生活习惯有较大的差距。

同样地,基督教在非洲的传播也有一个吸收非洲传统宗教的过程。起初,基督教传教士对非洲传统宗教持否定态度,他们否定非洲传统宗教中的各种神祇和超自然力量的存在,敌视传统习俗,结果引起非洲人的强烈不满和反抗。例如,在今喀麦隆的巴蒙王国国王恩苦亚就因为基督教反对一夫多妻制,"他便迫害、驱赶基督教徒,又请来了一位马拉布传授伊斯兰的经文"。[①]后来,传教士改变了传教方式,力图使基督教适应当地文化环境,使宗教仪式适应非洲传统的崇拜仪式,并吸收非洲人充当神职人员。

基督教要在非洲站住脚,就必须吸收非洲传统宗教的成分,形成非洲基督教会和教派。这是一种带有混合性质的宗教组织,它们脱离西方教会,创立了把当地传统宗教与基督教结合在一起的特殊的教义和仪式。西方称之为"独立的""土著的"或"混合的"教会和教派。"独立教会"的共同特征是:它们都从西方基督教会中分离出来;其成员都是非洲人,他们大多属于同一部落;其教义是把基督教教义加以改造,使之带有当地特色,在礼拜仪式上亦吸收非洲传统崇拜仪式的成分,如神职人员穿特殊的服饰,在锣和喇叭声中跳舞、唱歌和呼叫,以便引起宗教热情等;每一教派都有各自的教阶,除布道外,还替人看病、驱鬼降魔等。

非洲独立教会是民族解放运动的产物,出现于 19 世纪末。第一个独立教会——滕布教会,是奈赫米阿·泰尔在 1883 年创建的,他脱离了卫理公会。此后,这种独立教会纷纷出现在西非、南非和东非。它们有尼日利亚的"非洲浸礼会"、喀麦隆的本土联合会、南非的"埃塞俄比亚教会"、尼亚萨兰(今马拉维)的"天佑勤奋传道会"、乌干达的"非洲正教会"、坦噶尼喀的"非洲民族教会"等等。这些教会都崇拜上帝、敬奉耶稣,但采纳了许多黑人传统宗教的做法,如实行割礼、圣灵附体等。第二次世界大战后,非洲独立运动蓬勃发展,独立国家纷纷建立,独立教会也发展到一个极盛时期,20 世纪 80 年代初达 8000 多个,拥有 2200 多万信徒。

---

① 杨荣甲:《在神秘的酋长王国里》,北京:时事出版社 1986 年版,第 26 页。

总之，伊斯兰教在非洲得到较广泛的传播，基督教次之。非洲人对基督教传入的态度，除了激烈的反抗之外，也有认同和适应。两种外来宗教在非洲的传播有一个共同点，那就是都糅合了非洲传统宗教的教义和礼仪，走非洲本地化之路。那些非洲穆斯林或基督徒并未完全摒弃对传统宗教的崇拜和本民族的传统习俗。

二、班图哲学

在撒哈拉以南非洲，是否存在本土哲学？在20世纪中叶以前，西方学者对此是持否定态度的。

黑格尔认为，撒哈拉以南的非洲人不仅肤色与欧洲人不同，而且生活方式和理性思维的能力也与欧洲人迥异，他们的思想是原始的、反理性的和不合逻辑的。黑格尔说："人如果仅仅出现在大自然，那么她还处在人类的最初阶段，并且受着激情和情欲的支配。这就是处于原始状态的人。我们观察到的非洲人就处在野蛮的、未开化的状态之中，并且时至今日依然如故。"因此，"黑人是缺乏意识的自然人"。[1]既然黑人是自然人，缺乏意识，那么对世界观、人生观以及诸如有限与无限、精神与物质、生与死、善与恶这些问题不可能产生认识。所以，在黑格尔眼里，撒哈拉以南非洲是历史和哲学的"荒漠"。

黑格尔之后，西方学者对非洲文明的认识深受"含米特理论"的影响。根据这一理论，非洲各族人民从来没有自己的历史，一切具有文化成就性质的东西统统是从亚洲来的移民带给他们的。既然他们认为非洲黑人文明是含米特人的文明，那就否定了黑人哲学的存在。英国哲学家大卫·休谟就是持这一观点的代表人物。

---

[1] ［德］黑格尔：《历史中的理性》，第250—251页。

1945年,在刚果(金)从事传教活动的比利时牧师普拉西德·唐普尔(Placide Tempels,1906—1977)发表《班图哲学》一书,对黑人哲学加以肯定。唐普尔牧师最大的贡献是首次承认了非洲黑人哲学的存在,并加以论证,从而打破了所谓"非洲是哲学的荒漠"的臆断。唐普尔说,非洲黑人也像欧洲人一样具有一种支配他们行为的连贯的思想和原则系统,这种思想和原则体系便形成了班图哲学。只不过班图各族人民自己未能将它概括出来形成文化。唐普尔在《班图哲学》一书中提出了五个命题:第一,非洲存在着一种传统的班图哲学;第二,班图哲学是一种本体论;第三,这种本体论是以存在的动力观为基础的;第四,班图本体论无法用土著语言自行表达,需要整体借助西方哲学和语言的概念体系;第五,班图本体论适用于所有班图人。[①]

唐普尔发表《班图哲学》,标志着西方学者开始承认黑非洲存在一种系统的黑人哲学。对这本书大加赞赏者颇多,对之进行批驳的也不少。在赞许者中,有人说:在西方人类学家对非洲哲学横加指责之际,"唐普尔牧师带头保卫和拯救了非洲哲学","唐普尔这本书的题目曾经做出过重大的贡献。对非洲广大的知识界曾经起过解放性的作用"。[②]在批驳者中,1950年,塞泽尔在《抨击殖民主义》一文中强调,唐普尔的理论观点遵循着一个既定的目的,即证明殖民主义是必要的。1968年,喀麦隆的基督教牧师埃布西—布拉克发表《有问题的班图》一文,认为唐普尔的错误在于,他带着既成的观点体系来对待研究对象。

围绕唐普尔提出的"班图哲学"的争论,使非洲哲学界一分为二,在对非洲传统哲学的认识上产生了两大学派,即唐普尔支持者的"本体论学派"和与之观点相左的"存在解释学派"。"本体论学派"的代

[①②] 张宏明:《黑非洲哲学思想经纬》,《西亚非洲》,1990年第3期。

表人物有卡加穆和穆拉戈。该派承袭唐普尔的观点,并加以发展。

唐普尔认为:班图人关于存在本质的概念和欧洲人一样都是"智力认识",都是"形而上学"的,两者的差别只在于对同一存在的解释中。前者突出存在的运动方面,使用的概念是"存在的力量",后者强调的是存在的静止方面,使用的概念是"存在的东西"。因此,欧洲人一般以"静力观"来阐述存在,认为存在就是"现有的东西""某种存在的东西",在欧洲人的存在观中并不包含力量概念。存在本身只可理解为力量和变化的载体,而不是力量本身。班图人则认为,存在"是某种具有力量的东西","存在和力量是密不可分的"。他们认为,力量不是存在的偶然属性,而是存在本身,是存在所固有的本质特征。在班图人的逻辑中,"存在就是力量""力量也就是存在""存在等于力量"。[①]

卡加穆在承袭唐普尔关于班图人本体论观点的基础上,又提出了修正和发展。卡加穆认为,在班图人的存在观中,动态和静态不是互相排斥的,而是互相补充的,而不像唐普尔所说的完全是动态的。欧洲人和班图人存在观之间的差异,不在于静态和动态的区别,只是在于看问题的出发点不同,欧洲人把存在看作是自然界中已经存在的,即脱离了决定其活动方式的存在的特性,而班图人的存在观则是根据存在结构中所产生的特点来思考的。

唐普尔认为,班图人把存在和力量联系在一起,是由于班图人对存在的生命力,特别是人的生命力的看法密切相关。宇宙间的一切存在,包括人类、动物、植物和无生命物都具有生命力,上帝是生命力的源泉,它赋予每一个存在以"一定的力量",这就是存在得以维持的"能量",即生命力。存在只是生命力的载体,生命力才是存在的本质。

班图人相信生命力论。他们把宇宙看作是各种生命力都有等级的体系,其序列是上帝、人(包括死去的人)、其他生命物、无生命物。

---

① 唐普尔:《班图哲学》,转引自《西亚非洲》,1988年第6期。

人是把无生命物同上苍的神灵世界联系起来的一种力量。人既是神力的操纵者,也是神力的承受者。班图人认为人生是一个有生命力的统一体。这种生命力既不是肉体的生命,也不是思想上的生命,而是"从'神力'的源泉所产生并承受下来的,在它面对神力时,它既被神力所捕捉,同时也捉住了神力。生命并不为死亡所毁灭,尽管死亡可以使它的条件发生变化"。[1]

在班图人看来,生命力是一种神圣的、看不见的、永恒的实在。死亡只是改变了生命力存在的条件,而并不是生命力的完结。因为他们相信,长者、父辈在冥间继续保持着他们的生命力,"死者"仍然与生者保持着联系,生者实际上就是"死者"的生命力在尘世的继续,只有当"死者"不能对生者产生生命影响时才真正死亡。也就是说,当世上没有人怀念他、祭祀他时才是真正的"死人",他的生命力才真正结束。所以,班图人面对死亡是从容不迫的。他们最担心的不是死亡,而是无后。班图人把生儿育女、传宗接代看得高于一切,因此,非洲的男人怕阳痿,妇女怕不孕。非洲人在传统上把这种人生的不幸看作是割断了生者与死者之间的联系。

与生命力论相联系,非洲人的时间观也很独特。西方人的时间观是直线形的时间观:时间由一个长长的确定的"过去"、一个短短的充满各种可能性的"现在"和一个无限的"未来"组成。非洲人的时间观是射线形的:一个长长的"过去",一个作为"过去"的延续的"现在",实际上没有"未来"这一维度。对非洲人来说,时间只是事件的一个组成部分,是已经发生、正在发生、就要发生的事件的一部分。实际的时间,是已发生的和正在发生的事件的一部分,就是"过去"和"现在"。"未来"不能叫作实际时间,因为"未来"的事件还未发生,还未被经历到、认识到,不得叫作"时间"。在非洲人看来,时间由"现

---

[1] 苏莱曼·S. 尼品:《非洲人的宇宙观》,《信使》,1982年第4期。

在"向"过去"方向运动,而不是投向"未来"。

穆拉戈继承发展了唐普尔的生命力学说。他指出:活着的人本身就是某种联系着的生命的结合。这种生命的结合一方面联系着活人,一方面又联系着死人,从而使活着的人产生一种属于同一血缘的人类群体的意识。

与本体论学派相对立的存在解释学派的代表人物是洪通基和托瓦,他们尤其反对本体论派研究非洲哲学的方法,贝宁科托努大学年轻的哲学教授洪通基在1977年发表《关于非洲哲学》,认为唐普尔的《班图哲学》是构筑在对人种学资料诸如语言、神话、谚语、宗教信仰、生活习俗等等的论述的基础上的,这种方法既不是纯人种学方法,也不是纯哲学方法,因此《班图哲学》是一种不伦不类的"种族哲学"。[1]他们认为,并不是每一种理性的、有条理的"复杂概念体系"都是哲学,因此不能把埋藏在非洲人心灵深处的、共有的、无意识的"世界观"视为哲学,任何用西方哲学概念来解释"非洲固有思想"的企图都将被认为是一种"伪造"。只有把非洲人所写的、撰写者认为是哲学性质的那些文字的总和才能称之为非洲哲学。

经过这场辩论,绝大多数从事非洲哲学研究的学者都认为,非洲本土哲学确实是存在的。李安山教授将非洲哲学分为文化哲学、政治哲学和批判哲学,认为"文化哲学根植于非洲社会之中"[2],唐普尔主张的班图哲学大致是文化哲学的重要组成部分。

三、美 学

非洲人不仅有悠久的历史,而且有独特的美学思想。传统非洲

---

[1] C. 西阿纳尔:《关于哲学的争论》,载《国外社会科学》,1981年第2期。
[2] 李安山:《当代非洲哲学流派探析》,《国际社会科学杂志》2020年第2期。

美学与西方美学具有不同的哲学基础,对艺术品的解释具有不同的文化背景。非洲艺术品是实用的、注重共同体的、非个性化的,不像西方艺术那样只是艺术家个人的价值观与情感的随意流露,而不涉及文化环境与民族的历史现实。因为西方美学家都倾向于把艺术家设想为不受社会习俗约束的自由人,其作品必须以其个性来评价。他们认为,"每件艺术品都是独一无二的、个别的,这种独一无二性和个性就是艺术品的本质。如果你要根据某些基本原理来解释一切艺术品的价值,那么你就是要毁灭这种价值"。①

而非洲美学的哲学基础在于他们的本体论,非洲人把万物的本质都想象成力。在班图人中没有不与"力"的概念相关的概念。若无"力"的要素,"存在"就成了不可思议的了。"力"就是"存在"的本性,"力"即"存在","存在"即"力"。这样,力的概念或力的本体论取代了分离的存在物或实体的概念,这种存在物或实体各自独立、并存。通过存在物的这种本体论关系,非洲人认识到并且感受到自己与其他的力处于一种亲密的、个别的关系中,这些力在他周围起作用并且使他处于力的等级秩序中。

非洲人的本体论对他们的美学思想产生重大影响,使得非洲艺术具有实用的、注重共同体的、非个性化的、有根据的、内在的等特点。非洲艺术——视觉的、音乐的、运动的或诗歌的——都注定要为实践的、有意义的目的服务,而表现美则是第二位的。如一件雕刻品,如果它对祭神的活动、对祭祀者共同体有作用,那么按非洲人的标准在美学上就是美的。一件面具,尽管它造型"丑恶",但如果它在舞蹈动作中能被正确地用来描述神的力量,那么它也会被判断为美的和善的。相反,如果某位祖先为了礼拜的目的而创造的一件雕塑被后人多次刻画并加上一些装饰,尽管这些有着使这件作品臻于

---

① P.C. 查特尔基:《美学的基本问题》,1968 年,第 13 页。转引自《国外社会科学》1987 年第 8 期。

完善的作用,但它在非洲黑人的美学观里是得不到认可的。这就是说,形式上是完善的东西不一定是美的。因为它不实用,所以没有意义。这也就是说,实用的就是美的。

非洲的艺术是非个性化的艺术,非洲艺术家所关心的并不是描述他个人的想象与情感。无论是音乐、舞蹈、绘画,还是诗歌的创作者,他都不能描述他自己的动机、他自己的主题、他自己的思想感情。共同体的需要决定了艺术家的创作活动,他要对他的社会负责。强调艺术家的非个性化并不意味着消灭每个艺术家的一切自由,当艺术家服从了那个民族所认可的一些基本形式以后,他有作出某种"第二性决定"的自由。

四、史　学

撒哈拉以南非洲有没有自己的史学? 对此欧洲学术界长期以来存在错误的看法,巴兹尔·戴维逊说,"过去许多人认为尼格罗人是一种没有历史的人"。[1]正如前文所指出的形成这种错误的认识恐怕与黑格尔"非洲没有历史"的观点有关,甚至到了20世纪黑格尔的观点也不乏追随者。1923年,A. P. 牛顿教授在伦敦(皇家)非洲学会以《非洲和历史研究》为题作演讲时说:"在欧洲人到来之前,非洲没有历史。历史是从人类有文字记载时才开始的。"[2]1963年,牛津大学现代史教授休·特雷弗—罗珀仍然认为非洲黑人没有历史,他说:"也许将来有一些可以讲授的非洲史。但现在还没有,只有在非洲的

---

[1] [英]巴兹尔·戴维逊:《古老非洲的再发现》,三联书店1973年版,第3页。
[2] J. 基-泽博编辑:《非洲通史》第一卷,中国对外翻译出版公司1984年版,第19至24页。

欧洲人的历史。其余的就是黑暗……而黑暗不能成为历史的主题。"①

那么,黑非洲到底有没有史学?回答是肯定的。英国著名的非洲史专家J. D. 费奇教授说:"非洲历史的撰写和一般历史的撰写具有同样悠久的历史。"②

关于撒哈拉以南非洲的历史文献,不像人们想象的那么贫乏。古代史学家希罗多德、曼涅托、大普林尼和斯特拉波等人都记载了非洲的一些情况。对黑非洲早期历史记载比较真实可靠的文献有"大约在我们纪元 100 年发表的《红海回航记》和大约在我们纪元 150 年发表的克劳迪亚斯·托勒密以及印度旅行家科斯马斯于 647 年发表的著述"。③这些主要是东非早期历史的重要资料。

对沦为殖民地以前非洲黑人的历史资料,以阿拉伯文为最丰富。这些文献既有阿拉伯人写的,也有非洲人用阿拉伯文写的。

阿拉伯人写的著作许多是地理著作,但保存着大量有用的历史资料。比鲁尼·亚库比游历过埃及和马格里布,除留下两地的大量描述以外,他在《历史》和《地方志》两书中,记载了有关黑非洲的大量情况,其中涉及埃塞俄比亚、努比亚、苏丹和东非海岸。他还记载了强大的加纳王国,探讨了黄金问题。伊本·豪卡勒游历过努比亚,也可能到过西苏丹,他的著作《地形书》的价值在于提供了马格里布和苏丹的贸易情况。伊本·法基记述了古加纳和库库的情况。祖尔格伊本·沙里亚尔记录了游历非洲东海岸的见闻。马苏迪的《黄金宝藏》一书,都是东非海岸的资料。白克里的《列国道路志》代表了有关苏丹地理的最高水平。伊德里西的《罗吉尔之书》对埃塞俄比亚的记叙比较混乱,有关西非的记载则比较准确。欧麦里的《殷鉴之路》,是

---

①② [布基那法索]J. 基-泽博编辑:《非洲通史》第一卷,中国对外翻译出版公司 1984 年版,第 19 至 24 页。
③ 同上书,第 19 页。

研究黑非洲史学的必读之书,不仅是研究马里王国内部组织和马里与埃及和伊斯兰教关系的重要资料,而且也有埃塞俄比亚诸穆斯林国家的详细叙述。他在本书中还提出了黑非洲国家起源和伊斯兰化问题。《伊本·白图泰游记》则是西非和东非的实况的直接观察。

从15世纪开始,关于撒哈拉以南的非洲历史资料大大增加,不仅有地理著作、游记,而且有了编年史;不仅有非洲以外的学者的著作,而且有了非洲人自己写的著作;不仅有非洲人用阿拉伯文写的著作,而且还出现了用黑非洲语文写的著作。这是一个巨大的变化。

此后,非洲有了对自己历史的看法和评价了。据说写于1410年的署名伊本·艾德瓦尔的《萨伊史》(阿拉伯文),可能是现存非洲人写的西非最早的史籍。但史学家认为这似乎只是后人对口头传说的记录。[①]《法塔史》和《苏丹史》(萨迪著),记述了桑海帝国及邻近国家的历史,前者止于1591年摩洛哥入侵,后者一直写到1955年。廷巴克图著名学者艾哈迈德·巴巴编的《西苏丹学者人名辞典》,是一部有用的资料。1752年写的《贡贾志》,是一部论述贡贾王国的史书。18世纪西雷—阿巴斯·索赫撰写的《塞内加尔富塔编年史》,是一部有关富塔地区的编年史。

在豪萨地区,奥斯曼发动圣战之前保存下来的史书不多,但某些豪萨文和卡努里文诗歌及其对当时事件的评注还是有用的。圣战之后,用阿拉伯文、豪萨文、富尔德文、卡努里文、曼达拉文、科托科文写的著作日益增多,其中写得最多的是圣战的领袖们,奥斯曼·登·福迪奥、阿卜杜拉和贝洛。尽管他们的大部分著作是文学的、宗教的,只有少量著作可视为编年史籍,但都有助于人们研究这一时期的物质和精神生活。19世纪,出现了豪萨城邦编年史,如《卡诺编年史》《卡齐纳编年史》《阿布贾编年史》等,从某种程度上说,它们都取材于

---

① 联合国教科文组织:《非洲通史》第一卷,第94页。

早期文献和口头传说,但保存了有用的历史资料。

还应特别提到,喀麦隆巴蒙王国国王恩若亚·易卜拉欣,他不仅发明了巴蒙文字,而且用巴蒙文写了一本《巴蒙的历史和习俗》的著作。①

东非沿海城邦几乎与西非同时产生了编年史的传统。用阿拉伯文和斯瓦希里文撰写的东非城邦史中,第一部是约成书于1530年的《基尔瓦编年史》,其余大多数是近代的著作。它们提供了各城邦的国王名册和政治生活纪实。19世纪20年代用斯瓦希里文写的《披露》,记述了帕塔的兴衰,可以作为史料加以利用。

进入19世纪后,一些最早遭到殖民侵占的西非沿海地区和国家,出现了一批非洲人思想家和史学家。他们多半用欧洲语言写作。在思想家中首先应该提到爱德华·布莱登和詹姆斯·阿弗利卡纳斯·霍顿,他们写的书和文章,本身就是极其重要的史料,是研究非洲民族主义的第一手资料,而且他们从历史角度对以往事件的评述,也有重要参考价值。在史学家中应该提到 C.S. 赖因多夫和塞缪尔·约翰逊,前者在巴塞尔发表了《黄金海岸和阿散蒂史》,后者写作了《约鲁巴人历史》。他们两人是近代黑非洲史学的开创者。

不论是用阿拉伯文和欧洲文写的著作,还是用非洲语文撰写的著作,虽然都有地区的局限性,但他们表述的是非洲人的声音,是非洲人对自己历史的看法,这是难能可贵之处。

非洲历史的口头传说十分丰富,其内容也具有一定的真实性。以前人们通常认为,书写的东西重于口讲的东西,书本是传播文化遗产的主要工具,没有文字的民族是没有文化的民族。然而,自第二次世界大战以来,这种不正确的看法已开始消失,人们"正进一步揭开口头传说传下来的知识宝库的帷幕,这座宝库是全人类的文化遗产"。②

---

① 杨荣甲:《在神秘的酋长王国里》,北京:时事出版社1986年版,第27页。
② J.基-泽博编辑:《非洲通史》第一卷,中国对外翻译出版公司1984年版,第121页。

五、建　筑

在撒哈拉以南的非洲,广大农村和乡镇,居民皆"结茅为屋",屋形有圆形、方形、长方形。也有少量木板房,但屋顶仍盖草。一般村社社员居住的屋舍低矮、简陋,而富人和酋长、王宫则宽敞、清洁。19世纪时,坦桑尼亚、乌干达等东非依然如故。丁廉在游历东非时写道:在桑给巴尔"民皆结茅而居,蓬户荆扉";在坦桑尼亚瓦米河一带,"廛屋皆结茅为之,高仅及肩,须伛偻鞠躬方得入门。门户围壁皆编竹为之,坚固特甚"。"比至署(即官府),则板屋一所,稍觉高大宽敞,上亦盖以茅龙。"至乌干达,"入其宅,厅事一所,高大轩敞,作圆式,如牛棚然。中间木柱甚多,以支屋顶。中分前后两间,隔以瞭窗,窗以细木为之。厅后板屋一区,无窗户,为妇子家人偃息之所。其中床榻,用木板支之,制殊粗陋。厨房建于厅后,家人妇子工作其中"。①

随着生产力的发展,在撒哈拉以南非洲各地出现了石木结构建筑。其中有三个类型比较引人注目,即埃塞俄比亚高原的阿克苏姆式建筑;东非沿岸各城邦的斯瓦希里式建筑;中南非洲的大津巴布韦式建筑。

阿克苏姆的建筑,主要特征是使用石料。布局呈正方形或长方形,凸出部分和凹进部分有规律地交错着,在多层台阶的底座上修建巨大建筑物,石砌建筑除泥浆外不用任何黏合剂。②建筑师都喜欢用巨大的石块:石碑、石柱和石板。阿克苏姆衰亡以后,阿克苏姆建筑风格继续流行。建于公元 10 世纪的德卜勒—达莫教堂,呈长方形,20 米长,9.7 米宽,建筑方法严格遵照阿克苏姆木石结构传统。门窗

---

① 艾周昌:《中非关系史文选,1500—1918》,华东师大出版社 1989 年版,第 51—90 页。
② 联合国教科文组织:《非洲通史》第二卷,第 286 页。

采用在阿克苏姆常见的石柱框架,横梁两端有突出的接头和体现阿克苏姆特色的凸出和凹进交替的部位。

在公元 11 世纪修建于阿戈伍的特切库斯(西里阿克)教堂,也是一座木石结构的长方形的教堂。承袭阿克苏姆建筑风格,横梁两端凸出窗外。窗框结构也是典型的阿克苏姆建筑风格。同时还在各地发现了 120 座左右的岩石教堂。这些在山岩上雕琢成的教堂,同样保存着阿克苏姆风格和类似的内部结构,有柱子、柱头和构架。贝拉基特的马尔耶姆教堂,呈长方形,完全可以同德卜勒—达莫用木石建造的教堂相媲美。

关于东非沿岸各城邦的斯瓦希里式建筑,在郑和下西洋的 16 世纪末 17 世纪初的时候,在郑和随员的笔下都有记载,表现出较高的建筑水平。费信的《星槎胜览》写到木骨都束(今索马里的摩加迪沙)时说:"自小葛兰顺风二十昼夜可至。其国濒海,堆石为城,叠石为屋四、五层。厨厕待客,俱在其上。"该城邦为石头建筑,房子有 4 至 5 层高,客厅、厨房、卫生间一应俱全。

第五讲

早期殖民侵略和奴隶贸易

非洲是最早遭到西方殖民侵略的地区,而首先踏上殖民征途的是葡萄牙,休达是欧洲殖民者在非洲建立的第一个殖民据点。到16世纪中叶,葡萄牙在西非实行殖民地化的地区和国家有佛得角、圣多美和普林西比、几内亚(比绍)的沿海地区。随着资本主义的兴起,非洲变成商业性猎获黑人的场所。黑奴贸易发展成为一个专门的行业,成为一种特殊的历史现象。非洲遭受了空前的浩劫,殖民主义和资本主义却因此发展起来了。

一、葡萄牙在非洲的殖民侵略

(一) 殖民非洲的动因

非洲是最早遭到西方殖民侵略的地区,而首先踏上殖民征途的是葡萄牙。1415年,葡萄牙国王若奥一世率舰队,越过直布罗陀海峡,占领了摩洛哥的休达城。他们在抢劫了这座城市后,留下3000名士兵驻守。于是,休达便成为欧洲殖民者在非洲建立的第一个殖民据点。

休达是北非一座重要城市,是一个贩卖丝绸、香料、宝石和黄金的重要市场。在中世纪,欧洲的黄金主要来源于非洲。欧洲人早已探知,在休达、的黎波里等北非城市交易的黄金是从非洲内陆越过撒哈拉沙漠运来的。在 1375 年阿拉拉汉克里斯奎画的地图上,已注明马里国王曼萨·穆萨的领地上有丰富的黄金,但是具体产地不明。葡萄牙占休达的主要目的,是为了发现运到休达的黄金的产地。占领休达后,葡萄牙人知道越过撒哈拉沙漠就是黄金产地几内亚。而且那里不受穆斯林的控制。葡萄牙国王便决定勘测非洲西海岸,开辟一条新的航路,把西非的黄金运到欧洲。

此外,葡萄牙人在《马可波罗游记》的吸引下,对中国和印度的财富贪羡不已。葡萄牙人企图避开穆斯林控制的传统商道,沿西非海岸开辟一条通往亚洲的新航路。

总之,驱使葡萄牙人到非洲去,是由资本原始积累时期的"黄金梦"所促成的。在资本原始积累时期,随着商品经济的发展,货币成为普遍的交换手段,尤其是铸造金币之后,欧洲普遍感到贵金属短缺。黄金成为早期殖民者梦寐以求的掠夺对象。连教皇在 1455 年的训谕中,也把掠夺黄金放在首要地位,赞扬葡萄牙王室非洲西海岸的航行"有利于获得黄金和宣传教义的事业"。

(二) 绕过非洲的航行

绕过非洲的航行,葡萄牙人比其他欧洲国家具有更加优越的条件。葡萄牙位于伊比利亚半岛,紧接非洲西海岸。在列康吉斯达运动中,葡萄牙掌握了穆斯林世界的第一手材料,这是向东远航所必需的。当时,葡萄牙造船业已很发达,所造的远航船只,船身宽阔坚实,兼用方帆和三角帆,操作平稳自如,使用罗盘和天文仪器。葡萄牙又是欧洲各国中最早完成民族统一的国家,1249 年从阿尔加维赶走了摩尔人。若奥一世在位时(1385—1433 年),依靠市民和骑士的力量,削弱了贵族势力,加强了王权,为运用国家权力从事海外远征奠定了政治基础。若奥一世之子唐·恩里(又译亨利),因策划和推动绕过非洲的航行,获得了"航海家恩里王子"的称号。

恩里王子参加过侵占休达的战争。回国后,他创办航海学校,兼任校长,讲授地理、天文和航海课程,网络和训练殖民航海人才。他组织探险队,勘探通往东方的航路。

1434年,吉尔·埃安内斯(葡萄牙人)越过暗礁密布,令欧洲航海家望而生畏的博哈多尔角。

1436年葡萄牙殖民者到达里奥德欧罗,他们以为这是恩里王子梦寐以求的"金河",故取此名。

1441年绕过布朗角,掠回12名非洲人和少量金砂。次年侵入阿尔吉恩岛,随后在此地设立堡垒,企图让撒哈拉商道的黄金贸易转向沿海。

1444年,葡萄牙殖民者首次有计划地掠夺奴隶,掳掠235名黑人,运回欧洲出售。这是贩卖黑奴罪恶行径的开始。

1446年葡萄牙殖民者在佛得角和塞内加尔登陆。

1448年航抵冈比亚沿海。

1460年恩里王子去世时,葡萄牙冒险家已经到达塞拉利昂沿海,整个几内亚沿海都被宣布为葡萄牙王室的领地。

葡萄牙国王阿丰索五世和若奥二世继承恩里王子的殖民事业,继续组织沿非洲西海岸向南航行。1471年,戈麦斯的船队在加纳沿海登陆,发现丰富的黄金矿藏,取名柯斯塔·达·米纳,随后以"黄金海岸"著称于世。1475年,戈麦斯的船队越过赤道。1481年若奥二世即位后,从戈麦斯手里收回了几内亚贸易专利权,由政府直接经营。1483年,迪奥戈·卡奥到达刚果河口,竖立了一座7英尺高的大理石标柱,作为葡萄牙领有该地的标志。他在1485—1486年的第二次航行中,抵达纳米比亚的克罗斯角。

1487年迪亚士循着卡奥开辟的航线,航至今卢得立茨湾,于2月在南非的莫塞尔湾靠岸。返航通过好望角时,风急浪高,迪亚士称它为"风暴角"。返航后,若奥二世听他汇报时,改为"好望角"。

1497年7月,达·伽马率船队从里斯本出发,11月22日绕过好望角,3月2日到达莫桑比克岛,4月14日抵达马林迪,在阿拉伯领航员马瑞德的帮助下,船队于1498年5月20日到达印度的卡利库特。

从恩里王子到达·伽马,葡萄牙用近百年的时间,开辟了绕过非洲南端通往东方的新航路,为葡萄牙在非洲从事殖民侵略和掠夺开辟了道路。

(三)葡萄牙在西非的殖民

葡萄牙政府对新航路实行垄断,规定任何国家的船只,未经葡萄牙的许可,不准在西非沿海航行。1494年,西、葡签订《托尔德西里亚条约》,把双方的势力范围的分界线定在佛得角群岛以西370里格的地方。这样,非洲便成了葡萄牙独霸的地区。

当时,葡萄牙对非洲的政策,主要不是直接侵占大片领土,而是保证它对黄金、象牙等财富的掠夺以及贩卖黑人奴隶。葡萄牙是一个小国,15世纪初才100万人口,16世纪初约140万人。它想霸占大片土地力不从心。因此,葡萄牙在侵占非洲沿海的据点和近海的岛屿中,葡萄牙的兴趣多半集中在黄金产地和黑人奴隶贸易区。如阿尔吉恩岛、佛得角、几内亚(比绍)、黄金海岸、圣多美-普林西比。

阿尔吉恩岛是葡萄牙在非洲西海岸最早建立的殖民据点。此外,它还在瓦丹建立了一个辅助商站,用布匹、梳子、镜子等小商品交换黄金、奴隶和胡椒,但它深入黄金贸易中心廷巴克图没有成功。葡萄牙人从阿尔吉恩岛获得的黄金很少,但是奴隶贸易比较兴旺,每年发送约1000名奴隶到葡萄牙。阿尔吉恩岛只繁荣了70年,就被南边的新殖民据点所取代。

佛得角和几内亚（比绍）是葡萄牙在西非最早建立的殖民地。1460年，佛得角群岛被戈麦斯发现后，立即由葡萄牙皇室授予费尔南多王子。来自葡萄牙、西班牙和热那亚的殖民者在那里建立了奴隶制种植园，生产向世界市场出口的热带作物。葡萄牙以里贝拉·格兰德为佛得角首府，设立殖民行政长官。1533年，又设立佛得角主教区，管辖佛得角和从摩洛哥到几内亚沿海的宗教事务。佛得角成为葡萄牙向内陆渗透的基地。殖民者很快发现了拥有天然良港的圣地亚哥的价值，他们在北到卡谢乌，南至博拉马的沿海地带建立了一些白人据点，在比绍建立了殖民行政机构。他们通过这些据点，同以马里王国为主的西非地区进行贸易，用欧洲的商品交换黄金、奴隶、象牙和胡椒等。在葡萄牙海上霸权衰落以后，佛得角和几内亚比绍一直是它在非洲的殖民地。

到16世纪中叶，葡萄牙在西非实行殖民地化的地区和国家有佛得角、圣多美和普林西比、几内亚（比绍）的沿海地区。尽管葡萄牙在非洲直接占领的地区不大，但是它在西非推行了殖民政策，在世界殖民史上都占有重要的地位。它不仅孕育了殖民地和保护国制度，而且试验了奴隶制种植园制度。在西非积累了大量财富和经验的种植园主后来迁居巴西，继续经营种植园。

（四）刚果和安哥拉

当卡奥抵达刚果河口时，刚果王国正处于兴盛时期。葡萄牙殖民者企图通过外交手段和传教活动，把刚果王国变成自己的保护国。1506年，在葡萄牙人支持下，阿方索通过一场内战，继承了刚果王位。他派长子去葡萄牙学习，后被委任为副主教。到1600年，刚果已建立了12座教堂，约有10万人改信耶稣教。跟随传教士而来的是葡萄牙商人和奴隶贩子。1500年，葡萄牙国王把同刚果进行贸易的权力授予圣多美总督费南多·德梅洛。圣多美的葡萄牙商人在沿海建立潘达、圣米洛尔(后改名罗安达)等一些奴隶贸易中心。从1514年起,他们开始到刚果腹地掠买奴隶。哪里有传教士,哪里就出现奴隶贩子,不少传教士本身就是奴隶贩子。他们直接向各省的省长、酋长购买奴隶,挑起部落冲突,扩大奴隶来源。奴隶贸易破坏了刚果王国的稳定,中央政权开始衰落。

1543年阿方索去世后,刚果内乱和战祸不止。1561—1568年间有三个国王相继死于非命。恩东戈、罗安果等属国均已独立。索约省、恩松迪省、姆邦加省与中央离心离德。刚刚走向统一的刚果王国又分崩离析了。刚果人民对殖民者的不满发展成公开的起义,起义者杀死传教士及刚果人民的叛徒。在此情况下,1575年葡萄牙人逐步移居宽扎河以南的恩东戈王国。他们希望在那里获得更多的奴隶,找到金银矿藏;并希望通过宽扎河东进,与从莫桑比克西进的葡萄牙人会师,把东西两侧的殖民地连成一片。

1561年,以保罗·迪亚士为首的一个传教团来到恩东戈首都卡巴萨,想诱使国王皈依基督教,但是葡萄牙人没有成功,迪亚士成了阶下囚。1565年他被释放之后,积极准备武力侵占恩东戈。1571年,他被授予总督和大将军的头衔,世袭罗安达以南170英里的海岸线及其内陆土地,条件是负责移民100对欧洲夫妇,建造要塞,进行垦殖。

1575年,由400多人组成的迪亚士远征队,乘7艘战舰,侵占了刚果王国的罗安达岛。从1579年起,迪亚士沿着宽扎河向内地进行大规模的征战。恩东戈国王恩哥拉·恩拉姆比同侵略者进行了30年艰苦斗争,多次给敌人以沉重打击。恩拉姆比去世后,恩东戈王国陷入了混乱,葡萄牙乘机于1620年大举入侵,占领了首都卡巴萨,并在通向马坦巴的战略要道上建筑了昂巴卡要塞。

在国难当头的1624年,恩达姆比的女儿恩津加自立为恩东戈女王,她号召人民团结一致抵抗外国侵略者,并把首都东移到马坦巴,抗击侵略军达30年之久。葡萄牙殖民者一方面在其占领区扶植傀儡政权,分裂抵抗运动;另一方面不断派远征军进攻马坦巴。恩津加运用灵活机动的战术,粉碎敌人一次又一次的围剿。当恩津加女王以80岁高龄去世时,恩东戈仍然保持独立,她被誉为"非洲的贞德"。

葡萄牙殖民者占领属于刚果王国的罗安达之后,建立了一套掠夺奴隶的制度,即庞贝罗体制。庞贝罗是由混血种人和非洲人组成的葡萄牙贩卖奴隶的代理人,他们受过贩奴和率领奴隶商队的专门训练,其行进路线是罗安达-圣·萨尔瓦多-彭博地区。据估计,17世纪20年代,在刚果王国境内有1000多个葡萄牙贩奴代理人。

从15世纪末到18世纪末,葡萄牙对安哥拉的统治有以下几个特点:第一,形成了贩奴的庞贝罗体制。葡萄牙人每年从安哥拉运出的奴隶1536年为5000人,1576年为10000人,1765年为17000人。第二,在沿海和内地建立了若干军事据点和一支黑人辅助军。葡萄牙人依靠这支军队,对刚果王国、恩东戈王国以及本格拉高原的奥维姆杜人发动侵略战争,迫使土著酋长成为自己的藩属,开创了利用非洲人打非洲人的先例。第三,在控制地区建立欧洲人移居点。在这些移居点中,白人所占的比例一般不小于1/10。葡萄牙殖民者和非洲人通婚的混血种人日益增多,在当地形成了以肤色为标志的种族压迫。

(五)莫桑比克和东非沿海

1502年,达·伽马用武力侵入东非沿海城邦基尔瓦,迫使素丹向葡萄牙称臣纳贡,开始了葡萄牙对东非沿海的殖民统治。只要沿海城邦的统治者向葡萄牙纳贡,开放商埠,给予建筑要塞的权利,就可以继续在位,否则葡萄牙就要兵戎相见。1505年,葡萄牙殖民者阿尔梅达率领22艘舰只侵入莫桑比克,迫使谢赫接受葡萄牙人的统治。1507年,葡萄牙人废黜谢赫,建筑圣加布里埃尔要塞,直接统治莫桑比克。在蒙巴萨,他屠杀1500人,将该城洗劫一空。在葡萄牙武力威逼之下,马林迪、拉穆、桑给巴尔、布腊瓦都先后成为葡萄牙的属国。葡萄牙殖民者到来之前,东非城邦是繁荣的商业城邦,在葡萄牙的劫掠和贸易垄断之下,东非沿海的贸易进入了萧条时期。

东非沿岸是葡萄牙人掠夺皇家的重要地区。1525年,葡萄牙占领索法拉,抢劫了5万多布拉黄金,其中2万多布拉黄金立即被轻快帆船运送回国。为了垄断黄金贸易和直接控制黄金产地,葡萄牙冒险家从莫桑比克沿海向内地渗透。约在1509年,他们到达莫诺莫塔帕王国首都姆比里。此后,他们又向西渗透到马尼卡,向北渗透到赞比西河沿岸。葡萄牙为控制内地运到索法拉的黄金,1531年派兵占领了赞比西河畔的塞纳镇,1535年建立据点,留驻守军。

葡萄牙传教士踏着冒险家的脚印深入内地。1560年,贡萨洛·达西尔维拉从克利马内经过塞纳、太特到达莫诺莫塔帕首都,为国王、王后及300名亲属、顾问洗礼。在首都的斯瓦希里商人控告他是个擅长妖术的间谍,因而被处死。

达西尔维拉之死,成为葡萄牙侵略莫诺莫塔帕的借口。1569年,葡萄牙国王塞巴斯提昂任命巴雷托为司令,率领1000人的殖民军队远征。巴雷托的真实目的是要占领黄金产地,挤走斯瓦希里商人。巴雷托于1571年到达塞纳,但是在多雨、疫病流行、给养困难和当地部落的不断打击下,800名士兵和巴雷托本人都患热病而死,200余名残兵败将被迫于1573年撤离该地,葡萄牙夺占莫诺莫塔帕金银产地的计划破产。

为镇压东非的反葡斗争,夺取金银产地,葡萄牙采取了两项措施。一是在1609年改组殖民行政机构,设置都督代替原来的莫桑比克司令,扩大其权限。二是对席夸银矿发起新的远征。这时,莫诺莫塔帕国王的权力已经衰落,当国王卡帕拉里兹采取反葡政策时,葡萄牙人支持前国王诺戈莫之子马武拉登上王位。1629年,他与葡萄牙签订条约,使莫诺莫塔帕王国成为葡萄牙的附庸。卡帕拉里兹为保卫国家独立,发动反葡起义,杀死400名葡萄牙人,直逼赞比西河口的殖民据点克利马内。葡萄牙人调集援军,在1633年击败了卡帕拉里兹。

葡萄牙人从克利马内到席夸,再到索法拉,占领了赞比西河三角洲的大片良田,建立大小不等的大地产。这种大地产制度被称为葡非封建制度,起始于16世纪晚期。当时,一些葡萄牙冒险家渗透到内地,帮助莫诺莫塔帕国王镇压臣民起义,被授予土地和统治当地居民的权力。17世纪中叶,葡萄牙承认了这些冒险家的权利,同时把赞比西河以南的大片土地授给有功的军政官员。从法律上看,所有土地都属于葡萄牙王室,授予期是有限的。但实际上,大地主是自己土地的绝对主人,统治着非洲居民,向他们征税(象牙和奴隶),过着奢侈的生活。后来,这些葡萄牙人逐渐迁居里斯本、果阿和莫桑比克岛。

葡萄牙虽然在赞比西河谷得失,但它在1698年被阿曼素丹支持的阿拉伯人赶出了鲁伍马河以北的沿海城镇。为巩固在莫桑比克的统治,1752年莫桑比克的殖民机构从果阿分离出来,建立了一个单独的总督府。同年,与阿曼素丹签订条约,葡萄牙明确放弃了德尔加多角以北的沿海据点,桑给巴尔和东非沿海各城邦名义上处于阿曼素丹统治之下。1782年,葡萄牙在洛伦索-马贵斯建立要塞,把殖民统治扩张到整个莫桑比克的沿海地带。

二、黑奴贸易及其对非洲的影响

在西非古国贝宁的维达港,今天保留有一处著名的历史遗迹,叫做"不归门"。在历史上,成千上万失去自由的黑人,在奴隶贩子的押解下,通过此门,被运到西印度群岛和美洲大陆,在采矿场和种植园里做奴隶。对他们来说,从这道窄门出去以后,家乡故园,从此一去不复返。这样充满屈辱和悲伤的"不归门",在奴隶贸易盛行的时代,在非洲西海岸就有数十处之多。

近代殖民主义的入侵打乱了非洲正常的社会发展进程。随着资本主义的兴起,非洲变成商业性猎获黑人的场所。黑奴贸易发展成为一个专门的行业,成为一种特殊的历史现象。非洲遭受了空前的浩劫,殖民主义和资本主义却因此发展起来了。马克思曾经说过,非洲变成商业性猎获黑人的场所,是资本原始积累的主要因素之一,标志着资本主义生产时代的曙光。

奴隶贸易长达4个多世纪,从15世纪中叶一直延续到19世纪末。西方列强由于贩卖非洲奴隶而实现了资本原始积累,非洲大陆则因此丧失了亿万生命,使大部分地区长期陷于混乱与停滞之中。奴隶贸易不仅是非洲历史上最黑暗的一页,而且也是人类发展史上一段极其黑暗的历史。

(一) 早期的奴隶贸易

如同世界其他大陆一样,非洲历史上也存在过奴隶制,有过奴隶贸易。但是,非洲历史上的奴隶贸易同近代欧洲人在非洲经营的奴隶贸易,无论从贩卖的对象、规模,还是从奴隶的来源、使用及其社会地位来看,都大不一样。先前的奴隶贸易主要有两类:一类是非洲国家自己经营的;一类是阿拉伯人经营的。前者被贩卖的人主要是由于战争或天灾而失去家庭的人。他们可以拥有自己的财产,他们的下一代一般不被看作奴隶。这样的奴隶买卖,对社会的影响不大。

公元7世纪,阿拉伯人进入北非后,他们把从苏丹、阿比西尼亚和桑给巴尔等地俘虏来的黑人,作为家庭内的仆役使用,也有的充当士兵。他们还把抓来的黑人贩卖到阿拉伯国家及波斯（今伊朗）、印度、印度尼西亚等地，少量的还辗转达到中国。但总的来讲，在 15 世纪中叶以前，非洲奴隶买卖的规模是不大的，它只是一项次要的贸易活动。

（二）近代非洲奴隶贸易的兴衰

黑奴贸易经历四个世纪，可以分为三个阶段：

第一阶段（15 世纪中叶至 17 世纪中叶），西班牙、葡萄牙的封建王室及随后的荷兰、英国、法国等以特许公司为代表的商业资本占统治地位，黑奴贸易实行的是垄断贸易。

第二阶段（17 世纪中叶至 19 世纪初），由于美洲种植园的发展，黑奴贸易在这一时期走向高潮。在这一时期，工业资本冲破商业资本的垄断，黑奴贸易进入自由贸易阶段。

第三阶段（19 世纪初到 1890 年 7 月布鲁塞尔会议），1807—1808 年英美两国通过禁止奴隶贸易的法案以后，黑奴贸易进入了走私贸易阶段。直到 1890 年布鲁塞尔会议做出废除非洲奴隶贸易的决议，黑奴贸易才算正式终止。

1441 年，由贡萨尔维斯率领的一支葡萄牙探险队，在非洲西海岸的布朗角附近掳掠了 12 名非洲人，带回里斯本出售，这是近代奴隶贸易的开端。此后，葡萄牙人经常去非洲西海岸掳掠黑人带回国作为农业劳动力，或者卖到西班牙、意大利等地。不过，当时被掳走的黑人还不算很多。15 世纪下半叶，葡萄牙殖民者每年贩运大约 1000 名左右。直到 16 世纪初，葡萄牙在西非的奴隶贸易，其价值远不及黄金、象牙等产品的贸易。

16 世纪，西班牙在征服新大陆期间，杀害了大批印第安人，因此迫切需要廉价的劳动力来开发殖民地，于是公开鼓励从非洲输入奴隶。同时，西班牙殖民者在美洲进行殖民统治的过程中发现，印第安人不适宜于繁重的田间劳动,一个黑奴顶得上4个印第安人。1510年,第一艘来自非洲的贩奴船(约250人)到达西印度群岛的伊斯帕尼奥岛。到1540年,西班牙美洲殖民地每年运进的黑奴达到1万人。

16世纪葡萄牙在非洲海岸的贩卖黑奴活动的主要在两个地区:一个是上几内亚,即从佛得角群岛到塞拉利昂沿海。另一个是刚果河口及其以南地区。

为了垄断奴隶贸易,西班牙和葡萄牙采取了契约承包制。西班牙于1501年发布一种称为"阿西恩托"(asiento)的特许证。它允许其他国家把非洲奴隶贩卖到西属美洲殖民地,但事先得向西班牙政府购买特许证,并缴纳税金。葡萄牙也发放类似的特许证。葡萄牙在西非沿海建立了碉堡,设置商站,并把自己的势力范围从几内亚湾沿岸扩大到赤道以南的刚果和安哥拉。到17世纪初,非洲输出的奴隶平均每年达1万多人。

1588年西班牙"无敌舰队"被英国歼灭后,被称为"海上马车夫"的荷兰便乘机夺取了葡萄牙在西非的奴隶贸易垄断权。因为1580年至1640年期间,葡萄牙合并于西班牙之中。到17世纪中叶,荷兰几乎垄断了海上的奴隶贸易。

从15世纪中叶到17世纪中叶,奴隶贸易集中在大西洋两岸,史称"大西洋奴隶贸易"。西非沿海的塞内冈比亚地区以及自沃尔特河与尼日尔河之间的下几内亚湾地区,包括今天的加纳、多哥和贝宁的沿海地区以及尼日利亚的西部海岸,被称为"奴隶海岸"。加纳的埃尔米纳、贝宁的维达、尼日利亚的拉各斯,都是当年著名的奴隶贸易港口。

从17世纪中叶到18世纪下半叶,是奴隶贸易最猖獗的时期,参加奴隶贩运的国家,除了葡萄牙、西班牙、荷兰以外,还有英国、法国、普鲁士、丹麦、瑞典以及后来的美国等国家。西方的奴隶贩子不仅糜集于西非海岸,而且深入大陆内地和东非海岸。

17世纪中叶以后奴隶贸易兴盛的原因主要有:第一,17世纪中叶起,欧洲由于资本主义工场手工业的发展以及人们生活习惯的改变(例如,咖啡成为主要饮料,蔗糖消费量激增),对热带产品的需求量与日俱增。从而促进西印度及美洲大陆生产热带产品的奴隶制种植园的快速发展。第二,英国棉纺织业的飞速发展,极大地促进了美洲的植棉业,以及奴隶贸易的兴盛。第三,奴隶死亡率很高。经济利益成了把奴隶折磨致死的原因。有些地方从事过度劳动的奴隶只要7年就耗尽了生命。由于奴隶价格低廉,农场主宁肯从外面购买奴隶。英国废奴主义者威廉·福克斯在1792年向英国人民揭露,在每一磅蔗糖中,人们吃下去两盎斯人肉。

奴隶贸易决定着殖民地经济的繁荣与否,也直接影响着欧洲国家的兴衰。所以,西方列强激烈争夺对奴隶贸易的垄断权。1651年,英国国会宣布"航海条例",规定非经英国允许,外国商人不得与英国殖民地通商,这是对荷兰海上贸易的直接打击。1652年至1654年,英荷爆发战争,荷兰战败,被迫承认"航海条例"。后来,英国又两次打败荷兰,夺取了荷兰在北美大陆上的殖民地,并迫使荷兰放弃在西非的一些重要贸易据点,为英国扩大奴隶贸易打开了方便之门。

贩卖黑奴成为英国资本原始积累的重要手段,仅在1783—1793年的10年间,英国利物浦的奴隶贩子就贩运奴隶30余万人,获利1500多万英镑。马克思指出:"非洲变成商业性地猎获黑人的场所",这是"资本主义生产时代的曙光",是资本"原始积累的主要因素"之一。

这一时期,奴隶贸易有十分严密的组织系统,它们除了在西非沿海建立贩奴据点和要塞外,还向非洲内地和东非沿海渗透。到18世纪末,仅西非几内亚湾沿岸就建有40个奴隶碉堡(加纳沿海就有30个之多)。到18世纪80年代,从非洲输出的黑奴每年平均10万人之多。

大西洋奴隶贸易是通过"三角航程"方式进行的。17、18世纪是"三角航程"的鼎盛时期。"三角航船"分为三个阶段:"初程""中程""归程"。首先,殖民者从欧洲港口出发,到达非洲西海岸,他们以廉价的工业品,如军火、棉纺织品以及装饰品换取奴隶,称为"初程"。接着,把奴隶从非洲运到美洲,同美洲交换农矿产品,称为"中程"。最后,把从美洲带回的工业原料和农产品运回欧洲出售,称为"归程"。

整个三角航程费时一年以上,一般可获利100%到300%,最高可达1000%。17世纪,一个非洲黑人离岸价格是25英镑,运到美洲为125英镑,利润率为600%;18世纪时,一个非洲黑人离岸价格是50英镑,运到美洲为400英镑,利润率达800%。许多欧美的城市因奴隶贸易而兴起和繁荣。英国的利物浦,它原来是一个小渔村,由于奴隶贸易一跃成为英国第二大港口城市。18世纪,奴隶贸易每年给利物浦带来约30万英镑的纯收入。1792年利物浦的贩卖黑奴的船只达到132艘。"1787年,英国人在美洲种植园的收入为400万英镑,亚洲约为100万英镑。利物浦的'黑人贩子'每年有30万英镑的进账。在1783—1793年间,他们装备了110—120艘船只,卖出了30万以上的奴隶,价值达1500多万英镑。"①此外,法国的南特、波尔多,荷兰的阿姆斯特丹,美国的纽约、波士顿等,都是不同程度地靠此发展起来。

这还不是全部的航线。事实上,在三角贸易之外还存在多种直接贸易的路线。如欧非贸易、美非贸易等。三角贸易费时一年以上,直接贸易往返约6个月。18世纪还发展起两个小三角贸易:美洲的新英格兰—西印度—非洲;法国—非洲—马斯克林群岛。

---

① [法]乔治·勒费弗尔:《法国革命史》,顾良、孟湄、张慧君译,北京:商务印书馆2011年版,第23页。

从 18 世纪下半叶开始,到 19 世纪下半叶,奴隶贸易逐步趋向衰落。19 世纪 60 年代后,随着美国、古巴和巴西三大蓄奴国废除奴隶制,使黑奴贸易失去了最后的市场。1890 年布鲁塞尔国际会议通过废除奴隶贸易的决议,标志着奴隶贸易的终结。

(三)奴隶贸易的影响

欧美的先进是以非洲的落后为代价的。奴隶贸易对非洲大陆本身造成了灾难性的后果,延缓了非洲正常的发展和进步。

第一,造成非洲人口的大量损失。西方学者一般认为,4 个多世纪的奴隶贸易共贩卖了 1500 万黑人,即 16 世纪贩卖 90 万,17 世纪为 270 万,18 世纪为 700 万,19 世纪为 400 万。因猎奴战争和运输途中的损失,非洲实际人口损失更大。杜波伊斯估计每运到新世界一个奴隶要牺牲 5 个人,那么非洲实际损失人口达 1 亿。利文斯顿估计要得到一个奴隶必须牺牲 10 人。近年来,学者们普遍认为,奴隶贸易损失非洲人口 2.1 亿人之多。尽管各种估计有很大的出入,但有一点是肯定的,被贩卖的都是青壮年,在奴隶贸易的四个世纪中,欧洲、亚洲的人口都有较大的增加,只有非洲人口没有什么增加。欧洲人口由 1650 年的 1.03 亿增加到 1900 年的 4.23 亿;亚洲则由同期的 2.53 亿增加到 8.57 亿;非洲由 1.00 亿增加到 1.20 亿。

第二,打乱了非洲社会的发展进程。奴隶贸易之前,阿拉伯旅行家访问过撒哈拉以南非洲,他们对一些非洲王国的政治稳定、社会安宁表示十分的赞赏。如 14 世纪,阿拉伯大旅行家伊本·白图泰访问了尼日尔河中游的马里帝国后指出,马里有效率相当高的政府组织,"国内无比安全,旅行者用不着担心小偷、强盗和土匪的危害"。因奴隶贸易带来的持续不断的政治纷争和军事动乱,致使社会动荡,农村凋敝,田园荒芜,直接破坏了农业生产。直到 19 世纪中叶,利文斯顿仍然看到,非洲"内地的劳动力枯竭了……非洲每个毛孔都在流血"。与此同时,殖民者大量运进廉价的工业品,破坏了非洲本地的手工业。

第三,催生对黑人的种族歧视。在古代和中世纪,世界上并不存在种族优劣论。对黑人的歧视是奴隶贸易的直接恶果。1661年弗吉尼亚殖民地议会通过法案,规定黑人是"终生奴隶"。随后,各殖民地纷纷仿效。于是,整个黑色人种的奴隶地位便由法律确定了。18世纪,当奴隶贸易处于高潮的时期,欧洲有不少人制造出"黑人是天生低人一等"的神话。德国生理学家托马斯·舍梅林认为非洲人生性"适于充当别人的奴隶",1781年荷兰博物学家P. 坎珀认为,非洲人的面部更接近于猿。

第四,对欧美的影响。自15—16世纪起,西方的经济和贸易中心由地中海转向大西洋。在16世纪发展起来的大西洋经济体制中,非洲的黑人劳动力帮助了西欧北美的资本主义经济的发展。奴隶贸易成为资本原始积累的因素之一,以后奴隶贸易和美洲的种植园奴隶制又为工业革命积累了资金,促使西欧北美经济的转型,在世界上率先进入了工业社会。奴隶贸易还改变了一些国家的人口结构,如今天美国黑人占总人口的12.6%;巴西黑人占总人口的6.21%,黑白混血种人占比为38.45%;海地人口的95%为黑人。

关于黑奴贸易的评价,学术界有三种观点:完全否定、完全肯定、既肯定又否定。完全肯定者,主要是20世纪60年代以前的欧洲学者,是闭起眼睛说瞎话。他们认为,欧洲人对奴隶贸易不承担任何责任。他们主要有两个论点:(1)发生在15—19世纪的奴隶贸易只不过是非洲传统性贸易的继续,西方国家是参加了,但并没有改变它的内容;(2)奴隶贸易的迅速发展,非洲人自己有责任,因为有不少非洲酋长愿意接受这项买卖,并参与了贩卖活动。英国有的学者公开表示,"奴隶贸易的罪恶根子只能从非洲人自己那里去寻找"。[①]法国有

---

① T. F. 巴克斯顿:《非洲奴隶贸易和它的废止》,1935年伦敦,第10页。

的学者也认为,这是"非洲人自己亲手干下了毁灭自己的勾当"。①完全否定者,主要是非洲学者、苏联学者、中国学者。

自20世纪60年代以来,西方新一代学者,如费奇等人对黑奴贸易的影响问题进行了全面研究,到70年代以后,非洲学者也开始注意到这个问题,出现了既肯定又否定的态度。对黑奴贸易的谴责是毫无疑问的,损失了2亿多人口。黑奴贸易的客观作用有:奴隶贩子开辟了非洲东西通道;促进非洲使用货币;贩奴堡成为城市。西非的拉格斯、卢安达、阿克拉等都是从当年的奴隶堡发展而来的。这种既否定则又肯定的观点其实是符合马克思主义关于殖民主义的双重使命的理论。

20世纪90年代以来,国内外学术界对于奴隶贸易的研究进一步深入,主要关注奴隶贸易与西方国家经济发展的关系。1992年,美国学者伊尼可利和恩格曼(J. E. Inikori and S. L. Engerman)主编出版《大西洋奴隶贸易对于非洲、美洲和欧洲经济、社会和人民的影响》一书。书中主要涉及奴隶制和大西洋世界,具体内容包括奴隶制与工业革命、奴隶制与新英格兰的纺织工业、奴隶贸易的人口统计,以及奴隶贸易对于欧美国家发展的作用。美国学者约翰·桑顿(John Thornton)的著作《大西洋世界形成中的非洲和非洲人(1400—1680)》于1992年出版,并于1998年再版,书中探讨了15世纪到18世纪期间非洲对大西洋世界活动的参与,它特别关注奴隶贸易在非洲、欧洲和新世界的起因与后果。作者在标题页前面插了一句话:"非洲是大西洋世界的自愿和积极的参与者。它有能力决定如何与欧洲发展贸易。"作者的非洲中心主义的观点受到许多学者批评。这一时期对于奴隶贸易的研究逐步进入微观研究。英国学者劳(Robin

---

① 让·徐雷·卡纳尔:《贩卖黑人的社会背景及其结果》,《亚非译丛》1965年第5期,第43页。

Law)对西非阿拉达王国的奴隶贸易分阶段进行了剖析,对于奴隶的价格变化也做了比较。作者对当时的研究成果提出了不同看法,比如对葡萄牙人的奴隶贸易规模有所低估,而对荷兰人的奴隶贸易数量又出现高估。①

---

① 舒运国:《五十年来国外非洲经济史研究评述》,载《世界历史》2019 年第 6 期,第 141 页。

第六讲

西方对非洲殖民政策的变化

西方在非洲殖民政策的转变开始于18世纪末、19世纪初。这时,西方从重商主义政策向工业资本主义殖民政策转变。具体到非洲,重商主义的殖民政策有黑奴贸易、垄断公司。自由资本主义的殖民政策有自由贸易、自由劳动、自由殖民地等。在这一时期,西方列强禁止奴隶贸易、废除垄断公司、建立自由殖民地、把非洲变成它们的原料产地和商品市场。同时,开始在非洲自由地传教。商业(Commerce)、基督教(Christianity)、文明(Civilization)、殖民(Colonization)被称作这一时期西方对非洲的"四C政策",这是工业资本主义对非洲殖民政策的主要内容。

一、禁止奴隶贸易

在资本原始积累时期,贩卖黑奴是一本万利的买卖,因此,为贩奴和奴隶制辩护在资产阶级舆论中占据主导地位。但是,随着工业革命的兴起,人们开始重新评估黑奴贸易,出现了废奴运动。废奴论者认为,奴隶贸易将非洲陷入血腥和自相残杀之中,指出既然可以从世界各地获得比种植园奴隶制更低廉的食物和工业原料,那就应该放弃奴隶贸易和种植园奴隶制。工业资产阶级需要自由的劳动力。奴隶没有生产积极性,它不适合资本主义的发展。资产阶级启蒙思想家孟德斯鸠、伏尔泰和人道主义者都谴责奴隶贸易和种植园奴隶制,认为奴隶贸易是不人道的行为,与自由的原则相悖。

参加废奴运动的人很多,有人道主义者、启蒙运动思想家、教会的力量、知名人士等。18世纪末首先在英国开始废奴运动。1772年,英国废奴主义者经过斗争,促使最高法院给予一名准备被奴隶主押回牙买加的黑人(詹姆斯·萨默塞特)以自由,宣布奴隶制在英国为非法。这一判决推动了世界废奴运动的开展。18世纪70—80年代,废奴主义者纷纷成立专门的组织,如英国的废除非洲奴隶贸易协会、法国的黑人之友社等。资产阶级思想家关于人生而自由平等的学说,为反对种植园奴隶制和奴隶贸易提供了有力的思想武器。美国独立战争和法国大革命也给方兴未艾的废奴运动以进一步的推动。

1789年,以威尔伯福斯为代表的废奴主义者在英国议会提出了禁止奴隶贸易的法案。经过近20年的斗争,该法案于1806年6月获得通过。它宣布,"从1807年5月1日起,绝对禁止奴隶贸易,绝对禁止以任何其他方式买卖、交换与运输奴隶"。1807年3月,美国国会通过了禁止贩卖奴隶的法令,并于1808年1月1日起生效。丹麦(1810年),瑞典(1813年),荷兰(1814年),葡萄牙(1820年),西班牙(1823年)也都相继宣布奴隶贸易为非法。法国早在雅各宾派当权时,就废除了奴隶贸易。

禁止奴隶贸易的法令通过,并不等于奴隶贸易就自然停止了。根据估计,19世纪从非洲运走了400万黑人。19世纪50年代,黑非洲每年向古巴、巴西等地输出的奴隶达5万以上。那么,奴隶贸易为什么禁而不止？

第一，19世纪，奴隶贸易还有很大的市场。美国、巴西、古巴、马斯克林群岛仍然保留种植园奴隶制。与这些种植园奴隶制有密切关系的美、法、西、葡政府也就不会认真执行禁止奴隶贸易的法令。如美国对禁止奴隶贸易三心二意，它拒绝与英国订立互检条约，使美国国旗成为奴隶贩子的保护伞。1808—1860年间，从非洲贩到美国的奴隶达50万人。法国对禁止奴隶贸易几经反复。雅各宾派当政时通过的废除奴隶制和奴隶贸易的法令，因其倒台而未执行。1802年拿破仑干脆重新开放奴隶贸易。复辟王朝和七月王朝期间，法国政府多次重申禁止奴隶贸易，对贩卖黑奴者处以罚金或流放，但都没有认真执行。1843年，法国在"自由劳工移民"的名义下，公开恢复奴隶贸易，直至1864年才告结束。

第二，近代工业最发达的英国，在禁止奴隶贸易上长期执行两面政策。一方面，英国工业化程度最高，奴隶制与自由贸易的矛盾较为尖锐，急需通过禁止奴隶贸易来打开非洲的市场。因此，它在禁止奴隶贸易问题上比其他国家坚决。1819年后，英国派舰队进入西非沿海查禁奴隶贸易。另一方面，英国工业中支柱棉纺织业主要依靠美国南部种植园提供的棉花。1815年英国的棉花消费量为8100万磅，其中从美国进口5400万磅。到1860年，分别增长到111600万磅和108400万磅。因此，英国对悬挂美国国旗的贩奴船不准海军进行查禁和拦截。

1865年，美国正式废除黑人奴隶制；1880年古巴废除奴隶制；1885年巴西废除了奴隶制。美、古、巴三大蓄奴国废除奴隶制，使黑奴贸易失去了最后的市场。1889—1990年，布鲁塞尔国际会议通过废除奴隶贸易的决议，承认了既成事实。标志着奴隶贸易的最后结束。

二、内陆探险

18世纪60—70年代,西方列强对非洲内陆发起了大规模的探险活动。在随后的一个多世纪中,数以百计的西方探险队纷纷进入非洲内陆,调查和考察当地地理、物产、人种和语言等各方面的情况。内陆探险活动虽然有力促进了外部世界对非洲内陆的了解,但也为后来西方入侵非洲内陆地区铺平了道路。

这是对非洲的第三次探险。第一次探险是腓尼基人干的;第二次发生在15—16世纪葡萄牙人对西非的探险。以前,对这个问题全盘否定,这是不对的。就探险家的动机而言,有的抱着科学研究的目的,同情非洲人民,如利文斯顿。就它的结果和影响而言,内陆探险为欧洲殖民者深入非洲内地服务,但是对世界人民认识非洲、了解非洲起了积极的作用。它还丰富了植物学、动物学的内容,推进了语言学的研究、热带病的研究。

到18世纪末,欧洲人所知道的非洲还只是一条海岸线,对其内陆却一无所知。此时的欧洲人对非洲的了解并不比托勒密知道得多。制图家已经习惯于用"野蛮的景象"来填补当时地图上的空白,在荒芜的丘岗上,找不到城市,就画上大象。当时欧洲人把尼日尔河、尼罗河、刚果河等同起来。

(一)内陆探险的起因

它是资本主义生产力发展的必然产物。

非洲是世界上最早受到殖民主义侵略的地区。1415年,葡萄牙殖民者入侵并占领了北非摩洛哥的休达城,标志着殖民主义的诞生。随着资本主义的发展,西方在非洲的殖民活动范围日益扩大,西非、南非和东非的沿海地区都遭到殖民主义的侵入。但是,在资本原始积累时期,西方商业资本对非洲实行殖民掠夺和剥削的主要形式表现为奴隶贸易,它们从非洲掠夺大量人力资源,用来开发美洲等西方殖民地。

18世纪60年代后,西方进入工业资本主义时期。英国率先进入工业革命,法国、美国、德国等也相继开始工业革命。工业革命使得生产力飞速发展,工厂制大机器生产逐步建立,引起生产规模和生产范围急剧扩大。其结果是本国的生产原料无法满足国内工业生产的需要,这迫使西方工业资本去占领更多的殖民地,作为本国的工业品销售市场和原料产地。为了适应资本主义生产力发展的需要,工业资本开始调整昔日商业资本的殖民政策,提出了"四C政策"。四C政策的实质是"以传播基督教和西方文明为借口,实行政治和文化渗透;以通商贸易为手段,实行经济渗透;最终使非洲大陆沦为西方殖民地,亦即西方的商品市场和原料产地"。[1]

要实施四C政策,西方工业资本首先要解决对非洲内陆缺乏了解的问题。长期以来,由于非洲内陆地形和气候复杂、致命的流行疫病以及非洲人民的反抗,使得西方殖民者很难进入非洲内陆地区。到18世纪末,西方殖民者在非洲的殖民活动主要限于沿海地区,而对非洲内陆的了解几乎是一片空白。有一位诗人写下这样的诗句:"地理学家们找不着城市,就(在非洲的地图上)画上大象。"[2]所以,要推行四C政策,把非洲完全纳入资本主义世界体系,就必须打通从沿海进入非洲内陆的道路,了解非洲内陆的地理、人文、物产资源等各方面的情况。于是,非洲内陆探险就应运而生了。

1769年,英国人詹姆斯·布鲁斯对尼罗河上游做了探险考察,揭开了非洲内陆探险的序幕。1788年,英国资产阶级发起成立了

---

[1] 舒运国:《试析内陆探险的起因和特点》,《铁道师院学报》1988年第1期,第49页。
[2] [英]佐伊·马什等:《东非史简编》,上海人民出版社1974年版,第101页。

"促进非洲内陆考察协会"(简称非洲协会),把目标瞄准西非的尼日尔水系,组织多家探险队进行勘探。1831年,非洲协会并入英国皇家地理学会,直接受政府管理。法国不甘落后,1821年成立巴黎地理学会,该学会以1万法郎重金悬赏进入廷巴克图城的第一人。在此形势下,英法等西方列强开展了一场对非洲旷日持久的内陆探险活动。

(二)内陆探险的重点地区

1788年,12名英国学者和富翁发起成立了非洲内陆考察促进协会(非洲协会)。该协会认为,对非洲内陆的考察,能扩大人类知识的积累。在非洲协会成员的笔下,廷巴克图是一个盛产黄金的城市,以致奴隶都用黄金作为装饰品。于是,英国工商业巨头慷慨解囊,资助非洲内陆的考察。英国皇家地理协会(1831年非洲协会并入其中)获得的捐款在1848—1853年平均不到1000英镑,而到1871—1875年平均接近8000英镑。1831年,非洲协会并入皇家地理学会,得到政府的资助。法国不甘心落后,1821年成立了巴黎地理学会,并悬赏1万法郎奖励首先进入廷巴克图的探险家。

1769年,苏格兰詹姆士·布鲁斯从开罗出发,经过阿斯旺、红海进入埃塞,1770年到达青尼罗河的源头。布鲁斯之行揭开了内陆探险的序幕。从这时起到1876年布鲁塞尔国际会议为止,数以百计的探险家和探险队进入非洲内陆。这一活动大致可以分为三个地区。

1. 以考察尼日尔河为中心的西非地区。

英国非洲协会成立后,立即组织对尼日尔河的考察。他们先派约翰·莱迪亚德从埃及出发考察尼日尔河;又指示英国驻摩洛哥副领事卢卡斯从的黎波里出发,穿越撒哈拉沙漠去考察尼日尔河,均没有成功。随后,非洲协会改变路线,从西海岸出发考察尼日尔河。它派遣英国退休军官丹尼尔·霍顿于1790年深入冈比亚内地。霍顿曾经向协会报告,尼日尔河是往东而不是往西流的。但他死在途中。

对尼日尔河的考察取得突破性进展的是蒙哥·帕克医生。1795年,他与非洲协会签订合同,协会除支付佣金外,还提供 200 英镑的装备费用,要求他确定尼日尔河的河道,尽可能探明其源头和终点。并且,尽可能去访问附近的城镇。1796 年 7 月 20 日,他经过几个月的旅行,半死不活地到达尼日尔河上游的城市塞古,终于见到了尼日尔河。他后来写道,"往前方,我以无比的喜悦看到了我的使命中的伟大的目标——长期寻找的庄严的尼日尔河,正在清晨的阳光中闪烁着。它有泰晤士河流经威斯敏斯特时那样的宽度。它缓缓地向东流去"。他因病当年回国,仍未弄清尼日尔河的起讫点。

1805 年英国殖民部派帕克去西非探险。这是英国政府直接出面主办的第一次非洲探险。1806 年 5 月,帕克到达塞古,尔后,从巴马科乘独木舟顺尼日尔河而下,企图直接抵达入海口。但是漂至布萨险滩时,帕克及其同伴全部丧生。

1822 年英国政府派遣奥德尼、克拉伯顿和德纳姆,再次从北非出发考察尼日尔河。他们于次年 2 月抵达乍得湖,考察了乍得湖和纱里河。后来,奥德尼死于途中,克拉伯顿到达索科多,见到了贝洛。贝洛告诉他,从几内亚湾溯尼日尔河而上可以到达豪萨。1825 年,克拉伯顿再次受命探险西非,经约鲁巴到达布萨,证实了帕克之死。1827 年,克拉伯顿死于探险途中。他的仆人兰德受命完成克拉伯顿的未竟之业,1830 年兰德从布萨险滩顺流而下,最终证实了尼日尔河的入海口就是欧洲人所熟知的油河河口。

与此同时,法、德等国的探险家也纷纷前往西非探险。法国人勒内·卡耶于 1827 年到达廷巴克图。德国人巴特于 1850—1855 年从的黎波里出发,越过撒哈拉沙漠,考察了尼日尔河的中段。至此,对西非的考察基本结束。

2. 以考察尼罗河为中心的东北非地区

1770 年,布鲁斯发现了青尼罗河的源头之后,对尼罗河的考察长期进展不大。1847—1849 年,德籍传教士克拉普夫和雷伯曼发现了乞力马扎罗山和肯尼亚山,才重新激起探查尼罗河源头的热情。1857 年,伯顿和斯皮克专程拜访雷伯曼,询问相关情况。1858 年,伯顿发现了坦喀尼喀湖,并且推测该湖就是尼罗河的发源地。1859 年,斯皮克和格兰特受皇家地理学会的委托,前往东非内陆,证实了维多利亚湖为尼罗河的源头。1862 年,斯皮克抵达布干达,7 月 28 日,终于看到了维多利亚湖泻入尼罗河的里庞瀑布。

3. 考察南部非洲地区

对这一地区考察贡献最大的是戴维·利文斯敦。三次探险行程计 29000 英里,勘探地域达 100 万平方英里。他出生于贫寒的茶叶商贩家庭,10 岁辍学,去纺织厂当童工。在笃信基督教的双亲的影响下,他立志做传教士,后入格拉斯哥大学,成了一名医师。

1840 年,利文斯敦受伦敦宣教会的派遣,前往南非传教。利文斯敦同情非洲人民,痛恨奴隶贸易。他认为,不清除奴隶贸易,传教活动就无法进行。利文斯敦分析了奴隶贸易存在的原因,认为一方面是因为奴隶贩子需要大量的奴隶作为脚夫,把内地的象牙等产品搬到沿海出售;另一方面,由于内陆的一些部落酋长抵制不了西方商品的引诱,因此发动猎奴战争,袭击临近部落。利文斯敦主张"用合法的商业取代奴隶贸易……只需要开辟一条从海岸通入内陆的商道,这个方案便可实现"。他说,"地理学成就的终点即是传教事业的起点"。

1853—1856 年,利文斯敦进行了第一次地理考察。他在马科洛洛人的帮助下,从巴罗策兰出发,沿赞比西河而上,于 1854 年 4 月到达葡属安哥拉的首府罗安达。尔后,他循原路返回,再沿赞比西河东行,见到了维多利亚瀑布。1856 年 5 月,他终于到达非洲东海岸的克利马内。这样,利文斯敦成为横越非洲大陆的第一人。后来,他写了《在南非的传教旅行和研究工作》,畅销一时。

利文斯敦个人主动的探险活动迎合了英国资产阶级对非洲侵略

的需要。他回国时受到隆重欢迎,英国女王亲自接见。英国政府出资资助他组织探险队,任命他为克利马内领事,年薪500英镑,指示他扩大已经获得的关于东非和中非的地理、矿产、农业的知识,增进对土著居民的了解。

利文斯敦的第二次探险在1858—1864年,勘探了赞比西河及其支流。这次探险的目标没有达到,始终没有找到一条通往内陆的可行的商路。后因他揭露葡萄牙人从事黑奴贸易的罪恶,被英国政府召回。

1866年,利文斯敦的第三次探险,也是他进行的最后一次探险。这次是受皇家地理学会的委任,目的是为了勘探马拉维湖和坦喀尼喀湖以西的地区,证实尼罗河的发源地是否可能为坦喀尼喀湖。他从坦喀尼喀湖西行,考察了姆韦鲁湖、班韦乌卢湖,1871年抵达刚果河上游的卢阿拉巴河。他认定尼罗河的发源地在这一带。这一地区又是东非奴隶贸易的发源地,他相信地理上的发现必将导致奴隶贸易的最后消灭。

1871年11月10日,在乌季季同斯坦利相会。斯坦利是《纽约先驱报》的记者,外界三年没有收到利文斯敦的消息,为了寻找利文斯敦,斯坦利来到非洲。这时的利文斯敦已经疲惫不堪。1873年5月1日,利文斯敦死于契坦博村。挑夫行走1500多里,于1874年2月将他的尸体送到巴加莫约的英国领事。[①]

利文斯敦死后不久,西方国家在1876年由比利时国王利奥波德二世主持召开国际地理学会议。布鲁塞尔会议之后,对非洲的探险仍然有增无减,但是这些探险队大多已经同垄断资本瓜分非洲合流了。

(三)内陆探险的评价

内陆探险活动持续了100多年,进入非洲内陆的西方探险队有

---

① 舒运国:《试析利文斯顿探险活动的特点》,《史林》1988年第1期。

数百支,探险地区也几乎囊括整个非洲内陆。英国是内陆探险的主要的发起者与实施者。

英国较早完成了资产阶级革命,18世纪60年代英国率先开始工业革命。工业革命的巨大成就使英国成为"世界工厂",1820年,英国占了世界工业总产值的一半。工业生产突飞猛进的发展,远远超出国内市场的容量,一半以上产品需要外销,而原材料又需要大量进口。这就迫使英国工业资本竭力扩大海外商品销售市场,夺取国外的原料产地。当时,亚洲和拉丁美洲的大多数地区已经沦为西方殖民者或势力范围,唯独非洲大陆还有90%的内陆地区还没有被掠夺和瓜分,非洲自然成为英国工业资本眼中的一块肥肉。

在内陆探险中,英国投入了大量的人力、物力和财力,组织了大多数重要的探险活动。英国的探险活动几乎包揽了非洲内陆探险最重要的四大地区,即以尼日尔河为中心的西非地区;以赞比西河为中心的南部和东南部非洲;以尼罗河上游为中心的东北部非洲;以刚果河流域为中心的中部非洲地区。其中前面三大地区的探险最为著名。

为了解开尼日尔河之谜,英国先后派出了帕克、伍德内、克拉伯顿、德纳姆及兰德尔兄弟等人率领的14支探险队。仅帕克的第二次探险,英国政府就拨款近1万英镑的巨款。为勘查赞比西河水系,英国为利文斯顿率领的探险队配备了植物学家、地质学家、工程师和海军军官等专门技术人员,英国财政部提供5000英镑经费,并装备了两艘汽艇,英国女王亲自接见了利文斯顿。

由于英国在非洲内陆探险中起步早、行动快、投入大,因此它从中得益也最大。大批探险家从非洲返回后,把所见所闻笔录成书,为英国资产阶级提供了大量珍贵的非洲内陆情报资料,这为日后英国抢占非洲殖民地创造了有利条件。在19世纪末帝国主义列强瓜分非洲的狂潮中,英国占领面积最大、自然条件最好的非洲殖民地,与它在内陆探险期间的活动是紧密相关的。

除英国外,法国、德国、比利时等国也先后组织力量进入非洲内陆进行探险。但无论从时间、规模或结果来看,都远不及英国。这也从一个侧面说明内陆探险与资本主义生产力发展水平存在内在关系:资本主义生产力发展水平愈高,对商品市场和原料产地的占有欲就愈加强烈,在非洲内陆探险中也就更加积极。

内陆探险过程中,西方探险家的活动获得了不少成果,促进了外部世界对非洲内陆的了解。在一个多世纪的时间里,欧洲探险家对非洲内陆进行了全面系统的考察,应该说,除了少数人——如斯坦利和布拉柴,直接充当帝国主义瓜分非洲的急先锋外,大多数人还是为科学事业而来的。他们在恶劣的气候条件下,涉河流,穿密林,风餐露宿,以惊人的毅力克服重重困难,其中一些人,如利文斯顿、帕克和克拉伯顿等为此献出生命。他们的活动为语言学、人类学、民俗学和历史学提供了大量第一手资料。

但是探险家的活动成果最终都落入西方资产阶级之手,成为他们推行四C政策、对非洲实行殖民扩张的有力工具。尼日尔河的探险刚告结束,英国殖民者就接踵而至。英国船主莱尔德指挥两艘商船,沿着探险家的足迹,直驶尼日尔河上游,在尼日尔河与贝努埃河交汇处洛科贾开设商站,向西非内陆进行经济渗透。利文斯顿去世后,英国政府利用其探险成果,从南非北上,吞并了南、北罗得西亚(今津巴布韦和赞比亚);又从埃及南下苏丹,力图建立自开罗到开普敦的殖民帝国。除英国外,法国、比利时也都利用探险家的活动成果在非洲内陆建立各自殖民地。

三、传教活动

传教活动与内陆探险密切相关。许多探险家本身就是传教士,如利文斯敦、克拉普夫等人,对他们来说,地理学的成就的终点即是传教事业的起点。正如内陆探险一样,英国人在非洲的传教活动中也起了主要的作用。

1799 年成立的英国传教会,得到了英国资产阶级的广泛资助。1830 年它得到的捐款为 3 万英镑,1875 年增加到 15 万英镑。1806 年,它派传教团到塞拉利昂,标志着英国在西非传教的开端。成立于 1795 年的英国的伦敦宣教会则派人到开普殖民地传教,并向南非内陆渗透。英国其他教派也纷纷派传教士到非洲传教。1823 年,由公谊会派出的第一批传教士抵达冈比亚殖民地。1828 年,巴塞尔传教会派传教士到黄金海岸活动。1841 年,浸礼会传教团向喀麦隆渗透。

同时,法、德、美也派传教士赴非洲传教。法国在非洲最重要的传教团体是 1848 年重建的圣公会,它的成员在加蓬、下刚果、西南非洲和东非沿海活动。1868 年建立的非洲圣母传教会,它以阿尔及利亚为基地,派遣传教士渗透到西非内陆、大湖流域两侧。1821 年美国建立的利比里亚殖民地后,浸礼会和卫里公会传教团派出非洲人传教士去当地活动,并陆续渗入加蓬和尼日利亚。德国传教会的活动范围主要在南非和东非。

到 19 世纪 70 年代,西方各国在非洲内陆的传教活动几乎没有什么进展,非洲皈依基督教的人数很少。究其原因,除了两种文化的冲突之外,当地居民对大多数传教士的行为不以为然。他们用本国教会发给他们的劣质商品换取当地的象牙,获取高利;占据土地,收租剥削;收集情报,为殖民侵略服务。

西方各国的传教会在非洲曾经开办了一些学校和医院。有的传教士出于传教的需要,还学习非洲土著语言。克拉普夫(德籍传教士)还潜心研究斯瓦希里语,出版了第一部斯瓦希里语的字典,并把圣经翻译为斯瓦希里文。一些教会还在非洲试种可可、咖啡等经济作物,改进耕作方法,以增加欧洲所需要的出口产品。这成了非洲单一产品经济的起源。

四、建立"自由黑人殖民地"

当时,美洲和英国的黑人当中有一个回到非洲去的运动。这一思潮被统治阶级所利用。并起到一箭双雕作用:既可以把多余的黑人赶走,又可以在非洲建立殖民地,美其名曰"自由殖民地"。

但是,这一计划实现得很不理想,许多黑人不愿返回非洲,返回非洲的黑人已经不适应非洲的生活了。

(一) 塞拉利昂

英国废奴派在反对黑奴贸易的同时,积极筹划到西非建立殖民地,发展贸易。西非塞拉利昂土地肥沃,气候宜人,适宜种植棉花、水稻、甘蔗、烟草和靛青,是一个理想的殖民地。自从萨默塞特被判为自由人之后,大约有15000名黑人在英国成为自由人,没有人再愿意雇用他们,其中有一些人沦为流浪者。英国政府急于把他们赶出英国。

1787年,英国政府派船将340名黑人送到塞拉利昂,同行的还有官员、一名牧师、几名白人工匠及其家属,还有一些白人妇女,总计411人。英国官员同当地的泰姆奈人的首领托姆王进行谈判,以60英镑的商品为代价,换得一块长20里,宽10里的土地。英国给这块殖民地取名为"自由省"。到1789年,移民只剩下不满200名。

1791年英国议会批准成立塞拉利昂公司,接管殖民地,以银行家桑顿为公司主席。塞拉利昂由自治的自由殖民地变成了英国公司统治的殖民地。1792年,公司在英国政府的支持下,从新斯科舍运来 1000 名黑人。公司答应分配给他们土地,免纳地租。但是他们达到后,不但分不到足够的土地,而且不能免地租,每亩征收 1 先令。1800 年,愤怒的新移民发动起义,建立了一个独立的政府,很快被英军所镇压。

1808 年,英国政府接管塞拉利昂,成为皇家直辖殖民地,首府弗里敦成为英国海军在西非海岸巡查的基地和获得释放奴隶的安置地。获释奴隶陆续达到,使塞拉利昂的居民迅速增加,1807 年 2000 人,1825 年增加到 11000 人,到 1850 年塞拉利昂的居民发展到 4 万人。

获释奴隶一部分被征入皇家非洲军团,小部分被英国殖民政府和移民雇佣,大部分被安置在弗里敦周围的农村从事农业生产。每个村子都有教堂和学校,传教士和教师由英国教会派遣。受过教育的获释奴隶及其子女离开农村,来到弗里敦,有的因从事贸易,开办商站而迅速致富,成为新富翁。获释奴隶与移民相互通婚,终于形成了塞拉利昂的克列奥尔人。

克列奥尔人文化是各种文化的大熔炉,吸收了美国、西印度群岛、西班牙、英国,以及从塞内加尔到安哥拉的西非文化,但是它的根源深植于非洲。他们有自己的语言——克列奥尔人语,其实是一种非洲化的英语。1861 年,英国从塞拉利昂撤走了传教士,整个教会事务都由克列奥尔人管理。但是所有军政高级职位均由英国人担任,克列奥尔人与土著居民一样受到殖民压迫。

(二) 利比里亚

美国所建立的利比里亚殖民地,与英国塞拉利昂自由省的建立有惊人的相似之处。19 世纪初,美国有将近 25 万自由黑人。他们无以为生,成为一个严重的社会问题。美国的废奴主义者同情他们的处境,主张把他们送回非洲去。南方的种植园主认为这是消除自由黑人对奴隶制威胁的好办法。北方的工业资本家可以在非洲扩张美国的商业。但是,绝大多数自由黑人反对遣返。

像塞拉利昂一样,利比里亚是由民间出面组织,政府暗中支持建立起来的。美国的黑人返回非洲运动,是由福音派最先倡导,牧师霍普金斯提出用美裔黑人在非洲扩张基督教的建议。他们向政要、银行家和社会各界筹款。1816年,在华盛顿成立了美国殖民协会,作为遣返自由黑人的组织。1819年,美国总统门罗有条件地支持殖民协会。1820年,89名黑人移民和3名白人代表乘美国军舰到歇尔布罗岛登陆,企图建立殖民地,但是因为住房短缺、饮水困难、气候不适、热带疾病流行,移民不断死亡而失败。

1821年,33名黑人移民和4名白人代表乘美国军舰到谷物海岸的梅苏腊多角。白人代表强迫当地酋长以不到300美元的商品的代价获得13376平方公里的土地。美国殖民协会给这个移民区取名为"利比里亚"(意思为自由)。

尽管殖民地困难重重,美国殖民协会还是不断地遣送自由黑人前往。除蒙罗维亚以外,还建立了三个独立的移民区——马里兰(1834年),巴萨-科夫(1834年)和格林维尔(1838年)。1839年,几个移民区联合组成利比里亚联邦。1841年,殖民协会指定了第一个非白人总督,他是穆拉托人(黑白混血种人)罗伯茨。利比里亚成立之初,其移民以美裔非洲人占优势,约有12000人,美国海军在蒙罗维亚释放的黑奴5722人,人数少于美裔非洲人。

1847年7月,移民代表在蒙罗维亚会议上起草了一部宪法,发表了《独立宣言》,罗伯茨当选总统,并于7月26日正式就职。这样利比里亚宣布独立,非洲历史上第一个黑人共和国就这样诞生了。其宪法以美国宪法为蓝本。

布莱登是黑人民族主义的先驱。布莱登1832年出身于西印度群岛丹属圣托马斯岛。1851年他移居利比里亚。1858年任亚历山大高级中学校长。他提出"非洲个性",认为黑人具有三大特殊的品格:(1)非洲人生活中的公社观念;(2)与自然和谐一致;(3)与神的共享。他认为,在当时实利主义的世界中,非洲将成为世界精神的温床。实际上,布莱登把原始的平等当作黑人民族的特有品格。

(三) 加蓬

欧美殖民主义国家在非洲西海岸建立的第三个自由黑人殖民地,是法国在加蓬建立的利伯维尔。在法国人入侵之前,加蓬湾南北沿海地区是芳族人居住的家园,该地区早已同欧洲人接触,贸易中心在姆邦韦族的格拉斯。英国、美国、德国和法国的商人经常出入此地。

法国七月王朝推行积极的殖民政策。英国在塞拉利昂、美国在利比里亚建立殖民地,促使法国在西非建立殖民地,以钳制英国扩张。1839年,法国海军军官布埃-维约迈同加蓬湾海口首领德尼斯签订了第一个割让土地的条约。1842年,又同卡邦酋长签订了类似的条约。1843年,在海湾建立了奥马尔炮台,作为海军基地,巩固了法国在海湾的地位。法国人打着禁止奴隶贸易的旗号,侵犯非洲国家的主权,继续秘密地贩卖黑奴。

法国最初打算把加蓬变成种植园殖民地。1844年,法国资本家勒戈尔同德尼斯签订一个协定,由后者提供劳动力,在加蓬种植棉花。但姆邦韦人不愿在欧洲人的种植园中当苦力。招募劳动力种植棉花之事归于失败。在此情况下,法国政府决定向加蓬输送获释奴隶。1846年,一艘被截获的贩奴船"埃利齐亚"号被带进戈雷埃,约有250名来自罗安果的奴隶在此登陆。像在塞拉利昂一样,获释奴隶被安置在一个指定的村庄,取名"利伯维尔"(意思为"自由"),分给他们一块土地和茅屋。1850年,法国在那里设置官署,逐步成为像弗里德和蒙罗维亚一样的沿海城镇。

利伯维尔只能勉强被视为自由黑人殖民地,因为被遣送到加蓬的并没有美洲自由黑人,而是获释奴隶。在利伯维尔日益增加的人口中,获释奴隶及后代几乎被湮没,没有形成一个像克列奥尔人和美裔利比里亚人那样的特殊集团。由于获释奴隶务农是为了生存,利伯维尔也没有像利比里亚和塞拉利昂那样成为种植园殖民地。

对法国殖民者来说,加蓬是一个海军基地和在非洲西海岸殖民的前哨基地。1843—1886年,加蓬由法国海军与法属西非领地联合管理,在利伯维尔设关征税。每当欧洲商人与非洲商人发生冲突时,法国海军便攻击和惩罚土著居民,以武力向沿海和内地扩张。他们先后同埃斯泰利亚角的本加人(1852年),洛佩斯角的奥伦居人(1862年),奥果韦河下游各族(1845—1885年)签订协定,强迫他们承认法国的主权,割让领土。他们还沿着奥果韦河向上游渗透。加蓬成为法国在19世纪80年代争夺刚果河流域的基地。

法国在加蓬还搞变相的奴隶贸易,即所谓的"自由移民计划"。1848年法属西印度群岛废除奴隶制以后,种植园缺乏劳动力。1857年,雷吉斯公司同法国政府签订合同,在6年内向西印度供给2万名非洲自由劳工。7年合同期满之后,没有一人返回加蓬。路易·波拿巴当政时不仅在加蓬,而且在安哥拉、东非也搞所谓的非洲人"自由移民"。

五、对于殖民主义在非洲的评价

对于殖民主义在非洲的评价是众说纷纭的,主要有:阿贾伊的插曲论;阿杜·博亨的全面评价;罗德尼的全盘否定;西方学者的肯定论;还有中国学者一般坚持马克思主义的双重使命理论。这里重点介绍两位非洲学者代表性的观点。

1. 阿贾伊的插曲论

阿德·阿贾伊(J. F. Ade Ajayi, 1929—2014)是非洲第一代本

土史学家的代表人物,他与戴克(K. O. Dike),阿杜·博亨(Adu Boahen)和奥戈特(Bethwell Allan Ogot)等人一起,为非洲独立初期的民族主义史学发展做出了重要贡献。阿贾伊是伊巴丹历史学派的重要代表人物,曾任伊巴丹大学和拉各斯大学副校长,主编《非洲通史》第六卷,撰写了大量的代表非洲人观点的历史著作。[1]

如何评价殖民主义对非洲的影响?这是非洲历史学家绕不过去的一个话题。阿贾伊对殖民主义影响的论述虽然没有阿杜·博亨那样长篇大论,但是也很有代表性。他提出"插曲论",阿贾伊认为,"在非洲漫长和有许多大事的历史中,殖民主义阶段所代表的只是一段插曲"。[2]阿贾伊在一系列著作中始终坚持:殖民主义对非洲的影响被夸大了,殖民主义在漫长、多事的历史中"仅代表一个插曲",并没有使非洲历史的延续性中断,非洲人仍然掌握着自己的命运,"其程度可使非洲人继续保持能动精神,欧洲人要使非洲完全脱离自己历史轨道的能力是受到限制的"。[3]

关于非洲殖民时期存在两种假设:一种是欧洲人的观点,把非洲一切进步都归功于殖民者。他们认为非洲大陆几乎从未创造过任何有价值的东西,也没有历史可言,欧洲殖民者可以随心所欲地在非洲这张白纸上进行创造。第二种假设是非洲文人和政治家们所持有的观点,他们将非洲的落后归结于殖民统治,认为非洲曾经拥有辉煌的过去,正是因为殖民统治,使得非洲荣耀的历史被迫中断。殖民主义和帝国主义毁坏了非洲人民田园诗般的世界,留给他们的是动乱、贫穷和边缘化,使得非洲人民无助地迷失在两个世界之间。

阿贾伊看来,上述两种假设都是不切实际的神话,是没有根据

---

[1] 石海龙、张忠祥:《阿德·阿贾伊与非洲史研究》,《史学集刊》2020年第3期。
[2] Toyin Falola, ed., *Tradition and Change in Africa, The Essays of J. F. Ade Ajayi*, Africa World Press, 2000, p.174.
[3] [加纳]A. 阿杜·博亨主编:《非洲通史》第七卷,中国对外翻译出版公司出版1991年版,第651—652页。

的。他认为,变化是人类历史的本质,殖民时期也是一样,一些制度会变化,而另一些得以延续,而人们必须理智地适应变化。

尽管殖民主义对非洲影响深远,但是,阿贾伊仍然认为,不能过分夸大殖民主义对非洲的影响,殖民主义仅是非洲历史长河中的一个插曲,非洲历史的延续性并未中断。他认为,西方史学界把自奴隶贸易时代以来,非洲历史上发生的主要事件都看作是对欧洲人影响的直接反应,这种观点否定了非洲人民的历史能动作用。殖民主义时期只不过是非洲整个历史洪流中与其他历史时期一样的一个时间段而已,非洲人民才是非洲历史的主体。而且,在与民族冲突、种族冲突、帝国兴衰和战争中,在语言、文化和宗教变化以及新思潮、新生活方式和经济发展相关的种种问题中,殖民主义者也不能完全摆脱非洲的过去,而过去是非洲历史长流中的一节。[①]

阿贾伊的插曲论代表了一部分非洲历史学家对殖民主义的看法,在他们看来,殖民主义在非洲真正统治时间并不长,在整个非洲大陆不超过一百年,这与非洲悠久的历史相比,只是一个瞬间,所以,阿贾伊用了"插曲"这个词。插曲论在独立后的非洲是具有积极意义的,它可以增强非洲人民的信心,消除殖民侵略和殖民统治期间形成的低人一等的那种自卑思想,从而放下包袱,把精力投身到国家建设和发展的任务当中去。尽管阿贾伊的殖民主义插曲论是强调非洲历史顽强的延续性,但这一观点容易产生对殖民统治影响力的低估。后来,阿贾伊做了适当的修正,他说:"我仍然相信(在殖民统治期间)非洲个性的延续性,……但是我现在要强调殖民主义对非洲自主发展能力造成的一定程度的影响"。[②]

[①] [尼日利亚]J. F. A. 阿贾伊:《殖民主义下非洲政治制度的连贯性》(*The Continuity of African Political System under Colonialism*),孙晓萌译,载北京外国语大学亚非学院编《亚非研究》第 2 辑,时事出版社 2008 年版,第 153—156 页。

[②] J. F. Ade Ajayi, "On being an Africanist", Toyin Falola eds, *Tradition and Change in Africa: The Essays of J. F. Ade Ajayi*, Africa World Press, Inc, 2000, pp.459—461.

2. 阿杜·博亨的全面评价

阿杜·博亨(Albert Adu Boahen,1932—2006)是非洲民族主义历史学家的代表人物,他是"加纳最杰出的历史学家,也是(当代)非洲大陆非洲史研究的开创者之一"。①

关于殖民主义对非洲的影响,在阿杜·博亨之前已有两种主要观点:

一是坚持欧洲中心论的西方学者的观点,他们为殖民主义在非洲的行径进行辩护。诸如甘恩、杜伊格南、佩勒姆和 P. C. 劳埃德认为,这种影响是得失相当的,对非洲来说,既可以算是幸事,也可以说至少是无害于非洲。L. H. 甘恩和 P. 杜伊格南认为:"帝国制度是非洲历史上传播文化最有力的动力之一,算起账来,它是功大于过。"②在他们两人共同主编的五卷本《殖民主义在非洲》第一卷的序言中,他们又一次总结道:"我们并不同意被人们广泛接受的假设——殖民主义与剥削应该画等号……因此我们把欧洲在非洲的帝国主义解释为文化变革与政治统治的一种动力。"③

二是研究不发达理论和依附理论的学者,他们强调殖民主义给非洲带来的好处实际等于零。圭亚那黑人历史学家沃尔特·罗德尼坚持认为:"有人说,一方面,(殖民主义)存在着剥削与压迫,而另一方面,殖民政府做了大量有利于非洲人的事,他们开发了非洲。我们的看法是:这种说法完全是谎言。殖民主义只有一面——它们是一伙武装匪徒。"④

关于殖民主义统治对非洲的影响,阿杜·博亨没有简单地肯定

---

① 张忠祥:《阿杜·博亨与非洲史研究》,《上海师范大学学报》(哲社版),2019 年第 3 期。
② L. H. Gann and P. Duignan, *Burden of Empire*, London: Pall Mall, 1967, p.382.
③ L. H. Gann and P. Duignan, eds, *Colonialism in Africa*, 1870—1960 Vol.I, *The History and politics of Colonialism 1870—1914*, Cambridge: CUP, pp.22—23.
④ D. W. Rodney, *How Europe Underdeveloped Africa*, Washington: Howard University Press, 1974, p.205.

或者否定,而是全面地予以评价。在充分肯定殖民统治对非洲社会经济造成严重破坏的同时,又指出其在非洲所发挥的积极作用。阿杜·博亨从政治、经济、文化和社会等方面,全面论述了殖民主义对非洲的影响。

就政治方面的影响而言,阿杜·博亨认为殖民主义有4方面的积极影响。第一,在非洲建立持续的和平与稳定。第二,50多个非洲独立国家的出现。第三,向非洲绝大多数地区引进了两种新体制,即新的官僚机制和新的司法机制。第四,产生了一种新型的非洲民族主义,而且产生了泛非主义。同时,他认为殖民主义在政治范畴的影响方面,消极面更大。首先,民族主义是殖民主义副产品,如何克服民族主义的消极面是所有独立后非洲国家领导人所面临的共同问题。其次,殖民者人为的划分非洲国家的边界,造成了一系列的消极影响,譬如跨界民族和边界冲突,还有非洲国家的面积大小各不相同,自然资源和经济潜力也不均等。第三,殖民主义削弱了当地原有的政府管理体制。第四,殖民统治造成非洲国家独立后民众对政府的财产漫不经心。第五,常备军的建立也是殖民主义的产物,他的消极影响经常为多数历史学家所忽略。第六,殖民主义最后一个也可能是最重要的消极影响就是非洲主权与独立的丧失,从而使非洲人丧失了决定自己命运的权利以及与外部直接打交道的权利。

就殖民主义对非洲经济影响而言,阿杜·博亨的评价也是祸福参半。经济方面的积极影响主要有:第一,提供了公路、铁路、电讯、电话,有时甚至是机场等基础设施。第二,非洲单一产品经济的发展,使某些个人或社会阶层得到了财富。第三,引进了货币经济。在经济方面殖民主义对非洲的消极影响也是十分明显的。首先,殖民主义所提供的基础设施既不充足也不实用。其次,殖民地的这种经济发展是以该地区的自然资源为基础的。这意味着自然资源贫乏的地区完全被忽视了。第三,殖民经济的一个典型特征就是在绝大多数殖民地内,完全地、有意识地忽视或不鼓励工业化以及对当地所产原料和农产品的加工工业。第四,由于大规模制造的廉价商品涌入非洲,使得在殖民主义入侵前非洲原已存在的一点工业与手工业也几乎被摧毁殆尽,非洲的技术发展就此停顿。第五,殖民者对热带产品的追求,在非洲造成严重的单一产品经济。第六,土地商品化导致一些肆无忌惮的家族头人非法出售村社共有的土地,这引起广泛的贫穷。第七,不管殖民阶段取得了什么样的经济增长,都使非洲人付出了惊人的、不公正的代价。总之,"殖民统治阶段对非洲是一个残忍的经济剥削阶段,而不是经济发展阶段。不难肯定,殖民主义在经济范畴对非洲的影响是最为暗淡的"。①

就殖民主义对非洲的社会方面的影响而言,也是积极影响和消极影响并存。阿杜·博亨认为,殖民主义在社会范畴对非洲的积极影响主要有:第一,非洲人口的增长。第二,促进城市化。第三,基督教、伊斯兰教以及西方教育的传播。第四,殖民主义为每一个殖民地或一系列殖民地提供一种通用语,为殖民地内部和殖民地之间的联系提供了方便。第五,殖民主义向非洲某些地区引进或促成了新的社会结构。在社会方面殖民主义对非洲的影响也是存在严重的消极面:首先是创造并扩大了城乡之间的差别。第二,殖民主义提供的社会服务严重不足和分布不均。第三,殖民主义造成非洲妇女社会地位的下降。第四,殖民主义最严重的负面影响是心理上的,产生对非洲人的种族歧视。②

总之,在阿杜·博亨看来,在非洲历史长河当中,殖民统治仅仅是一个插曲或阶段,其存在时间在非洲任何地方都没有超过80年。

---

① [加纳]A. 阿杜·博亨主编:《非洲通史》第七卷,中国对外翻译出版公司出版1991年版,第636—644页。
② A. Adu Boahen, *African perspectives on colonialism*, Baltimore: Johns Hopkins University Press, 1987, pp.103—106.

他认为殖民主义尽管在政治、经济和社会等方面对非洲产生了严重的影响,但不能把它看成是沉重的历史包袱。虽然今天非洲某些方面还是会受到殖民主义的影响,但非洲人民完全可以把握自己的未来。阿杜·博亨深入研究殖民主义,一个很重要的原因是他想以史为鉴。他说:"非洲领导人正确的做法不是把殖民主义一笔勾销,而是了解其影响,设法补救其已经形成的缺陷,并处理其失败所造成的后果。"[1]

---

[1] [加纳]A. 阿杜·博亨主编:《非洲通史》第七卷,中国对外翻译出版公司出版 1991 年版,第 654 页。

第七讲

近代北非国家的改革

世界近代历史上，封建社会内部的改革、自强运动，不仅中国有，如洋务运动，在世界其他地区也有，如北非埃及等国家的改革。埃及穆罕默德·阿里改革的背景、内容及结果；突尼斯和摩洛哥的改革构成本讲的重点。

一、埃及穆罕默德·阿里的改革

埃及是世界四大文明古国之一，具有五千年的历史。埃及又是在历史中不断遭到外族入侵的国家。亚术人、波斯人、希腊人、罗马人、阿拉伯人等先后入主埃及。

1517年奥斯曼帝国把埃及变成自己的一个行省，对埃及实行军事封建统治。它派遣总督（帕夏）独揽埃及的政治、经济、军事等大权。到了18世纪后半期，土耳其人在埃及的统治日益削弱，马穆鲁克实际上掌握着埃及的统治权力。

马穆鲁克（Mamluk）是当地被推翻的统治者。马穆鲁克意思为"奴隶"，原来指从希腊、高加索等地招募来的奴隶兵团。13世纪中叶,马穆鲁克的上层人物夺取了埃及的政权,直到16世纪土耳其统治为止。土耳其入侵后,他们不但没有被消灭,反而被重用。18世纪末,马穆鲁克的人数有1万至1万2千人。其头领,即开罗行政长官,可以任意囚禁和废黜帕夏。他们占有埃及耕地总面积的2/3,通过承租土地的方式。他们就是包税人,将所得的40%上缴,其余部分落入自己的腰包。这种土地承租制在埃及被称为"伊尔基泽姆制"。承租土地的人称为"穆尔德泽姆"。在埃及,这种人约有5000—6000人。根据科普特税吏的统计,在18世纪一半的年份里,全国包税人的年收入约3000万法郎。他们缴纳国税和地税各1/5,余3/5归自己享用。

在马穆鲁克的腐败统治之下,埃及人口由原来的800万下降到18世纪末的不足300万。著名的亚历山大城成为仅有8000居民的小城。

阿里改革前的埃及

那时的埃及经历了土耳其300多年的统治,政治腐败,经济崩溃,民不聊生,埃及人民和马穆鲁克、土耳其封建统治阶级的矛盾十分尖锐。

土耳其苏丹每年以贡赋的名义,在埃及搜刮了大量的财富。18世纪末,马穆鲁克几乎瓜分了这个国家,每个马穆鲁克控制数量不等的村庄,承包这些村庄的税收,他们征收的捐税多如牛毛,有的地方竟达70余种。可是,他们上缴土耳其国库的税款不及征收来的一半,绝大部分的税款落入了马穆鲁克的腰包。埃及传统的灌溉工程年久失修,最肥沃的尼罗河三角洲有三分之一的耕地荒废了。农业生产倒退严重,18世纪末,埃及生产的农产品年产量还不及罗马统治时期的1/4。

埃及的手工业历史悠久,商业向来发达。但在土耳其帝国的统治下,由于巧取豪夺,加上内地关卡林立,统治阶级内部争权夺利,战争不断，自18世纪中叶起，埃及工商业一落千丈，亚历山大曾经是地中海沿岸最大的城市，18世纪末成了只有万把人口的小城镇。

连年的天灾人祸，造成饥荒和瘟疫，人口大量死亡。公元10世纪时，埃及约有六、七百万人，到19世纪初，只剩下250万人。统治阶级过着骄奢淫逸的生活。18世纪末，埃及约有12000至15000名马穆鲁克，平均每年挥霍1500万英镑。魏格尔的《1798年至1914年的埃及》（伦敦1915年版）评论到："曾经统治过埃及的许多外国统治者中，马穆鲁克无疑是最奢侈、最无能的。"（该书，第27页）

法国乘机入侵埃及，1798年5月19日，拿破仑统率350艘战舰和35000人的大军从土伦出发，7月占领亚历山大。关于拿破仑远征埃及的目的，他自己在日记中说，"第一，在尼罗河畔建立一块法国的殖民地；第二，为法国产品开辟非洲、阿拉伯的市场；第三，以埃及为进攻印度的据点"。英国对法国舰队集结在南部港口早有戒备，令纳尔逊上将率一支舰队跟踪。英国认为，法国人可能北上，攻打爱尔兰，所以，守在直布罗陀海峡。不久，获悉法国舰队开向东方，才如梦初醒。于是直奔埃及，提前到达亚历山大。2天以后，法军在亚历山大登陆。1799年8月拿破仑把军队交给克莱贝尔指挥，自己潜回法国发动雾月政变。1801年10月，法军撤回。英国在援助奥斯曼帝国的旗号下，派兵在埃及登陆。

在内忧外患的严重时刻，穆罕默德·阿里（Muhammad Ali，1769—1849）于1805年担任了埃及的总督。

阿里1769年出生于希腊，阿尔巴尼亚人。他未成年就参军（14岁时，孤儿）。很快成为一个小头目。1787年与艾米娜结婚。其妻为富有的寡妇，有三子（易卜拉辛、图松、伊斯梅尔）二女。1801年，他参加正规军，编入阿尔巴尼亚军团，开赴埃及，很快由一名下级军官晋升为该军团的主要将领。他依靠阿尔巴尼亚军团，在开罗人民的支持下，击溃马穆鲁克，夺取了政权。1805年，奥斯曼苏丹任命他为埃及总督。从此,阿里家族对埃及统治了一个半世纪之久(1805—1952)。

穆罕默德·阿里统治埃及44年(1805—1849),实行了一系列改革,是阿拉伯国家近代历史上令人瞩目的人物。

阿里是希腊卡瓦拉人(又说是阿尔巴尼亚人)。阿里是在抗击法国入侵埃及的斗争中,开始他在埃及的政治生涯的,以后又在粉碎英国侵略的战争中作出了贡献。1798年,拿破仑入侵埃及是打着"帮助"土耳其,反对马鲁克的残暴统治,"解放"被奴役的埃及人民的旗号进行的。其实,法国侵略军的残暴更甚于马鲁克,埃及遭受空前浩劫。埃及人民奋起反抗。开罗地区的十月起义虽然被法国军队血腥镇压,但是1800年3月开罗人民的再次起义最终将法国侵略军逐出开罗。

在反抗法国侵略战争中,阿里逐渐崛起。战争初期,29岁的阿里响应土耳其政府的招募,在卡瓦拉集结了一支300人的队伍,跟随土耳其正规军去埃及抗击法国入侵。在亚历山大附近的阿布基尔一次战役中失败后,他辗转在埃及的西奈半岛和巴勒斯坦、叙利亚等地。1801年5月,阿里指挥的一支骑兵部队以少胜多打败法军,赢得了荣誉,队伍也不断壮大。此后,阿里继续与法国军队作战,一直到1801年9月法军撤出埃及。

1805年,土耳其苏丹任命阿里为埃及帕夏(即总督)。阿里任帕夏后,力图在埃及建立一个统一的强大的政权。这引起英国的不满。英国为了扼杀阿里的新兴政权,于1807年3月发起了一场侵略战争。英军在亚历山大港登陆,土耳其守将阿明受贿不战而降。英军迅速占领了沿海许多地区,危机埃及内地。此时上埃及完全在马鲁克是控制之下,阿里的军队军纪涣散,不战而逃,并乘机抢劫居民。在英军入侵之际,阿里正在上埃及谋划军事行动,削弱马鲁克的势力。

1807年3月底,英军在罗塞塔遭到埃及人民的沉重打击,数百人死亡。这场胜利振奋了人心。阿里得以在开罗动员民众,组织志愿军,做好反击准备。4月初,罗塞塔军民在各地志愿军的支持下,再次重创英军。英国原先指望其在埃及的军事行动会得到马鲁克的迅速响应,结果也成了泡影。9月,英军被迫同阿里议和,撤出了埃及。英国侵埃战争以失败告终。

接着,阿里重点对付马穆鲁克势力。英军撤出埃及,马穆鲁克仍然没有死心,他们仍然盼望着英国向埃及派出一支更加强大的军队,他们自己则可从上埃及出发,乘机直捣下埃及的开罗。阿里决定立即消灭马鲁克。他表面上对马穆鲁克上层表示关怀,让他们迁居开罗,过着更加优裕的生活,暗地里在积极筹备一次大规模的镇压行动,彻底消灭马穆鲁克。1811年3月1日,阿里趁他的次子图松受封远征阿拉伯半岛的统帅而举行出征仪式之际,向在开罗及附近的460个马穆鲁克头面人物发出邀请。马穆鲁克带着他们的卫队赶赴宴会。在仪式结束前举行游行时,阿里故意把马穆鲁克夹在他的军队中间。阿里把队伍引进撒拉丁城堡。当队伍走到一段两边由巨石垒成的高墙而前面是下坡石阶的道路时,在马穆鲁克的头顶上突然掉下了无数磨盘般的巨石。与此同时,军队前后夹击,在队伍中间的马穆鲁克只能死路一条。这次行动除了一人外,所有参加宴会的马穆鲁克全部被杀。紧接着阿里在全国捕杀马穆鲁克,他派长子易卜拉欣到上埃及进行围剿。经过一年多的战争,马鲁克被彻底消灭了。从此,统治埃及数百年的马穆鲁克集团彻底退出了历史舞台。

阿里改革的举措

阿里领导人民打败了英国的入侵后,决心实行富国强兵的改革,振兴埃及,抵御外侮。他在经济、政治、军事、文化等方面进行了一系列的改革。

第一,实行了土地制度改革和农业建设。

阿里进行土地改革。封建土地所有制和包税制是埃及长期割据、内战不休的根源。1811年,他在撒拉丁城堡设宴,将马穆鲁克大小头目及其侍从470人一网打尽,只有一人漏网。接着,在全国捕杀马穆鲁克,马穆鲁克被彻底消灭。同时,他在全国范围内废除包税制,没收他们的土地。阿里将没收来的一半土地(约100万费丹,1费丹=6.3市亩)分给阿尔巴尼亚——契尔克斯族的文武官员,以及土著埃及人的地方豪绅,培植了一个新的地主阶级;另一半分成小块(3—5费丹)租给农民耕种。阿里还大力兴修水利,疏通旧渠,开挖20条新渠,发展了棉花、甘蔗等经济作物。著名的埃及长绒棉就是在这个时期发展起来的。

土地制度改革摧毁了马穆鲁克的经济基础以及土耳其苏丹在埃及的统治支柱,使埃及有可能走上民族独立、经济发展的道路。1808年起,阿里不断下令调查全国的耕地。次年,政府退回包税人上缴国家的税款,陆续收回土地。1811年消灭马鲁克之后,没收他们的土地。1814年阿里废除包税制度,废除清真寺的土地享有免税的特权,征收土地税。不久,又把没收来的大部分土地作为国家的财产分配给农民耕种。每个无地的农民分得3—5费丹(1费丹相当于中国的6.3市亩)的土地,每年需要向国家缴纳税收。

改革原有的税收制度,编制了地籍册,简化了税收项目和纳税手续,按土地的好坏决定税额。国家控制的土地分成两类。第一类叫"乌斯夫里"土地(指沙漠地区未开垦的土地),为奖励开垦,免去地税。第二类叫"哈拉哈",是指国家土地税收的主要来源。税收制度的改革在一定程度上减轻了农民的负担,尤其在阿里统治的初期,税收要比马鲁克的剥削轻得多。农民还可以从政府那里得到种子和贷款,收获后如数归还政府。

大规模整修水利灌溉工程,革新农业技术。维修水塘、堤坝、疏通河渠,在开罗和亚历山大港之间挖掘了一条新运河,即马哈茂德运河,扩大耕地面积数万公顷。1844 年埃及有 1.9 万部水车实施灌溉。水利的发展,荒地的大量开垦,使得埃及耕地面积很快增加,从 1800 年的 320 万费丹,增加到 1852 年的 450 万费丹。农作物的种类也增多了,在下埃及大力栽培烟草、玉米、小麦、大麦和稻米等作物。棉花的产量从 1831 年到 1835 年的五年内增加了 2.5 倍。农民的生活得到暂时的改善,人口开始兴旺,埃及从 18 世纪末的不足 300 万,增加到 1847 年的 450 万人。

第二,工商业与文教事业的发展。

阿里建立了埃及近代化的第一批机器工业。他实行有限度的开放,一方面购置西方机器设备,聘请欧洲技师,引进少量外资和外国先进的技术;另一方面进行仿制,以减少进口。他先后建成了火药厂、造船厂、纺织厂、呢绒厂、染料厂等。但是这些工厂的管理是军事封建性的,工人被编成排、连、营。

农业生产的恢复和发展促进了工商业的繁荣和文教事业的进步。工业有了长足的发展。1829 年有纺纱机床 1459 台,织布机 1215 架。制糖、榨油和染料等工厂也大量开办起来。特别是军火工厂、小型机械制造厂数量更多。在亚历山大港建立了一个占地 60 费丹的造船厂,1831 年举行了第一艘自造军舰的下水仪式。工厂大部分由政府经办,小部分出租给私人。

在全国范围内实行商业垄断制度。国家成立专门的垄断机构负责收购农民的剩余产品和小手工业者的产品,运往亚历山大港,高价出售给外国商人。1847 年,亚历山大市有 15 万人口,成千的外国商人长期居住于此,该市成为埃及最大的商埠,全埃及进出口商品的集散地。

为满足经济建设的需要,必须在最短时间内培养出一批精通近代科学技术的本国技术人才。阿里进行了教育改革,摒弃了陈旧的,束缚人们思想的宗教教育,建立了一批仿效西方的小学和技术专科学校,聘请外国专家讲课,同时派遣大批留学生到欧洲学习军事、工业、农业和商业等。1831年,留学生达到300人。1828年创办了埃及官办的阿拉伯文报纸,建立了第一家印刷厂,开始印刷和发行阿拉伯文、波斯文和土耳其文的书籍。

由于农业与工商业的发展,埃及经济出现了繁荣的局面。国家收入逐年增加。1820至1821财年国家财政盈余5万贝斯(土耳其货币名,1贝斯相当于5英镑)。1846至1847财年国家财政盈余达14万贝斯。1846年埃及的财政收入比1798年净增3.5倍,改变了阿里执政初期财政严重困难的局面。

第三,实行军事改革,这是阿里改革的核心问题。

创办了一支新式的陆军。阿里的主要目标是富国强兵。1820年,他着手创办了一支新式的陆军。他征招农民为士兵。阿里还大力发展海军,建立了地中海舰队和红海舰队。从1813年起,派人到法、意学习军事技术,并创办军事学校。到1839年,埃及已拥有陆海军25万人,战舰32艘。

阿里废除埃及传统的雇佣兵制度,实行征兵制。埃及农民成为主要兵源,还征募苏丹的非洲人和叙利亚人当兵。阿里按照欧洲方式组织和训练军队,聘请西方军事专家训练埃及军队。法国帮助埃及建立步兵学校、骑兵学校各一所,西班牙帮助埃及成立炮兵学校。在阿斯旺开设了一所军官学校,阿里的300名奴隶出身的卫兵成为第一批学员。陆军的装备采用新式大炮和火器。海军的舰只主要依靠意大利、法国的造船厂制造。1830年,埃及已经拥有一支包括20万陆军、2万海军和32艘战舰的武装力量。这支武装力量已远远超过了宗主国——土耳其的军事实力,成为中近东地区最强大的一支武装,有力地抵御了西方的殖民侵略,捍卫了埃及的民族独立。

第四,兴办教育。为了培养一批懂得近代科学知识的官吏,阿里按欧洲的模式,建立了世俗教育制度,开办了几十所初级学校、中级学校和专科学校。他聘请外国专家来埃及讲学,还先后向法英意等国派遣九批留学生,共 319 名。1828 年出版了《埃及纪事报》。

此外,阿里还推行了一系列加强中央集权制统治的政策。他仿效欧洲,建立内阁,分设军事、司法、财政、商业、教育和卫生各部,协助阿里处理各项事务。各部负责人由阿里亲自任免。地方实行三级管理。全国分为 7 个省,省下设县,县下分村。省长由中央政府任免,县长受制于省长,村长听令于县长。一整套严密的统治体系,保证了中央政府各项政策和法令的贯彻执行。

综上所述,阿里的改革取得了显著的成就。这在一定程度上、一段时间内减轻了人民的负担,推动了社会生产力的发展。经济繁荣、军力强大、政令统一局面的出现有力地推迟了西方殖民主义侵略埃及的进程。这时的埃及名义上仍然属于土耳其帝国,是它的一个行省,事实上是一个独立的、强大的主权国家。阿里进行的改革和建设是很广泛的,取得了重大的成绩,具有明显的进步意义。

阿里是封建统治阶级的一员,阶级的局限使他的改革事业不可能触及封建的生产关系,从根本上来说只能有利于他所代表的新兴地主阶级和商人;而阶级本质又决定他在经济、军事力量膨胀后,必然走上对外扩张的道路。

阿里的土地改革没有改变封建的生产关系,只是以一个新的封建地主阶级取代另一个已经衰落的封建地主集团而已。阿里没收来的大部分土地名为"国有",实际是阿里的私产。阿里本人成为埃及最大的地主。还有一些土地分配给他的家属或近臣、军官,由此培植起埃及的新贵族,这帮新贵族成为阿里政权的主要支柱。

农民租用的"国有"土地必须缴纳地税、服劳役。地税虽然按土地分类定额征收,平均每费丹土地每年缴 5 英镑,但征收的是实物,经办人员可以从中盘剥,农民还得支付实物的运输费,等等。劳役规定农民每年劳动 60 天,此外还经常被强征去修道路、军事工程和盖工厂等。由于不断地发动对外战争,军事开支浩大,地税就不断增加,到1846年埃及土地税比阿里改革初期增加了两倍。商业垄断制度迫使农民将仅剩的一点粮食廉价卖给国家。

商业专营和工厂的发展瓦解了行会手工业,手工业工人被迫转为工厂工人。在工厂中,工人按军事编制,实行军事纪律,体罚制度普遍存在。

埃及传统的募兵制改为征兵制,世代不当兵的农民被迫去从军。为迫使农民就范,政府采取袭击、围捕的方法强征农民当兵。甚至在学校里也把学生像军队一样整编起来,进行军事训练,必要时征召他们当兵。

阿里改革是为建立一个以埃及为中心的包括阿拉伯各国在内的大帝国服务的,但在表面上,他还是把自己说成是土耳其帝国的"忠实"奴仆,对外战争都是为了"恢复土耳其帝国的声誉""维护苏丹陛下的威严"。1811年,阿里在苏丹的授意下,发动了屠杀阿拉伯半岛瓦哈比派起义者的战争。1820年,阿里把侵略矛头转向盛产黄金和可以掠夺奴隶的南方紧邻苏丹,不到三年,苏丹实际上成为埃及的殖民地。1824年,阿里以土耳其苏丹让出叙利亚和克里特岛为交换条件,参加了镇压希腊革命的战争。1831年阿里为了迫使土耳其苏丹履行其诺言,发动了第一次土埃战争,进军叙利亚,直抵安那托利亚。后来,英国利用埃及国内尖锐的阶级矛盾以及被征服地区人员的反抗斗争,联合奥、普和沙俄对埃及进行干涉,使埃及在第二次土埃战争(1839—1840)中遭到失败。阿里被迫接受列强提出的条件:只保持埃及和苏丹的帕夏世袭权,其余属地全部交出;交出全部海军;陆军限18000名(只有战前的1/10);承认土耳其的宗主权,每年缴纳贡赋41万英镑;接受1838年的英土商约。根据此商约,英国商品充斥埃及市场,埃及工厂相继倒闭,1846年埃及只剩下3家纺织厂。阿里改革遭到失败,阿里本人也在1849年8月在忧虑中死去。英国殖民主义势力开始伸向埃及社会的各个方面。英国商人渗入埃及农村廉价收购棉花,有的甚至用高利贷借款的办法向埃及农民订购棉花。1852年埃及棉花产量比1838年增长4倍以上。从此,埃及逐渐沦为外国资本的原料产地和商品销售市场,走上殖民地的道路。

阿里改革失败的一个很重要原因是以英国为首的殖民列强的武装干涉。19世纪前半期,在资本主义世界体系之下,觉醒起来的东方各国人民力图摆脱被侵略、被奴役的地位,埃及阿里改革就是其中的典型事件,但是东方国家建立强大国家的努力必然会遭到欧美资本主义列强的破坏和扼杀,埃及的这段历史提供了一个很好的例证。"这就说明被压迫、被奴役的各国人民只有高举反殖的旗帜,同殖民主义进行坚决的斗争,才是争取民族独立的唯一出路。"[1]

阿里改革是亚非国家实现近代化改革的先驱,对亚非和中国都有影响,[2]我国著名的伊斯兰教学者马德新(1794—1874年),于1844—1845年在去麦加朝见途中访问埃及,亲眼所见阿里改革的成就。在《朝觐途记》中有记录。他认为阿里治理埃及,"条建树,蓄货殖,各种技艺由甫浪西而来"。林则徐的《四洲志》,魏源的《海国图志》,徐继畲的《瀛环志略》,对埃及作了全面的介绍,对阿里的内政、外交作了评述。

二、突尼斯的改革

面对殖民侵略的威胁,在19世纪上半叶,北非国家有两种反映:一是武装抗击殖民主义的入侵,如阿尔及利亚喀德尔领导的抗法斗

---

[1] 陆庭恩:《评穆罕默德·阿里的改革》,《非洲问题论集》,北京:世界知识出版社2005年版,第48页。
[2] 艾周昌、沐涛:《穆罕默德·阿里改革在中国的反响》,《阿拉伯世界》1987年第1期。

争；二是进行改革，增强抗击外敌的力量，突尼斯从19世纪40年代延续到70年代的改革便是如此。

当时，突尼斯在侯赛因王朝的统治下，名义上臣属于奥斯曼帝国，实际上执行着独立的内外政策。19世纪，突尼斯所受的威胁来自阿尔及利亚。1807年、1808年、1811年，阿尔及利亚近卫军曾三次入侵突尼斯，但都被击退。法国占领阿尔及利亚后，突尼斯与欧洲列强签订协定，同意他们在突尼斯享有领事裁判权。

面对欧洲列强扩大侵略的威胁，突尼斯统治阶级中的有识之士认识到，迫切需要改组旧军队，建立新军，以增强自身的防御力量。贝伊艾哈迈德当政时（1837—1855年）建立了一支由步兵团，炮兵团和骑兵团组成的新式陆军，总共3万多人，并组建了一支小舰队，从国外购买武器。1840年，他创办了第一所军事学校。1843年，法国派出军事代表团，帮助训练新军，此外，还开办了一些与军事有关的工厂：军毯厂、纺织厂、面粉厂、食品厂、皮革厂、火药厂、大炮铸造厂。为此从欧洲购买机器设备，聘请法国技师，并向欧洲派遣留学生。

突尼斯的改革，从艾哈迈德开始到赫雷丁去职（1877）几经反复，斗争尖锐复杂。艾哈迈德的发展计划超过了国家财政的承受能力，仅军费开支就耗去了年财政收入三分之二。再加上官员贪污腐化，管理不善，损失巨大。由于财政拮据，加之以伊斯兰教长穆罕默德·贝拉姆为首的保守派反对，艾哈迈德于1853年下令解散军队，只保留一个团；关闭所有工厂，只留一个面包厂。

穆罕默德贝伊时期（1855—1859年），突尼斯商业资产阶级和封建地主中的革新派发起了宪政运动（达斯图尔运动），要求限制君权，实行君主立宪。英法也希望如此，以便进一步进行经济渗透。

1857年9月9日，穆罕默德宣布立宪，提出一个基本公约，作为制宪的基础：(1)保证全体居民生命财产的安全，在法律上一律平等；

(2)信仰自由;(3)宣布成立混合法庭;(4)废除穆斯林的特权,废除对自由经商的限制;(5)允许外国侨民在突尼斯购买产业。11月,突尼斯成立了以首相穆斯塔法为首的宪法起草委员会。

　　穆罕默德于1859年去世,由穆罕默德·萨多克继位(1859—1882年在位)1861年正式公布宪法,这是突尼斯历史上的第一宪法,是由专制君主制向立宪君主制过渡的宪法。它规定:设立最高议会,由60名议员组成,任期五年,议会有权参与制定和修改法令,制裁内阁大臣,废黜贝伊;议会应宣誓效忠宪法,有权自由选择大臣,任命正副议长。1862年,突尼斯建立各部,规定了各部的职权。伊斯兰教长穆罕默德·贝拉姆,陆军大臣穆斯塔法·巴什·阿加反对改革。在改革的年代,财政日益恶化,政府决定扩大人头税的征收。这引起全国的不满。一些反对派人士提出"取消人头税,不要军队,废除宪法"等口号。1864年,骚乱从阿拉德开始,一个月之内蔓延到全国。政府一面镇压,一面决定暂缓实施宪政。宪政运动又以失败告终。

　　立宪运动失败后,突尼斯财政状况更加恶化。1869年,突尼斯外债达12500万法郎,其中法国占80%。突尼斯的财政收入的一半要用于支付利息。突尼斯政府被迫宣布财政破产,同意成立由法、英、意、突代表组成的国际委员会,负责突尼斯财政的监督管理。造成主权的进一步丧失。

　　1873年,赫雷丁就任首相,他作了改革的最后一次努力。(1)在经济方面,他取消了农民过去欠缴的税款,将国有荒地分给农民耕种,颁布农业条例,规定分成制佃农扣除税收后,交纳收成的20%。由于农民的负担相对减轻,1874年和1875年连续获得好收成。他下令制定手工业行会的规章制度,减轻本国产品的出口税。(2)在内政方面,他撤换了一批贪污腐化的官员,缩减宫廷开支,减少亲王的津贴。(3)在外交上,执行亲土耳其的政策,对法、英、意给予同等待遇。(4)在文化上,他创办萨迪基学院,除了学习古兰经外,还开设外语、数学和自然科学课程,派遣学生到欧洲留学,建立了第一个公共图书馆和第一所医院。

赫雷丁的改革政策损害了宫廷和法国的利益,1877年他被迫辞职。至此,突尼斯改革最终夭折,突尼斯失去了一次民族复兴的重要机会。

三、摩洛哥的改革

摩洛哥在15—17世纪击败欧洲殖民者的侵略,抵御了奥斯曼帝国统治的威胁,一度雄踞西北非。然而,它也像亚非封建帝国一样,闭关锁国政策未能抵挡欧洲列强的渗透。

1704年,英国霸占了与摩洛哥一海之隔的直布罗陀,控制了地中海西部的生命线,加紧向摩洛哥进行政治经济渗透。1830年,法国入侵阿尔及利亚,对摩洛哥构成了直接的威胁。摩洛哥苏丹阿卜杜·拉赫曼对阿尔及利亚抗法斗争给予援助。1836年4月30日,法国派军舰到丹吉尔港示威,要求摩洛哥停止对阿尔及利亚的援助,遭到摩洛哥的断然拒绝。

1844年6月,法国借口摩洛哥对阿尔及利亚反法领导人阿卜德·喀德尔的援助入侵摩洛哥,占领乌季达,拉赫曼向法国宣布圣战,派儿子穆莱·穆罕默德率军5万抵御法国侵略。法国从陆海两路同时向摩洛哥进犯。摩洛哥战败,9月10日,被迫与法国签订《丹吉尔条约》,规定摩洛哥不得以任何形式援助法国的任何敌人。1845年,两国又签订摩洛哥与阿尔及利亚边境条约,规定法国在摩洛哥领土上享有追捕权,这给法国日后的进一步侵略打开了一个缺口。

19世纪中叶以前,摩洛哥对外贸易一直保持顺差。但在19世纪中叶,随着外国廉价商品开始大量涌入,特别是英国的棉织品、法国的小五金商品进口日渐增多,摩洛哥提高关税进行应对。到1852年,各类商品的进口税平均提高了20%,国家还对羊毛、咖啡、油、糖的贸易实行垄断。这些措施引起欧洲商人特别是英国商人的不满。在英国的压力下,1856年,摩洛哥与英国签订《英摩条约》,摩洛哥被迫放弃贸易垄断政策,允许英国商人在摩洛哥全境自由贸易,实行关税协定(按商品价值的10%征税),并且给予英国治外法权。

法国和西班牙也要与摩洛哥签订类似的条约,遭拒绝。1859年,法、西发动了侵略摩洛哥的战争。1859年,法军侵入摩洛哥。同年11月,西班牙军队也在摩洛哥登陆,逼近丹吉尔。1860年4月,在英国调停下,签订《得土安条约》,摩洛哥被迫放弃休达周围地区的主权,赔款1亿比塞塔(西班牙银币)。为了支付赔款,摩洛哥向英国借款42.6万英镑,以海关作抵押。为了缓解财政困难,苏丹政府增加了名目繁多的税种,如商品入市税、市场税等等。加税的结果,激化了摩洛哥的社会矛盾。

在列强的入侵下,摩洛哥的民族矛盾不断加深的情况下,摩洛哥统治阶级内部的有识之士认为,必须进行改革,以抵御外国侵略和巩固封建统治。1859—1873年,穆莱·穆罕默德做了一次改革的尝试。他试图加强军队建设,同时建立民族工业,如在马拉喀什建立制糖厂,在非斯建立印刷厂。为此,他从欧洲招募技术人员,购买机器设备和武器,但没有收到明显的效果。

1873年穆莱·穆罕默德去世,其子哈桑(1873—1894年在位)继续领导摩洛哥的改革。

哈桑继位后,国内外局势相对稳定,为实行改革提供了条件。国内农业连年丰收,缓解了财政困难。由于法国在普法战争中战败,以及巴黎公社和阿尔及利亚1871年的大起义,暂时解除了摩洛哥东部边境的威胁。1868—1873 年的西班牙革命,又消除了来自北部的威胁。这为哈桑的改革提供了一个暂时的和平环境。

哈桑的改革也是从军队入手的。他整顿部落军队,采用征兵制组织起来的正规军队代替原来的部落军队,从西方国家聘请军事教官,派军官到欧洲学习,购买新式武器。到其统治末期,摩洛哥已经拥有大炮 150 门,并且建立了一支新的海军。在经济方面,他改善港口设施,扩大对外贸易,创办一批与军事有关的工业企业,如军工厂、棉纺织厂、面粉厂等。在政治方面,他废除 18 个大卡伊德辖区,加强对中央和地方的控制,对各个部落软硬兼施。

哈桑的改革与北非其他国家的改革一样,遇到了地方封建势力、封建官僚、伊斯兰教神职人员的极大的阻碍。哈桑改革的外部形势也不好,是一场迟到的改革,当他改革开始时,世界资本主义已经开始向垄断资本主义过渡,瓜分非洲的高潮即将来临,摩洛哥又处在交通的要道上。这就注定它的改革必然失败。

第八讲

南部非洲的变革与冲突

在好望角成功建立殖民统治的是17世纪的世界强国——荷兰。18世纪末开普殖民地落入英国之手。两种殖民制度的矛盾导致了布尔人的大迁徙。布尔人大迁徙,实际上就是对南非原居民的侵犯和掠夺,是白人殖民扩张政策的继续,它给当地非洲人带来了无穷的苦难。同时,该事件在南非历史上的影响也是非常广泛的。祖鲁人的兴起是本讲又一个重点。

一、两种殖民制度的矛盾与布尔人大迁徙

(一) 开普殖民地的建立与布尔人的形成

布尔人特指南非的荷裔白人,他们是南非近代以来遭受殖民统治的产物。

在西方移民到来之前,辽阔的南非土地上生活着古老的人种——科伊桑人。他们在2500多年前就到达南非。[1]科伊桑人是科

---

[1] Leonard Thompson, *A History of South Africa*, Yale University Press, 1990, p.12.

伊科伊人(Khoikhoi)和桑人(San)的合称。科伊科伊人(简称科伊人)是自称,意思为"真正的人",欧洲人把他们叫做霍屯督人(Hottentots);桑人,又叫萨恩人,欧洲人称之为布须曼人(Bushman)。当欧洲人来到南非之时,霍屯督人已经步入以游牧经济为主,以狩猎和采集为辅的经济发展阶段;布须曼人仍然处于狩猎和采集经济阶段。这种原始的粗放型的经济严重制约了科伊桑人的人口的增长,到17世纪中叶,他们的人数不超过20万。①

新航路开辟以后,南非的地理位置日益重要,成为东西方航线上的战略要地。然而,最早到达好望角的葡萄牙人未能在此建立殖民地。这主要归因于当地人民的反抗。1510年葡萄牙驻印度总督佛兰西斯科·德·阿尔梅达在回国途中,路过好望角,在与科伊人发生冲突时丧生。因此,在葡萄牙人看来,南非沿岸是很不安全的,他们只得放弃在好望角建立殖民据点的打算,而将大西洋和印度洋航线的中途补给站建在罗安达和莫桑比克。当地人民的反抗使南非被殖民的历史迟缓了一个半世纪之久。

在好望角成功建立殖民统治的是17世纪的世界强国——荷兰。那时,荷兰拥有6000多艘商船,总吨位达60万吨,占欧洲各国商船总吨位的3/4。成立于1602年的东印度公司是当时世界最大的贸易公司。它不仅拥有庞大的商船队,而且还有政府赋予的统治殖民地的全权,俨然是国中之国。1619年荷兰营建巴达维亚(今雅加达),作为统治印度尼西亚的中心,不久又占领斯里兰卡和马六甲海峡,并把殖民势力伸到中国沿海。然而,从荷兰本土到巴达维亚的海上航行,平均需要6个月。由于缺乏新鲜食物,整天吃些缺乏维生素的菜豆和腌肉食品,坏血病、痢疾接踵而来,船员往往半数因病葬身鱼腹。

1652年4月6日,范·里贝克受荷兰东印度公司之命,率领一支

---

① Harold D. Nelson, *South Africa: a country study*, Washington, 1980, p.5.

小舰队在好望角的桌湾登陆,最初目的是在此建立补给站,以便为公司的船只提供新鲜食品和治疗患病的船员。此举标志着开普殖民地历程的开端。这一历程就是荷兰殖民者血腥地蚕食南非土著人土地的过程。他们在消灭了桑人,奴役了科伊人之后,又与南迁的班图人发生了激烈的冲突。1779年,发生了第一次"卡弗尔战争"(Kafer,意为"异教徒",原为葡萄牙人对南非东南沿海非洲人的统称,后特指科萨人。)到18世纪末,开普殖民地的面积已达65万平方公里,白人居民为16000人。①

布尔人的产生与开普殖民地的建立几乎是同时的。为了提高公司雇员的生产积极性,保证对公司过往船只的食品供应,从1657年起,荷兰东印度公司首次把开普半岛肥沃的里斯贝克河畔的土地分给9名雇员开办农场。公司向他们提供资金和土地,他们生产的产品则必须由公司定价收购。这样就产生了最早的一批布尔人(Boers,意为农民)。1685年,约156名法国胡格诺教徒被荷兰运到开普。公司为安置这批法国移民,在桌湾以东30英里的地方建立了斯泰伦布什移民区。时隔不久,他们被荷兰移民所同化。因此,布尔人不纯粹是荷兰人的后裔,还有部分被同化的法国等欧洲其他国家白人的后裔。后来开普殖民地的欧洲移民缓慢增加,他们主要来自荷兰、德国,还有法国、瑞士、丹麦和比利时等地。他们有共同的语言——荷兰语,还有一个被荷兰当局承认的共同的宗教——荷兰改良教会。到18世纪初,布尔人就开始自称阿非利卡人(Afrikaner),讲一种南非化的荷兰语——阿非利卡语。他们已经不把自己看成荷兰人,而视自己为非洲当地人。

荷兰国力的衰弱导致开普殖民地的易手。到18世纪下半叶,荷兰已经丧失原先的海上优势,荷兰东印度公司也日趋破产。1778

---

① E A. Walker, *A History of Southern Africa*, London, 1928, p.130.

年,荷兰东印度公司欠债750万盾,1790年增加到8100万盾。从1782年开始,公司就不再向股东支付股息了。公司控制下的开普殖民地财政危机也十分严重,开普的收入仅够支出的五分之一。[①] 与此同时,率先进行工业革命的英国已经成为世界海上强国。1795年法国占领荷兰,英国担心法国控制开普殖民地,威胁它通往印度的海上交通,于同年9月占领开普殖民地。根据1802年的《亚眠和约》,开普殖民地归还荷兰。不久,英法战争再起,英国于1806年再度占领开普。这一事实,后来在维也纳会议上得到确认。

(二) 两种殖民制度的冲突

英国占领开普殖民地之时,正是本国工业革命蓬勃发展、殖民政策急剧变化之际。英国资产阶级自由派提出的以通商、传教、文明、殖民为主要内容的"四C政策"[②],正是这种殖民政策变化的核心。率先进入自由资本主义阶段的英国,已经不满足与把开普殖民地当作一个海上航线的补给站,而要把它变成一个重要的市场和原料产地。

英国竭力将开普建成重要的羊毛产地。因为,19世纪初,工业革命时期的英国对羊毛原料的需求与日俱增,原有羊毛产地(澳大利亚等地)所生产的羊毛已满足不了生产发展的需要。所以,英国殖民当局便鼓励开普殖民地的养羊业和羊毛出口。1815年,美利奴绵羊输入开普,并试养成功,代替了本地的肥尾羊。此后,养羊业得到迅速的发展,羊毛成为这里的主要财富。从1833年至1851年,开普羊毛出口由11.3万磅增加到544.7万磅(见下表)。开普殖民地的羊毛产值由1840年的不足10万英镑,1851年达到28.6万英镑,占当年

---

① [法]路易·约斯著,史陵山译:《南非史》,商务印书馆1973年版,第89页。
② *The Cambridge History of Africa*, vol.5, p.490.

开普出口额的59%。①

1833—1851年开普殖民地羊毛出口统计表(千磅)

年 份	1833	1836	1839	1842	1845	1848	1851
羊毛出口量	113	373	568	1429	3195	3671	5447

资料来源:S. Marks and A. Atmore, Economy and society in pre-industrial South Africa, London, 1980, p.229。

在自由贸易方面,开普殖民地被英国人控制后,发展也很快。英国商人用牛车拉着货物,深入偏远的农场,走乡串村,出售各种衣料、杂货以至武器弹药,同时收购各种畜产品、象牙、毛皮和鸵鸟羽毛。他们成为内地农场主和沿海港口之间的经济纽带,促进了开普殖民地的贸易发展。1807年开普殖民地的出口(包括转口)为18万里克斯达勒,1811年上升到63万里克斯达勒,1815年增至132万里克斯达勒。②

开普殖民地经济上的变化是英国在这一地区推行自由主义殖民政策的结果。而英国推行以自由贸易、自由劳动为主要内容的自由资本主义的殖民政策,势必同布尔已经习惯了一个半世纪的荷兰重商主义时代的殖民政策发生冲突。这种冲突主要表现在以下几个方面:

1. 在移民政策方面,荷兰统治时期实行限制欧洲移民的政策,英国接手后则鼓励欧洲移民

开普殖民地创建之初,荷兰东印度公司也曾试图吸引欧洲的移民。但是,1706年,在斯泰伦布什爆发了一次反对开普殖民地要塞司令威廉·范·斯特尔营私舞弊的移民骚乱之后,荷兰东印度公司

---

① S. Marks and A. Atmore, *Economy and society in pre-industrial South Africa*, London, 1980, pp.229—230.
② R. Elphick and H. Giliomee, *The Shaping of South Africa Society, 1652—1820*, London, pp.216—217.

的董事会决定,禁止再向开普殖民地移民,从而断绝了美国式的发展道路。到 1800 年开普只有 2 万白人,而这一年美国白人已达 500 万。①

英国占领开普殖民地以后,一改荷兰的限制移民的政策,鼓励本国人民移居这里。这是因为,一方面,停泊在该地的英国舰船增多,对开普生产的肉类和粮食的需求相应增加,从而推动开普殖民地农牧业的发展。另一方面,英国要把这里建成商品市场和原料产地。1820 年首批英国移民 1 万人到达南非,其中 5000 人在伊丽莎白港登陆,主要定居在楚尔费尔德地区。1844—1847 年间又移民 4300 人,1857—1862 年再移民 12000 人。英国 40 年中向南非移民数目为荷兰 160 年中移民数目的 10 倍以上。②而这些移民从母国带来的商品生产开始取代布尔农场主的半自然经济的生产。

2. 在劳动力政策方面,荷兰统治时期实行奴隶制,英国则实行自由的劳动力政策

布尔农场一开始就同奴隶制结合在一起。自从把土地授予公司雇员那一天起,开普殖民地就面临着劳动力匮乏的问题。荷兰东印度公司采取两项办法:一是从外部输入奴隶;二是将霍屯督人变作"学徒"和"苦工"。

1657 年,荷兰从爪哇和马达加斯加输入第一批奴隶,共 12 人;次年 3 月 28 日,荷兰帆船"阿美斯福特"号驶进桌湾。它从几内亚海岸截获了一艘葡萄牙贩奴船,将掳掠到的 170 多名黑奴带到开普。由于,来自西非的奴隶容易接近科伊桑人,常常逃跑。所以,南非奴隶的主要来源地是东非、马达加斯加,其他则来自印尼、印度、马来和锡兰,也有少量华奴。从 1711 年起,开普殖民地的奴隶人数超过自由

---

① [德]亨·耶内克:《白人老爷》,世界知识出版社 1981 年版,第 26 页。
② 艾周昌、郑家馨主编:《非洲通史》(近代卷),华东师范大学出版社 1995 年版,第 577—578 页。

民。到 1793 年,殖民地的奴隶有 17747 人,而自由民只有 13830 人。[1]开普殖民地的奴隶地位低下,1754 年开普总督下令:"凡奴隶打了他的主人,即使是徒手,不论男女一律处死;奴隶犯了最轻微的过失,也要受到鞭笞的处罚。"[2]由于奴隶制的盛行,不仅农业、畜牧业由黑人承担,甚至熟练的手工技艺也由马来奴隶操作,所以布尔人一般不从事直接的生产,而是强占土地,役使奴隶劳动。他们往往以打猎、牛车旅行、游山玩水为乐,过着饱食终日、无所事事的寄生生活。这就成为后来南非盛行的种族歧视的历史渊源。

除了奴役黑人奴隶,布尔人还奴役霍屯督人,强迫他们成为自己的"学徒"和"苦工"。这种"学徒"和"苦工"实际上处于半奴隶地位,他们当布尔人的仆役,给布尔人放牧牛羊。

从土著人中获取廉价的劳动力,这是英国统治南非后实行的一项基本政策,而解放奴隶是获得廉价劳动力的前提。1809 年,英国正式取消奴隶贸易。1826 年英国殖民当局允许奴隶赎身;如果奴隶受到严重虐待,应立即予以解放。殖民当局为了放宽对霍屯督人和有色人的限制,于 1828 年颁布"关于改善霍屯督人以及开普其他自由的有色人种处境"的第五十号法令,废除了对霍屯督人的一些歧视性限制,规定他们有权自由迁居。这一政策部分开放了劳动力自由市场,使得英国移民开办的资本主义农场的雇佣劳动力得到一定的满足。

要得到更多的自由劳动力,就得废除黑人奴隶制。1833 年 8 月,英国议会通过法案,在整个英帝国废除奴隶制,自 1834 年 12 月 1 日起在开普生效。英国答应给拥有 39000 名奴隶的布尔人奴隶主以补偿。这批奴隶当时的估价为 282.4 万英镑。殖民政府予以部分补

---

[1] Leonard Thompson, *A History of South Africa*, Yale University Press, 1990, p.36.
[2] [法]路易·约斯:《南非史》,第 69 页。

偿，支付124.7万英镑，而且是在伦敦支付的。因此，布尔奴隶主只得将领取补偿金的凭证削价卖给中间商。这样，废除奴隶制给布尔人造成了一定的经济损失，更严重的是对布尔人歧视黑人的种族主义思想观念的打击。因为使"布尔农场主最感愤怒的与其说是给予奴隶自由，不如说让奴隶同白人处于平等地位"。①

3. 在土地政策方面，荷兰统治时期实行租地农场制，英国则改为公开拍卖，有偿使用土地

布尔人的租地农场制虽然是建立在奴隶制基础上的，但是它不同于古代的奴隶制，而是与美洲的黑人种植园制相类似。在这种制度下，布尔人经营的农业和畜牧业是为市场生产的，最初供应过往的船只，后来供应开普敦和其他城市，并向外出口。

荷兰东印度公司为了降低开普殖民地农业和畜牧业产品的价格，鼓励布尔人发展"租地农场制"。根据这种制度，布尔农场主只需交付少量名义"租金"，就可以在内地无限"租地"。布尔人用步枪把当地非洲人消灭或赶走，将成千上万英亩的土地据为己有。布尔农场主的"租地"极为自由。一般在他们认为合适的地方打上一个桩，作为地产的中心，"地产的范围是乘马向四个方向各跑半小时"，然后每年向当局交付5英镑"租金"。②农场面积通常都大到站在自家门口望不见邻居的炊烟，一般都在6000英亩以上。

这种粗放型的租地农场制显然不符合英国统治开普殖民地的利益。从1832年开始英国政府宣布开普殖民地的土地不再授予租地农场主，一律改为公开拍卖，按土地的好坏估价，卖给出价最高者。同时，不许布尔人越出殖民地边界去占领土地。早在1824年就规定奥兰治河为北部边界。这些措施是为了限制布尔人不付报酬而随意占有大片土地的做法。英国殖民当局又可以通过拍卖土地，增加财

---

① 艾周昌、郑家馨主编：《非洲通史》（近代卷），华东师范大学出版社1995年版，第582页。
② ［法］路易·约斯：《南非史》，第110页。

政收入。

在其他政策上,英国逐渐以严格的统治代替荷兰的松弛的控制。布尔人以市民议政会为基础的旧政治体制,逐渐被英国系统的殖民制度所取代。以前由市民选举并向市民负责的区长、议员和民团司令,到 19 世纪 30 年代,都由对总督负责的英国官员所代替。另外,英国在开普实行币制改革,宣布用英镑代替里克斯达勒为开普的通货,并在旧币兑换成英镑时实行贬值,原值 5 先令的旧币只付 1.5 先令,使布尔人受到重大经济损失。

总之,布尔人在开普殖民地殖民政策的转化过程中,遭受了一定的经济上的损失,尤其是新的土地政策和废除奴隶制,使布尔人难以接受,这些固然是导致布尔人大迁徙的重要原因,但是,布尔人对英国殖民政策的不适应,担心在与英国移民的竞争中处于不利地位,或者说不敢与英国移民进行竞争,这些方面也许更为关键。因为,布尔人没有什么技术,只有役使奴隶劳动的习惯,在经营上也是极其粗放,充其量是一种半自然经济。他们一般只需购买两辆牛车,"再有一枝步枪,一把斧子和锤子,一支长矛,一台搅乳器,一口煮肥皂大锅⋯⋯",①就可以装备一个牧场。对布尔人来说,在强大的竞争对手面前,进行武力反抗的时机还不成熟,出路只有两条:要么留下来做英国的臣民;要么离开开普殖民地。他们选择了后者——大迁徙。

(三) 布尔人大迁徙及其影响

从 19 世纪 30 年代中叶到 50 年代中叶,布尔人陆续离开开普殖民地,向南非内陆扩张,史称布尔人大迁徙。大迁徙的高潮在 1836 年到 1838 年。1836 年,在波特吉特等人的带领下,大批布尔人离开开普殖民地,分成几十人或几百人的小队,老弱妇幼乘着牛车,带着

---

① 郑家馨:《南非开普殖民地的建立和殖民扩张》,《世界历史》1981 年第 6 期。

家具杂物,壮年男子身背大枪,骑着战马,越过奥兰治河,向北迁徙。雷提夫带领另一支布尔人涌向纳塔尔,侵入祖鲁王国。这一过程一直持续到19世纪50年代中叶。布尔人大迁徙,实际上就是对开普以外土著人民的侵犯和掠夺,是白人殖民扩张政策的继续,它给当地土著人民带来了无穷的苦难。同时,这一事件在南非历史上的影响也是非常广泛的。

1. 大迁徙加速南非内地的殖民化过程,大致形成南非今天的疆界

大迁徙的基本情形是布尔人在前面打先锋,英国人接踵而至,吞并布尔人建立的国家。从而加速南非内地殖民化的进程。布尔人离开开普殖民地后建立起的第一个共和国便是纳塔利亚共和国。这是在1838年血河战役后在侵占祖鲁王国基础上于1840年建立起来的。但它很快落入英国人之手,成为继开普殖民地之后英国在非洲南端的另一个殖民地。因为,英国不允许在邻近开普殖民地的纳塔尔建立一个与自己抗衡的布尔人共和国,于1843年将其吞并。不愿重新接受英国统治的布尔人再次套上牛车、收拾家当,越过德拉肯斯山,向奥兰治河和瓦尔河之间迁徙。1848年,英国又宣布奥兰治河和瓦尔河之间的土地为英国的属地,将它命名为奥兰治主权国。只是因为英国为了集中力量对付科萨人(班图人的一支),才与布尔人和解。1854年,英国与布尔人签订布隆方丹公约,承认奥兰治主权国的独立,后改名为奥兰治自由邦。此外,1854年布尔人在南非高原地带建立了德兰士瓦共和国,标志着大迁徙的结束。总之,在短短的十几年中,布尔人深入辽阔的南非内地,为英、布白人殖民者共同征服、统治南非开辟了道路。

布尔人大迁徙奠定了南非今天疆界的雏形。因为,布尔人离开开普殖民地后,在侵占班图人土地的基础上先后建立了纳塔利亚共和国、德兰士瓦共和国以及奥兰治自由邦。而南非在1994年种族隔

离制度废除以前,其版图就是由这4个省组成的。后来,也只是将原来的4个省划分为9个省。此外,大迁徙促使布尔人民族意识的产生,当19世纪中叶南非高原地区两个布尔人共和国成立的时候,布尔人的民族意识也就形成了。

2. 在大迁徙过程中形成的牛车阵心理,长期影响南非的种族关系

由于布尔人人数一直很少,他们又实行扩张性的粗放型的农牧业制度,因此尚武好斗是他们一踏上南非领土便与之俱来的传统。布尔人成年男子平时为民,一有战事就组建民团,马上投入战斗,战斗一结束便四散回家。

布尔人在与班图人的战斗中创造的牛车阵,在大迁徙的过程中名声大噪。在1779年至1780年的第一次卡弗尔战争中,布尔人首次使用牛车阵战术。他们把几十辆牛车摆成环形,在空隙处填满荆棘,车轮之间钉上牛皮。妇女、孩子置于牛车阵中心,男子持枪从四周不断向外射击。等班图人开始退却时,布尔骑兵便出阵追击。

这种牛车阵的威力在大迁徙初期的著名的"血河之战"中表现得淋漓尽致。比勒陀利乌斯以500名骑兵、57辆牛车抵抗丁刚率领的同龄兵团的轮番冲锋,祖鲁军队伤亡惨重,损失3000多人,鲜血染红了恩康姆河。此役使牛车阵名声大噪。此后,牛车阵在大迁徙过程中频频被使用。由此产生了布尔人特有的牛车阵心理:对黑人根深蒂固的蔑视,以及保守、倔强、缺乏妥协的性格。

布尔人共和国虽然在英、布战争后就宣告终结,但布尔人歧视黑人的种族主义思想一直被阿非利卡统治者沿袭下来,成为南非推行种族隔离制度的历史渊源。1910年南非联邦成立后,布尔人的种族主义传统变成了一套种族歧视政策。1948年南非国民党上台后,更是把种族歧视制度推向登峰造极的地步。这种情况直到1994年新南非诞生后,才有根本的改变。

3. 大迁徙加深英国人与布尔人之间的矛盾

尽管英国人和布尔人都是殖民者，他们在奴役非洲人这一点上有共同的利益。当布尔人与丁刚领导的祖鲁武士战斗时得到英国人的支援，后来，英国人与巴苏陀人和科萨人的战争中也得到布尔人的援助。但是，在大迁徙前后，布尔人与英国人的关系是以冲突为主的，布尔人与英国人结下了无法解决的深刻的矛盾。

大迁徙本身就是布尔人与英国人矛盾的一种反映，布尔人自恃无力与英国人对抗，选择了逃避的办法。但是，英国人尾随其后，相继吞并布尔人在迁徙过程中建立的国家。这就更加深化了英、布白人之间的矛盾。只是由于他们都要对付班图人，所以才有暂时的和解。19世纪末20世纪初的英布战争就是这种矛盾的总爆发。

4. 大迁徙影响着南非的种族构成

大迁徙造成纳塔尔殖民地劳动力奇缺，英国除了从本国移民外，还从印度输入契约劳工，从而奠定了南非白人、黑人、有色人（混血种人）和以印度人为主的亚裔人的种族结构。

1843年纳塔尔被英国兼并后，近6000名布尔人继续迁徙到德拉肯斯堡山以西的高原地区。只有几百名布尔人留了下来。布尔人还带走了14000名科伊人仆役。布尔人一走，英国移民接踵而至，仅1849—1851年来到纳塔尔的英国移民就有5000人之多。[1]为了发展纳塔尔的甘蔗种植园，英国殖民当局决定从印度输入契约劳工。首批印度移民的到来始于1860年。从1860年到1866年，有6000名印度人来到纳塔尔充当甘蔗种植园的契约劳工。许多契约劳工期满后留居南非，到1890年纳塔尔的印度人已达33000人。[2]这样，在南非形成了第四个人种——亚裔人，使南非的种族关系更加复杂化。

---

[1] Leonard Thompson, *A History of South Africa*, Yale University Press, 1990, p.96.
[2] Harold D. Nelson: *South Africa, a country study*, 1980, p.26.

二、祖鲁的兴起

到 18 世纪中叶,班图人向南迁徙的过程已经基本结束。他们定居于南部非洲的绝大部分地区。恩古尼人(祖鲁人是它的一支,Nguni)分布在的德拉肯斯山与大海之间狭长的沿海地带。比较充沛的雨量和肥沃的土壤,为农牧混合经济的发展提供了适宜的条件。16 世纪从葡萄牙人得到玉米种子,代替了传统的谷物和科萨稻,促进了农业的发展,免除了周期性的饥荒的威胁,使人口迅速增长。

农业、畜牧业发展促进了商业、手工业发展,一些部落成为专门从事商业的部落。形成一条商路,用牲畜、象牙、烟草和葡萄牙等国交换工业品。这条商路为一些部落控制,引起战争冲突。

从 18 世纪末年开始,恩古尼人内部的混战和联合打破了部落的地理界限,形成三个大的部落联盟,即丁吉斯瓦约领导的姆塞思瓦、兹威德领导的恩德旺德韦、索布扎领导的恩格瓦纳。他们用相似的办法控制周围的小部落,企图建立王国。

姆塞思瓦部落首领丁吉斯瓦约,征服和联合了 30 个部落,组成了强大的部落联盟。他实行军事改革,着手建立一支强大的常备军。他打破旧传统,不再由各地酋长和头人征募、训练和统帅士兵,而是将各个部落的 20—40 岁的男子集中起来,组成"同龄兵团",即"恩坦加"。每个团队都有自己的名字、服装和不同颜色的盾牌,由固定的军事长官英东纳领导,接受严格的训练、遵守严格的纪律。同龄兵团是在原来成年礼基础上,把它变成一种政治、军事、社会制度。同龄兵团既是军事组织,又是一种社会经济结构。它作战时是部队,平时耕种国王的土地。同龄兵团实际上剥夺了部落酋长赖以自行其是的力量源泉,它所培植的不是忠诚于部落的思想,而是对国王的忠诚。

这是由氏族制度向国家过渡的重要一步。

恰卡是姆塞思瓦部落联盟中祖鲁部落的酋长,当丁吉斯瓦约阵亡以后,他继承了丁吉斯瓦约的事业,继续推进改革。

在军事方面,恰卡继续以年龄等级为基础,组织同龄兵团。他不是战前才招募训练士兵,而是让他们驻扎在各团队的军营中,接受经常性的训练,并规定 35 岁以前不准结婚。恰卡还改革了武器装备和战术,用短柄刺矛代替标枪,作为战士的主要武器,他还创造了公牛角战阵。恰卡的精兵有 3 万之众。

在行政方面,恰卡削弱了酋长和头人的权力。他不是召集酋长会议议事,而是以军队司令官为顾问。恰卡集最高行政、司法、军事与祭司权于一身。传统酋长的权力只限于执法一类的事务。

恰卡的改革是在战斗中不断完善和发展的。兹韦德不能容忍恰卡重振姆塞思韦,于 1818 年 4 月,以 1 万精兵进攻祖鲁。恰卡指挥 5000 人迎战,在格夸科利山击败了恩德旺德韦部。1818 年末,兹韦德率领 18000 人再次来犯,恰卡采取诱敌深入、以逸待劳的战术,先行撤退,不断以小股部队骚扰敌军。当敌人深入图盖拉河,因粮草不济而被迫撤退时,恰卡抓住战机,派兵追击,摧毁了兹韦德军队及其后发基地。从此,祖鲁声威大振,版图扩大到 11500 平方英里,北至蓬戈拉河,西抵布法罗河,南到图盖拉河,东濒大海。

此后,恰卡连年征战,所向披靡,兼并了一百多个部落,建立了祖鲁王国。这样,由丁吉斯瓦约开始,恰卡奠定其基础的改革,使祖鲁各部落形成为一个单一的民族国家。祖鲁的兴起,又推动一部分恩古尼人北迁,并且在南班图人中造成连锁反应,通过民族融会和文化交流,形成许多新的民族和国家,如斯威士兰、莱索托王国等。

后来,丁刚代替恰卡成为祖鲁国王,后被布尔人打败。

三、卡佛尔战争

卡佛尔(卡佛尔,来自阿拉伯语,意为"异教徒"。荷兰人把班图人称作"卡佛尔")战争,指 1779—1878 年南非开普殖民主义者与定居在开普东部从事农牧业的科萨人之间的战争。最初几次战争为荷兰殖民主义者与一些科萨小酋长国之间的冲突。1811 年之后,是英国与科萨人之间的战争。

英国殖民者在紧跟布尔人的足迹坐收渔翁之利的同时,又不断派兵侵占科萨人的土地,扩大开普殖民地的范围。

1812 年,格雷厄姆率领英军和布尔民团进攻科萨人,要求科萨人酋长恩德兰比退走,遭到拒绝。于是,英军用武力把 2 万科萨人赶过大菲什河,在新占的土地上建立了格雷多克和格雷厄姆斯顿两个新据点,派兵驻守。

英国人在科萨人中实行离间政策,它承认盖卡为科萨人最高酋长,引起恩德兰比和盖卡的内争。恩德兰比为了团结一致抗英,与马卡纳联合。1818 年 11 月,他们在东伦敦附近打败了盖卡。盖卡向英军求援,导致第五次卡佛尔战争的爆发。英军打败了科萨人,抢走 23000 头牲畜,并侵占了菲什河与凯河之间的科萨人领土,大肆屠杀科萨人,把马卡纳流放到罗本岛。

1834—1835 年第六次卡佛尔战争,英国兼并了菲什河与凯斯卡马河之间的土地,命名为阿德累德省,允许科萨人作为英国臣民在此居住。

1846 年英国借口科萨人偷牛,发动了第七次卡佛尔战争,1847 年科萨人战败,英国宣布兼并菲什河与凯河之间的土地,取名英属卡弗拉里亚,派去英国专员。1850 年科萨人暴动,英国派兵镇压,1852

年科萨人战败,第八次卡佛尔战争结束。

科萨人遭到失败后,从1857年开始大规模杀牛献祭,求神保佑。他们以为这样做可以推翻英国殖民者的统治。由于大量宰杀牲畜、毁坏庄稼使大量的科萨人在饥荒中饿死。20多年后,科萨人才得以恢复元气。1877年,渴望赶走英国殖民者、收复失地的科萨人又拿起武器进行斗争,爆发了第九次卡佛尔战争(1877—1878),结果又遭镇压。经过多次战争的失败,科萨人在经济上完全丧失了独立地位,其土地全被并入开普殖民地。

经过九次卡佛尔战争,科萨人国土沦丧,不再成为一支有组织的抵抗力量。科萨人英勇地与英国殖民者抗争一个多世纪,虽然最终失败了,但是他们的斗争精神是值得后人景仰的。

第九讲

列强瓜分非洲和殖民制度的形成

布鲁塞尔会议是西方列强瓜分非洲的开端,它揭开了瓜分非洲的序幕。柏林会议是一次赤裸裸的瓜分非洲的会议,会后,列强瓜分非洲进入了高潮。到19世纪与20世纪之交,非洲已经被瓜分完毕。英布战争、摩洛哥危机和争夺利比亚的意土战争是列强再次瓜分非洲的反映。非洲人民的反抗和殖民制度是本讲的重点。

一、列强瓜分非洲

欧洲殖民者最早入侵非洲大陆,但到1876年非洲被侵占的领土面积的比例远在其他各洲之下。当年,殖民者所占领的土地在各大洲土地总面积中的比例分别为:澳洲100%、亚洲51.5%、美洲27.5%、而非洲仅为10.8%。其中,英国占4.1%、法国占2.8%、葡萄牙占0.7%、西班牙占0.8%、布尔人占2.4%。并且多为非洲沿海的岛屿、大陆沿岸的据点和小块殖民地。

随着科学技术的发展,交通运输的发展、抗疟疾药品的开发成功,使得非洲并不像以前那么可怕,非洲内陆探险的重点进展以及南非钻石和黄金的发现,苏伊士运河的开凿,更增加了非洲在世界经济和政治以及军事战略中的地位。于是,列强纷纷向非洲伸手。1885年,欧洲殖民者已经占有非洲领土的25%;到1912年到达96%,除了埃塞俄比亚和利比里亚以外,非洲已被瓜分完毕。

1. 布鲁塞尔会议

布鲁塞尔会议是西方列强瓜分非洲的开端,它揭开了瓜分非洲的序幕。

列强瓜分非洲与瓜分其他大陆一样,奉行"抢先占领"的原则。实力强大的英国,依仗其占据埃及和开普殖民地,打算建立一个纵贯非洲大陆的英属殖民帝国,即所谓的二C计划。法国企图建立一个从塞内加尔到索马里的法属非洲,完成它的二S计划。德国企图沿赤道非洲两侧,从东非到西南非洲斜断非洲大陆,建立德属非洲。至于那些力量较弱的殖民国家,则利用大国之间的矛盾,从中渔利。

为此,比利时在1876年发起召开国际地理学家会议,讨论所谓"开化非洲所应采取的最好方法"。9月12—16日,英、法、德、意、比、美、俄、奥等国代表在布鲁塞尔举行会议,成立"国际中非考察与文化协会",利奥波德二世当选为会长。总部设在布鲁塞尔,各国设立分会。布鲁塞尔会议揭开了瓜分非洲的序幕。

2. 柏林会议

布鲁塞尔会议之后,列强在非洲开始了大角逐,列强之间最尖锐的冲突在刚果河流域。主要是法国与比利时的对峙,英、德、美也想趁机争夺刚果河流域。

1879年,利奥波德二世与斯坦利签订为期5年的合同,斯坦利打着国际非洲协会的旗号,再次深入刚果河流域。1881年7月,他在距离刚果河口400公里的马莱博湖左岸时发现湖的右岸飘着法国的三色旗。原来早在1875—1878年间,法国军官布拉柴就已经率一支探险队从加蓬出发，北上进入刚果河流域。并且与当地人签订了保护条约，其势力范围包括刚果河和马莱博湖两岸。1880年10月，布拉柴又在马莱博湖右岸建立了殖民据点（布拉柴维尔）。斯坦利宣布布拉柴签署的条约无效，胁迫当地人与他签订另一个保护条约，并在马莱博湖的左岸建立据点（金沙萨）。

英国建议将刚果问题交国际会议讨论。

1884年11月15日—1885年2月26日，在俾斯麦的主持下，举行了讨论非洲问题的柏林会议，参加会议的国家有德、奥、俄、比、西、美、法、英、意、葡等国，却无非洲国家参加。会议通过了关于非洲的总议定书，共7章38条。主要内容有三点：

第一，关于刚果河流域领土瓜分问题。总议定书只是笼统地声明刚果河流域的领土保持中立，而对它的瓜分是在会外解决的。与会诸国同意成立刚果自由邦，由利奥波德二世任国家元首。法国得到奎卢河—尼阿里河流域。

第二，关于贸易自由和航行自由问题。会议把刚果河流域自南纬2度30分至洛热河河口的大西洋海区划为自由贸易区。会议同意在刚果河及其支流、尼日尔河实行国际委员会监督下的航行自由。

第三，关于有效占领原则。会议声明，任何国家以后在非洲获得领土以及承担保护权，应该向本议定书签字各国呈送相应的文件和声明，建立一个足以保护他们的政权，才被认为有效。

柏林会议是一次赤裸裸的瓜分非洲的会议，会后，列强瓜分非洲进入了高潮。

到19世纪与20世纪之交，非洲已经被瓜分完毕。英布战争、摩洛哥危机和争夺利比亚的意土战争是列强再次瓜分非洲的表现。

二、殖民制度的形成

(一) 殖民政治制度

西方殖民列强通过征服、"有效占领",最终建立了殖民统治。但是,各国实行的殖民统治制度并不是千篇一律的,而是有着各自的特点。

英国在其非洲殖民地实行的是"间接统治"制度。其著名的代表人物是弗雷德里克·迪尔特里·卢加德。所谓间接统治就是利用非洲当地传统的权力机构为殖民政府服务。用卢加德自己的话来说,"(英国)政府利用本地的酋长们,借助他们的智慧和统治的权力,通过他们进行工作"。

卢加德,生于1858年,早年从军,参加过对阿富汗、苏丹和缅甸的战争。此后,他受雇于英国东非公司,到东非从事殖民侵略活动。在征服乌干达时,他就曾经考虑利用非洲当地的统治者协助管理被占领的土地。1900年卢加德成为英属北尼日利亚保护地的第一任高级专员。在这里,他将间接统治的设想付诸实践,形成一整套间接统治的制度。其主要内容有:

1. 承认英国的宗主权。这是实行间接统治的根本前提。这些权力包括对全部土地的最高所有权,任命埃米尔和当地主要官员的权力及立法权和税收权。

2. 确认当地土著政权。这是间接统治的基础。1907年颁布的《土著政权公告》,以法律的形式确认了北尼日利亚土著政权存在的合法性。当地传统统治阶级按权势大小被分为若干等级,第一等级为大埃米尔;第二等级为各地中小埃米尔;第三等级为一般酋长和村社头人。他们主要任务是传达和执行当局发布的各项命令,维持社会秩序。

3. 保留土著税收。这是间接统治的经济支柱。税收的一部分上缴英国殖民当局,一部分留作土著政权的开支。

4. 承认土著法院。卢加德承认当地土著司法制度,发给土著法院许可证,允许其根据伊斯兰法和当地习惯法的有关规定对土著居民行使司法管理。然而白人之间以及白人与土著居民之间的纠纷归各级高级法院审理。

1914年南北尼日利亚合并,卢加德成为以拉各斯为首都的统一的尼日利亚的第一任总督。间接统治制度扩展到尼日利亚全境。与此同时,在其他英属殖民地,类似的殖民统治体制也纷纷建立起来。

与英国的间接统治制度不同,法国、比利时等国家实行的是直接统治制度。法国在被占领地区推行所谓"同化"政策。他们认为通过向殖民地输出法兰西文明,宗主国和殖民地最终会结合为一个整体,殖民地的居民最终也会成为法国公民。因此,法国并不像英国那样给予殖民地以某种程度的地方自治权,而是强调通过直接统治,逐渐对当地居民实行同化,使之融入法兰西文明社会之中。

1848年法国宪法第109条规定,殖民地和法国本土一样,是法国的领土,在私法和公法上和本土享有同等地位。但实际上,真正成为法国公民的非洲人是极其少数。法属非洲的土著居民要成为法国公民,必须向殖民政府提出申请,并达到规定的条件,如法语具有一定水平,服完兵役,放弃继承传统的个人地位,服从法国法律等。所以,直到1936年,西非(不包括塞内加尔4个"全权市":达喀尔、圣路易、戈雷、律菲斯克)约1400万居民中只有2000个土著"公民"。实行同化政策较早的马达加斯加到1939年近400万居民中,也只有8000个土著公民。绝大多数非洲人只能当"臣民"。

第一次世界大战之后,国际联盟以"委任统治"的名义对德国在非洲的殖民地进行了重新瓜分。

法国和比利时在第一次世界大战后也改变了过去实行的那种硬

性"同化"政策,采取了较为灵活的统治方法,其做法实际上是英国间接统治制度的翻版。1922年,阿尔贝·萨罗出任法国政府殖民部长,他提出要在整个法兰西帝国内实行所谓"联合政策"。其主要内容为:第一,承认过去实行的同化政策在大多数情况下是行不通的,强调要考虑地区差别,无须在政策上保持一致;第二,强调有计划地发展殖民地经济,宗主国和殖民地之间要互相依赖、互相合作;第三,强调与上层土著人士的合作,同时,通过推广西方教育,同化一般群众。在联合政策的指导下,法属非洲殖民地纷纷成立了由当地统治者和新兴资产阶级代表人物参加的殖民地会议,负责恢复传统的酋长制度,重新建立土著法院等。[1]

(二) 土地制度

非洲的土地制度非常复杂,主要有三类:

第一类:封建土地所有制。以埃及为典型。在英国入侵后,埃及土地所有制向地主土地所有制过渡,特别是1858年《赛义德法令》颁布以后,加快了土地的私有化。该法令规定,"埃及人有权自由使用、继承和买卖土地,改实物地租为货币地租"。

第二类:白人大农场制度占主要地位,村社土地所有制为补充。以南非、乌干达、阿尔及利亚、南北罗得西亚为典型。

第三类:小农土地所有制。主要盛行于西非地区,如尼日利亚、加纳、塞内加尔、象牙海岸等。

(三) 畸形的殖民地经济结构(单一经济结构)

非洲国家在沦为殖民地后,经济结构发生了很大的变化,形成一个共同的特点:畸形的殖民地经济结构,即一种或几种经济作物成为

---

[1] 高岱:《英法殖民地行政管理体制特点评析》,《历史研究》2000年第4期。

某个殖民地国家的经济支柱。如加纳主要是可可、黄金;南非主要是黄金和钻石。

农产品:可可、咖啡、棕榈油、剑麻、丁香、花生、棉花等。

矿产品:黄金、钻石、铜、石油、锡等。

畸形的殖民地经济结构给非洲独立后的经济发展带来很大的困难:(1)整个经济依靠一、两种初级产品,是非常脆弱的,在南北关系上,对发达国家的依赖很难摆脱;(2)加工工业落后,消费品大量依靠进口。

三、案例——殖民时期法国对塞内加尔同化政策[①]

殖民时期,法国是仅次于英国的第二大殖民国家。法国在其占领的西非殖民地进行直接统治,实施同化政策,其中以塞内加尔最为典型。法国对塞内加尔的同化政策肇始于18世纪末,并且披上大革命"自由、平等、博爱"的外衣。19世纪中叶至20世纪20年代,是法国在塞内加尔实质性推进同化政策的时期。法国在塞内加尔的同化政策涵盖政治同化、经济同化、文化同化和身份同化等四个方面。由于现实利益纠葛、文化排斥以及殖民地人民的反抗,同化政策在塞内加尔最终归于失败。

(一) 法国在塞内加尔推行同化政策的缘起

同化的含义众说纷纭,归纳起来,主要有两种语境下的同化。其一,同化是指直接统治的最高形式;其二,同化是民族融合的手段。自20世纪20年代以来,美国社会学家讨论的同化,主要是指

---

① 张弛、沐涛:《殖民时期法国对塞内加尔同化政策评析》,《上海师范大学学报》(哲社版)2019年第3期。该文主要由张忠祥改定。

第二种语境下的同化。如萨拉·西门(Sarah E. Simons)认为,同化是"不同种族、民族之间的一种适应过程,如果它们之间交流作用的时间足够长,那么结果族群的融合度会更高,当然也不排除更低的情况,比如说,不同民族之间的融合过程从原来的机械式变为现在的能动式"。①罗伯特·帕克(Robert E. Park)和厄内斯特·布格斯(Ernest W. Burgess)认为,同化是一个"当地种族在自身发展中,通过融合其他种族的文化记忆、情感态度和价值观念,形成文化共同生活体的过程"。②克姆勃·杨(Kimball Young)提出同化是"一种人们在具有两种或两种以上显著文化影响下的生活习俗、道德观念、法律法规等融合的过程"。③杜侃(H. G. Duncan)将同化定义为"在特定时期,文化上占强势的一方逐步影响弱势一方的一种意识形态的过程"。④在美国学者看来,同化是美国民族关系演变的一个特定的阶段,同化政策即"熔炉"主义或政策,最终是要形成所谓的"文化多元主义"。⑤美国学者这里讨论的同化主要是民族融合的一个代名词,而法国在西非塞内加尔的同化是一种强迫性的殖民统治政策。

  法国的同化政策肇始于其在美洲的殖民地。早在17、18世纪,法国就在其占领的美洲殖民地推行同化政策,对印第安人实行同化。法国人对自己的文化无比自信,希望通过宗教和文化同化,将法兰西文化取代当地印第安人传统文化,进而实现法兰西化政策(the policy

---

① Sarah E. Simons, "Social Assimilation", *American Journal of Sociology*, VI, p.791.
② Robert E. Park and Ernest W. Burgess, *Introduction to the Science of Sociology*, University of Chicago Press, 1924, p.735.
③ Kimball Young, *Introductory Sociology*, New York: American Book Co., 1939, p.495.
④ H. G. Dunan, "A Study in the Process of Assimilation", *Publications of the American Sociological Society*, XXIII, pp.184—187.
⑤ 马戎编:《西方民族社会学的理论与方法》,天津人民出版社1997年版,第10页。

of Francisation)。[1]法国在中西部美洲实行同化政策涵盖行政同化、宗教同化和教育同化等手段。[2]

法国在七年战争中的失败,使它丢掉了在美洲的殖民地,转而加大力度对非洲的殖民。在此背景下,西非的塞内加尔逐渐成为法国推行同化政策的主要目的地。米歇尔·克劳德(Michael Crowder)认为,只有塞内加尔完整地实施了同化政策。

法国对塞内加尔的殖民活动可以追溯到17世纪中叶。1659年法国诺曼底公司代理人戈利耶(Gaullier)占领塞内加尔河河口的恩达尔岛,在那里建立了圣路易城。其后一个半世纪内,圣路易成为法国在西非的活动中心。1677年法国人赶走荷兰人,占领了戈雷岛,并将该岛变为一个海军基地。接着,法国沿海岸向南逐步占领了达喀尔和卢菲斯克等地,这样便基本控制了塞内加尔,使之成为法国向西非殖民扩张的基地。

17世纪末,法国国王路易十四在非洲殖民地建立政府。殖民地政府由一名代表国王的总督负责,由1名司法监察官和若干名省长协助他。其中,将戈雷岛和圣路易岛组成了塞内加尔省,圣路易是塞内加尔省长的驻地。

当法国人在塞内加尔沿海地区建立势力的时候,英国人在冈比亚建立了自己的势力,双方展开激烈的争夺。1689—1815年间,英法先后进行了7次较大的战争,其目标之一就是对塞内加尔地区进行争夺。1857年,法国人与英国人签订协定,撤除法国人在阿尔布雷达的商站,英国人则放弃在戈雷岛附近的贸易权。

---

[1] Saliha Belmessous, "Assimilation and Racialism in Seventeenth and Eighteenth-Century French Colonial Policy", The American Historical Review, Vol. 110, No. 2 (2005), pp. 322—349.
[2] Marc Deneire, Une Politique d'Assimilation: Le Français Dans le Midwest Américain, Paris: Honoré Champion Editeur, 1999, pp. 3—5.

19 世纪中叶,法国加紧了对塞内加尔腹地的扩张。费德尔布(Louis Faidherbe,1818—1889)总督先用 4 年时间征服了北部的特拉扎人,随后对辛—萨卢姆地区进行征服。在这一时期,卡约尔也受到法国势力的渗透,1871 年 1 月,卡约尔的达梅尔(国王)与法国总督签约,卡约尔成为法保护国。至此,法国拥有了塞内加尔殖民地。柏林会议以后,法国进一步加快了对非洲殖民扩张的步伐。在西非,法国的殖民活动从沿海向内陆辐射。一是从几内亚湾的殖民据点向北推进,二是从塞内加尔河向西苏丹腹地扩张。1895 年,法国将塞内加尔、法属苏丹、法属几内亚、象牙海岸合并为法属西非联邦,塞内加尔成为法属西非殖民帝国的中心。

法国对塞内加尔的同化政策肇始于 18 世纪末,并且披上了"自由、平等、博爱"的外衣。在法国殖民者们看来,法国是一个以自由平等和博爱为根本原则的共和国,不能把法国的海外领地看成是从属于我们的附属国,而应该被视作法兰西共和国的一个组成部分。这使得在法国殖民者当中,产生了一种解放的、激进的、现代的法帝国主义思想,其结果,往往使一些法国官员变得急于向海外宣传法国模式。[1]1794 年废奴法令宣告"所有居住在法国殖民地的人不论肤色都是法国国民,享有宪法规定的所有权利"。[2]1833 年通过的法令又规定"法国殖民地的任何生而自由或法律上取得自由的人享有(1)公民权;(2)法律规定的政治权利"。[3]

19 世纪中叶以后,随着自由资本主义向垄断资本主义过渡,法国加紧了对塞内加尔的同化政策。法国殖民者宣称:其同化政策宣传主要有两个目的:第一,将非洲带入"现代世界";第二,"解放"未开

---

[1] William B. Cohen, "The Colonzed as Child: British and French Colonial Rule", *African Historical Studies*, Vol. 3, No. 2 (1970), pp. 427—431.
[2] H. Oludare Idowu, "Assimilation in 19th Century Senegal", *Cahiers d'Etudes Africaines*, Vol. 9, Cahier 34 (1969), pp. 194—218.
[3] 郑家馨主编:《殖民主义史(非洲卷)》,北京大学出版社 2000 年版,第 289 页。

化的非洲文明。①尽管现代性话语为殖民与同化政策提供了堂皇的理由,但其根本目标无疑是为宗主国现实利益服务的。法国宣声其同化政策旨在造就法国公民,无论黑白,毫无区分。②

虽然法国人在塞内加尔这片土地上早就设立一些军事和贸易口岸,但在很长一段时间内,塞内加尔的同化政策仅仅只包括戈雷和圣路易,③1854年费德尔布就任塞内加尔总督后,为了更好地同化塞内加尔,通过划分同化区域和非同化区域,使塞内加尔人从政治上更从心灵上融入法国。费德尔布将塞内加尔除圣路易、戈雷和达喀尔以外的地区连同其他法属非洲殖民地,划分为非同化区域。到1865年,塞内加尔有15万居民,其中1.5万名法国公民居住在圣路易斯、戈雷和达喀尔的法国人居住点,占居民总人数的10%。1880年,增加卢菲斯克这一地区为法国同化政策实施的对象,公民权和政治权的授予范围也扩展到这一区域,但较之圣路易、戈雷、达喀尔,法国殖民当局对卢菲斯克地区的公民权授予并没有跟进。至此,圣路易斯、戈雷、达喀尔和卢菲斯克成为法国对塞内加尔实施同化政策最重要的地区。

为什么塞内加尔成为法国同化政策的重点对象?第一,法国在塞内加尔,尤其在沿海经营的时间长久,有比较好的统治基础。早在17世纪60年代,法国人在塞内加尔建立了圣路易港,在之后的时间里,这个要塞成为法国在非洲沿海商业活动的中心,这为塞内加尔成为法国实行同化政策最具代表性的地区提供了前提。④第二,塞内加

---

① Bob W. White, "Talk about School: education and the colonial project in French and British Africa (1860—1960)", Comparative Education, Vol. 32, No. 1 (1996), pp. 9—25.
② Arnold Breene, "Francophone Africa", African Affairs, Vol. 66, No. 262 (1967), p. 14.
③ H. Oludare Idowu, "Assimilation in 19th Century Senegal", Cahiers d'Etudes Africaines, Vol. 9, Cahier 34 (1969), pp. 194—218.
④ Michael Crowder, Senegal a study of French Assimilation Policy, Oxford University Press, 1962. p. 9.

尔地理位置重要,是法国向西非内地扩张的跳板和基地。第三是经济因素。19世纪中叶法国在塞内加尔推行单一产品种植制,塞内加尔成为法属非洲最重要的殖民地。塞内加尔殖民地花生出口,在1897年至1914年增长了6倍,达到30万吨。[1]

(二)法国如何在塞内加尔推行同化政策?

从19世纪50年代到20世纪20年代,塞内加尔是法国在黑非洲贯彻同化政策的主要殖民地。法国先后把塞内加尔的圣路易、戈雷、达喀尔和卢菲斯克划为"全权市",设立宗主国模式的政治机构,实施法国法律。法国将四市以外的其他城市划为"混合市"或"土著市",居住在那里的居民被剥夺一切权利,受殖民官员和军事长官统治。法国同化政策主要包含四个纬度,即政治同化、经济同化、文化同化和身份同化。

其一,政治同化。法国在塞内加尔实行同化政策,其核心内容是要摧毁旧的传统的权力结构,建立一套新的殖民政治体制。与英国保留土著政权、"温和"地对待酋长不同,法国摧毁当地传统的酋长—国王的权利结构,在法国的统治下,当地酋长的职责发生变化。作为殖民政府与当地百姓的中间人,酋长的职责开始由对旧式的行政体系负责转向对殖民政府负责,酋长的权力被控制在殖民政府手中,向当地居民征税和征劳动力变成了酋长的主要工作内容。[2]

由于在征服西非的过程中遭到由传统首领(国王、酋长等)组织和领导的人民的英勇抵抗,即使在镇压这些抵抗后,法国殖民者仍然心有余悸。在非洲,酋长是一种以年龄等级为基础的身份权威。一

---

[1] Martin A. Klein, Slavery and colonial rule in French West Africa, Cambridge: Cambridge University Press, 1998, p.199.
[2] Michael Crowder, "Indirect Rule: French and British Style", *Journal of the International African Institute*, Vol.34, No.3 (1964), pp.197—205.

方面,他们往往辈分高、阅历丰富,是古老风尚的传人;另一方面,这些人往往身居要职,担任长老会成员,在家庭内更是处于权威的地位。法国殖民者普遍认为,保留传统的酋长势力,势必会给殖民地管理增添麻烦;只有摧毁酋长传统势力,才能为同化开辟道路。为此,法国人决定消灭可能成为反法领导力量的非洲国家和部落组织,重新划分行政区域。①

到 1895 年,法属西非直接统治的行政结构基本上建立起来了。法国设立了一个大总督,初由驻跸圣路易的塞内加尔总督兼任,有权管辖其他几个法属西非领地的总督。后来,在 1902 年,大总督移驻达喀尔,大总督之职由专人担任,包括圣路易的塞内加尔总督和其他法属西非领地的总督一起受其管控。这样,与宗主国的权力框架搭连在一起,在法属西非形成了一个金字塔般的殖民统治体系。

在金字塔的顶端自然是法国总统和殖民部长,其下便是西非大总督,代表母国在殖民地颁布法令,接着便是各领地的总督们,对属下法国官员和地方酋长的任免负有全权,第四层是各领地的省和郡两级行政人员,各自指挥一批土著官员,最下面的一层即法国殖民者委派任命的众多的土著官员,他们一般担任各领地的郡和村两级官员及地方酋长。据统计,到 20 世纪 30 年代末,在整个法属西非,共有 118 名法国行政长官,他们通过 48049 个非洲人村长、32 名省长或大区区长,以及 2206 个区长或部落首领组成的庞然大物,治理这片面积 9 倍于法国本土的地区。②

法国殖民当局在塞内加尔圣路易城建立总议事会,该议事会是殖民地日常事务的决策机构。1896 年,该议事会共有 16 个席位来自塞内加尔的四个市区,包括圣路易 10 个、戈雷-达喀尔 4 个、卢菲斯

---

① 余建华:《十九世纪末二十世纪初西非历史诸问题探略》,载《上海社会科学院学术季刊》1995 年第 1 期。
② 巴兹尔·戴维逊:《现代非洲史》,中国社会科学出版社 1989 年版,第 109 页。

克2个。总议事会由法国殖民者所控制,对殖民地进行治理。在该总议事会中,法国官员占多数,以1879—1920年间为例,共有97人被选进总议事会,其中塞内加尔人16名、白黑混血人28名、法国人53名。①除此之外,在总议事会里,法国仍派遣两名来自国会的议员,他们通常在总议事会里享有最终否定权。②从中不难发现,法国人的人数超过比塞内加尔人和白黑混血人的总和,总议事会的规则完全掌握在法国殖民当局手中,总议事会成为法国对塞内加尔进行直接统治和同化政策的行政工具。

法国还将自己的法律体系移植到塞内加尔。殖民统治之前,在塞内加尔,习惯法是其主要法律依据。习惯法的制定和修改的权力掌握在酋长和国王手里。习惯法的立法,先由村社法庭和最高法庭提出议案,对传统规则提出异议,然后向国王请求修改,国王这时召集酋长们立法会议,组织讨论,法案由国王颁布。公布的程序十分庄重,首先要鸣锣,接着要让一位知晓多国语言的智者发言,讲一些客套话,"法律一旦公布,就世世代代印在人们的脑海里了"。③而法国试图将本国的立法框架照搬给塞内加尔,全然否定当地酋长的立法权,但在事实上,又很难完全做到。

1822年1月7日,法国殖民者按照本国的法律体系,在塞内加尔圣路易建立第一法庭和上诉法庭,并且,保留了在戈雷已经建立的第一法庭。这两家法庭采用宗主国的法律,地方法院则采用根据习惯法而制定的法律。法国殖民者寄希望于这两座法庭的建立,最大化地将塞内加尔的行政体系与本国的紧密联系在一起。但此举遭到塞

---

① H. Oludare Idowu, "Assimilation in 19th Century Senegal", *Cahiers d'Etudes Africaines*, Vol.9, Cahier 34 (1969), pp.194—218.
② Michael Crowder, *Senegal a Study of French Assimilation Policy*, Oxford University Press, 1962, p.47.
③ T. Olawale Elias, *The Nature of African Customary Law*, Manchester University Press, 1956, p.195.

内加尔当地人的反对,塞内加尔人强烈要求,按照塞内加尔传统方式建立自己的穆斯林法庭。1848 年法国殖民当局做出了安抚当地人情绪的尝试,但直到路易·费德尔布任塞内加尔总督时,才真正实现。1857 年 5 月 20 日,圣路易城终于建立了穆斯林法庭,法庭主要处理诸如出生、婚礼、死亡、遗产、捐赠等民事诉讼。[①]除此之外的问题依然由法国殖民第一法庭和上诉法庭管理。穆斯林法庭的建立,说明法国想要在塞内加尔实行完全的政治同化是行不通的。

19 世纪法殖民当局在圣路易、达喀尔、戈雷和卢菲斯克四个区以外还建立了当地法庭。一般来说,19 世纪末塞内加尔的法庭有三类:第一类,在圣路易、达喀尔、戈雷和卢菲斯克四个区内运作的法国法庭;第二类穆斯林法庭;第三类是当地土著法庭。[②]当地土著法庭为殖民者所不齿和讥讽,说这些当地法庭,秩序混乱,没有刑法等级之分,在违法跟犯罪之间也没有严格的界限。

总的来说,法国对塞内加尔实行政治同化主要通过三种方式:首先,将宗主国的省县行政制度搬到塞内加尔,削弱当地酋长的权利。其次,通过塞内加尔总议事会,法国殖民者假惺惺地为塞内加尔人提供参政议政的权利,实则拥有议政权的黑人少之又少。第三,将宗主国的司法体制搬到塞内加尔,建立第一法庭和上诉法庭,然而在塞内加尔的四个区,法国法庭和穆斯林法庭并存,使得司法同化大打折扣。

其二,经济同化。法国在塞内加尔实现征服和确立统治后,通过种种手段,逐步把它引上殖民地经济的轨道,成为宗主国经济的延伸部分。

首先,转变土地制度,将土著土地转变为殖民地土地。土著土地

[①②] H. Oludare Idowu, "Assimilation in 19th Century Senegal", *Cahiers d'Etudes Africaines*, Vol. 9, Cahier 34 (1969), pp. 194—218.

制度的演变是传统经济向殖民地经济转变的关键所在。在塞内加尔,与西非其他地区一样盛行村社土地公有制,土地原为集体所有,只有酋长才有定期分配权。法国殖民者为了打破土地公有制,首先从"无主土地"入手,宣布土地属于国家。1887年,法国殖民政府在塞内加尔首次宣布土地为殖民地财产,可以出租给欧洲人。1904年,法属西非殖民当局把全部土地分为不可出租的公地和可以出租的私产两类。1906年颁布《土地注册法》,规定土著居民可以通过登记领取地契,三个月后如无争执,土地便归耕者所有。1925年和1935年,殖民政府的法令再次肯定了国家对"空地"的所有权,并简化了注册程序和费用。[1]这实际上是将非洲人的财产置于法国人的民法约束之下,是对非洲人土地的赤裸裸的剥夺。

其次,推行单一经济作物种植制。到19世纪40年代至50年代,欧洲对花生的需求日益增长,它可以为肥皂、烹调和轻工业提供油脂。因此,花生超过树胶贸易成为塞内加尔的主要出口经济作物。法国为此采取了一系列的经济和超经济手段,诱导乃至迫使农民种植这一经济作物。起初,往往采用各种扶持和鼓励措施,如建立试验站、提高优良品种、指导栽培技术、实行优惠贷款和提高收购价格等。随着种植面积的扩大,种植经济作物越来越带有强制性,并且经常采用行政手段。地区长官将酋长召集起来,向他们宣讲种植某种作物的好处,然后命令他们去动员村民种植。还有一种办法迫使农民为殖民者工作,即以实物或货币征收直接税。1891年在塞内加尔颁布一项法令,确立了人头税制度和地区财政预算制度。[2]法属西非殖民当局规定每人每年交1—3法郎。大量的塞内加尔人为了缴纳人头税,被迫种植殖民者所需的经济作物。

---

[1] 郑家馨主编:《殖民主义史非洲卷》,北京大学出版社2000年版,第480—481页。
[2] L. H. Gann and Peter Duignan eds., *Colonialism in Africa, 1870—1960*, vol. 3, Cambridge: Cambridge University Press, 1971, p.56.

早在 1850 年,花生的种植已经遍布塞内冈比亚,从而使该地区依赖世界经济。这种情形因在达喀尔至圣路易之间修建铁路的计划而强化了。①花生的种植在 20 世纪之交得到了更快的发展。1897 年至 1914 年间,塞内加尔殖民地花生出口增长了 6 倍,达到 30 万吨。塞内加尔的花生基地在西奈—萨隆地区(Sine-Saloum),1914 年该地花生产量 10 万吨。到 20 世纪 30 年代,该地年产花生 25 万吨,超过塞内加尔花生年产量的一半。②

最后,基础设施的修建也是为殖民统治服务的。19 世纪 70 年代,随着花生种植及贸易的不断发展,法国急需加强塞内加尔与周边地区的贸易联系。为此,法国殖民当局决定在塞内加尔建造交通基础设施,包括公路、铁路、桥梁、港口等。1885 年,长达 264 公里的达喀尔—圣路易铁路建成,工程由"巴迪尼奥尔公司"承建,费用由殖民政府负担。19 世纪 80 年代,还建立起达喀尔至巴马科的铁路,这条铁路,加上其他支线,里程已达 1545 公里,③铁路等基础设施的建设是服务于宗主国对殖民地的经济掠夺。到 19 世纪末 20 世纪初,以生产和出口单一经济作物为主的畸形殖民地经济结构在塞内加尔已经形成。当地城市中各种职业的人,包括政府官员和宗教人士,无不直接、间接地参与转运花生贸易的服务之中。然而,殖民地无法决定花生的收购价格,价格只能掌控在宗主国手中,此外,花生运输和贸易也由法国政府控制。

宗主国并不希望殖民地经济实现真正的发展,在掠夺当地资源时也从不考虑任何科学的手段,更不用说引进促进经济发展的工业技术。正如法国殖民者自己所说的:"我们并不打算在我们的殖民地

---

① 联合国教科文组织编写:《非洲通史》第 6 卷,第 476 页。
② Martin A. Klein, *Slavery and colonial rule in French West Africa*, Cambridge: Cambridge University Press, 1998, pp.199—219.
③ J. D. 费奇:《西非简史》,上海人民出版社 1977 年版,第 383 页。

引进任何有关工业的东西,因为复杂而又充满活力的工业是发展的关键,只能存在于我们自己国内"。①

其三,文化同化。文化同化的主要目的,是为了将法兰西文化灌输给殖民地人民,取代当地文化传统,制造"法国黑人",增加对宗主国的认同感,培养认同法国文化的殖民地臣民,进而从空间上增大法兰西版图。法国在塞内加尔实现文化同化主要有传教、教育等方式。

早在1636年,法国第二诺曼底公司前往塞内加尔进行贸易活动时,卡普勤传教会的传教士一同前往,向当地黑人传教。传教活动得到时任塞内加尔总督罗歇的支持,1822年,法国教会在塞内加尔圣路易建立了第一座教堂,成立了土著神学院、教会中学和小学。

教育是文化同化的重要手段,在社会和政治中发挥着举足轻重的作用。②事实上,法国对塞内加尔所实行的文化同化政策主要集中在教育同化上。③法国殖民者宣称,其在非洲殖民地的教育同化将达到两个目的:第一,法兰西式的教育理念将会给非洲带来一个"现代"的社会;第二,法兰西式的教育方法将会使非洲人民的理解力和创造力得到一个质的提升。④1854年费德尔布就任塞内加尔总督时,开始着手策划制定当地人接受教育的方针,并为继任的总督们所效仿。一般来说,法国殖民者对塞内加尔实施教育同化的措施具体表现在如下三个方面:

---

① Martin Deming Lewis, "One Hundred Million Frenchmen: The Assimilation Theory in French Colonial Policy", *Comparative Studies in Society and History*, Vol.4, No.2(1962), pp.129—153.
② J. M. Lonsdale, J. D. Y. Peel, Charles, John Sender, *France and Islam in West Africa, 1860—1960*, Cambridge University Press, 1988. p.57.
③ Michael Crowder, *Senegal a Study of French Assimilation Policy*, Oxford University Press, 1962, p.34.
④ Bob W. White, "Education and the Colonial Project in French and British Africa (1860—1960)", *Comparative Education*, Vol.32, No.1 (1996), pp.9—25.

首先,建立学校,传播法国文化。相比于教堂,教育的物质载体主要还是学校。1854年,法国殖民者在塞内加尔共建立了四所学校,两所在戈雷,两所在圣路易,建立这些学校的初衷就是培养牧师。19世纪60年代,塞内加尔建立了一所专门培养酋长儿子的学校——酋长子弟学校(Ecole des Otages)。该校的建立,目的就是培养一批为法国"文明事业"服务的"土著名流",而这些"土著名流"往往来自家室显赫的酋长以及牧师家庭。①在殖民地学校中,不同学校的职责也不尽相同。例如,费德尔布学校(the Lycée Faidherbe)和凡·冯勒俄芬学校(Lycée Van Vollenhoven)是为现代精英敞开学校大门;威廉庞帝师范学校(Ecole Normale William Ponty)专为训练说法语的非洲领导人。为推广殖民地人们的法式教育,驻塞内加尔总督费德尔布为殖民地建立世俗化课程,招募那些更具系统化知识,能领会法帝国主义教育精髓的酋长作为自己在当地教育的代理人。②殖民地学校的教师,通常是天主教会教士,因此,天主教会实际上控制了学校教育的整个系统,并把它变为殖民者在思想上愚弄人民的工具。在此期间,费德尔布还开办了夜校,为当地学生设定法国基本文化常识课程。到1938年,共有17128名儿童在学校接受132名欧洲人和337名非洲教师的教育,③然而,能够获得受教育机会的儿童人数占所有学龄儿童的人数比例依然十分微小。需要指出的是,这种极不平衡的现象跟法国在非洲建立学校的目的有关,法国殖民者并不是真正地想使他们获得心智的启迪,而是想通过传教和教育教化当地人民,④从而认可法国在当地的殖民统治。

---

① Remi P. Clignet and Philip J. Foster. "French and British Colonial Education in Africa", *Comparative Education Review*, Vol. 8, No. 2 (1964), pp. 191—198.
② David Robinson, "French Islamic Policy and Practice in Late Nineteenth-Century Senegal", *The Journal of African History*, Vol. 29, No. 3 (1988), pp. 414—435.
③ *Annuaire statistique de l'Afrique occidentale francaise*, Paris, 1939, pp. 27—28.
④ Haley, Lord, *An African Survey*. London, Oxford University Press. 1945, p. 1263.

其次,提供财政资助和奖学金,鼓励当地人学习法语的热情。为了更好地达到教育同化的目的,法国为当地教育提供了部分资助,包括殖民地学校的建设资助和针对优秀毕业生的奖学金。在奖学金制度上,法国政府试图通过这种政策,鼓励殖民地人民学习法语的热情。例如,对居住在塞内加尔四个市区小学毕业的儿童,提供奖学金资助,甚至保证他们有到法国深造的可能。需要指出的是,这些儿童往往来自当地有名望的家族,对绝大多数塞内加尔人来说,这种"挑选式"的受教育机会根本遥不可及,同化只能说是"小部分同化"。

最后,开设女子课程,为法国殖民者培养会说法语的女仆。法国在塞内加尔殖民地设立的教育大门除了向当地大户人家子弟开放之外,仍有极少部分的学龄女孩可以有机会接触法语,但所学课程和男孩的截然不同。1914年,法国建立的女子学院,其主旨在于"培养合格的家庭主妇",因为,法国殖民者认为,要是非洲女仆既会说法语又勤劳肯做,那么给法国男人带来的不仅仅是语言沟通上的便利,更是一个家的温暖。因此,在殖民地的一些女子学校,对妇女开设的教育课程,集中在家政方面,包括做饭、洗衣、裁缝、刺绣上,"她们(妇女)的主要职责就是服侍好法国男人"。[①]除此之外,法国政府似乎并未打算在非洲女子上倾注太多的教育思想。他们认为,没有必要将非洲妇女从传统的生活模式中解放出来,非洲妇女只需将家庭保持整洁舒适即可。在殖民地学校当助理的非洲女子仅有十位,寥寥无几。总的来说,在教育上,几乎没有一所殖民时期的学校会招非洲女子。[②]非洲女子接受法国教育的机会渺茫,对于她们来说,所教授的科目种类局限于家政服务,而对其思想启迪上的课程教育几乎

[①][②] Spencer D. Segalla, "The Micropolitics of Colonial Education in French West Africa, 1914—1919", *French Colonial History*, Vol.13 (2012), pp.1—22.

没有。

法国殖民者在塞内加尔发展教育,既是为文化同化服务的,同时也为殖民经济服务。起初,塞内加尔当地学校的主要作用是为了培养代理人,代表法国利益管理殖民地日常事务,然而,当地农业因素的刺激使得计划制定者们将教育目标转向农业实践,于是,在大部分已设立的学校增设农业基础课程。①至此,法国殖民当局为统治的需要,陆续在西非建立教会和学校,根据男女的不同和实际情况规定相应课程,推行法式教育。

其四,身份同化。法国政府做了一些授予塞内加尔人公民资格的尝试,从一定程度上讲,身份同化是最直接的同化方式。但是,在塞内加尔殖民地真正能够取得法国身份的人是很有限的,法国人也没有想让多数塞内加尔人取得公民权,正如米歇尔·克劳德所说的:"我们(法国殖民者)给非洲带来的最直接的好处就是把他们之中的少部分人变成'法国人'。"②

事实上,得到公民权的塞内加尔人主要集中在圣路易、戈雷、达喀尔和卢菲斯克四区。1848年,圣路易和戈雷的居民被授予公民权,1888年卢菲斯克也受到同等待遇(1887年达喀尔从戈雷分出来)。从此,这四个地区的居民一直拥有投票权,并向法国国会选派自己的代表。到19世纪末,"四个行政区"已成为享有全权的行政区。③

除了上述四区外,塞内加尔人获得公民权利的人十分有限。1912年,法国殖民当局制定了《入籍法》,规定凡出生在法属西非,担任公职不少于10年,拥有一定财产,具有良好品质并接受法语教育

---

① Ray Antra, "Historique de l'Enseignement en A. O. F.", *Presence Africaine*, No. 6 (1956), pp. 68—86.
② Michael Crowder, *Senegal A Study of French Assimilation Policy*, Oxford University Press, 1962, p. 51.
③ 李安山:《法国在非洲的殖民统治浅析》,载《西亚非洲》1991年第1期。

或服兵役期间获得奖赏者,可以获得法国公民权。①按此标准,塞内加尔符合入法籍条件的人寥寥无几。

除了授予塞内加尔人法国公民权之外,法国殖民者还试图通过"通婚"的方式实现身份同化。然而,实现身份同化遇到的最大障碍之一就是塞内加尔族内结亲(endogamy)的传统。②根据塞内加尔传统,与族外人结婚是禁忌。塞内加尔人各个部族之间的通婚都这么困难,塞内加尔人与法国人通婚也是十分有限的。

总之,在殖民统治时期,塞内加尔的身份同化是十分有限的。只是在达喀尔、圣路易、吕菲克斯和戈雷这"四个选区",归化民才稍微多些。1918年,塞内加尔获得公民权者仅有22711人。到1926年,在塞内加尔135.8万人口中,也仅有48973名非洲人享有法国公民权。即使在整个法属西非,取得法国公民权的人也是十分有限的,只有部分土著上层和极少数知识分子能够达到殖民当局规定的入籍条件。1926年法属西非1349.9万人口中,只有97707名非洲人成为法国公民。③

(三) 对法国在塞内加尔同化政策的评价

同化是殖民统治的一种方式,而且是直接统治的最高形式。其实,无论是直接统治,还是间接统治,其目的都是一样的,都是宗主国为了更好加强对殖民地的控制和剥夺。法国通过政治、经济和文化等手段在塞内加尔实施同化政策,将其纳入殖民统治的体系,巩固了在塞内加尔的殖民统治。比如,法国比较成功地在塞内加尔推行单一产品经济,使得塞内加尔成为花生产地,花生成为其主要的出口换

---

① Michael Crowder, *Senegal a Study of French Assimilation Policy*, Oxford University Press, 1962, p.26.
② Ibid., p.100.
③ 郑家馨主编:《殖民主义史非洲卷》,北京大学出版社2000年版,第497页。

汇产品，使得塞内加尔在19世纪末20世纪初，成为法国在非洲最重要的殖民地。从这个意义上说，对塞内加尔的同化政策，实现了殖民者的经济利益。

　　同化政策是建立在对殖民地剥夺的基础上的，该政策是不得人心的，加之殖民地人民的反对，同化政策在塞内加尔最终遭到失败。首先，同化政策遭到土著传统势力的反对。在同化政策之下，是对传统酋长势力的打压，传统酋长势力的权利被剥夺，他们在殖民势力的淫威下暂时屈服，一旦有机会，他们是要进行反抗的。H. O. 艾迪乌（H. Oludare Idowu）认为，塞内加尔由于传统势力的制约，不像西印度那样被完全同化。①其次，经济上推行单一产品经济，对殖民地有利，对殖民地人民其实是有害的，塞内加尔农民主要种植花生，而粮食需要进口，一旦国际市场上花生价格下降，就无力购买足够的粮食，就会面临挨饿的危险。第三，文化同化和身份同化也是失败的。法国一心想将塞内加尔收入自己"大法兰西版图"之中，并在实行同化期间，给予生活在塞内加尔四个区的居民一定的公民权，但效果并不理想，取得国民权的人数十分有限。在文化同化方面，塞内加尔的黑白混血种人兴趣更大一些，他们希望成为法国公民的愿望更加强烈，而大多数塞内加尔黑人对法国文化兴趣不大。不仅如此，塞内加尔伊斯兰教对文化同化政策也是一股强大的力量，他们不愿意失去自己的文化传统，而屈服于法国文化传统。所以，文化同化在塞内加尔是失败的。

　　19世纪末20世纪初，在塞内加尔殖民地到底是继续加强同化政策，还是对传统势力有所妥协，在殖民当局内部之间出现了不同的声音，一派认为，应该继续在塞内加尔推行同化政策；一派认为应该同

---

① H. Oludare Idown, "Assimilation in 19th Century Senegal", *Cahier d'Etudes Africaines*, Vol.9, Cahier 34 (1969), pp.194—218.

当地势力实行一定的妥协。①自20世纪20年代起,法国殖民者开始进一步反思自己在殖民地的政策,这直接导致了同化政策最终被联合政策取代。就政治同化而言,法国殖民官员逐渐开始认识到不应该以牺牲传统酋长权为基础,而应该与当地传统权力相契合。在土著政策上,一些殖民官员也开始纷纷检讨以往出现的失误。法属西非总督莫林认为:"在西非及其他地区,我们已经犯下了一个错误,那就是摧毁了全部当地土著社会结构,而不是改进它来为我们的统治服务。"②布列维在担任西非大总督期间,他的主要观点是,村庄仍是当地土著社会最重要的基层组织,而"县"的设置纯粹是法国模式,这种不顾后果地完全摧毁当地政治结构是极其冒险的。罗伯特承认,同化是一种"本质上就不合理"的病态东西,同化终将被一种新的名词代替,它正是"联合"。③联合政策与同化政策最大的区别在于:与同化的强制性不同,联合旨在更好地处理当地传统精英和地区智囊之间的合作关系,其宗旨是在尊重当地传统的基础上逐渐"衍化"非洲当地人。④

同化政策给塞内加尔造成的最大影响是对宗主国的依赖。法国殖民者所实行的经济同化,给塞内加尔造成落后的单一产品经济结构,使得塞内加尔对法国的依附程度居高不下,表现在既依靠法国收购自己的经济作物,又依靠法国为自己提供必要的生活物品。经济同化的实质就是以牺牲当地利益,最大化实现宗主国利益,经济同化所造成的影响至今依然影响着塞内加尔的经济发展。法国殖民者给

---

① Catherine Coquery-Vidrovitch, "Nationalité et citoyenneté en Afrique occidentale français: Orginaires et citoyens dans le Sénégal colonial", *The Journal of African History*, Vol. 42, No. 2 (2001), pp. 285—305.
② R. L. 比尔:《非洲土著问题》,巴黎,1965年第1卷,第998页。
③ S. H. Roberts, *History of French Colonial Policy (1870—1925)*, London, 1929, p. 103.
④ Jules Harmand, *Domination et Colonisation*, Paris, 1910, pp. 160—163.

塞内加尔经济造成的巨大创伤难以在短时期内弥补。1963年,塞内加尔独立后第三年,面对塞内加尔国内严重依附法国经济的事实,正如桑戈尔所说的:"我们还没有取得真正的独立。"①

早在20世纪30年代,受法式教育的塞内加尔青年一代,开始对同化政策的道德性提出质疑。②塞内加尔前总统、非洲思想家桑戈尔(Léopold Sédar Senghor,1909—2001)就是其中的代表人物。1934年,桑戈尔还是一名青年学生,他跟一位西印度伙伴艾梅·克赛(Aimé Césair)共同建立了一本学生杂志《黑人学生》(L'Etudiant Noir)。该杂志反对同化思想和同化政策,强调黑人传统精神学说的特殊性,提出"黑人性"的概念。③根据法国同化政策的初衷,法国殖民当局寄希望通过传教、办学等方式进行奴化教育,试图使塞内加尔变成法属西非最主要的殖民地,进而巩固法国本国利益。然而,以桑戈尔为代表的这些由法国培养出来的一批塞内加尔知识分子率先觉醒,起来反对同化政策,并开始探索非洲民族解放运动的方向和道路。

从19世纪中后期到20世纪20年代,法国在塞内加尔推行同化政策,这是法国在其非洲殖民地实施的最为全面和彻底的同化政策。同化政策在一定程度上加强了生活在塞内加尔四个区内的不同群体与法国的联系。法国对塞内加尔的同化政策可以总结为两点:其一,塞内加尔的行政同化和经济同化在一定程度上取得了成功;其二,白黑混血人比较认同文化同化,但绝大多数的塞内加尔人依然保留自己的生活方式,对法国文化生活并没有表现出多大的向往之情。因此,同化政策并没有达到预期效果,总体上是失败的。20世纪20年

---

① Léopold Sédar Senghor, "Planification et Tension Morale", *Reoprt to the 4ᵗʰ Congress of the U. P. S.*, Dakar, 1963.
② Michael Crowder, *Senegal a Study of French Assimilation Policy*, Oxford University Press, 1962, p.34.
③ Ibid., p.37.

代以后，随着殖民地人民开始觉醒，法国国内也开始反省自己的同化政策，以"联合"代替"同化"，在"尊重"当地社会风俗的基础上进行有效的管理，一改之前蛮横的作风。但是，不管法国制定怎样的政策，其出发点都是以牺牲殖民地人民利益为代价，成全法国的繁荣。所以，直到1960年塞内加尔赢得独立，该国人民才开始真正掌握自己的命运与未来。

第十讲

非洲人民的反抗与战后民族独立运动

非洲人民的反抗是长期的,与殖民主义入侵非洲相始终,从 16 世纪葡萄牙殖民者阿尔梅达在南非丧命,再到奴隶贸易时期非洲人民的抗争,直到 20 世纪 90 年代纳米比亚的独立以及新南非的诞生,非洲人民一直没有停止反抗。而二战结束之后,非洲民族独立运动进入了高潮。

一、阿散蒂人民抗英斗争

非洲是最早遭到殖民侵略的大陆,同时也是最后完成非殖民化的大陆。面对西方列强的殖民侵略和殖民统治,非洲人民在历史上进行了大量的抗争,保卫金凳子——阿散蒂人民的抗英斗争就是其中可歌可泣的一例。

(一) 从天而降的金凳子

阿散蒂王国是由阿肯人(Akan)的一支阿散蒂人(Ashanti)建立的。阿散蒂人早在 12 世纪就从尼日尔河上游迁到今天加纳中部波索姆特威湖(Bosomtwi Lake)周围地区,该湖位于库马西东南30公里处。随着时间的推移和人口的增加,阿散蒂人就向波索姆特威湖四周迁移扩散。这样,波索姆特威湖就成了阿散蒂人的肇事之地,1957年加纳独立后,这里成了阿散蒂人的圣地而被加以保护。

在16世纪和17世纪,阿散蒂依附于强大的邓克拉王国(Denkyera),成为它的藩属。邓克拉国王每年向阿散蒂人索取包括奴隶在内的大量贡品。

1695年,奥塞·图图(Osei Tutu)继任阿散蒂国王,决心让王国迅速强大起来,结束向邓克拉王国纳贡称臣的屈辱地位。为此,他积极寻找加强阿散蒂各族人民团结的精神纽带。就在图图国王为此事愁眉不展的时候,他的军师,也是当地有名的大祭司克瓦米·安诺基(Kwami Annokye)说,他会有办法解决。

一个星期五下午,各部落的酋长被国王召到库马西集会。突然,天空乌云密布,雷电隆隆,一张用黄金装饰的凳子从天空中缓缓降落下来,正好落在图图国王的膝上。人们定睛一看,这是一只呈工字形的板凳,凳面两端翘起,当中深凹,底座及两边的支撑精雕细刻,以前谁也没有见过它。

大祭司安诺基当即向众人宣布:"这是天神赐给国王的金凳子,它是阿散蒂人精神和力量的象征。金凳子的安危关系到全体阿散蒂人的安危,如果它被人夺走,或被毁坏,整个阿散蒂就要灭亡。"安诺基还让图图国王和在场的每一位酋长都剪下一缕头发,然后将其浸在事先准备的药液之中,并将药液涂在金凳子上。

从此,对金凳子的共同信仰和崇拜,有力地促进了阿散蒂各部落的团结。阿散蒂人像爱护自己的生命一样爱好它。平时,金凳子被锁在一间专门的屋子里,昼夜有人看守。只有在举行盛大庆典时,才以极其隆重的仪式把它抬出来,摆在国王的身旁。因为,它是阿散蒂民族的象征,即使是国王也不能坐在上面。但他可以把胳膊放在上面,表示他正在聆听神谕。

奥塞·图图国王及其以后的继任者们,依靠这个精神支柱,把全阿散蒂人团结在自己的旗帜下,使阿散蒂成为当时西非强大的国家之一。1700 年,阿散蒂军队对邓克拉王国展开强大攻势,邓克拉军队的主力被歼灭,大批邓克拉领土被并入阿散蒂。到 18 世纪中叶,阿散蒂王国管辖的范围:西起比亚河,东至沃尔特河,北起泰因河,南至普拉河河口和芳蒂土邦统治的沿海地区,东西长约 250 公里,南北宽约 150 公里。

从社会形态来看,阿散蒂王国是一个带有奴隶制残余的封建国家。整个王国由七大部落组成。最高统治者称"赫内",意思是"首领"。阿散蒂赫内从王族中选出,他是全国土地最高所有者。赫内下面是各个部落的大酋长,称"奥曼赫内"。在他下面,还有更低一级的酋长,称"奥赫内"。他们均从酋长姐妹的儿子中选举产生。

阿散蒂社会的基层组织是母权制家族。聚居在一起的几个家族形成村落。村落由个家族的族长组成的村议事会来管理,并选举一名村长负责日常工作。在富裕的家族中,广泛使用奴隶劳动。他们主要是一些战俘和从北方集市里买来的奴隶,但他们一两代以后,往往可以摆脱奴隶身份。从阿散蒂国家的社会经济结构来看,它当时还带有浓厚的氏族制度残余。

(二) 奥塞·克瓦多改革

奥塞·图图为阿散蒂王国设立了精神支柱金凳子,巩固了王国内部的团结,王国的继任者们继续努力,促进阿散蒂王国的强大。

1764 年,奥塞·克瓦多(Osei Kwado)继任阿散蒂王国国王,为了加强王权,他进行了一系列重大改革。这次改革为阿散蒂王国加强中央集权和官僚制度化奠定了基础。

克瓦多改革集中在设置新的官职和加强对地方的控制等方面,

主要内容有以下几点:

首先,适应需要,增设官职。随着附属国的增多和疆域的扩大,使得王国的财经活动增多,管理王国的财政成为一项重要的技术活,为此新设了"吉亚斯瓦赫内",即财政大臣一职,以掌管国库。他的主要职责是处理不断增多的贡税、贸易关税、人头税和财产税。随着王国与沿海地区欧洲人商贸活动的日益频繁,对外事务也不断增加,为此,设立谈判官,成为国王的对外事务处理者。

其次,用委任制代替贵族世袭制。一些重要的职位由国王根据才能直接委任。不少出身卑微的人由于才华出众而被委以重任。如奥普库原是一位酋长的仆人,被国王看中后,委任为财政大臣。

第三,建立驻扎官制度。阿散蒂王国对被征服地区实行的是一种间接统治制度。那些地区的首领在向阿散蒂国王效忠的基础上都保有原来的统治权力。间接统治存在很大的离心力,一旦中央统治衰落,他们就会率先反叛。克瓦多国王为了加强对地方的控制,委派了驻扎官,将国王的旨意传达给地方首领,并对他们进行全面的监督。这样,保证了国王的意志可以直达边远和基层,从而加强了王权。

正是因为克瓦多改革从多方面加强了王权,中央集权成为阿散蒂王国政治的主要特点,所以,史学家将这场改革称之为"克瓦多革命"。

从奥塞·图图开始,到奥塞·克瓦多,阿散蒂王国从一个较为松散的联邦发展成为一个在军事、政治、经济上颇具规模的中央集权的国家。这也是后来英勇的阿散蒂人民能够同殖民强国英国进行长达一个世纪殊死斗争的基础。

(三) 百年抗英战争

18世纪末和19世纪初,英国经过与葡萄牙、荷兰和法国等国家争夺后,已在加纳沿海取得了明显的优势,并着手向加纳内地扩张。

与此同时,阿散蒂王国的势力已扩大到沿海地区。在英国殖民者看来,阿散蒂王国的强大既妨碍英国对加纳内地的扩张,也威胁到英国在加纳沿海的既得利益。为了扩大英国在黄金海岸的权益,必须征服阿散蒂王国。

起初,英国极力挑唆加纳另一大民族芳蒂人(Fanti)同阿散蒂作战,想借机削弱阿散蒂人的力量。芳蒂人不是后者的对手,阿散蒂人反而越战越强。从1806年起,英国不再隔岸观火,直接发动了对阿散蒂的战争,绵延了近百年(1806—1896年)。

1806年6月14日,英国在芳蒂族的配合下向阿散蒂王国发动进攻。6月17日,阿散蒂军队包围了阿诺马布的英军要塞,并击退前来解围的芳蒂武装。英军被迫停战求和。6月下旬,双方达成临时协议:芳蒂人的土地归属阿散蒂王国;阿散蒂王国有权向英国人的要塞收取地租。10月,在温尼巴驻扎的阿散蒂军队遭遇天花和痢疾袭击,不得不撤回内地。

1824年1月,英国殖民总督麦卡锡率军在普拉河下游地区与阿散蒂军队交战。1月21日双方在邦萨索村开战。结果,英军遭到惨败,包括麦卡锡在内的200多名殖民军丧生。他的继任者试图替他报仇,但打到1831年仍未取得胜利。双方签订了和约,以英国承认阿散蒂王国的独立地位而暂时告一段落。

19世纪70年代,英国为了尽快实现对整个黄金海岸的占领,首先设法将荷兰人在黄金海岸的要塞攫取到手。1871年2月英荷签订协议,将埃尔米纳等要塞"转让"给英国。阿散蒂王国认为埃尔米纳是自己的领土,荷兰还因此每年向阿散蒂王国交纳租金,英国人无权从荷兰人手里接收埃尔米纳。

1873年初,阿散蒂王国趁荷兰人撤出黄金海岸之机,派出一支12000人的军队进驻埃尔米纳。不久,英国从塞拉利昂、冈比亚、尼日利亚等地调兵4000多人,封锁埃尔米纳海面,然后发起进攻。阿散蒂军队顽强奋战,屡创敌军。战争持续到当年10月,后来阿散蒂军因患天花和痢疾,战斗力受到严重削弱,被迫放弃埃尔米纳,撤退到普拉河北岸。

1873年12月,英国殖民者从本土调来精锐部队,组成一支包括工兵、炮兵在内的万余人部队,渡过普拉河,向阿散蒂首都库马西推进。在保卫首都库马西的战斗中,阿散蒂军队英勇奋战,痛歼苏格兰高地军第42团,随后主动撤离首都。英军恼羞成怒,把所有值钱的东西洗劫一空,并放火烧了该城。1876年,阿散蒂王国经过一年多的修整后,继续开展反对英国侵略扩张的斗争,并收回部分沿海领土。

1885年柏林会议后,英国担心黄金海岸内地被法国或德国占领,急于吞并阿散蒂王国。1889年和1890年,英国殖民总督格菲利斯两次派人到库马西,要求阿散蒂王国接受英国"保护",都被阿散蒂国王普伦佩(Prempeh)严词拒绝。1895年底,3000多名英军再次发动了对阿散蒂的进攻。此时,因连年战争,阿散蒂的实力已受到很大的削弱。次年1月,英军再次攻占库马西,烧杀抢掠,并逼普伦佩交出象征阿散蒂王国权力和民族尊严的国宝——金凳子。普伦佩宁死不屈,英国殖民者恼羞成怒,将普伦佩国王流放到塞舌尔群岛。8月,英国宣布阿散蒂为其保护国。

英国通过近百年的侵略战争,终于征服了阿散蒂王国。但是,阿散蒂人民并没有屈服,他们坚信只要金凳子在,阿散蒂王国就灭亡不了。不久,为了保卫金凳子,阿散蒂人民又同英军进行了一次新的较量。

(四)阿散特娃起义

为了彻底征服阿散蒂人民,英国殖民当局决定摧毁他们的精神支柱——金凳子。

1900年3月28日，英国总督霍吉逊在库马西召开酋长会议，傲慢地宣称他是阿散蒂人的最高统治者，有权坐金凳子，要他们必须交出金凳子。当天晚上，酋长们举行了秘密会议，认为总督的要求是对他们的极大侮辱，宣誓决不接受英国人的殖民统治。三天后，阿散蒂人举行了一场声势浩大的反英起义。因为领导者是一名叫雅·阿散特娃（Yan Asantewa）的女酋长，所以这次起义又称"阿散特娃战争"。

4月25日，起义军包围了英国在库马西的要塞，包括总督霍吉逊在内的殖民官员、传教士和士兵700多人被困在里面。调来的英国援军也遭到起义军的有力阻击，伤亡惨重。从6月份起，被围的英军开始缺水、缺粮，饿死、病死的人日益增多。到10月底，他们耍了一个花招，要求停战和谈。起义军轻信了，停止了围攻，并派妇女把大批食物送进堡垒。英军在补充了给养后，第二天夜里便乘机突围。他们虽然遭到了起义军的堵截，但是，霍吉逊还是带少数人马，逃出了库马西。

阿散蒂娃起义爆发后，英国火速从西非和中非等地调动1400名部队到黄金海岸，威尔科克斯上校担任指挥官。7月1日，英国军队向阿散蒂王国发动进攻。7月中旬至9月底，起义军与英军展开多次激战。10月，起义军撤出库马西，与敌人进行游击战。12月，阿散特娃等起义领袖在一次激战中不幸被俘，后被流放到塞舌尔。1902年1月，英国正式宣布阿散蒂地区同"黄金海岸殖民地"合并，成为英国的直辖殖民地，命名为"黄金海岸"。

这场起义虽然失败了，但金凳子却始终没有落到敌人的手里。阿散蒂人早就把金凳子藏在原始森林里。20年后，当一些建筑路工人偶然发现了它时，英国殖民者喜出望外。但阿散蒂人严正警告他们：如果它被夺走，他们将再次举行起义，吓得英国殖民者只好作罢，并且表示：金凳子永远属于阿散蒂人。

阿散蒂人民抗英斗争非常英勇，持续的时间也很长，最后还是失败了,沦为英国的殖民地。关于非洲反抗殖民入侵失败的原因,非洲学者也进行了反思,如尼日利亚学者乌佐伊圭(G. N. Uzoigwe)认为有五点原因:(1)由于欧洲有探险家和传教士的活动,欧洲人对非洲及其内地的知识大大超过非洲人对欧洲的了解;(2)由于医学技术的革命性变化,特别是由于发现使用奎宁预防疟疾,欧洲人不像 19 世纪中叶以前那样害怕进入非洲;(3)由于工业革命和欧洲与非洲之间贸易的不平衡,欧洲所拥有的物质和金融力量比起非洲有压倒性优势;(4)非洲内部缺乏团结,容易被欧洲殖民者各个击破;(5)欧洲比非洲拥有压倒性的后勤和军事优势,欧洲使用的是职业的、训练有素的军队,而非洲只有极少数国家设有常备军,在武器装备方面也相差甚远,到 19 世纪末,欧洲军队使用重炮和马克沁机枪,非洲军队最多还是前膛枪。不过,非洲人民的抗争,也是很有意义的,它是非洲民族主义精神财富的重要组成部分。

(五)非洲学者对非洲人民反抗殖民主义统治的评价

博亨对殖民主义统治下非洲人民的反抗予以充分肯定,肯定他们在外来强大侵略者的面前英勇抵抗的精神,重视非洲的能动性。在他的著作中,非洲人民对殖民主义是十分抵制的,绝大多数领导人都有强烈地抵制侵略、维护国家独立的决心。

阿散蒂民族是加纳重要的族群之一,在历史上素有反抗外敌的传统。黄金海岸阿散蒂人对英国人的反抗从 18 世纪 60 年代开始,到 1824 年的一次交战达到顶点,在这次战争中,阿散蒂人击败了英国军队和他们的同盟者,杀死了他们的指挥官,即当时黄金海岸总督查尔斯·麦卡锡爵士。[1] 阿杜·博亨把阿散蒂同英国的战争看作是正义的民族战争,认为阿散蒂是为自己的民族而战,而英国却是有着

---

[1] [加纳] A. 阿杜·博亨主编:《非洲通史》第七卷,中国对外翻译出版公司出版,1991 年版,第 105 页。

邪恶的阴谋。①他对阿散蒂人英勇顽强,驱除外敌的民族战斗精神赞扬不已,并为此感到自豪。

英国殖民军队凭借其精良的武器装备,于1874年2月攻陷并洗劫库马西,阿散蒂人并未屈服。1888年继位的阿散蒂国王普伦佩一世励精图治,应对危机。在他即位三年内,他重新团结阿散蒂联盟的成员国。英国随后对阿散蒂进行了大规模的讨伐,于1896年1月再次进入库马西。普伦佩一世、他的母亲(当时也是女王),他的叔叔伯伯被英国人逮捕,并把他们先流放到塞拉利昂而后于1900年流放到塞舌尔群岛。有反抗精神的阿散蒂人民在1900年至1901年间,再次起来反抗英国殖民统治。这次阿散蒂战争的领导人和总指挥官是一位女性,她是一位60岁左右的老妇女,名叫娜娜·雅·阿散蒂娃(Nana Yaa Asantewaa,1840—1921年),她是阿散蒂联盟内的埃德威索邦的王后(Queen of Edweso)。

1900年,英国总督弗雷德里克·霍奇森来到库马西索要阿散蒂王权象征金凳子的时候,娜娜·雅·阿散蒂娃率领阿散蒂人起来反对英国。失败以后,她与普伦佩一世及其随从一起于1901年被流放到塞舌尔群岛,1921年不幸病死在那里。2003年阿杜·博亨撰写了《雅·阿散蒂娃和1900至1901年的阿散蒂—英国战争》一书,在这部著作中,阿杜·博亨详细地研究了这位带领阿散蒂人民反抗英国战争中立下汗马功劳的女领袖。他说:"在1880年到1901年非洲人民反抗欧洲殖民者的历史中,没有一个女性比娜娜·雅·阿散蒂娃更出名,也没有一场战争比她领导的阿散蒂独立战争更被人经常提起。"②

---

① A. Adu Boahen, *The history of Ashanti Kings and the whole country itself and other writings*, Oxford: Oxford University Press, 2003, pp.19—20.
② A. Adu Boahen, *Yaa Asantewaa and the Asante-British War of 1900—1*, Oxford: James Currey, 2003, p.17.

阿杜·博亨在《雅·阿散蒂娃和 1900 至 1901 年的阿散蒂—英国战争》一书中,研究的问题主要有:这场战争的原因是什么?战争的领导人是谁?他们采用什么战略使用什么武器?战争的过程如何?这场战争的结果如何?这场战争又有什么意义?[1] 对于雅·阿散蒂娃领导的这场战争,阿杜·博亨用异常坚定话语肯定其正义性,他说:"这是阿散蒂人民保卫金凳子捍卫独立的战争,具有重要意义,所以,阿散蒂诸邦都参加了这次战争。"[2]在阿杜·博亨心中,他以这场阿散蒂民族反抗外辱为自豪。他研究雅·阿散特娃,不仅仅是研究一位女性,而是研究一个民族如何前仆后继地不怕流血英勇斗争。事实上,"雅·阿散特娃已经成为阿散蒂、加纳和整个非洲民族主义的象征"。[3]

尽管非洲人民英勇反抗,但是在 19 世纪末 20 世纪初,非洲还是被殖民者瓜分了。关于非洲抵抗失败的原因,阿杜·博亨也进行了反思。虽然西非人既不缺乏勇气也并非不懂军事科学,但是他们面对入侵者的时候总是处于极大劣势,每次抵抗和武装暴动总是失败。阿杜·博亨分析了西非被征服的原因:首先是非洲军事上的弱势,欧洲人征服非洲一般而言比较容易,经常是一支 2 万的非洲部队很轻易被 2000 人甚至更少的欧洲人领导的军队打败。其原因就在于武器上的优势,如欧洲人拥有马克沁机枪。1885 年欧洲列强达成一致,禁止向西非出口武器。其次,是非洲政治上的弱势。"同 19 世纪欧洲国家相比,非洲国家没有形成强烈的民主主义认同",非洲国家的王位继承相当的混乱,内战争夺利的斗争十分的激烈。在应对

---

[1] A. Adu Boahen, *Yaa Asantewaa and the Asante-British War of 1900—1*, Oxford: James Currey, 2003, p.28.
[2] Ibid., p.173.
[3] Natasha Gray, "Book Review", *The International Journal of African Historical Studies*, Vol.38, No.2 (2005), pp.383—385.

西方侵略的问题上也很少形成联合。①

关于非洲在19世纪末20世纪初被瓜分,阿杜·博亨认为有5个方面的原因:首先,非洲的失败得益于欧洲探险家和传教士在非洲的活动和报告,到19世纪90年代,帝国主义列强对非洲的了解大大超过非洲人对欧洲的了解;第二,任何一个欧洲帝国主义列强都远比任何一个非洲国家或国家集团富裕,这样帝国主义国家可以支持更长时间的战争,而非洲国家做不到;第三,帝国主义侵略者比非洲国家有更多的部队,有大量的辅助军,士兵为非洲人,而军官为欧洲人;第四,面对帝国主义的侵略,非洲国家没有联合起来,被各个击破;第五,也是非常重要的一点,就是武器装备远远落后于西方列强。非洲人运用弓箭、矛和过时的枪,而欧洲士兵使用步枪、机关枪。②

非洲的抵抗失败了,但是这一抵抗是否有意义和有价值?阿杜·博亨给予肯定的回答:"回顾非洲历史上这段英勇史诗,不禁使人提出疑问,非洲人的抵抗是不是'英雄的狂热'或者和是一种犯罪的态度。我们的作者否定了这种论点。从他们的立场看来,非洲军队面临装备占优势的敌人肯定是要被打败的,但这没有什么关系,关键之处在于:抵抗者为之献出生命的事业从此萦绕在子孙后代的心中。"③

二、埃塞俄比亚抗意卫国战争

非洲人民的反抗与殖民入侵相伴随,在19世纪下半叶帝国主义

---

① J. B. Webster and A. A. Boahen with M. Tidy ed., *The Revolutionary Years West Africa since 1800*, London: Longman House, 1981, pp.177—179.
② A. Adu Boahen, with J. F. Ade Ajayi and Michael Tidy, *Topics in west African history*, London: Longman House, 1986, p.122.
③ [加纳]A. 阿杜·博亨主编:《非洲通史》第七卷,中国对外翻译出版公司出版,1991年版,第119页。

瓜分非洲时期，就有四种类型：一是资产阶级领导的反帝斗争，如埃及奥拉比（又译阿拉比）领导的独立运动（1881—1882），奥拉比是非洲第一个资产阶级政党祖国党的创始人。奥拉比运动分两个阶段，开始搞立宪运动，后来转为反对英国的战争。1882年反英战争失败，埃及沦为英国的殖民地。二是封建地主或酋长领导的反帝斗争，如埃塞俄比亚抗意卫国战争。三是下层人民的反帝斗争，如苏丹的马赫迪运动（1881—1900）。四是部落战争，如德国入侵西南非洲遭到赫列罗人的反抗。之所以有以上四种类型，根源在于非洲社会经济发展的不平衡性。

埃塞俄比亚像其他亚非文明古国一样，面对欧洲殖民主义的侵略，在19世纪中叶由西奥多二世进行了一次改革的尝试。

1520年，葡萄牙使团到达埃塞俄比亚，这是西方殖民者渗透埃塞的前奏。英国法国等国家的商人、传教士、冒险家从19世纪初起不断进入纷争不已的埃塞俄比亚。他们向各地诸侯供应军火，以攫取殖民利益。1841年，哈里斯率领的英国代表团同在绍阿称王的萨尔·塞拉西签订了友好通商条约。萨尔·塞拉西希望得到新式武器，英国则企图占领新的市场。1843年，法国也同萨尔·塞拉西缔结条约。按照条约，法国在萨尔·塞拉西反对穆斯林和其他外国人的战争中给予军事援助，而居住在埃塞的法国人有权自由经商，购买房屋和田地。这些条约预示着埃塞将受到进一步的侵略。这也是西奥多二世面临的严峻的外部形势。

西奥多二世约1818年出生于埃塞西北部一个破落的封建主家庭，原名卡萨。经过东征西讨于1855年在阿克苏姆加冕称帝。称帝之后，西奥多二世继续完成埃塞统一事业。1856年，他平定盖拉族聚居区，在战略要地马格达拉修筑城堡。他率领军队打败当时最大的封建割据势力绍阿王。绍阿的平定，标志着长达一个世纪的王侯纷争时代的结束，使埃塞恢复了和平，走上了中兴之路。

西奥多二世统一了埃塞之后，就着手改革，力图学习西方的先进技术，达到富国强兵的目的。他采取措施削弱诸侯势力，加强中央集权。由皇帝任命的总督代替昔日割据一方的诸王。军队由皇帝统一领导，并向士兵发军饷。在宗教政策方面，为了削弱教会的势力，实行国教政策，维护基督教唯一真神教派的正统地位。他又对教会土地实行改革，规定每个教堂设立两名神甫和三名祭司，分给免税土地，没收教堂的其他土地，分给农民耕种。西奥多二世为了抗击西方殖民入侵，力图建立一支强大的军队。除了向西方购买武器，还引进欧洲的技术和人才。但是，西奥多二世的改革因英国发动侵略而中断。

西奥多的改革受挫之后，埃塞俄比亚一度分裂，经过四年的混战，英国扶植的约翰尼斯四世于1872年继位为皇帝。

约翰尼斯四世执政时期，列强瓜分非洲之角的争斗进入了白热化的阶段。早在1859年，法国就获得了吉布提奥博克港的租界权。1884年，法军进驻该港，并以此为据点向外扩张，兼并了阿利角、塔米腊、古贝特哈拉巴，后来将它们并成为法属索马里。1884年，沙俄冒险家阿西诺夫以旅行为名窜到埃塞俄比亚，为建立一个哥萨克殖民地做准备。1889年1月，阿西诺夫率领一支远征军在吉布提的萨迦诺港登陆，遭到吉布提人民的抵抗，引起了与法国的冲突。结果，13名俄国人伤亡，其余被俘，阿西诺夫远征以失败告终。

在埃及的默许之下，1873年，埃及出兵占领了厄立特里亚的恩湟斯莱湾，次年占领克伦。1875—1876年，埃及军队三次攻打埃塞俄比亚，均被击败。1877年，英国同埃及签订协定，承认埃及的管辖范围从马萨瓦向南到哈丰角，并规定不得以任何借口将索马里海岸的任何部分割让给任何一个外国。

苏丹马赫迪起义的胜利，使埃塞俄比亚面临更为复杂的国际局势。英国玩弄政治手腕，一方面用约翰尼斯四世缔结反对马赫迪的盟约,挑起马赫迪与埃塞的冲突;另外一方面又暗中支持意大利占领阿萨布、马萨瓦,以钳制法国在非洲之角的扩张。1885年,意大利宣布从阿萨布到马萨瓦的厄立特里亚为其保护地,并向埃塞内地推进,相继占领萨蒂、瓦阿等地,后被埃塞击败。

当时,埃塞和苏丹都面临帝国主义的威胁,本应该相互支持,但是在英国的挑唆下,约翰尼斯四世于1886年对马赫迪开战。1887年马赫迪的军队打进埃塞高原,一度攻占冈达尔。1889年2月,约翰尼斯四世亲率大军,猛攻拉加巴特。3月,在梅特马战役中,皇帝本人中弹身亡。

约翰尼斯四世死后,绍阿王孟尼利克二世加冕为埃塞皇帝。孟尼利克出身贵族家庭,21岁为绍阿王。继承帝位后,他试图利用意大利的支持来消除封建割据,实现埃塞的统一。意大利则企图通过孟尼利克把埃塞变成自己的保护国。因此,他继位仅40天,就同意大利签订了《永久和平友好条约》(即《乌查利条约》)。该条约第17条规定,埃塞皇帝在与其他列强交涉时,可以将意大利政府作为调解人。但是,阿姆哈拉文本上"可以"这一措词,在意大利文本上却被改为"同意"。意大利根据对该条约的单方面解释,公开宣布埃塞为其保护国。孟尼利克二世写信给意大利国王表示抗议。1893年,他又致书欧洲列强,表示埃塞不需要任何人的帮助,宣布于1894年5月2日起废除乌查利条约。

1894年,意大利首先出兵占领了提格雷。1895年3月,又大举进犯埃塞,侵占了许多城镇。孟尼利克二世没有仓促行动,而是加紧备战,筹集军火、物资和兵力,并号召人民保家卫国。广大人民群众响应号召,自愿捐款,几天之内政府就收到200万银元。青年踊跃参军,很快组建了一支11.2万人的军队。1895年12月,埃塞军队向侵略军发动反击,收复了马卡累。在1896年3月1日著名的阿杜瓦战役中,打败了17000人的意大利侵略军,意军伤亡7500余人,占侵埃塞意大利军队的43%以上。

阿杜瓦战役的胜利影响重大。消息传到欧洲,意大利内阁倒台,英法为之震动,英国议会要求修改对埃塞的政策。意大利被迫于1896年10月26日同埃塞签订亚的斯亚贝巴条约,规定永远废除乌查利条约,意大利承认埃塞的独立。这样,在列强瓜分非洲的狂潮中,埃塞成为通过卫国战争保持政治独立的唯一国家。埃塞的胜利对受苦的非洲人民无疑是巨大的鼓舞,一种埃塞俄比亚意识在撒哈拉以南非洲兴起。例如,1900年在南非成立了埃塞俄比亚教会。

三、战后非洲民族独立运动

第二次世界大战结束时,非洲只有三个独立的国家:埃及、埃塞、利比里亚(未包括南非)。但是,战后不久,非洲人民迅速走向民族觉醒,独立运动很快席卷非洲大陆。到1980年,非洲除了纳米比亚外,已经全部获得了独立。而这最后一块殖民地也于1990年完成了独立进程。至此,整个非洲大陆都摆脱了殖民枷锁,完成了民族独立的伟大使命。战后非洲民族独立运动迅速高涨的原因及特点是本节的重点。这里讲的是二战之后的非洲民族独立运动。其实,非洲民族独立运动开始于一次大战之后。它是非洲资本主义发展和非洲资产阶级兴起之后,在世界大战的影响下爆发的。如当时的埃及独立运动、摩洛哥的里夫解放战争、埃塞俄比亚的抗意战争等。但是,非洲民族独立运动的高涨则在二战以后。

大战结束时,非洲只有三个独立的国家:埃及、埃塞、利比里亚(未包括南非)。但是,战后不久,非洲人民迅速走向民族觉醒,独立运动很快席卷非洲大陆。到1980年,非洲除了纳米比亚外,已经全部获得了独立。而这最后一块殖民地也于1990年完成了独立进程。

至此,整个非洲大陆都摆脱了殖民枷锁,完成了民族独立的伟大使命。

(一) 战后非洲民族独立运动迅速高涨的原因

1. 有利的国际环境

二次大战后,国家局势发生了重大变化,形成了十分有利于非洲民族独立运动的外部环境。

第一,亚洲民族解放运动的胜利发展。战后亚洲民族解放和独立运动走在世界的前列。到20世纪40年代末,获得独立的亚洲国家有:中国、越南、朝鲜、印度、叙利亚、黎巴嫩、锡兰、缅甸、印尼等国家。特别是新中国的成立对非洲的民族独立运动产生了深远的影响。由于亚洲与非洲有着相似的经历,他们的独立极大地鼓舞了非洲人民的斗争。另外,已经独立的亚洲各国,尤其是社会主义中国向非洲人民提供了政治、经济、军事以及人员培训等方面的支援。1955年4月万隆会议的召开,增加了亚非人民的团结,给非洲独立运动以有力的推动。

第二,社会主义阵营的形成和存在。战前,世界上只有一个社会主义国家苏联,战后,苏联变成了超级大国,世界上出现了社会主义阵营。

第三,联合国发挥的积极作用。联合国成立于1945年10月24日。在这以后的10多年内,由于受美、英、法等国的控制,它对非洲民族独立事业没有什么贡献,甚至起过消极作用(如1960年在刚果逮捕卢蒙巴,1971年称扎伊尔,今天叫民主刚果)。随着亚非成员国的增加,反殖力量的壮大,联合国日益发挥了积极的作用。60年代以后,联合国通过许多有关非殖民化的决议,在政治上打击殖民主义和种族主义。如1978年联大通过了关于纳米比亚的435号决议,成为纳米比亚人民反对南非殖民统治的有力武器。

第四,帝国主义内部的矛盾。首先是殖民国家与美国的矛盾。美国从它的全球利益出发,时而支持殖民国家对殖民地的统治,时而反对殖民统治,如1956年在苏伊士运河事件中反对英、法出兵埃及。其次,殖民国家内部统治阶级与人民群众的矛盾,人民的反殖民主义态度。第三,殖民国家统治阶级内部的矛盾。如1959年戴高乐重新上台后,主张和平解决阿尔及利亚战争。

第五,非洲独立国家的支援。先期获得独立的非洲国家组成非洲统一组织、前线国家组织等机构,向未独立的非洲国家提供援助。这也是泛非主义思想的影响,恩克鲁玛等第一代非洲领导人有强烈的泛非主义思想。他们在国内训练游击战士,帮助邻国赢得独立。又如在南部非洲地区,支持南非反对种族隔离的斗争。

2. 非洲国家的内部原因

战后非洲民族独立运动的迅速兴起和蓬勃发展有其内在的原因。

第一,战后,非洲人民的民族意识迅速觉醒,不愿继续忍受殖民主义的压迫、歧视和奴役,要求政治平等、民族独立。

战后,反对殖民主义的思想在非洲得到广泛的传播。这种民族觉悟首先体现在一部分参加过二战的非洲军人和知识分子的身上。在第二次世界大战中,大约有一百万非洲人被征入伍,有二百万人为军队服务。他们在欧洲、亚洲经历了枪林弹雨的考验,耳闻目睹了平等、自由的言论和实践。他们回国以后,不少人参加了本国的独立运动。尤其是那些到欧美留学过的知识分子,他们在国外接触了许多新观念,包括资产阶级民主思想、泛非主义、各种社会主义等。他们回国以后,积极组建政党,创办报纸,宣传民族主义思想,成为反对殖民主义统治的灵魂。

第二,殖民地社会经济的发展为开展非洲民族独立运动提供了物质条件。

在大战期间和战后,非洲的道路、邮电等基础设施有了明显的改进。在客观上为非洲民族主义者沟通信息、传播民族主义思想、发展组织和开展活动提供了方便条件。同时,社会经济的发展加速了非洲的城市化,这也为非洲民族主义者开展活动提供了条件。因为,非洲的民族主义运动是从城市首先兴起的,再发展到农村。

非洲民族资产阶级和小资产阶级的成长和人数的增加。二战以前,非洲本地资产阶级主要集中在北非的埃及,西非也有少量商业和农业资产阶级,东非则几乎没有。二战期间和战后,不少非洲人从事商品性农业生产,积累了资金;另一部分人经营商业、运输业、农产品加工业等,成为新兴的本地资产阶级。他们备受殖民政府的限制,所以,他们积极投身于争取自治和独立的斗争之中。

工人阶级队伍的不断壮大。根据统计,20 世纪 40 年代初,撒哈拉以南非洲的工人阶级有 800 多万,到 1955 年增加到 1300 万。这还不包括农业工人。非洲工人阶级已经成为民族独立运动的主力军。

(二)非洲民族独立运动的三次高潮

非洲民族独立运动在各地的发展是不平衡的。总的说来,从开展独立斗争和赢得独立的时间来看,北部最早,西、东、中部次之,南部较晚。这种不平衡性主要是由非洲各地不同的政治、经济、社会条件和殖民国家的不同政策所造成的。在整个发展过程中,非洲民族独立运动出现了三次高潮。

第一次高潮发生在战后初期。主要事件如 1945 年 5 月阿尔及利亚各大城市为庆祝反法西斯战争胜利和要求立即独立而举行了大规模示威游行;1946—1948 年间,埃及人民为废除 1936 年英埃不平等条约实现国家的真正独立而开展的反英大示威,埃及的七月革命(1952 年 7 月,推翻了法鲁克国王的封建王朝的统治,使埃及开始走上独立自主的发展道路。国王逃往意大利）；1947—1949年，马达加斯加的反法武装起义。

这次高潮之所以发生在北非和个别黑非洲地区，主要有两个原因：第一，这些地区的社会发展水平原本较高，在殖民统治之前，都建立了较成熟的国家机构，民族主义观念较早形成。第二，由于这些地区接近战区，或本身就是战区，受二战影响较大，民族主义情绪较早趋于高涨。

但是，这次高潮没有能导致独立国家的出现，其原因有：第一，各国民族主义力量组织程度尚差，实力也较弱小，缺乏斗争经验。第二，战后初期，英、法等殖民国家都想维护和改善殖民统治而无意退出非洲，他们在同意进行宪法改良的同时，对殖民地的独立运动采取了严厉镇压的政策。

第二次高潮，也是最大的高潮发生在20世纪50年代中期到60年代初。这是非洲政局发生翻天覆地变化的年代。

1951年，利比亚成为战后第一个赢得独立的非洲国家。1956年又有3个北非和东北非国家——突尼斯、摩洛哥和苏丹宣告独立。1957年，加纳成为战后黑非洲第一个独立的国家。1958年几内亚又在法属非洲率先独立。

进入60年代，非洲民族独立的进程明显加快。从1960年到1964年，非洲共有27个国家宣布独立。其中，1960年一年独立的非洲国家就有17个，这一年被称为"非洲年"。60年代末又有一批非洲国家获得独立。至此，非洲只剩下葡属非洲和南部非洲还没有独立。

第三次高潮发生在70年代。目标是冲垮殖民主义和白人种族主义在葡属非洲、南罗得西亚、纳米比亚的顽固堡垒。武装斗争成为这个时期的主要斗争形式。安哥拉、莫桑比克早在60年代初就发动了游击战。津巴布韦和纳米比亚也都在1966年打响了武装斗争的第一枪。

这些地区的国家人民经过武装斗争,加上国际社会的支援和葡萄牙国内的变革,这些地区(除纳米比亚外),终于在1973—1980年间先后赢得了独立。同一时期内独立的还有科摩罗、圣多美和普林西比、吉布提和塞舌尔等小国。

(三)非洲民族独立运动的特点和意义

特点

1. 非洲民族独立运动的性质是反对殖民统治的民族革命,换言之,非洲民族独立运动并不包含反封建的任务。所以,独立以后非洲国家的政治民主化的道路还非常漫长。军事政变不断,独裁统治屡见不鲜。

2. 非洲各国的民族独立运动几乎都是由民族主义政党领导的,而没有一个国家真正是共产党领导的。这与亚洲有些国家的民族解放运动不同。这是因为非洲绝大多数地区还没有建立共产党,即使少数地区出现了共产党组织,它们也是基础较差,力量薄弱。非洲共产党的力量微弱是由非洲的社会历史条件决定的。主要是因为非洲各地的产业工人为数不多,马克思主义还没有广泛传播。

根据估计,到1961年,非洲各地大大小小的民族主义政党有147个,它们没有明显的阶级属性,从其领导人构成来看,以小资产阶级和知识分子占主导地位,还有一部分工会活动家、王公贵族、部族首领和少数民族资本家。

民族主义政党之所以有号召力,是因为它们提出了民族主义纲领口号——反对帝国主义、殖民主义,要求自治独立和改善人民政治经济地位——符合广大人民的需要。

3. 非洲民族独立运动采取的斗争方式,既有武装斗争,又有和平谈判解决问题的。采取前一种方式的是少数（11个地区），采取后一种方式的占多数（30多个地区）。

少数地区的非洲人民之所以采取武装斗争的方式争取独立，原因有三个：第一，殖民国家在这些地区有特殊的政治经济和战略利益，坚决不肯放弃殖民统治。第二，这些地区几乎都有较多的欧洲移民，特别是有势力的农场主集团，这些地区的土地问题和种族矛盾特别尖锐。第三，民族主义者受到种种迫害和镇压，在合法斗争无望的情况下走上武装斗争道路。如阿尔及利亚、纳米比亚。

另一方面，非洲大多数地区最后都通过非暴力的手段获得独立的。这是由于殖民地人民不屈不挠的斗争；由于非洲其他地区的支持；特别是已经胜利的武装斗争对殖民国家的打击和教训；还有国际社会的支持等等。

4. 部族主义是非洲民族独立运动中的复杂因素，不少非洲国家争取独立的过程也是克服部族主义干扰的过程。

非洲各国几乎都是多部族国家。部族是氏族部落向民族过渡中的一种人类族体。非洲各地由于社会、经济、文化发展极不平衡，部落、部族、民族三种族体同时存在，以部族居多。在民族独立运动初期，部族起了很大的作用，有些民族主义政党是由部族团体发展而来的，有些反对殖民主义的斗争以部族为基础的，如肯尼亚的茅茅运动等。但是，部族主义对民族独立运动是有害的。

5. 非洲民族独立运动具有强烈的泛非性，即整个非洲大陆的人民在争取民族独立斗争中紧密地相互支援、共同战斗。这主要是受泛非主义的影响。

第二次世界大战后，非洲民族独立运动的高涨及其胜利是20世纪具有伟大世界意义的历史事件。它沉重地打击了殖民主义和白人种族主义，并最终导致了殖民主义体系的瓦解。非洲民族独立运动的胜利使非洲几十个国家的几亿人民摆脱了殖民主义枷锁而获得独立解放,从而为非洲各国的自主发展开辟了道路。非洲各国的独立显著地壮大了第三世界的队伍,增强了世界人民反对帝国主义、殖民主义、霸权主义的力量。联合国中的非洲会员国由成立初期的3个增加到20世纪80年代初的51个,占会员国的1/3,这大大提高了联合国中的正义的声音。中国在1971年恢复在联合国的合法地位,也得力于广大非洲友好国家的支持。

第十一讲

独立后非洲国家的政治发展

独立之初,非洲国家基本上继承了前宗主国的政治制度,实行民主共和政体,建立文官政府,颁布宪法,成立议会。不久,大多数非洲国家实行的多党竞争的议会民主制逐步被一党制(或军政权)所取代。20世纪80年代末90年代初,非洲国家在西方的压力之下,又纷纷实行多党民主制。非洲国家的政治体制经过多次演变,无论是内容,还是形式都变得越来越丰富多彩,也反映出非洲国家正在探索适合自己的治理模式。

一、独立初期非洲国家的政治制度

二战结束之后,非洲民族独立运动蓬勃发展。非洲国家经过长期的斗争,先后取得了独立。独立初期,英语和法语非洲国家基本上继承了原宗主国的政治模式,实行民主共和政体,建立文官政府,颁布宪法,成立议会,建立竞争性的选举制度,允许反对党合法存在。

非洲国家独立初期在政治发展道路上的这种选择由当时特定的条件及内外环境决定的。

首先，从内部条件来看，非洲大陆在沦为西方国家的殖民地之前，绝大多数地区还没有形成强有力的中央集权制的国家和完善的政府组织。即使在一些已经形成国家组织的地区，国家赖以存在的基础是部落和部落联盟，民族国家正在形成之中。殖民主义的入侵和殖民统治使非洲国家的形成过程强行中断和破坏了。因此，非洲国家独立之后，在选择政治体制模式时，遇到的困难之一是：众多具有不同背景的部族尚未融会成为统一的民族，客观上为非洲国家承袭宗主国的体制模式提供了前提条件。

第二，非洲国家取得独立的方式和过程不同，直接影响到各国独立后政府的组织形式。有些非洲国家是经过大规模武装斗争取得独立的。在这过程中，起领导作用的是一些激进的民族主义政党。独立之后，这些政党往往成为执政党，实行一党制甚至党政合一体制。他们一般表示要走"社会主义道路"。如阿尔及利亚、津巴布韦、前葡属殖民地等。

但是，绝大多数英、法殖民地是通过"非殖民化"，即通过自上而下的政治改良，通过制宪谈判，和平交权实现独立的。在这过程中，宗主国为其殖民地设定了一套议会民主制。这些殖民地独立之后基本上承袭了宗主国设定的政治模式。如加纳、尼日利亚、肯尼亚、赞比亚、马拉维等国。

第三，各民族主义政党在争取独立的总目标上是一致的，但又有各自的政治利益和部族背景。他们在独立之后国家权力分配问题上往往产生许多矛盾。独立之初，为了维持权力均衡，非洲国家的宪法往往都规定实行议会民主制，即通过竞争性的选举，维持各种政治力量的均衡。如尼日利亚，北部以豪萨族和弗拉尼族为主的北方人民大会党同东部的以伊博族为主的尼日利亚国民大会，还有西部以约鲁巴族为首的尼日利亚行动派进行激烈的争夺，最后达成联邦制。

第四，非洲国家在战后不到 20 年的时间内纷纷独立，其速度是很惊人的,内部准备很不充分。既无必要的理论准备,也无足够的实践经验。同时,非洲国家在独立后还需要宗主国在经济上予以扶持和帮助,因此,在制宪谈判过程中,非洲民族主义政党往往对宗主国的要挟做出妥协。

二、向一党制转变及其原因

非洲国家(主要是英、法等国的前殖民地)独立初期实行的以多党竞争为基础的议会民主制是宗主国强加的,并不符合非洲的国情。独立后不久,大多数非洲国家实行的多党竞争的议会民主制逐步被集权制政体(一党制、军政权或个人统治)所取代。一党制在非洲大陆逐步盛行。非洲国家实行一党制大体上通过以下几个途径:

1. 有的在独立初期就开始实行一党制,如利比里亚在1847年独立后,即仿照美国的模式制订了宪法,开始时曾经两党轮流执政。但从1878年到1980年为止,这个国家一直由利比里亚真正独立党单独执政。象牙海岸、马拉维等国也是自独立伊始就实行一党制。

2. 有的非洲国家在独立初期存在两个以上的政党,经过合并和改组,最终组成单一政党,实行一党制。如坦桑尼亚、肯尼亚、塞拉利昂、喀麦隆等国。如坦桑尼亚于1977年,由坦喀尼喀非洲民族联盟和桑给巴尔非洲设拉子党合并,定名为坦桑尼亚革命党并实行一党制。

3. 通过军事政变,解散原有的议会和政党,重新成立一个新的政党作为唯一合法的执政党。政变领导人成为党的领袖和国家元首,如扎伊尔、马达加斯加、马里、多哥等国。1965年11月蒙博托发动政变,统一了扎伊尔全境,1967年5月成立了人民革命运动党,蒙博托担任该党主席,宪法规定人民革命运动党的主席是"法定的"共和国总统。

非洲国家从独立初期的议会民主制向集权制的逐步转变及一党制在非洲盛行,其根本原因在于,热带非洲广大地区尚处于前资本主义发展阶段,还没有形成统一的国内市场和民族国家,部族势力比较强大。在这种社会经济基础上成立的政党往往成为部族势力和利益的载体。由议会竞选引起的政党之争只能激化部族矛盾,不能发挥现代政党政治的作用。具体来说,有以下几个原因:

1. 非洲国家领导人普遍认为,一党制符合非洲传统社会的"民主"特性,符合非洲国情,而议会民主制是和非洲传统文化及土生土长的政治制度相悖的。非洲社会的基础是传统的村社,村社是民主与集中的统一,酋长或村长进行行政管理的重要形式是举行村民大会,听取大家的意见,然后由酋长根据大家的意见做出最后决定。一党制是符合非洲国情的。津巴布韦总统穆加贝说,非洲国家独立后实行一党制是"严格地符合非洲特点的"。

2. 非洲国家的领导人还认为,一党制有利于克服部族矛盾、地方主义和民族分裂主义,加强各部族、各宗教派别、政治势力之间的团结,维护国家统一和领土完整。尼雷尔曾经说过,一党制、《阿鲁沙宣言》和统一的语言——斯瓦希里语,构成了使坦桑尼亚保持政局长期稳定和部族团结的三个因素。

3. 非洲国家的第一代领导人,如恩克鲁玛、塞古·杜尔、尼雷尔、卡翁达等及其领导的民族主义政党在争取国家独立的过程中做出了杰出的贡献。这些领导人在本国人民中有崇高的威望,有的被看作"民族英雄",有的被尊为"国父"。他们所领导的民族主义政党也理所当然地成为执政党,并长期控制着国家政权。这种历史形成了既成事实,为向一党制过渡造成了客观条件。

4. 非洲国家独立后,面临着发展经济、争取经济独立的历史任务。一党制能最大限度地动员全国的力量、集中全国人民的智慧进行国家建设。这成为向中央集权制过渡的经济基础和需要。

5. 前苏联在非洲推行"非资本主义道路",认为非洲国家独立后,面对强大的西方资本主义的压力,只有在政治上、经济上实行集权,才能实现经济独立,保证政治独立。这种理论得到许多非洲国家领导人的认同。

三、非洲军政权问题

非洲国家独立后军人干预政治成为政治生活中的突出现象。军政权成为20世纪60—70年代非洲国家最重要的政体形式之一。

军政权的最大特点在于:国家政权不是掌握在民选政府及公职人员手中,而是掌握在通过军事政变推翻文官政府上台的军人手中。军人上台后,一般都实行党禁,停止实施宪法,建立军人执政委员会,掌握国家的立法、司法和行政大权。这类机构名称不一,在苏丹称为"救国革命指导委员会",在尼日利亚称"武装部队执政委员会",在中非称"国家复兴军事委员会"。

在非洲大陆,军政权于20世纪50年代首先在埃及、苏丹等国出现,60年代以后,黑非洲的许多国家也相继出现军政权。1984年约有23个非洲国家的首脑由军人担任。

如在埃及,1949年底成立了"自由军官组织",纳赛尔任主席。1952年7月22日夜发动政变,次日,取得成功。

加纳是非洲政变频繁的国家。1966年2月24日,在恩克鲁玛应邀去河内调解越南战争问题时,加纳军警发动政变,一举推翻恩克鲁玛政权。加纳政变时,恩克鲁玛刚从仰光飞到北京,他计划访问中国后去越南。中国驻加纳大使立即对他说,"总统阁下,我告诉你一个不幸的消息,加纳发生政变了"。陪同恩克鲁玛访问的高级官员以及加纳驻中国大使纷纷背叛而去。恩克鲁玛改变了访问计划,于1966年2月28日离开北京,取道苏联、南斯拉夫去几内亚。同年3月2日到达几内亚,受到塞古·杜尔总统和几内亚群众的热烈欢迎,鸣礼炮21响。被授予几内亚的名誉总统。1972年4月,他病死于罗马尼亚,7月经几内亚归葬加纳。1966年参加政变的一个领导人阿曼克瓦上校说,"恩克鲁玛本来可以成为一个伟大的人物。他一开始干得很好,领导了独立运动,代表加纳成为崛起的非洲的象征。然而不知从何时开始他变得野心勃勃了,大搞个人崇拜,冷酷无情地玩弄他自己制定的宪法赋予他的权力"。[1]

恩克鲁玛在加纳的统治可以分为两个截然不同的两个阶段:1957年至1960年;1960年至1966年。从他前后两个时期的执政来看,其总的指导思想发生了转变:从西方的民主主义思想转向"非洲社会主义",从私有制的市场经济转向国有制的计划经济。在政治上实行专制主义,1964年他又一次修改宪法,宣布人民大会党为"国家党",并宣布自己为终身总统。在经济上推行激进主义的政策,建立国家计划委员会,发展重工业。在思想上奉行"恩克鲁玛主义",1961年建立"恩克鲁玛意识形态学院"。

加纳军人罗林斯在1979年至1981年3次发动政变。1981年12月31日凌晨,加纳又一次发生军事政变。这是加纳独立以来的第15次军事政变,空军上尉杰里·罗林斯于1979年9月交出政权之后仅仅27个月,又一次返回阿克拉的权力中心。

1979年5月15日,罗林斯发动了未遂政变,6月4日,他将被处死。6月3日夜军队政变,将他救出,政变成功。

1979年9月24日,罗林斯将权力移交给大选产生的文官政府。

---

[1] 戴维·拉姆:《非洲人》,第379页。

军政权在非洲大陆出现并且迅速发展的原因主要有以下几点：

1. 落后、贫困的社会经济状况为军人上台执政提供了肥沃的土壤。独立初期广大非洲国家社会经济发展水平比较落后，除了城市和沿海少数地区之外，广大腹地处于自给自足的自然经济状态。各民族、各部族之间的思想感情有很大的差异，还不具备实行现代民主政治所必须的经济基础和思想文化条件。

2. 非洲国家发展过程中出现的由各种社会矛盾激化引发的政局动荡，往往成为军人干预政治的导火线。尤其当经济恶化，通货膨胀加剧，失业人数剧增，群众性的罢工、抗议、游行此起彼伏，文官政府无能为力的时候，军人就会出来收拾局面，发动政变，建立军政权。

3. 非洲多数国家的领导人在独立之后未能对国家的军事力量进行彻底的改造，未能有效地掌握和控制军队。这是非洲国家政变频发的主要原因之一。

4. 非洲国家内部也有一批要求改革的中下级军官。他们是发动政变的中坚力量。这些人深受民族主义思想的影响和熏陶，对本国政坛上的钩心斗角、贪污腐化等种种丑恶现象深恶痛绝，要求对国家进行彻底的改造，发展民族经济、振兴国家。如埃及的纳赛尔等。

当然，一个国家不可能长期由军政权来治理。军事政变和军政权的发展趋势大体上有以下几种：

1. 军政权经过一段时期的军人统治后"还政于民"，恢复文官统治。如尼日利亚，1976 年 2 月奥巴桑乔将军接任国家元首之后，实行"还政于民"，召开制宪议会，通过新宪法，解除党禁，并于 1979 年 7 月举行大选。民族党在大选中获胜，该党主席沙加里当选为该国新总统。

2. 政变当局被一次新的政变推翻。这种情况在非洲各国屡见不鲜。如在布隆迪，1966 年 11 月，米孔贝罗发动政变，宣布成立布隆迪共和国，自任总统和总理。1976 年 11 月，以巴加扎上校为首的军人推翻了米孔贝罗政权,成立第二共和国,巴加扎出任最高革命委员会主席和共和国总统。到1987年又被以布约亚少校为首的军人所推翻,建立第三共和国,布约亚任共和国的总统。

3. 军人文官化。政变当局通过"自我演变",逐渐淡化军政权色彩。采取的办法一般是,建立政党,举行选举使军政权的统治合法化。如在中非,1981年9月,武装部队总参谋长安德烈·科林巴宣布军队接管政权,1985年9月,科林巴宣布自任总统。1986年11月举行公民投票,正式选举科林巴为总统。第二年2月,科林巴建立了执政党"中非民主联盟",并担任该党主席。

四、冷战结束后西方在非洲推行多党民主制

20世纪80年代末和90年代初,世界局势发生急剧变化,在苏联解体东欧巨变以及西方国家施压的双重因素作用下,一场多党民主风潮席卷整个非洲大陆,几乎所有的国家都受到了猛烈的冲击。到21世纪初,大多数非洲国家都已实行了多党民主制,并且基本上度过了"转型"后的阵痛期,但是它们同时也在进行认真的反思和探索符合自身特点的发展道路。

20世纪80年代末以来,非洲国家普遍经历了深刻的变革,纷纷采取"多党民主制"和加快结构调整步伐。实行多党制的非洲国家从1990年的13个猛增到1999年底的41个。20世纪80年代末90年代初爆发的非洲政治变革,其原因主要有三点:其一是非洲国家独立后没有制定出正确的经济发展战略,产生经济危机并逐渐演变为政治危机;其二是西方国家乘机以援助和贷款为条件强迫非洲国家实行政治转型;其三是苏联东欧剧变给非洲人民造成了巨大的心理冲击。

1. 非洲社会经济发展战略出现失误。独立之初，非洲国家不论采取何种发展模式，都把发展民族经济放在首位，强调要以经济上的独立巩固执政上的独立。因此，在整个20世纪60年代和20世纪70年代，非洲经济发展经历了一段较长时间的"黄金时期"：1960—1970年非洲大陆国内生产总值年均增长3.8%。进入20世纪70年代，尽管受西方经济危机的严重冲击，但是整个20世纪70年代，非洲国家国内生产总值年均增长仍然高达5.2%。但是，在这20年间，非洲国家未能采取有效措施，解决殖民地时期遗留下来的经济结构单一的问题，国民经济仍旧严重依赖少数几种农矿初级产品的出口。在宏观经济发展战略方面，也存在失误，忽视农业生产，尤其是粮食作物的生产，没有有效地保证粮食供给。进入20世纪80年代后，西方世界再次爆发严重的经济危机，对非洲农矿初级产品的需求大幅度下降，贸易保护主义迅速抬头，世界市场原材料价格暴跌，造成非洲国家出口收入锐减。与此同时，非洲又遭遇连年特大旱灾，导致大多数非洲国家出现严重的粮荒。外汇收入锐减，农业连年歉收，不少非洲国家出现经济发展停滞，收支严重失衡及高通货膨胀率、高失业率等严重经济危机。因而，20世纪80年代的非洲，被称为是"失去的十年"。同时，经济危机激化了国内各种社会矛盾，加剧了政治的不稳定，政局动荡，政变频繁，民心思变，要求政治变革的呼声日益高涨。

2. 西方国家"乘人之危"，通过经济手段全面施压。冷战期间，美国和苏联曾经在非洲进行过激烈的争夺。从20世纪80年代初开始，美国等西方国家就利用非洲国家经济遇到的困难，以援助及贷款为手段，利诱非洲国家按照西方的经济模式进行改革和调整。当时，以美国为首的西方国家虽然对多数非洲国家的政治体制并不满意，但是从对抗苏联扩张的战略需要出发，往往采取容忍的态度。冷战结束后，苏联退出与美国在非洲的战略争夺，美国等西方国家就没有什么顾忌，反而从彻底铲除苏联在非洲残余势力的战略意图出发，明确提出援助必须与政治挂钩,逼迫非洲国家接受西方的"多党民主政治",否则就休想得到援助。1990年3月,美国《国家安全战略》报告提出,20世纪90年代美国的主要战略目标之一是在全球"扶植政治自由、人权和民主制度"。根据这一战略,美国政府宣布,给非洲国家提供经济援助要以它们"实行多党民主为代价"。1990年4月,法国也宣布,"将不惜一切代价支持非洲的民主化进程"。1991年10月,英国也通过英联邦首脑会议向15个非洲成员国施压,提出经济援助要同受援国的"人权、民主、自由市场经济的政策相联系"。受西方控制的国际金融机构,如国际货币基金组织和世界银行等也积极响应,它们在非洲推行的结构调整计划,以华盛顿共识为指导,给每笔贷款都附加上苛刻的政治条件。在经济极度困难的情况下,许多非洲国家为了急需的资金和援助,被迫接受了西方的多党民主体制。

3. 苏联东欧剧变使不少非洲国家失去"主心骨"和"靠山"。在与美国争夺非洲期间,苏联曾经对走社会主义道路的非洲国家以有力支持,向这些国家提供过可观的经济及军事援助。苏东剧变后,不仅使这些非洲国家的政权失去了苏东国家的支持,而且也使那些效仿苏东政治体制和经济模式的非洲国家所信奉的国家干预主义遭到质疑。这些国家内部在意识形态方面发生了急剧变化,许多非洲国家不得不采取实用主义的做法,改弦更张,政治上倒向西方。

20世纪80年代末90年代初非洲的政治和经济变革虽然大势所趋,但从非洲国家的具体经历来看,其变革更多的是在外力作用下被迫进行的,所采取的方式也严重脱离非洲的实际。因此,冷战结束初期,所谓的"多党民主化"浪潮给非洲造成的消极影响极大,一度使非洲大陆地方民族主义(国内以前称之为"部族主义")恶性膨胀,宗教极端势力抬头,武装冲突硝烟四起,社会动荡,经济发展停滞不前,一度被西方媒体称为"失望大陆"。

非洲由于长期遭受西方殖民统治,尤其是深受殖民者分化政策的影响,独立时基本上都没有能够形成单一的民族国家,地方民族主义因素在国家政治生活中占据重要位置。实行多党民主后,长期受到压抑的地方殖民主义迸发出来,民主化以后绝大多数非洲政党大都以地方民族主义为背景建立起来,各政党所捍卫的也大都是本民族的局部利益,很少有哪个政党能够从国家整体利益出发来考虑问题。这种情况的必然后果就是社会动荡、冲突不断、战乱不止。1993年布隆迪实行多党制后,国内冲突造成数十万人死亡。卢旺达1994年也爆发了图西族与胡图族之间的大仇杀,死亡人数超过50万人。此外,1996年10月扎伊尔爆发内战,最终导致蒙博托政权垮台,造成数百万人死亡。20世纪90年代世界上发生的10场严重冲突,就有7场发生在非洲。连年战乱使非洲难民的数量在20世纪末21世纪初增至650万,另有2000万人流离失所。从20世纪90年代中后期起,"非洲国家领导人开始意识到盲目民主化和自由化的弊端,并在反思的基础上进行新的探索"。①

五、"向东看"及探索适合自己的发展道路

非洲发展的理论和实践长期受到西方国家的主导。近年来,世界经济剧烈动荡,国际力量对比发生巨大改变。一方面,美国金融危机和欧债危机使西方经济面临困境,另一方面,新兴经济体成为世界经济的推动力量。这种变化使不少非洲领袖和知识分子认识到,西方宣扬的发展模式似乎不灵;非洲的发展道路应由非洲人自己确定。尼日利亚学者费米·阿科莫拉夫认为,中国经验在于:"要想发展本国经济,只能依靠本民族的努力和决心。历史上没有哪个国家的经

---

① 曾强:《非洲民主化的发展历程》,载《中国党政干部论坛》,2002年第9期,第42—43页。

济是靠外国人发展起来的。"对发展道路的自主选择正在成为非洲领导人的主流意识。津巴布韦、坦桑尼亚、肯尼亚、纳米比亚、南非等国先后提出"向东看"。坦桑尼亚总统基奎特指出:"中国从世界上最穷的国家之一,转变为世界舞台上的经济强国。中国是这种转变的模范。这给了非洲以希望,让我们知道把我们的国家从可怕的贫穷带到发展的道路上去是可能的。有了正确的政策和正确的行动,有一天我们也会成为中国那样。"自主自强的信念正在转化为非洲发展的指导原则。①

肯尼亚奉行和平、睦邻友好和不结盟的外交政策,反对外来干涉,重视发展同西方及邻国的关系,致力于区域经济一体化。近年来,肯尼亚提出"向东看"。向东看就是要发展同亚洲国家的关系,尤其是发展与中国的关系。齐贝吉 2005 年 8 月访问中国后提出"向东看",2006 年 4 月,在中国国家主席胡锦涛访问前夕,肯总统府发表声明说,肯政府热切关注着东方,尤其是中国的发展,因为那里有着广泛的经济机遇。肯政府发言人穆图阿说:"肯尼亚政府对加强与中国的经济合作非常热心。"②肯尼亚外交部长图朱(Raphael Tuju)曾说:"向东看"不是肯尼亚一项争论中的政策,而是肯尼亚必须执行一项务实的和关键性的决定。③

当前,非洲正在探索适合自己的发展道路,正在"以泛非主义为精神指引、谋求独立自主发展"。④因为任何一个国家的发展一刻也离不开强大的精神引领。自 20 世纪初在反对种族主义和殖民主义运动中孕育成长的,以消除殖民主义、实现民族自决、促进非洲团结和改善人民生活为核心的"泛非主义",同样应成为非洲国家争取民

---

① 李安山:《"向东看"鼓舞非洲自主自强》,载《光明日报》2013 年 3 月 28 日,第 8 版。
② 张茂春、杨恕:《非洲"向东看":中国面临的机遇和挑战》,《当代世界》2008 年第12 期。
③ Wanjohi Kabukuru, Kenya: Look East My Son, *New African*, July 2006, pp.24—25.
④ 李新烽:《中国式现代化道路对非洲发展的启示》,载《马克思主义研究》2022 年第 4 期,第 9 页。

族独立,实现非洲统一、自主发展与现代化的精神内核。泛非主义是非洲宝贵的精神财富,其精神实质是自信、自立、自强,其追求的目标是团结、发展、振兴,这是非洲前进的方向,也是时代发展的潮流。建立在泛非主义基础上,分别成立于1963年和2002年的非洲统一组织和非洲联盟,都以实现非洲国家主权独立、非洲大陆统一和促进非洲国家自主发展、非洲大陆一体化进程为宗旨。非盟《2063年议程》同样以泛非主义为精神内核,明确提出要建设一个"具有强烈文化认同的非洲共同遗产、价值观和伦理"与"继续泛非主义理想"的非洲。

第十二讲

独立后非洲国家的经济发展

独立之后非洲经济的发展内容十分丰富,这里我们主要聚焦三个问题:第一个问题是独立初期非洲发展民族经济所采取的措施与成就;第二个问题是20世纪90年代中叶非洲经济的复苏及原因分析;第三个问题是进入21世纪以来非洲经济转型的特点。此外,重要的问题还有非洲在20世纪80至90年代结构调整,以及非洲国别经济发展,甚至是探索适合自己的现代化之路等都值得深入探讨。

一、独立初期非洲发展民族经济所采取的措施与成就

(一)独立初期非洲国家经济的特点

由于数百年的殖民统治,非洲新独立国家的经济都有以下几个特点:

第一,经济十分落后。长期的殖民掠夺和剥削,使非洲成为世界上最贫穷落后的大陆。原始公社制度的残余以及普遍存在的部落制度仍然是非洲广大地区的社会基础,并影响着非洲的进步。非洲国

家的农村许多地方仍然停留在刀耕火种的相当原始的状态。联合国在1971年最初确定的25个最不发达国家中,21个是非洲国家。

第二,外国的垄断资本控制着非洲各国的经济命脉。非洲各国独立之初,银行、矿山、铁路、海关以及其他有关国计民生的行业都控制在外国资本的手里。如号称"铜矿之国"的赞比亚,铜是它的经济支柱,占该国外贸收入的92%—95%,占该国财政收入的50%。该国铜的生产、销售都掌握在英国、南非、美国等外国资本手里。总的来看,非洲国家在独立之初,虽然在政治上赢得了独立,但依然被束缚在殖民主义的经济枷锁中,前宗主国依然把非洲新独立国家看作是它们的海外领地或势力范围,操纵着它们的经济命脉。

第三,经济上的二元结构。现代部门与传统部门并存,即现代工矿业与传统农业并存,交换性和开放性的沿海、城市货币经济与自给性和封闭性的乡村自然经济并存,并且在其二元经济结构中,自然经济仍占优势地位。根据世界银行的统计,非洲经济的商品化程度在世界上最低,至少有20%—30%的产品未进入流通领域。

第四,单一经济畸形发展。这种畸形经济是殖民主义在非洲殖民地片面发展经济作物和采矿业的结果。它使得非洲国家在独立后依然依靠一种或少数几种农矿产品作为出口的主要商品和国家收入的重要来源。单一经济的主要特点和危害就在于生产与消费的严重脱节,即生产本国不消费或少量消费的产品,而消费本国不生产或少量生产的产品。国家必须通过出口原料来换取工业品和粮食。

(二) 独立初期非洲发展民族经济所采取的措施与成就

独立后,究竟采取什么方式来发展民族经济,非洲各国情况不同,差异很大。从非洲各国发展民族经济所走的道路来看大致可以分为三类:

1. 走"社会主义道路"。在走"社会主义道路"的旗帜下,非洲各国又可以分为与传统的村社制度相结合的非洲社会主义和同马克思主义挂钩的非洲"科学"社会主义两大类。前者如恩克鲁玛领导下的加纳,杜尔领导下的几内亚,尼雷尔领导下的坦桑尼亚,卡翁达领导下的赞比亚,桑戈尔领导下的塞内加尔。他们对社会主义的称呼不同,恩克鲁玛、杜尔称之为村社社会主义;尼雷尔称"乌贾马"社会主义;卡翁达称人道社会主义;桑戈尔称之为民主的社会主义。其核心是他们都认为社会主义是非洲社会固有的宝贵遗产,非洲传统的村社制度的基本原则就是"人道主义和平等"。莫桑比克、埃塞俄比亚、安哥拉、贝宁都宣称奉行科学社会主义,甚至还把马克思主义写在党纲里作为指导原则。[1]

2. 走"自由资本主义道路"。当一些新独立的非洲国家领导人热衷于这样或那样的社会主义的时候,另一些非洲国家,如肯尼亚、科特迪瓦、马拉维、扎伊尔、尼日利亚、利比里亚等国家选择自由资本主义道路。它们利用自己与西方发达国家的千丝万缕的联系来发展本国的民族经济。这些国家的一般做法是实行市场经济体制,强调市场的作用,鼓励自由竞争,对外实行开放政策;独立后,对外资不采取国有化政策,而且制定法律保护和鼓励外国投资。如肯尼亚于1964年颁布《外国投资保护法》。对本国私人资本给予扶持帮助。有些国家如肯尼亚、马拉维等还鼓励政府官员开办工厂、农场,甚至国家领导人带头经商办企业。马拉维的总统班达就开办了几个规模相当大的烟叶种植园,他称自己是"马拉维的头号农民"。

3. 走"有计划的自由主义"的道路。有的国家领导人认为,发展民族经济必须有国家干预,要有统一的计划,但又认为不能统得过死,要发挥私人资本的作用。喀麦隆前总统阿希乔说,"有计划的自由主义就是有限制的自由经济"。或者像西方报刊所说的,实行"既

---

[1] 张蓂:《非洲"社会主义"思潮浅谈》,《西亚非洲》1984年第2期。

有社会主义，也有资本主义的政策"。实行这类政策的国家有喀麦隆、加蓬、卢旺达、布隆迪、津巴布韦等国。

为了尽快消除殖民主义统治的残余，发展民族经济，非洲国家取得政治独立以后，采取了各种措施，主要的有：

1. 实行发展国民经济的计划或战略。

独立后，很多非洲国家随即制订了发展国民经济的若干年计划，有3年、5年、7年、10年不等。有的是在国际组织参与下制订的。如赞比亚的第一个国家发展计划（1966—1970）是根据联合国非洲经济委员会和粮农组织的联合调查小组"关于赞比亚经济发展战略的调查报告"拟定的。有的国家制订的长期的发展计划，如马达加斯加在1977年制订了到2000年的"长期的社会经济发展规划"。

2. 实行"国有化"等措施

国有化，在这里有两层含义：一是把控制非洲国家经济命脉的银行、交通、矿山等有关国计民生的外资企业收归国有；二是限制私人资本的发展，建立国营企业。

在外资国有化方面，很多宣布"走社会主义道路"的国家，都实行了外资国有化。其中多数国家是采取赎买、参股等温和的做法。如赞比亚、坦桑尼亚、加纳、莫桑比克等。少数国家如几内亚的做法较为激烈，那是因为几内亚宣布独立后，法国撤走资金、专家等，给几内亚造成极大的困难。杜尔不得不采取断然的手段，宣布接管。一些宣布走"自由经济"或"有计划的自由主义"的国家，做法更加温和，只是利用参股等办法，逐步使外资企业接受国家的领导，如肯尼亚、科特迪瓦等。至于津巴布韦，他宣布对外资不搞国有化，只搞国家干预。

至于限制私人资本的发展问题，由于非洲私人资本很弱小，非洲国家独立后，不管选择哪条道路的国家，一般都是采取容忍的办法，即允许国营经济、私营经济、与外资合营经济、政府与私人合作经济等共同存在。但也有两种极端的情况：一是几内亚、坦桑尼亚、莫桑比克等国家的做法,消灭私人资本;另一种做法,即鼓励私营经济的发展,如马拉维、肯尼亚、科特迪瓦等。

3. 进行土地改革,发展农村经济

非洲是个地广人稀的大陆,很多非洲国家都是农业国,数百年的殖民统治使沿海地区和水源充足的肥沃土地被外国农场主和少数部落酋长所占领,大大束缚了农民的生产积极性。独立后,大多数非洲国家都进行了土地改革,有的采取较为激烈的政策,如埃塞俄比亚把皇室和贵族的土地分配给了农民。多数国家采取了温和的赎买政策,如肯尼亚、刚果等,将土地逐步转移到农民手中。

非洲大多数国家是农业国,发展农村经济是一个重大的课题。独立后,非洲国家领导人为此采取了各种办法,如坦桑尼亚的"乌贾马运动",几内亚的"农村集体化"。科特迪瓦、马拉维、肯尼亚等采取另一种做法。它们在农村推广优良品种,兴修水利,改进耕作技术,设立农业开发公司,为农民解决贷款、销售、农药、化肥、加工等一系列的问题。

非洲国家在采取了上述一系列措施后,民族经济有了令人瞩目的发展:(1)各国已经掌握了自己的经济命脉。虽然由于历史和现实的原因,目前非洲国家在资金、技术等方面仍受制于西方国家,但从主权角度讲,大多数非洲国家已经掌握了本国的经济命脉。如1970年赞比亚接管了铜矿。(2)各国形成了"混合经济"的经济结构。混合经济指国营经济、私营经济、外国资本主义经济、合作经济、前资本主义经济。在20世纪80年代世界性私营化浪潮的冲击下,绝大多数非洲国家也采取了私营化措施。(3)摆脱了殖民地经济的枷锁,生产有了一定程度的发展。

(三)发展中的问题和调整措施

多数非洲国家取得独立的20世纪50、60年代,正是二战后欧美各国重建时期,国际市场的初级产品价格高,非洲国家的外汇收入也较好。随着国际市场上的初级产品供过于求,非洲国家的经济困难与问题就逐步暴露出来。如忽视粮食生产的问题、片面强调工业化的问题。1960—1970年非洲经济年均增长率为3.8%,1970—1980年下降到3%,1980年以后常常是负增长。各国财政困难,外债日益严重,不堪重负。物资供应紧张,通货膨胀上升,失业严重,社会动荡,政变频繁。其主要原因有:

1. 单一经济结构没有根本改变

单一经济结构源于殖民时期。独立之初,正是初级产品走红的时代,单一经济的脆弱性还没有暴露出来,一些国家为了创汇仍然大力发展传统经济作物。如塞内加尔是西非花生的主要出口国,花生的种植面积占耕地面积的一半,花生及其制品占出口产值的70%,但粮食靠进口。塞内加尔独立后,重点仍然放在花生上,结果粮食生产忽视了,进口不断增加。直到90年代,非洲仍有4个国家一种商品的出口占出口总额的95%以上,它们是尼日利亚(石油)、赞比亚(铜)、几内亚(铝土矿)、乌干达(咖啡),另有15个国家的三种主要商品的出口占出口总额的2/3左右。

2. 政策失误

非洲国家经济政策的失误,主要表现在两个方面:一是忽视农业;二是国家对经济干预过多,统得过死。如坦桑尼亚的"乌贾马运动",取缔私营经济。

3. 人口增长失控,加剧经济危机

20世纪60年代以来,非洲人口年均增长率达3%,为世界之最。人均粮食产量逐年下降。

4. 国际市场初级产品跌价,非洲贸易条件日益恶化。

根据联合国统计,非洲出口的16种主要产品(不包括石油)的价格,1977年达到顶峰(价格指数,以1980年为100,1977年为147),

以后逐年下降,10年后下降了一半,相反,工业品的价格却在上涨。坦桑尼亚的前总统尼雷尔曾经说过,1972年坦桑尼亚输出38吨剑麻,或7吨棉花就能换回一辆卡车,1980年一辆卡车却需要138吨剑麻或28吨棉花。

贸易条件恶化加剧了非洲国家的债务负担。1970年全非债务只有130亿美元,1980年达到550亿美元,1990年增加到1830亿美元,1999年达到3500亿美元,相当于非洲国家(不包括南非)国民生产总值的93%,占出口总额的327%。全世界41个重债国中,非洲国家占了33个。其中有20个非洲国家的外债已经超过本国的国民生产总值。尼日利亚是非洲最大的债务国,至2000年底,其外债总额为307亿美元,仅用于偿还利息每年就得支付30亿美元,约占全年GDP的78.9%。

面对上述困难,非洲国家的对策是:其一,调整国家发展战略与政策。比如狠抓农业;整顿国营企业;紧缩开支;经济多样化,增加出口。其二,发扬集体自力更生的精神,加强南南合作。非洲经济合作组织形式多样,主要有以下几类:经济共同体,如西非国家经济共同体、马格里布常设协商委员会等;金融合作结构,非洲开发银行;原料生产国与出口国组织,如国际咖啡组织、可可生产者联盟、非洲花生理事会等;专项合作机构,如西非水稻协会;跨国组织,如77国集团。

二、20世纪90年代中叶非洲经济出现复苏及原因

20世纪90年代中期,非洲总体形势趋向好转,经济连续多年稳步增长,政局趋于稳定。这与20世纪80年代末90年代初的混乱局面形成了鲜明的对照,给古老的非洲带来了新的希望。本节肯定非洲经济近年来所发生的可喜变化,并剖析其原因,同时也注意到非洲

经济仍面临着严峻的挑战。

独立之初,非洲国家抓住了当时的发展机遇,经济取得了较快发展,1960—1975年非洲各国国内生产总值年均增长率超过5%。[①]在整个80年代及90年代初,非洲经济发展受挫,甚至出现负增长。从90年代中期开始,非洲经济走出低谷,出现复苏的良好迹象。

(一) 20世纪90年代以来非洲经济复苏的表现

到了90年代中期,非洲绝大多数国家的经济摆脱了从80年代初以来10多年严重滑坡的不利局面,国内生产总值从1994年起连续4年稳定增长,标志着非洲经济的复苏。

第一,非洲经济增长率稳步提高。据联合国非洲经济委员会公布的《1997年非洲经济和社会形势报告》,1994年非洲各国国内生产总值比上一年增长2%,1995年增长2.74%,1996年为3.96%。1996年有11个非洲国家经济增长率达到或超过6%,28个国家经济增长率介于3%或6%之间。仅有2个非洲国家经济出现负增长。这一年非洲经济增长率已超过了该地区2.8%的人口增长率,重新实现人均国内生产总值的正增长。1997年非洲各国国内生产总值比上一年增长3.7%,继续保持较好的增长势头。

第二,非洲对外贸易有了较快的发展。1995年非洲进出口贸易总额达2102.1亿美元,分别比上年增长13.56%和11.86%。1996年非洲商品出口额比1995年增长8.5%,达1130亿美元,增长幅度比世界平均水平高出一倍多,居世界第三位。这一年,非洲商品进口额比1995年增长5.5%,达1270亿美元,增长幅度高于世界平均水平。1997年非洲商品出口又比上年增长6%左右,总额达1320亿美元,略高于进口总额,实现了贸易顺差。

[①] Adebayo Adedej ed., *The Challenge of African Economic Recovery and Development*, 1991. p.525.

第三,非洲外汇储备增加明显。伴随着非洲外贸状况的好转,近几年非洲外汇储备有了可观的增长。1995年非洲外汇储备为380亿美元,比1994年的330亿美元增加了14%。1996年底,非洲外汇储备达429.6亿美元,比上年增长6.5%,到1997年底增至600亿美元。

第四,非洲通货膨胀率下降较快。随着非洲经济形势的好转,通胀率有了较大幅度的下降。1995年整个非洲的通胀率由上年的42.2%下降到26.6%,1997年又在上年24.8%的基础上降至14.8%。一些经济发展较快的非洲国家,其通胀率已降至个位数。比如,科特迪瓦通胀率由1994年的40%下降到1995年的9%。埃及通胀率从1990年的21%降至1997年的6.2%。突尼斯1997年9月底的通胀率仅为3.7%。

总之,从20世纪90年代中期开始,非洲经济形势趋向好转,经济开始复苏,但是,非洲不同的地区、不同的国家之间发展是很不平衡的。北非地区经济发展较快,1995年经济增长率为4.8%,超过非洲平均水平2个百分点。南部非洲地区经济发展也比较明显。1998年3月,世界经济论坛对非洲国家的经济发展进行了评估,居前10名的是毛里求斯、突尼斯、博茨瓦纳、纳米比亚、摩洛哥、埃及、南非、斯威士兰、加纳和莱索托。这10个国家是近年来经济发展明显的非洲国家,其中8个属于北部非洲和南部非洲,另外2个,一个是岛国,另一个是西非国家。我们也应该看到,东部非洲和中部非洲地区的一些国家经济形势依然比较严峻。

(二) 这一时期非洲经济出现复苏的原因

20世纪90年代中叶以来非洲经济开始复苏,这是多种因素综合作用的结果,既有内部原因,也有外部原因。然而,这些原因都离不开一个总的前提,那就是世界经济全球化趋势日益发展。在全球化日益发展的新形势下,非洲国家深感维护国内和平、发展本国经济的重要性。因为政局动荡只能使自己日益边缘化,与世界其他地区的差距越来越大。在全球化日益发展的形势下,国际竞争日趋激烈,因此,非洲区域经济合作加快。同时,世界各地区间的经济联系空前加强,非洲的发展离不开世界,世界的发展离不开非洲,所以国际社会更加关注非洲。在全球化日益发展的今天,非洲经济深受国际市场初级产品价格波动的影响。

1. 近年来非洲许多热点问题逐渐降温,多数非洲国家政局趋稳,为经济的复苏提供了和平的国内环境。

冷战结束之初,在多党制和世界民族主义新浪潮的影响下,非洲政局陷于动荡之中。仅在 1990 年,非洲 53 个国家中,就有 30 多个国家政局不稳,安哥拉、苏丹、埃塞俄比亚、乍得、利比里亚、卢旺达、马里等国内战骤起,尼日利亚、毛里塔尼亚、苏丹、莱索托等 8 国发生了 11 起政变和未遂政变。从 1990 年到 1993 年 4 月底,"非洲大陆就有 15 个国家的政权发生更迭,其中 8 国领导人被迫下台。"[1]1994 年卢旺达、布隆迪发生了震惊世界的部族仇杀,50 万人惨遭杀害,200 万人被迫逃离自己的家园。

内战造成的只能是生灵涂炭、经济萧条,使非洲更加边缘化,损害非洲各族人民的利益。所以,维持国内稳定、发展本国经济日益成为非洲人民的共识。人们厌恶战乱,人心思定。在这种背景之下,到 20 世纪 90 年代中期,非洲许多热点纷纷降温。1994 年 5 月,经过南非人民长期的斗争以及多党和平谈判,新南非宣告诞生,结束了南非 300 多年的白人种族主义统治,建立了民族团结政府。利比里亚在西非国家经济共同体的调解下,于 1995 年 8 月各派别签署了第 13 个和平协议。以后局势虽有反复,终于又在 1996 年 8 月达成了新的停火大选时间表。索马里的派别纷争亦开始缓解,和谈正取代武装

---

[1] 《西亚非洲》,1996 年第 2 期,第 56 页。

冲突。埃塞俄比亚经过90年代初的动荡,新政府采取联邦制,保障各族的利益,维护国内和平。卢旺达吸取1994年部族大仇杀的教训,努力改善国内部族关系,决不让历史上那最黑暗的一幕重演。总之,和平与稳定已经成为非洲各国人民的共同愿望,是大势所趋。

当然,非洲局部地区的动乱仍然会发生。如1996年9月扎伊尔爆发内战,次年5月蒙博托政权被卡比拉推翻。1998年6月,几内亚比绍发生内战。同年8月,结束内战仅15个月的刚果民主共和国(原称扎伊尔)重燃战火。虽然这些局部的动荡会给非洲政局的稳定造成不利影响,但它否定不了非洲政局总体趋稳的现实,因为90年代中期以来,非洲政局趋向稳定是主流,动荡仅是局部的。

此外,非洲国家自己处理危机的能力在加强,为非洲和平与稳定注入了新的活力,在这方面,非统组织起着重要作用。1993年底,非统组织建立了"预防、处理和解决非洲国家内部冲突的安全机制",并为调解索马里、卢旺达、布隆迪、利比里亚、塞拉利昂、安哥拉、莫桑比克和苏丹等国的冲突作出了自己的努力。1998年新当选的非统组织执行主席、布基纳法索总统孔波雷在第34届非统首脑会议上,呼吁非洲各国必须齐心协力,增强非统组织预防、处理和解决冲突的能力。在调解战乱和维和行动中,地区大国如南非、埃及等国的作用日益明显。1997年5月19日,南非总统曼德拉在津巴布韦议会发表演说时指出,在"非洲的复兴"正在到来之际,非洲国家必须对本大陆发生的灾难完全地负起责任。这表达了地区大国对该大陆政治稳定负有强烈的责任感。

总之,非洲政局趋向稳定,这为该大陆经济的恢复和发展带来了难得的机遇。

2. 非洲经济一体化和区域经济合作步伐加快,为非洲经济的复苏提供了新的机遇

进入90年代以来,世界经济越来越走向全球化,竞争也更加激

烈。在这种形势下，非洲国家普遍感到加强本地区经济合作的重要性，加快了经济一体化的步伐。1991年6月，《非洲经济共同体条约》签署，1994年5月，该条约开始生效，标志着非洲经济一体化进入了新的阶段。当然，真正实现非洲经济一体化还有许多工作要做，尚需较长时间。1997年第33届非统组织首脑会议将实现全非经济一体化的日期定在2030年。

在世界经济全球化日益发展的形势下，非洲区域经济合作成效显著。目前，非洲区域经济合作组织有200多个，比较著名的有"西非国家经济共同体""中部非洲国家经济共同体""南部非洲发展共同体""阿拉伯马格里布联盟""东部和南部非洲共同市场"等等。这些区域经合组织都在向纵深发展，以促使本区域经济的发展。如西非国家经济共同体大力推进本区域内贸易自由化。1996年初尼日利亚、塞内加尔、科特迪瓦、加纳率先实施贸易自由化方案，使得西非大市场开始活跃，西非国家经济共同体成员国之间的贸易额由1985年只占它们对外贸易总额的2％增至1996年的10％，1997年底又开始发行共同体旅行支票，使成员国之间的金融和贸易往来更加便利，从而向实现西非单一货币和关税同盟的目标迈出了重要一步。中部非洲国家经济共同体则成立了成员国商业银行协会，以协调成员国之间货币和贸易政策。南部非洲发展共同体12国于1996年8月签署了关于实现地区贸易自由化的协定，在平等互利的原则下，各成员国将在8年内逐步取消货物和服务贸易关税和壁垒，推动区域经济集团化向深层次发展。1997年9月，民主刚果和塞舌尔成为该共同体第13、14个成员国。这表明，南部非洲发展共同体已打破地域界线，正向非洲中部和东部扩展。阿拉伯马格里布联盟在1994年第6届首脑会议上再次宣布要成立马格里布自由贸易区，以实现该地区的共同发展。东南非共同市场的成员国已减少了62％的关税和非关税壁垒，享受优惠待遇的商品达769种。

非洲区域经济合作正在加强,这就弥补了许多非洲国家人口少、市场小、资源有限的缺陷,起到了成员国之间经济优势互补,充分利用集体自力更生的好处,促进了成员国经济的发展。在此基础上,非洲经济一体化进程加快,促使非洲统一大市场潜力的发挥,从而推动了非洲经济的复苏。

3. 国际社会比以前更加关注非洲,并且关注的重点从政治转向经济,为非洲经济复苏提供了良好的外部环境

冷战期间,非洲成了美苏争霸的角斗场,非洲人民深受战乱之苦。冷战结束之初,西方国家又在非洲竭力推行多党民主制,结果引起非洲政治上的剧烈动荡和经济形势的恶化,这同样也损害了西方国家的利益。因为,在全球化日益发展的形势下,非洲丰富的资源和潜在的巨大市场对西方国家的经济发展越来越重要。所以,从90年代中期开始,美、法等国都调整了对非洲的政策。

美国吸取1993年干涉索马里内战失败的教训,调整对非洲的政策①。1996年2月克林顿向国会递交的《美国对非洲贸易和发展援助政策报告》,明确提出美国对非洲的政策重点从政治转向经济,从援助转向贸易和投资。在此基础上,1997年4月,美国政府提出了《非洲经济增长与机会法案》。该法案的主要内容有:"增加非洲商品进入美国市场的机会,最致力于改革的非洲国家将获得更多的机会;增加技术援助以便使非洲国家能充分利用这些新技术;通过海外私人投资公司努力增加在非洲的私人投资,继续努力对从事经济改革的非洲最贫困国家取消双边和多边债务;每年同所有从事改革的非洲国家举行部长级经济会议。"1997年6月,美国宣布1783种产品——其中多半来自撒哈拉沙漠以南非洲国家可以免税进入美国。1998年3月底4月初,克林顿访问了非洲5国,这是20年来美国总

---

① 张忠祥:《从克林顿访非看美国对非洲战略的转变》,《浙江师大学报》(社科版),1998年第5期。

统首次访问撒哈拉以南非洲,表明美国对黑非洲的关注。克林顿访非的"见面礼"就是《非洲经济增长与机会法案》,努力寻求与非洲的"经济合作"。此外,美国免除了部分非洲国家的债务,数额达16亿美元。

法国在非洲有着传统的利益,它在非洲市场的占有率达21%,高出美国13.3个百分点。面对美国的挑战,法国千方百计维护自己在非洲的既得利益。为此,法国总统希拉克从1995年5月上台后的一年多时间内就3次访问非洲,提出法国要同非洲国家建立新型的战略伙伴关系,加强双方的经贸合作,增加对非援助,减轻非洲债务。目前,法国每年向非洲援助260亿法郎,为美、英、德、日四国援助的总和。法国在1994年初,乘非洲法郎贬值之机,取消了10个最不发达国家所欠66亿法郎的债务,一次性减免4个中等收入国家的184亿法郎债务。

当然,美、法等国调整对非政策,并非真心实意为非洲经济发展着想,而是千方百计地要在非洲获取最大的利益。然而,它在客观上有利于非洲。比如,国际社会比以前更加关注非洲,增强了投资者对非洲的信心,促使国际资本流向非洲。据世界银行公布的数字,1996年流入非洲的私人资本由1990年的3亿美元增加到118亿美元。自1993年以来,美、法等国的著名公司、银行先后成立专门的非洲基金,注入资金达数十亿美元。1997年7月美国谢夫隆公司承诺在今后5年内计划向非洲投资105亿美元,微软公司也计划投资数百亿美元,扩大其在非洲的业务网。总之,国际资本在90年代中期回流非洲,在一定程度上缓解了非洲资金短缺的矛盾。同时,发达国家的减债举措,对非洲国家也是有利的。

近年来,中国本着"互利互惠,谋求共同发展"的原则,积极发展同非洲国家的经贸关系。1996年中非贸易总额达到40.3亿美元,比1991年增加279%。1998年上半年中非贸易额为28.59亿美元,比上年同期增长12%①。除了发展双边经贸关系，中国还向非洲国家提供多种援助和援建项目，其中包括农业、电力设施、水利工程、纺织厂、制糖厂、交通运输等项目。充分发挥自己的技术专长，帮助受援国壮大经济实力。由于中国对非洲的援助不附加任何政治条件，把有限的援助用在刀刃上，所以收效比较大，非洲国家能获得较大的实惠。

4. 20世纪90年代中期，国际市场上初级产品价格上涨，这对于经济结构单一、靠出口农矿初级产品换取外汇的非洲国家十分有利

由于长期遭受殖民主义的掠夺，非洲是当今世界上经济最落后的大陆，多数非洲国家经济结构单一，靠输出某种经济农作物和矿产品换取外汇，然后进口工业品，有的还要进口粮食。在这种经济结构之下，非洲国家的经济发展深受国际市场上初级产品价格波动的影响，初级产品价格下跌，非洲经济就衰退；反之，经济就增长。如80年代国际市场上初级产品价格下跌30%，致使非洲出口收入减少50%。90年代中期，国际市场上初级产品价格上扬，促使非洲出口收入增加。1994年和1995年非洲出口比价指数分别比上年增长5.3%和6.8%，均高于同年的进口比价指数。1995年国际市场上金属价格上扬，使非洲出口收入比上年增长11.4%，达978亿美元。

国际市场初级产品价格的上涨，只能在世界经济形势看好的情况下出现；反之，世界经济不景气，需求疲软，国际市场初级产品的价格就下跌。这也说明，在全球化日益发展的今天，非洲经济与世界经济的紧密联系。

此外，近年来非洲经济出现复苏还离不开非洲国家所进行的经济调整和改革。经过调整和改革，非洲多数国家初步建立起市场经济体制，通过市场对资源进行合理配置，以及实行对外开放，改善投

---

① 陆庭恩：《亚洲金融危机对非洲经济的影响》，《西亚非洲》，1998年第5期，第7页。

资环境,吸引外资促进经济的发展。这也是推动近年来非洲经济复苏的重要原因。

(三)非洲经济发展同样面临着挑战

我们一方面要看到,从 20 世纪 90 年代中期开始非洲经济出现复苏的良好迹象;另一方面,不能对非洲经济的前景估计得过于乐观,因为它还面临着许多严峻的挑战。

第一,亚洲金融危机已经影响到非洲。爆发于 1997 年 7 月的亚洲金融危机,至今已持续了一年多时间,目前危机不仅没有结束,而且正向其他地区蔓延。亚洲金融危机已经对非洲产生不利影响。其一,随着金融危机的加深,世界贸易条件恶化,初级产品价格下跌,对非洲出口产生不利影响。如国际市场上原油价格从 1997 年 10 月每桶 21 美元一直跌到 1998 年 3 月的 12 美元左右,不到半年跌幅达到 45％,非洲的产油国因此损失惨重。又如,1998 年第一季度的铜价比 1997 年同期下跌 25％以上,赞比亚因此大受其害。1998 年 1 月伦敦市场的黄金价格已跌到最近 18 年以来的最低点,南非的黄金企业被迫大幅度减员,到 1998 年初已减少 5 万人,估计还将裁减 10 万人。其二,随着金融危机的加深,流入非洲的外资减少。来自亚洲的资金减少更快。如南非,1995 年有半数以上的投资来自马来西亚,金融危机发生后,马来西亚对南非的投资明显减少。

第二,非洲政治稳定的基础是相当薄弱的。虽然,从 20 世纪 90 年代中期以来,非洲政局总体形势趋向稳定,许多热点问题降温,但是影响非洲政局稳定的许多深层次的矛盾并未彻底解决。比如,复杂的部族矛盾、宗教矛盾和边界纠纷随时都可能引起新的冲突和动乱。就外部环境而言,冷战虽已结束,美苏争霸非洲已不复存在,但是,近年来美法两国争夺非洲趋向激烈,同样会给非洲的稳定造成威胁。

第三,非洲债务沉重。非洲经济相对落后,抵御经济风险能力差,还债能力弱,往往是老债未还,又添新债。这样,日积月累,外债居高不下。到1997年第一季度非洲外债总计已达3400亿美元,每年需付本息240亿美元,对非洲来说已不堪重负。近年来,国际社会虽关心非洲债务问题,并采取了某些减债行动,但仅是杯水车薪,不能从根本上缓解非洲债务问题。而沉重的债务问题得不到解决势必影响非洲经济的持续发展。

总之,非洲经济发展的机遇和挑战并存。前几年多数非洲国家抓住了发展机遇,所以才会有连续4年的经济稳定增长,非洲经济出现复苏,给古老的大陆带来新的希望。现在,这些机遇并未完全丧失,只要非洲国家很好地去把握它,结合各国的实际情况继续进行经济调整和改革,非洲经济发展的前景是美好的。当然,非洲经济也面临着挑战,这不仅需要非洲国家勇敢地面对和解决,而且需要国际社会的关心和帮助。

三、21世纪初以来的非洲经济转型[①]

经济转型一般是指一个国家或地区的经济结构和经济制度在一定时期内,为适应国内外经济形势的变化而做出的调整,它是人类社会中长期存在的普遍现象。即使是发达国家也需要经济转型,如欧美发达经济体近年来提出再工业化,以应对产业空心化和国内失业问题。中国作为最大的发展中大国,在经历30多年的高速发展以后,经济发展进入新常态,也迫切需要创新驱动、转型发展。

非洲作为发展中国家最集中的大陆,在经历20余年的经济中高

[①] 张忠祥:《当前非洲经济转型的特点》,《上海师范大学学报》(哲学社会科学版)2016年第2期。

速发展之后,结构性的矛盾日益突出,民生问题也没有很好地解决,新一轮的经济转型正在兴起。当前,经济转型成为非洲政治家、智库学者等热议的话题,一些机构相继推出研究报告。[1]国内学界也开始关注非洲经济转型,但是研究还很不够,仅见少数几篇文章[2]。经济转型是当前乃至今后较长一段时期非洲经济的主要特征之一,在当前中非关系大发展的背景下,加强对非洲经济转型的研究是很有必要的,因为,只有这样才能有针对性地开展与非洲的合作。由于经济转型是一个很大的课题,限于篇幅,本文仅探讨当前非洲经济转型的主要特点。

（一）实现包容性增长是当前非洲经济转型的主要目标

经济转型有明显的阶段性特征,它在不同时期表现出不同的特点。因为,在不同的时期,经济转型的目标、经济转型的方式和它所处的内外环境都是不同的。非洲经济转型也是长期存在的,从西方殖民者入侵非洲后,一直存在传统经济向殖民地经济转型,20世纪中叶,非洲国家独立后,非洲经济又从殖民地经济向民族国家经济转型。20世纪80—90年代,西方在非洲推行的结构调整也是经济转型,但它是外部力量主导下的经济转型,而且是很不成功的。本文探讨的当前非洲经济转型是指进入21世纪,尤其是进入21世纪第二个十年,非洲国家开始的经济转型。

当前非洲经济转型是最近20年非洲经济发展的必然要求。自20世纪90年代中叶以来,非洲经济有了20年的中高速发展,年平均

---

[1] African Development Bank Group, *At the Center of Africa's Transformation*, *Strategy for 2013—2022*; The African Centre for Economic Transformation (ACET), *2014 African Transformation Report, Growth with Depth*.

[2] 舒运国:《非洲国家的经济结构转型》,载舒运国、张忠祥主编:《非洲经济发展报告》(2013—2014),上海人民出版社2014年,第19—37页;黄梅波、刘斯润:《非洲经济发展模式及其转型——结构经济学视角》,载《国际经济合作》2014(3)。

经济增长率接近6%,21世纪头十年,世界上经济发展最快的国家有6个在非洲,非洲已经成为世界经济增长新的一极。以英国《经济学家》杂志为代表的西方主流媒体对非洲开始看好,非洲复兴日益成为国际社会关注的话题。美国《外交政策》杂志刊文称:"非洲正由世界施舍对象成为最佳投资地。"[1]与此同时,应该客观地看待非洲经济增长背后存在的问题,诸如非洲经济结构性的矛盾凸显,非洲没有完全摆脱贫困,非洲的发展并未改变其在世界经济体系中的地位。

相对于外部普遍看好非洲,非洲本土学者对非洲经济增长和非洲复兴则保持着比较冷静的看法。博茨瓦纳大学前副校长杨曼认为,非洲国内生产总值的总体增长并未引发结构性调整或经济多样化。[2]津巴布韦学者S·宗迪认为,近年来的非洲经济增长主要原因是"原料产品价格和自然资源贸易租税的上升","这种增长并没有拉动就业,没有带来发展,反而加剧了贫富不均"。他说:"非洲复兴"是国际货币基金组织和世界银行提出的,而事实上,所谓的非洲崛起"是在边缘之外而非边缘之内的崛起"。[3]

事实上,非洲"有增长,无发展"的现象仍然在延续。因为,非洲经济还没有实现包容性增长,发展还没有更多地惠及广大的普通民众,一半左右的非洲民众仍然生活在贫困线以下。撒哈拉以南非洲仍然是世界上贫困率最高的地区,虽然贫困率有所下降,但是贫困人口不降反升。撒哈拉以南非洲的贫困率从1996年的57.5%,下降到

---

[1] Norbert Dorr, Susan Lund, and Charles Roxburgh, *The African Miracle: How the world's charity case became its best investment opportunity*, Foreign Policy, December 2010, pp.80—81.
[2] Frank Youngman, *China and Industrialization In Africa—The Implications For Botswana*, Conference On African Industrialization and China-Africa Cooperation, June 20, 2014.
[3] S. Zondi, *China and Africa's Diplomatic Capital*, paper presented at the China-Africa Symposium, 22—24 October 2013, Harare, Zimbabwe.[津巴布韦]穆涅茨·马达库方巴,曹利华译:《南部非洲工业发展的前景于挑战》,载舒运国、张忠祥主编:《非洲经济发展报告》(2013—2014),上海人民出版社2014年,第225页。

2005年的50.4%,但远远高于世界平均的25.7%的贫困率。1981年至2005年的25年间,该地区生活在贫困线以下的人口几乎增加了一倍,从2亿增至3.8亿。①当前,撒哈拉以南非洲的贫困率仍然高达45%。②高贫困率的一个重要原因是高失业率,南非作为非洲最发达的经济体,失业率高达25%左右,津巴布韦的失业率一度高达80%以上。

非洲的发展也没有改变其在世界分工中所处的地位,非洲在世界经济体系中仍然扮演原料产地和产品销售市场的角色。近年来,非洲对外贸易虽有较大幅度的增长,2000—2012年,非洲对外贸易总额的年均增长率达到13.28%,2012年非洲对外贸易额达到12398.78亿美元。但非洲对外贸易的结构没有什么实质性的变化,从出口商品的结构来看,占出口比重较大的商品依次是燃料、农产品、制造品、矿产和金属等。2013年,非洲原油出口所占的比重进一步增加,达到92.32%,较2012年大幅上升40.71个百分点,较2000年上升43.66个百分点。从进口看,2013年,非洲进口的商品结构变化不大,进口产品依旧主要集中在制造品、机械和运输设备、农产品等,仅制造品一项所占比重就已超过50%。2013年,非洲制造品进口所占的比重较2012年有所增加,达66.68%,比2012年增长6.34个百分点,比2000年增长了1.95个百分点。③

非洲在世界经济体系中所处的地位是由其经济发展水平,特别是经济结构所决定的。大多数非洲国家尽管独立已半个世纪,但其单一经济结构没有根本改变。非洲自然资源和半成品占其出口的比重高达80%以上。非洲有36个国家,其出口的60%依靠一两种原料产品,其中13个非洲国家单一产品出口占总出口的75%以上。所

---

① 安春英:《非洲的贫困与反贫困问题研究》,中国社会科学出版社2010年,第52—53页。
② *Regional Economic Outlook, Sub-Saharan Africa*, IMF, April 2014, p.27.
③ 梁明、田保霖:《非洲的对外贸易》,张宏明、安春英主编:《非洲发展报告》No.16(2013—2014),社会科学文献出版社2014年,第279—283页。

以,要让发展更多地惠及普通民众,摆脱贫困;要切实提高非洲在世界经济体系中的地位,真正实现非洲复兴,就必须实行经济转型。当前非洲经济转型的主要目标是实现包容性增长,以创造更多的就业机会。途径是发展基础设施,释放私营部门的潜力,帮助劳动者提高技术,创造就业机会,尤其给妇女和青年创造更多的就业机会。[①]实现包容性增长,就是实现经济多样化,改变单一经济结构。以博茨瓦纳为例,博茨瓦纳政府目前正积极实施"加速经济多样化"战略(EDD),这一战略提出重点发展五大领域:钻石、旅游、牛肉、矿产和金融服务。[②]这五大领域既包括博茨瓦纳的优势产业钻石开采,又包括它的传统产业养牛业,也涵盖旅游和金融服务业,以实现多元发展。

当然,非洲要实现包容性增长并非易事,需要长期的努力,如果实现了包容性增长,那非洲复兴也就不远了。非盟在2013年非统成立50周年之际,制订了"2063年议程",计划在非统成立100年之际实现非洲的包容性增长和非洲复兴。

(二) 自主发展成为当前非洲经济转型的指导思想

在历史上非洲的经济转型大多是被动的。在近代,由于殖民侵略和殖民统治,非洲经济被迫从传统经济向殖民地经济转型。20世纪中叶,非洲国家独立后,在建立民族经济的过程中,也是经历曲折。20世纪60—70年代,苏联与美国争夺非洲,一些非洲国家搞形形色色的非洲社会主义,走了许多弯路。20世纪80—90年代,西方国家利用非洲国家的经济困难,以援助为手段,在非洲推行以"华盛顿共识"为核心的结构调整方案,更是外部强加给非洲的。"华盛顿共识"

---

① African Development Bank Group, *At the Center of Africa's Transformation, Strategy for 2013—2022*, pp.1—3.
② [博茨瓦纳]弗兰克·杨曼著,陈志禄译:《中国与非洲工业化——对博茨瓦纳的启示》,载舒运国、张忠祥主编:《非洲经济发展报告》(2013—2014),上海人民出版社2014年,第40页。

的政策框架主要包括:把政府开支的重点转向经济效益高的领域;开展税制改革,降低边际税率,扩大税基;实施金融自由化改革;压缩财政赤字,降低通货膨胀,稳定宏观经济环境;采取灵活的汇率制度;实施贸易自由化;对外资实行开放政策;对国有企业实施私有化,放松政府管制等。①结构调整所倡导的私有化、自由化、放松政府管制、减少政府干预等原则,根本目的是为了弱化非洲国家的经济主权,方便国际垄断资本对非洲国家进行资源掠夺与经济盘剥,其提供的援助与贷款实际上只是西方国家实现其战略意图的工具,而不是为了真正帮助受援国的发展。②

当前非洲国家的经济转型越来越强调自主发展。非洲多数国家独立已经半个多世纪,越来越感受到自主发展的重要性,新兴大国的崛起,也为非洲的自主发展提供了一个新的平衡传统大国的国际环境。当前,非洲国家强调自主发展主要表现在两个方面:

一方面,非洲国家探索适合自己的发展道路,强调内源型发展。长期以来,非洲国家发展的理论受着西方国家的主导。近年来,世界经济形势剧烈动荡和新兴大国的加速崛起,力量对比正朝着有利于发展中国家的方向转变。不少非洲政治家和知识分子逐渐认识到,2008年的全球金融危机宣告了华盛顿模式的失灵,非洲发展道路应该自己确定。卢旺达总统卡加梅认为,非洲必须团结才能提高各方面的竞争力;只有非洲人民享有体面的生活并全面掌握自身的发展进程,非洲才能实现上述目标。③最近,尼日利亚中央银行前副行长

---

① John Williamson, "The Washington Consensus as Policy Prescription for Development", Lecture to the World Bank, Washington, DC: Peterson Institute for International Economics, 2004.
② 李智彪:《对后结构调整时期非洲主流经济发展战略与政策的批判性思考》,载《西亚非洲》,2011(8)。
③ Paul Kagame, "Lecture by President Paul Kagame to the Oxford-Cambridge Club of Nigeria", The New Times, November 12, 2012.

穆哈罗提出"内生增长模式"(endogenous growth model),以破解单一经济结构,实现包容性增长。他认为,非洲需要一个从内到外的内生增长模式,而不是目前占主流地位的从外到内以全球化为中心的模式。非洲首先需要打造为本国市场制造商品的基础,继而通过竞争优势向周边地区扩展,成长为至少能够自给自足的经济力量。[1]强调自主发展的非洲领导人,除了卢旺达总统卡加梅外,著名的还有埃塞俄比亚前总理梅莱斯,以及南非总统祖马等人。在全球金融危机以后的非洲,这种本土创制或内源型发展论正在成为共识。[2]

另一方面,非洲国家越来越青睐发展型政府(the developmental state),主张发挥政府在经济发展中的积极作用。在此前的20多年时间里,国际货币基金组织将援助和结构调整方案挂钩,强行在非洲国家推行新自由主义的经济政策,强化市场的作用,削弱政府职能,将非洲国家推到发展领域的边缘。加之多党制和民主化在非洲的推行,使得非洲国家政治动荡,非洲政府以保住政权为主要目的,重视短期的政绩,缺乏长远规划,即便制定了长远规划,也无力和无心实施,国家在经济发展方面的功能大为弱化。与此相对照的是,20世纪60—70年代亚洲四小龙的崛起,尤其是自20世纪90年代以来,中国的崛起给非洲的有识之士以强烈的震撼。东亚崛起一个很重要的原因是政府在经济发展中扮演重要的角色,国际学术界将此称为发展型政府模式。发展型政府具有四个特点:由精英构成的政府官僚体系;政府体系的高效率运作;政府干涉与市场经济模式的完美结合;政府授权的非政治经营组织(如新加坡的经济发展组和日本的通产省)。[3]发展型政府最重要的特点是具有较高的自主性,"使其在国

---

[1] Kingsley Chiedu Moghalu, *Emerging Africa: How the Global Economy's 'Last Frontier' Can Prosper and Matter*, Penguin Global, 2013, pp.1—5.
[2] 李安山:《非洲经济:世界经济危机中的亮点》,载《亚非纵横》2013(1)。
[3] Meredith Woo-Cumings. *The Developmental State, Cornell Studies in Political Economy*, Cornell University, 1999. p.16.

内和国际资源控制和竞争中具有更多的支配能力"。①

非洲一度热议的"基加利共识"实际上是非洲版的发展型政府模式。卡加梅所主张走的发展道路被一些学者称之为"基加利共识","基加利共识"不同于欧美的发展道路,而是更倾向于发展型政府模式。因为,卢旺达现在的施政理念从东亚国家汲取经验,同时从本土文化中寻找灵感。这些经验包括集中精力搞发展、强调纪律、强调落实和绩效等。②近年来非洲国家中除了卢旺达、埃塞俄比亚以外,看好发展型政府模式的还有南非、博茨瓦纳、坦桑尼亚、肯尼亚、安哥拉等国。如南非政府制定《新增长框架》,发挥政府对经济发展的领导和调节作用。该框架将能源、交通、通信、水和住房5个领域作为投资的重点领域,旨在提高经济增速、创造就业和实现经济社会均衡发展,提出在2010年至2020年10年间创造500万个就业岗位,将失业率从目前的25%降至15%。③

非洲国家越来越青睐发展型政府,标志着"国家的回归",也将为非洲经济转型和可持续发展奠定基础。

(三) 结构调整是当前非洲经济转型的主要内容

经济转型是一项系统工程,既包括经济结构的调整,又包括政府管理职能的转变和社会利益格局重组。仅就经济结构调整而言,又涉及所有制结构、产业结构、收入分配结构、消费结构、企业内部结构、城乡结构、资源结构、区域经济结构等等④。当前非洲国家的经济结构调整与国际货币基金组织主导的结构调整是不同的概念,前者是非洲国家根据其经济发展面临的困难和挑战,主动调整结构,转

---

① 于宏源:《论发展型政府理论与实践》,载《广东商学院学报》,2004(6)。
② 舒展大使:《南非布伦赫斯特基金会2014年非洲研讨会纪要》(内部报告)。
③ South Africa Government: *The New Growth Path: the Framework*, 2011.
④ 沈世顺、王常华:《经济转型中的结构调整》,国家行政学院出版社2011年,第1—5页。

变生产方式;后者是被动接受的,而且,这种以市场优先为特征的华盛顿共识,对非洲国家而言"在结构转型和可持续发展方面却是失败的"。①因为,非洲国家接受国际货币基金组织主导结构调整的30年,工业产值在GDP的比重不升反降,由1980年的12%,下降至当前的10%左右。②

当前非洲国家的发展模式过度依赖消费和初级产品出口的拉动,而制造业对非洲GDP的贡献率十分有限。依靠初级产品出口这种单一产品经济很容易受国际市场上大宗商品价格波动的影响,比如2014年下半年以来,石油价格的暴跌使非洲产油国损失惨重,尼日利亚一半以上的州因此发不出工资。非洲国家目前的经济结构严重影响到创造就业机会和经济的可持续发展。因此,非洲当前经济结构调整的重点是对产业结构进行调整,主要措施有以下几点:

首先,大力推进工业化,以此带动经济的全面发展。工业化是非洲实现包容性和可持续经济增长的前提,是非洲摆脱贫困的必由之路,非洲国家迫切需要转变生产方式,实行可行的产业政策,开展工业化,以促进非洲经济的结构转型。独立后,非洲曾经采取进口替代的战略,但是最终归于失败。到1980年,非洲加工工业仅占世界加工工业产值的1%,较之拉美(占6.8%)和亚洲发展中国家(不包括中国,占3.8%)还有相当差距。③

进入21世纪以来,非洲工业化重新提出来,作为非洲经济转型的重点内容。2008年1月,非盟第11届首脑会议将非洲工业化纳入讨论的重点议题,通过了《非洲加速工业发展行动计划》(AIDA),该计划强调工业化是实现经济增长的关键引擎,非洲需要在国家、区

---

① Clemens Breisinger, Xinshen Diao, *Economic Transformation in Theory and Practice*, IFPRI Paper, September 2008, p.1.
② *African Economic Outlook 2014*, ADBG, OECD, UNDP, 2014, p.26.
③ 谈世中主编:《反思与发展——非洲经济调整与可持续性》,社会科学文献出版社1998年,第16页。

域、大陆和国际层面加强合作,促进非洲工业发展。同年10月,第18届非洲工业部长会议在南非德班召开,会议通过了"非洲加速工业发展行动计划具体实施方案"。近年来,非洲经济增长的同时,非洲贫富差距反而加大,非盟等机构提出需要进一步重构工业化来解决这些问题。2014年3月,联合国非洲经济委员会和非洲联盟联合发布的《2014年非洲经济报告》,该报告以"非洲积极推进工业化:创新机构、程序和灵活机制"为主题,指出,工业化是促进非洲经济结构转型和改善人们生活水平的关键。报告呼吁非洲各国通过构建和实施有效的工业化政策,把非洲经济发展战略聚焦于重构工业化[1]。

在非洲工业化进程中,需要因地制宜,探索适合本国工业化建设的战略与路径。资源和环境有条件的国家可以适当发展一点重工业,更多的国家应该发展轻工业为主。同时,应该大力发挥中小企业和私营部门的作用。因为,主要靠它们解决就业问题。非洲私营部门对非洲GDP的贡献达80%,对就业岗位的贡献将近90%。在非洲企业中,微型、小型和中型企业占总数的65%,创造就业70—80%,贡献非洲GDP的30%—35%[2]。

其次,加快农业和服务业的发展,推动经济多元化。非洲许多国家是农业国,农业劳动者占总劳动力人数的60%,农业产值占非洲GDP的25%。在一些非洲国家农业部门吸纳了更多的劳动力,如布基纳法索、布隆迪、埃塞俄比亚、几内亚、几内亚-比绍、马拉维、马里、莫桑比克、尼日尔和卢旺达,这些国家80%—90%的劳动力集中在农业部门。[3]然而,非洲大陆粮食不能自给。所以,近年来非盟号召大力发展农业,非盟将2014年定为"农业和食品安全年"。除了农业

---

[1] 舒运国、张忠祥:《非洲经济发展报告》(2013—2014),上海人民出版社2014年,第69页。
[2] African Development Bank Group, *At the Center of Africa's Transformation*, *Strategy for 2013—2022*,第16页。
[3] *African Economic Outlook*, 2014, ADBG, OECD, UNDP, p.24.

外,非洲多国还致力于打造服务业等,以带动经济的发展。目前,服务业的产值在非洲已超过工业和农业。非洲服务业的兴起和发展,对于改变非洲国家的单一经济结构,吸引外国投资,扩大就业,推动经济多元发展发挥了积极的作用。

非洲旅游资源丰富,而旅游业能够大量吸收劳动力,又属于绿色产业,因此,非洲旅游业潜力巨大,非洲国家也纷纷将旅游业作为重点发展的新兴产业。2000—2012年非洲国际游客每年增长6%。[1]2011年访问撒哈拉以南非洲的国际游客达3400万人次,创造520万个工作岗位。到2020年将达到5500万人次,为GDP贡献660亿美元,将创造650万个工作岗位。加上与旅游业相关的产业,到2020年旅游业将为撒哈拉以南非洲贡献1720亿美元的产值,创造1600万个工作岗位。[2]

第三,加强基础设施建设,推进非洲一体化。基础设施建设与非洲工业化,乃至改善民生都密切相关。因此,非洲开发银行在《处于非洲转型中心:2013—2022年战略报告》中,将其列为五大优先行动领域之首。为了促进非洲经济转型,非洲开发银行提出了五大优先行动领域:一是基础设施的建设;二是区域经济一体化;三是促进私营部门的发展,创造就业的机会;四是良治与能力建设;五是技能和技术。[3]

由于基础设施落后,非洲内部贸易的比重一直很低,2012年非洲区内贸易占非洲出口总额的比例只有11.5%[4]。仅仅因为基础设施建设的严重滞后,导致了非洲国家每年国内生产总值至少损失2%

---

[1] *African Economic Outlook*, 2014, ADBG, OECD, UNDP, p.25.
[2] The African Centre for Economic Transformation (ACET), *2014 African Transformation Report, Growth with Depth*, p.12.
[3] African Development Bank Group, *At the Center of Africa's Transformation, Strategy for 2013—2022*, pp.2—3.
[4] UNECA, *Annual Report* 2014, p.3.

的增长率。非洲联盟和非洲国家越来越认识到发展基础设施的重要性和迫切性,将基础设施建设列为优先发展目标。"非洲发展新伙伴计划"将基础设施列为优先发展的领域。①2009年非盟第12次首脑会议,以"非洲基础设施建设"为会议主题②。2012年1月,非盟第18届首脑会议通过了《非洲基础设施发展计划》(PIDA),确定7个跨国跨区的重点项目,加快铁路联通和港口运力建设,以突破制约内部贸易发展的交通瓶颈。

近年来,伴随着非洲经济较快发展,越来越多的非洲国家重视对基础设施的投资,如南非、尼日利亚、肯尼亚等多国开始了新一轮基础设施的建设。南非设立了总统基础设施协调委员会,制定"国家基础设施规划",计划投巨资推动基础设施建设,祖马政府就已在基础设施建设方面投入了1万亿兰特,约合1300亿美元。2014年7月10日,南非《基础设施建设法》正式生效,为南非基础设施建设和部门协调提供了法律依据。该建设法规划了17项战略项目,涉及公路、铁路、港口、电力、新能源,以及教育、医疗和农村基础设施建设等,希望能够借此改善南非基础设施不足的现状,释放经济潜力。③2012年2月,肯尼亚、埃塞俄比亚和南苏丹三国签署了"新拉穆港基础设施建设协议",该项目包括石油管道、高速公路、铁路以及机场,计划投资240亿美元④。2013年11月,肯尼亚最大基础设施工程——投资138亿美元的东非铁路正式开工。2014年8月,埃及政府

---

① *NEPAD Priority Sectors*, Http://www.nepad.org/Nepad + Priority + Sectors/sector_id/1/lang/en(上网时间:2014年12月28日)。
② *12th African Union Summit, Theme:Infrastructure Development in Africa*, http://www.africa-union.org/root/AU/Conferences/2009/january/summit/12thsummit.html(上网时间:2014年12月28日)。
③ Infrastructure Development Act, http://www.gov.za/documents/download.php?f=213542(上网时间:2014年12月30日)。
④ Aggrey Mutambo, New Lamu Port infrastructure initiative has potential to improve the economies of East Africa, *CHINAFRICA* Vol.4 April 2012, p.20.

宣布,将投资40亿美元,在现有的苏伊士运河东部,开凿一条72公里的新运河。该工程建成后,船舶通过运河时间由原来的20小时缩短至11小时,运河日均船只的通过数量从目前的23艘提高到97艘。①

由于殖民统治的原因,非洲现在有54个国家,非洲必须走联合自强的道路。近年来,非洲一体化进程明显加快。2012年,非洲联盟第18届首脑会议推出了2017年前建设非洲自由贸易区的时间表。此外,在8个次区域经济一体化组织中,东非共同体的一体化进程最快,2009年11月20日,东共体五国共同签署了《东非共同体共同市场协议》,2010年7月启动了东非共同市场。东南非共同市场于2009年建立了关税联盟。2011年6月,东非共同体、东南非共同市场以及南部非洲共同体进行三方自由贸易区谈判,规划于2013年建成大非洲自由贸易区共同市场。此外,西非国家经济共同体、南部非洲发展共同体和中部非洲国家经济共同体在建立自由贸易区方面取得了进展,并且计划尽快建立关税联盟。其他区域经济一体化组织,如东非政府间发展组织、阿拉伯马格里布联盟和萨赫勒-撒哈拉国家共同体虽然尚未有建立自由贸易区,但是也在一体化方面积极探索之中。

应该清醒地看到,经济转型对非洲国家来说,是一条艰苦和漫长的探索之路。非洲国家将面临各种困难和挑战。比如政治稳定十分重要,这是经济发展与转型的前提条件。由于非洲国内的民族和宗教矛盾,加之外部的干涉,一些非洲国家的安全形势堪忧。又比如资金问题,工业化和基础设施建设都需要大量的资金,非洲基础设施投资只占其GDP的4%,而中国占14%,非洲开发银行的报告指出非洲每年基础设施投资需要1000亿美元,目前实际投资只能满足其一半。②此外,

---

① 刘睿:"开凿新运河,埃及打造'新的国家骄傲'",《人民日报》,2014年8月7日,第21版。
② African Development Bank Group, *At the Center of Africa's Transformation, Strategy for 2013—2022*, p.2 & p.14.

非洲缺乏技术和人才,而科学技术和人力资源是非洲经济转型的另外两个驱动器。要解决这些困难,都需要加强国际合作。

(四)新兴经济体崛起是当前非洲经济转型的外部机遇

在经济全球化日益发展的时代,一个国家和地区的经济转型能否成功,内外因素都很重要。对于当前非洲经济转型而言,新兴经济体的崛起和新兴经济体与非洲合作的发展是其最大的外部机遇。从20世纪90年代,以中国和印度为代表的新兴经济体开始崛起,2001年高盛公司创造的金砖国家(BRICS,指巴西、俄罗斯、印度和中国)是新兴经济体的代表。因为,新兴经济体与非洲的合作属于南南合作,更加平等和互利;另一方面,新兴经济体与非洲的合作将有助于非洲经济转型。

首先,新兴经济体是平衡西方的重要力量,有利于非洲自主选择发展道路。之前非洲经济转型不成功,一个很重要的原因是被动地接受西方的发展模式。随着新兴经济体的崛起,国际力量对比朝着有利于发展中国家的方向发展,非洲经济转型的外部环境正在发生变化,非洲有可能选择适合自己的发展道路,从而实行本土创制。与此同时,新兴经济体与非洲的合作,增加非洲选择合作伙伴的机会,进而有利于提升非洲的国际地位。喀麦隆总统比亚曾说:"近年来非中友好合作不断加强,大大提升了非洲的国际地位,对非洲与其他国家关系也起到了强有力的推动作用。非中关系像酵母一样,带动国际社会加大对非投入,非洲国家普遍看好与中国合作的前景。"

其次,新兴经济体是非洲贸易和投资的重要伙伴,有利于部分解决非洲经济转型所需的资金和技术问题。新兴经济体对非洲的贸易和投资固然是经济全球化的需要,实现各自的利益,同时,也有利于非洲国家将资源优势转化为经济优势,改善非洲的贸易环境,增加非洲的就业。随着新兴经济体的崛起,它们与非洲的贸易迅速发展。

金砖国家与非洲的贸易额从 2000 年的 223 亿美元增至 2012 年的 3400 亿美元,在 12 年间增长了 15 倍,预计 2015 年金砖国家与非洲的贸易将超 5000 亿美元,其中中国贡献 60%,为 3000 亿美元。金砖国家与非洲的贸易占非洲贸易总额的比重也从 2010 年的 1/5 提升至 2015 年的 1/3。[①]在金砖国家中,中非贸易的发展尤其迅速,中非贸易总额从 2000 年的 106 亿美元上升到了 2008 年的 1068 亿美元,年均增长率高达 33.5%,占中国对外贸易总额的比重由 2.2% 升至 4.2%,占非洲对外贸易总额的比重由 3.8% 升至 10.4%。自 2009 年以来,中国成为非洲最大的贸易伙伴,2013 年中非贸易额达到 2102 亿美元,比 2000 年的中非贸易额增长了将近 20 倍。

金砖国家对非洲的投资也在迅速增长。自 2003 年以来,大量金砖国家的资金流向非洲,其中,中国对非洲投融资为 300—400 亿美元,印度为 120—200 亿美元,南非为 120—150 亿美元,巴西为 80—120 亿美元,俄罗斯为 50 亿美元[②]。金砖国家的投资弥补了非洲资金不足的困境,他们在投资非洲的同时,也相应带去技术,本身也是技术转移的过程。非洲开发银行首席经济学家、副行长穆苏里·恩库贝(Mthuli Ncube)认为:"随着南方国家作为新的合作伙伴,扮演着更加重要的角色,非洲发展的图景正在发生变化。"[③]

第三,新兴经济体是非洲基础设施建设的主要参与者和投资方。非洲基础设施建设面临诸多挑战,如技术挑战、人才挑战,跨国跨区域基础设施还面临如何协调的挑战,但是,资金短缺无疑是最大的挑战。非洲基础设施发展计划(PIDA)的优先行动计划(PAP),估计到

---

① Ruchita Beri, *Evolving India-Africa Relations: Continuity and Change*, Occasional Paper, No.76, Feb. 2011, p.7.
② Simon Freemantle, Jeremy Stevens, "BRIC and Africa", http://www.trademark.sa.org/node/1291(上网时间:2014 年 4 月 9 日)。
③ Richard Schiere, Leonce Ndikumana and Peter Walkenhorst ed, *China and Africa: an Emerging Partnership for Development?* African Development Bank Group 2011, p.iii.

2020年非洲基础设施投资需要680亿美元,到2040年需要3000亿美元的投入。①当前非洲国家基础设施建设的资金缺口每年达500亿美元左右。金砖国家在非洲国家基础设施领域日益增长的投资,有助于缩小非洲基础设施建设的融资缺口。2005年至2009年间,中国对非洲基础设施的投资平均每年50亿美元,2010年达到90亿美元。②当前,中国是非洲基础设施建设投资最多的国家,2012年中国对非洲基础设施的投资达到134亿美元,占亚洲对非洲基础设施投资的78.3%。③中国新一届中央领导继续重视对非合作。2014年5月,李克强总理访问非洲,提出了"461"中非合作框架,其中包括高速铁路、高速公路和区域航空在内的三大网络建设。中国政府已经开始启动与非方洽谈非洲跨国跨区域基础设施合作。2014年4月,中国商务部与非洲联盟(非盟)委员会非洲跨国跨区域基础设施建设合作联合工作组第一次会议在埃塞俄比亚首都亚的斯亚贝巴召开,会议就签署《中国商务部与非盟关于非洲跨国跨区域基础设施合作行动计划》达成一致。

  与此同时,中资企业积极参与承建非洲大型基础设施项目,利用中国的技术、速度和比较低的报价等优势,努力改变非洲基础设施落后的面貌。近年来,随着非洲经济的持续增长和非洲一体化的推进,非洲基础设施建设掀起了新的高潮,中非基础设施合作也进入了快速发展时期。2013年11月28日,由中国路桥工程有限公司负责承建肯尼亚最大的基础设施工程——东非铁路正式动工。该铁路起始

---

① Dakar Financing Summit for infrastructure recommends that Africa relies on itself, 16/06/2014, http://www.afdb.org/en/news-and-events/article/dakar-financing-summit-for-infrastructure-recommends-that-africa-relies-on-itself-13311/(上网时间:2014年12月26日)。
② *Chinese Infrastructure Investments and African Integration*, Http://www.afdb.org/en/documents/ April 3, 2013.
③ ICA-Annual Report 2012, pp.12—14.

于肯尼亚港口城市蒙巴萨,途经首都内罗毕,至乌干达首都坎帕拉,工程总造价高达138亿美元。2014年5月5日,中国土木工程集团与尼日利亚政府签订尼日利亚沿海铁路项目框架合同,合同金额131亿美元。尼日利亚沿海铁路项目是西非共同体"互联互通"铁路网的重要组成部分,建成后对于建设沿海经济走廊、拉动整个西非地区经济发展具有重要战略意义。

第四,新兴经济体的产业升级是非洲工业化难得的机遇。新兴经济体经过几十年的快速发展,工业化水平有了极大的提升,现在到了产业转型升级的关键时期,如果对接得当,将成为非洲工业化的难得机遇。作为最大新兴经济体的中国,经过30多年的高速发展,产能严重过剩。2013年11月,中国国务院发布《关于化解产能严重过剩的指导意见》,明确提出了钢铁、水泥、电解铝、平板玻璃、造船等是产能严重过剩产业。以钢铁为例,目前我国钢铁产能达9亿吨,约存在22%的产能过剩。①

另一方面,由于劳动力成本的上升和资源环境承载能力的矛盾,中国将出现大规模的产业转移。中国著名经济学家林毅夫在2015冬季达沃斯论坛上说,"目前从整个的发展态势来讲的话,中国跟日本六十年代、亚洲四条小龙八十年代的态势是一样的"。但是,有一个量上的不同,"这一次中国制造业雇佣的人数是1.24亿人,是六十年代日本开始把劳动密集型产业往外转移时的12倍,是亚洲四小龙加起来的22倍"。②把中国制造业的一部分转移到非洲,将给非洲的工业化带来翻天覆地的变化。其实,这一工作已经开始尝试,如在非洲创办经贸合作区,目前,国家层面的中非经贸合作区有6个。经贸

---

① 国家行政学院经济学教研部课题组:《产能过剩治理研究》,载《经济研究参考》2014(14)。
② 林毅夫:"国内工资不断上涨,中国面临日本60年代情形",http://news.china.com/domestic/945/20150122/19234323_all.html#page_2(上网时间:2015年2月2日)。

合作区是非洲国家为了学习中国的改革开放的经验而设立的,目的是将非洲的经济优势和中国的经济优势结合起来,使之成为适应市场竞争和产业升级的现代化产业分工协作生产区。

非洲一方面工业化没有完成,另一方面,也不能走先污染,后治理的老路,所以绿色增长同样重要。因此,非洲在新兴经济体进行产业对接时,宜适度发展重化工业,更多地发展劳动密集型企业,既能够创新大量的就业岗位,又不以牺牲环境为代价。

总之,当前非洲国家正在兴起新一轮的经济转型,这是非洲实现包容性发展和可持续发展的关键,也是真正实现非洲复兴的关键。以中国为代表的新兴经济体的崛起成为助推非洲经济转型的机遇。中国与非洲互为机遇,非洲经济转型也是中非合作的机遇。中国应该抓住非洲经济转型的先机,早做谋划,将它转化为推动中非合作新动力。首先,针对非洲工业化战略,将其与中国产业升级与产能转移对接,扩大中非经贸合作区的数量与规模,提升中非经贸合作水平,带动更多的中国企业"走出去"。其次,针对非洲经济多元化战略,深化与非洲在农业和现代服务业等领域的合作。中国现代农业和现代服务业都已积累了许多经验,涌现出一批知名企业,可以与非洲国家在发展现代农场、网店和快递等行业开展合作。第三,针对非洲一体化战略,与非洲大陆在跨国基础设施建设领域开展合作,非洲高铁、高速公路和航空三大网络的建设蕴含着巨大的商机,中非基础设施合作已经有了很好的基础,应该取得更大的份额。总之,将非洲的经济转型与中国的经济转型相对接,共同实现中国梦与非洲梦。

第十三讲

泛非主义与非洲一体化

泛非主义是非洲的民族主义,它既是一种思想理论,又是一种政治运动。诞生于19世纪末的泛非主义,在一个多世纪里,不但引导非洲大陆走上独立之路,而且成为非洲一体化的理论基础和指导思想。[①]泛非主义主要有三个发展阶段:在初始时期,泛非主义号召非洲各族跨越民族和地域界限,团结一致,为争取非洲大陆的独立自由而共同奋斗;在探索时期,泛非主义不但指导非洲大陆完成了整体独立的历史任务,而且引导国家走上了探索一体化的道路;进入21世纪,非洲国家再次高举泛非主义大旗,加快了一体化进程。

一、泛非主义发展的三个阶段

泛非主义的最大特点就是强调非洲的整体性,因此,非洲人民(包括海外非洲裔)在反对西方列强的斗争中,必须团结一致,首先推翻西方殖民主义和种族主义的统治,取得非洲大陆的独立,随后建立

---

① 舒运国:《泛非主义与非洲一体化》,《世界历史》2014年第2期。

非洲合众国,最终实现非洲大陆的统一。

(一) 1900—1963 年是泛非主义的初始阶段

在这一阶段,泛非主义号召全球黑人团结一致,共同战斗,反抗殖民主义和种族主义统治,为非洲大陆的独立和自由而斗争。

泛非主义在诞生之初,就特别强调非洲整体性。这并不是偶然现象,而是非洲社会历史条件的产物。众所周知,在西方殖民者入侵之前,撒哈拉以南非洲的许多地区尚没有形成国家。在西方抢夺殖民地的浪潮中,非洲被人为分割成数量众多的殖民地。外族入侵使当代许多非洲国家的形成,最初是以殖民地形式出现的,因此非洲各族人民难以产生对于殖民地国家的认同。相反,由于存在共同的历史遭遇和斗争目标,非洲各族对于非洲大陆的认同超过了对于殖民地国家的认同。在这种形势下,第一代泛非主义思想家大力倡导"非洲一体性",如德拉尼(Martin R. Delany,1812—1885),克鲁梅尔(A. Crummell,1818—1898),布莱登(E. W. Blyden,1832—1912),加维(M. Garvey,1887—1940)和杜波依斯(W. E. B. Du Bois,1868—1963)等。

第一,泛非主义把非洲和黑人视为一个利益共同体。

由于非洲特殊的社会历史条件,泛非主义从一开始就视非洲为所有非洲人的祖国。泛非主义之父杜波依斯也指出:海外的非洲人力图把非洲视为一个统一的大陆和一个整体,因为他们无法寻找祖先的确切的出生地。泛非主义思想家一致认为,由于全球黑人种族所遭受的命运是共同的,因此,反对种族主义和争取黑人独立、自由的斗争是全球黑人种族的共同任务。泛非主义思想家号召全球黑人,无论是非洲本土、还是美国和西印度群岛的黑人,必须团结起来,共同投入这场斗争,以争取黑人种族的独立和自由。泛非主义思想家布莱登不断呼吁生活在美洲的非洲子民们,要有一种使命,这就是为黑人种族而工作,为非洲大陆工作,为我们的思想和事务的进步而工作。杜波依斯则号召非洲各独立部落、西印度群岛和美国的黑人以及世界各国的黑人公民,鼓起勇气,不断奋斗,英勇战斗。

第二,泛非主义号召非洲人民发扬"非洲个性"。

泛非主义认为,非洲具有独特的"非洲个性",正是这种"非洲个性"使非洲有别于其他地区和其他民族。因此必须发扬"非洲个性",以此团结全球黑人,完成非洲大陆的独立和解放。1893年,布莱登在《种族与学习》中第一次提出"非洲个性"。他认为,所谓"非洲个性"就是以非洲种族个性和文化个性为出发点,遵循和发扬非洲传统文化中人与自然的和谐相处、人与人的和睦共处的禀性。布莱登指出,欧洲文明正在向古老的非洲大陆渗透,非洲人应抵御这一渗透而不被同化,要保持和发展非洲个性。"非洲人就是非洲人,欧洲人就是欧洲人,他们(个性)将永远存在。"要走不同于欧洲的发展道路。非洲人就必须坚持自己的个性,在目前的危险环境下,每个非洲人都要热爱自己的种族和捍卫这种个性。

第三,泛非主义认为斗争目标是建立统一的非洲国家。

泛非主义把非洲人民斗争的最终目标定格在建立一个统一的非洲国家。1852年,德拉尼在《非洲东海岸的探险计划》中提出:"我们必须要作出一个决定,就是要创立我们自己的民族国家。"这一黑人民族国家是"黑人种族自尊、种族自豪和种族自治"的产物。布莱登对于非洲统一国家提出了进一步的具体构想,他认为利比里亚可以成为未来非洲帝国基础。布莱登指出,利比里亚的缔造者已经播下了非洲民族国家的种子,它必将成为一个独立进步的黑人民族国家并成为非洲帝国的基础,它将是所有非洲人的故乡,所有非洲人在非洲的家园。布莱登以利比里亚为"胚胎",逐步联合其他地区和民族,扩大非洲民族国家的规模,最终建成"非洲帝国"。布莱登憧憬:"在未来的景象中,我将看到这些美丽的山川被溪流所环绕,沃野上鲜花遍地。我看到海外黑人的归来正在重建这片土地,我看到来自尼日尔河谷地的兄弟们欢迎他们的到来。我也看到穆斯林和异教徒,部落首领和人民,和他们归来的兄弟们手拉手肩并肩奔向太阳,共同迎接非洲大陆的新生。"为了建立和发展非洲民族国家,布莱登提出了许多设想,大致包括:倡导黑人自尊,发展民族主义,发展政府个性,建立黑人政府,倡导政治经济改革,倡导利比里亚政治的泛非示范作用,最终使得利比里亚成为"非洲帝国"的基地和胚胎来完成非洲联合和复兴的伟大使命等。1957年,在非洲大陆独立前夕,杜波依斯在给恩克鲁玛的信中,明确提出了非洲统一(建立泛非体)的设想:"泛非体是通过非洲各独立单位的合作而形成的,它应设法发展成为一个处于欧亚之间的新非洲经济和文化中心。"

(二) 1963年至2000年为泛非主义的探索阶段

在这一阶段,泛非主义在推动非洲大陆政治独立的同时,对于非洲一体化作出了初步的探索。

第二次世界大战结束后,世界范围内掀起了民族独立运动。在非洲,民族独立的浪潮由北向南发展,仅1960年,就有17个非洲殖民地摆脱了殖民统治,走上了民族独立的道路。至1963年,非洲大陆独立国家已经达到31个。十分明显,非洲大陆形势发生了根本的变化。一方面,非洲大陆的大多数殖民地获得了独立,泛非主义的第一个目标——非洲大陆的独立,已经取得了巨大进展,然而要完成非洲大陆的整体独立,仍然需要继续努力;另一方面,独立的非洲国家如何推进联合,实现泛非主义的最终目标——建立非洲合众国,成为必须面对和探索的新课题。

第二代的泛非主义思想家,包括恩克鲁玛(Kwame Nkrumah, 1909—1972),塞古·杜尔(Ahmed Sekou Toure 1922—1984),阿齐克韦(Nnamdi Azikiwe, 1904—1996),尼雷尔(Julius Kambarage

Nyerere，1922—1999)，海尔·塞拉西(Haile Selassie，1892—l975)，桑戈尔(Léopold Sédar Senghor，1906—2001)等，面对非洲大陆的变化，对泛非主义作出了新的诠释。

第一，对泛非主义运动的主体作出重新界定。

在泛非主义初始阶段，运动主体是全世界的黑人，包括生活在非洲和已经离开非洲而散居在世界各地（主要是美洲）的黑人，因为全世界的黑人种族拥有相同的遭遇和命运。因此，早期泛非主义主要依靠全世界黑人的共同努力，为黑人种族的共同利益而斗争。第二次世界大战后，世界各地的民族解放运动不断高涨，反对殖民主义和种族主义的斗争节节胜利。非洲本土的黑人和海外黑人所面临的形势已不完全一致，海外黑人要求种族平等，而非洲黑人所面临的民族独立的任务更加急迫，斗争目标的差异导致了两者联系日趋松散。泛非主义的重心逐渐转向非洲后，要求全体非洲人同心合力，尽快使非洲成为独立的大陆。在这种形势下，非洲本土的泛非主义者对运动主体，即"非洲人"的内涵作了重新的诠释。最具有代表性的是塞内加尔总统桑戈尔的阐述，他指出，对"非洲人"的界定必须进行扩展，除了非洲黑人外，现在还应包括北非的非黑人居民，即阿拉伯人和柏柏尔人。他认为，黑人和阿拉伯人是非洲人的两个分支。阿拉伯语和黑人语言组成了由北向南的非洲语言链。在文化方面，阿拉伯人和黑人相互渗透和影响，黑人学习了阿拉伯人的思维方法和逻辑，而阿拉伯人则吸取了黑人的情感。虽然两者还存在许多差异，比如肤色和语言，但是这已经显得无关紧要了，因为所有的非洲人将为非洲的未来共同工作。

把泛非主义的主体从全球黑人种族转化为非洲大陆的全体居民，是泛非主义的重要变化，它不但适应了泛非主义回到非洲大陆的形势，而且壮大了泛非主义主体的队伍，从而有力推动了非洲一体化进程。

第二,非洲是一个整体,政治独立必须是非洲的整体独立,因此,已经独立的非洲国家必须全力援助尚未独立的国家。

泛非主义思想家、几内亚开国总统塞古·杜尔指出:"我们一直认为,非洲应该被看作是一个人体;当砍下一个手指时,整个身体就会痛苦。"恩克鲁玛则剖析 20 世纪 60 年代的非洲形势后认为,独立的非洲国家必须团结一心,支援尚未独立的殖民地,他说:"除了依靠我们同心协力之外,还有什么办法能使我们大陆最富有而仍然受奴役的地区从殖民占领下解放出来,并使之有益于我们大陆的全面发展呢?"泛非主义思想家的这种思想在 20 世纪 50 年代末和 20 世纪 60 年代初召开的三届全非人民大会和两届非洲独立国家会议上充分反映出来。这些会议的决议显示了泛非主义的观点和立场:非洲是一个整体,因此非洲必须获得整体独立。为了达到这个目标,已经获得独立的国家,必须全力支援尚未独立的国家。以三届全非人民大会为例,第一届全非人民大会决议就明确指出:"我们有义务现在完全解放非洲。我们要求非洲独立国家以一切可能的办法,对正在为反对帝国主义和殖民主义而斗争的附属国人民提供最大限度的援助,从而使他们迅速获得解放,并且参加非洲自由、独立国家的大家庭。"在第二届全非人民大会的决议中,不但重申"要求全非人民立即无条件地获得独立"的立场,而且"建议迅速建立一个旨在协调所有独立国家的援助和团结的机构以帮助正在从事斗争的非洲各民族"。为了推进全非独立,第三届全非人民大会采取进一步措施,建议成立"全非解放基金委员会"和"自由非洲电台",以便在财政和宣传方面帮助尚未独立的非洲兄弟。

第三,继承了第一代泛非主义思想家的观点,坚持非洲必须走统一的道路。

第二代泛非主义思想家对于非洲统一的目标都抱有坚定的信念。恩克鲁玛始终积极推动非洲统一,他认为在非洲国家独立之初就应该立即实现大陆的统一。他在1963年《统一的迫切需要》一文中阐述了关于建立非洲合众国的思想:"这是向非洲领导人发起的挑战。我们应当抓住这一极好的机遇来表明,我们人民的聪明才智使我们能够在众多主权小国中超越分裂的朦胧愿望,为非洲最伟大光荣和其人民进步迅速建立起一个非洲国家联盟。"恩克鲁玛阐述了非洲大陆统一的现实条件和必要性。其一,非洲大陆统一具有很好的客观条件,如幅员辽阔的土地和丰富的自然财富等;其二,现实斗争需要非洲实现统一;其三,借鉴欧洲的历史经验。尼日利亚开国总统阿齐克韦对于非洲统一充满了信心:"我从不隐瞒我相信非洲国家为达到某种政治目的能够联合起来……在我看来,必然会出现一种政治组织形式的非洲大单位,即国家间联盟、联邦或联合体……不管在前进道路上还有多大困难,非洲统一显然在可预见的将来有可能成功。"塞古·杜尔认为非洲统一是"全体非洲人民十分渴望的"。坦桑尼亚总统尼雷尔则表示:"为了所有的非洲大小国家,必须实现非洲统一,而且必须是真正的统一。我们的目标必须是建立非洲合众国。只有达到这个目标,才能真正使非洲人民在经历几个世纪的经济动荡和社会压迫后有其应得的未来。这个目标必须实现。"

第四,对于非洲统一路径的设想。

第二代泛非主义思想家对于非洲统一提出更加具体的设想和方案。尼雷尔明确表示:"对于我们来讲唯一重要的事情是如何尽快实现非洲统一。从历史上看,世界各地是用两种方法进行统一的,或者通过征服,或者通过谈判联合的条件。想象非洲统一由一个非洲国家对另一个非洲国家的统治来实现是荒谬的。我们的统一只能是协商谈判的统一,因为它是平等的统一。"海尔·塞拉西认为,非洲统一进程中,"一个过渡时期是不可缺少的",其间,成立一个单一的非洲组织十分重要。海尔·塞拉西认为,通过这个组织,"让全世界听到非洲单一的声音,在它的内部研究和解决非洲的各种问题""促使非洲人中的争端取得可以接受的解决方法,促使为共同防务以及经济和社会领域的合作计划进行研究和采取各种措施"。塞古·杜尔认为,非洲统一必须具有各国认同的准则,具体而言,"联合的准则必须支持和加强普遍接受的思想:所有国家无论大小一律平等;相互关系中保持兄弟般的团结;共同使用某些资源;尊重每一国家的特性和习俗。任何国家不但不得干涉另一个国家的内部事务,而且每个国家必须帮助解决其他国家的困难"。

要完成非洲的统一,应该实现什么目标?恩克鲁玛明确指出,必须谋求实现三个目标,其一,应该拥有一个以非洲大陆为基础的全面的经济计划;其二,建立一种统一的军事和防御策略;其三,采取一种统一的对外政策和外交。

第五,选择非洲大陆统一的时间。

非洲国家独立之初,第二代泛非主义思想家对于非洲统一的具体时间看法不尽一致。在一段时间里,甚至形成了相互对立的两大集团,即持激进立场的卡萨布兰卡集团和持渐进立场的布拉柴维尔集团。恩克鲁玛代表了卡萨布兰卡集团,主张非洲国家独立后立即实现非洲统一;他大声疾呼:"机不可失,一定要现在就联合,要不就灭亡。"阿齐克韦则代表了布拉柴维尔集团,认为非洲国家独立后立即实现非洲统一的条件不成熟。他指出,"第一,非洲大陆居民在人种上不是同一来源""第二,非洲存在不同的语族,因而增加了相互交往和理解的困难""第三,非洲社会不同文化的影响造成社会团结的基本问题"。他认为应该从长计议。

塞古·杜尔虽然持激进立场,但是认为:争论是正常的,"有人声称看到了各种非洲集团形成中的政治对抗。事实上这些是非洲统一的第一次具体表现,它受到人类和历史的必然所激励。尽管存在着怀疑,但统一的趋势将会加强"。埃塞俄比亚皇帝海尔·塞拉西的态度代表了大多数非洲国家:"我们知道,我们中间存在分歧。非洲人具有不同的文化、不同的价值观念和特殊的属性,但是我们还知道在十分不同出身的人中间可以而且已有获得统一的实例。不管是种族的不同、宗教的不同、文化的不同还是习俗的不同,都不能对各族人民的联合构成不可克服的障碍。历史教导我们,团结就是力量。为了追求共同目标应消除和克服我们的分歧,以我们联合的力量,争取走上真正非洲兄弟情谊和统一的道路。"

非统组织在其存在的 39 年里,积极推动非洲大陆的整体独立。非统组织成立伊始,非洲获得独立的国家为 31 个,还有 20 余个国家处于殖民主义统治之下。面对这种形势,1963 年非统组织成立大会上各国元首和政府首脑签署的《宪章》中,明确规定其宗旨之四是"从非洲根除一切形式的殖民主义",并在原则之六中宣布"彻底献身于完全解放尚未独立的非洲领土"。为了尽早实现这个目标,首脑会议在 1963 年讨论了非殖民化的问题,"再次确认:支持为独立而斗争的非洲人民,是已经独立的非洲国家的责任"。为了推进非洲的非殖民化进程,并且决定成立"非洲解放委员会"(The Liberation Committee for Africa),常设机构在达累斯萨拉姆;设立一个专门的基金,用于这项事业;把 5 月 25 日定为"非洲解放日"。在以后的首脑会议上,先后通过了支持葡属殖民地(现莫桑比克和安哥拉)、赤道几内亚、南罗得西亚、纳米比亚等地民族解放运动的决议和声明,如《关于葡萄牙统治下的属地》《解放委员会的报告》《关于赤道几内亚的决议》《关于纳米比亚的决议》和《关于津巴布韦的决议》等。在非统组织的积极支持和帮助下,仅 20 世纪 70 年代又有 17 个非洲国家走上了独立之路。1990 年纳米比亚的独立,宣告非洲大陆整体独立任务已经完成。

(三) 2000 年至今是泛非主义的发展阶段

在这一阶段,非洲一体化得到了比较全面的发展。

进入21世纪,国际社会和非洲大陆出现了新的变化:第一,国际政治格局呈现转型态势,传统西方大国的实力滑坡,发展中国家地位上升,非洲国家自主探索发展的空间大大拓宽。第二,在世界经济舞台上,经济全球化不断高涨,非洲大陆难以抵御经济全球化的冲击,日益边缘化。美国学者玛丽娜·奥塔瓦指出:"不论以什么标准来衡量,非洲均处于一切全球化趋势的边缘……这个大陆不论在政治上、经济上还是文化上都正在日益边缘化。"法国经济学家雅克·阿达则认为:"非洲大部分地区成了经济全球化的死角,成为外国投资的荒漠化国际贸易的空白点。"就连尼日利亚时任总统奥巴桑乔也感慨地承认:"非洲发展的车厢已与全球发展的火车脱钩。"形势的变化使非洲国家更加感觉实现联合和走一体化道路的紧迫性。第三,在非洲国家内部,各国经历了独立后的发展实践,先是搬用东方或者西方发展模式,之后又实施了世界银行和国际货币基金组织的"结构调整方案",实践证明外来的模式不适用于非洲。非洲国家经过痛苦的反思,总结了独立以来的经验教训后,提出了"联合自强、自主发展"的战略。

在这种形势下,第三代泛非主义思想家应势而生,他们的代表人物是卡扎菲(Omar Mouammer al Gaddafi, 1942—2011年),姆贝基(Thabo Mbeki, 1942—),瓦德(Abdoulaye Wade, 1926—)和穆塔里卡(Bingu wa Mutharika, 1934—)等。第三代泛非主义思想家的思想包括以下内容。

第一,继承泛非主义传统,坚持非洲统一的目标。

利比亚总统卡扎菲被公认为是非洲联盟计划的主要倡导者。他从上两代泛非主义思想家关于建立"非洲合众国"的设想中受到启发,提出了按欧盟或美洲地区组织的模式成立"非洲合众国"的倡议,即把非洲建设成为"一个国家,一个民族,一种文化,一体防务,没有边界"的新非洲。卡扎菲认为,非洲国家无法各自独立生存,他敦促非洲国家的领导人同意成立非洲合众国。他认为:"40年来,所有的峰会都失败了;分散的非洲小穷国是没有前途的,整个非洲应该建立一个统一的国家——非洲合众国。"马拉维总统宾古·瓦·穆塔里卡提出了"一个非洲,一种命运"的观点。他认为,非洲人民有一个梦,非洲之梦"来源于数代泛非主义者,他们决定促进非洲人民和非洲国家之间的统一、团结、联合和合作"。他指出,"它与非洲的起源密切相关。我们必须承认,每个非洲国家和社会都有自己的起源,有自己的认同、自己的计划和自己的命运;但是,这些都建立在共同传统、共同种族背景和共同社会—文化联系的基础之上"。

第二,对于非洲统一的设想更加深入和具体。

对于非洲统一的设想,第三代泛非主义思想家提出了许多想法,比如,卡扎菲认为,非洲合众国应该建立统一的政府,拥有自己的中央银行、军队和议会;建立由200万人组成的军队,并发行统一货币和护照。然而,在各种设想中,塞内加尔总统阿卜杜拉·瓦德设计的方案最为具体。他认为,非洲合众国必须建设若干轴心。(1)信息与数字技术轴心:实现非洲大陆的数字技术大同,旨在确立信息与通信新技术的数量标准;(2)货币主轴:制定非洲统一的货币和货币政策;(3)自我资助发展主轴:建立必要的制度与机构,自主筹集发展资金;(4)科学与技术主轴:建立机构与培养人才,如实行科学研究大陆化、建立具有国际水平的非洲大学,以迎接形势的挑战;(5)双重计划主轴:双重计划包括两个层次,一种是地区计划,另一种是涵盖整个大陆的最高计划,这两种计划虽然目标和方式各不相同,但它们是相互协调和衔接的;(6)基础设施和交通道路主轴:站在非洲大陆的层面上,制定和落实基础设施与交通道路的规划和建设;(7)政治主轴:建立一个大陆政府、一个大陆议会和一个两党联合组织的内阁。对于政府,他甚至设计了具体部门,包括财政部、经济部、教育与科学研究部、能源部、公共工程与交通道路部、新闻部、卫生部、体育部和环境部。他对于各部的职能进行了说明。

第三,关于非洲复兴的思想。

第三代泛非主义思想家中,就其理论的完整性和深刻程度,或者是影响的广泛程度上,姆贝基的"非洲复兴"思想无疑具有代表性。"非洲复兴"是在继承泛非主义的基础上,对非洲发展理论的进一步探索,其内容大致如下。其一,关于"非洲复兴"的目标。姆贝基认为,"非洲复兴"的目标是实现非洲大陆的发展与繁荣,以及非洲大陆在国际事务中地位的提升。"非洲复兴"包括实现非洲大陆的政治稳定与民主,获得经济的持续发展,以及人民生活水平的改善;争取非洲各民族的平等;在国际范围内积极参与民主的国际体系的建构;使得非洲人民能够"分享共同的尊严,增强对非洲未来信念的自信",最终实现非洲大陆的现代复兴,实现非洲大陆的现代化。其二,关于"非洲复兴"的基础。姆贝基继承了上两代泛非主义思想家的传统思想,他不但对非洲大陆历史文化充满了自豪感与自信心,而且对于非洲未来抱有美好的期待。在姆贝基看来,非洲有辉煌的历史,也必将有光明的未来,这种对于非洲过去和未来的信念,一直是其"非洲复兴"思想的前提和出发点。他将非洲自人类诞生以来一切优秀的东西,都视为非洲悠久历史的内在组成部分。他努力挖掘非洲历史文化的精神遗产,批驳否认非洲的历史偏见和贬低非洲的种族主义观念,以恢复非洲人的自尊,让非洲人以新的精神状态面向未来。其三,关于"非洲复兴"的关键因素。姆贝基认为,实现"非洲复兴"目标的关键因素,在于非洲大陆要建立起合理的国家政治体系,建立起高效率的政府,同时实现经济增长,建立现代经济。政治上,必须捍卫非洲业已取得的成果,按照人民的意愿去强化非盟在促进和平和人权发展上的效果。经济上,运用新的经济政策为外来投资者创造良好的投资环境;同时,鼓励本土企业的发展,最终使非洲参与到世界经济的发展中,寻求建立一种现代的经济。这个过程中要注意的是规避小市场带来的弊端,提高非洲经济的整体性,为其壮大和发展提供可能的环境。其四,关于实现"非洲复兴"的途径。姆贝基提倡非洲大陆通过合作,完成地区安全、和平、稳定、发展的目标,最终实现非洲复兴。他认为,"非洲复兴"首先要消除贫困,这是经济发展的首要目标;要汲取过去的经验和教训,抱有必胜的信心。姆贝基呼吁发达国家降低关税壁垒,给发展中国家的贸易提供一定的方便。他号召非洲人民树立信心、借鉴经验,很好地与时俱进(而不是简单的乐观或者悲观),来实现非洲经济的发展。作为联结过去和未来的纽带,"非洲复兴"要广泛地学习借鉴,克服原有殖民地势力和边缘化的阻力,使非洲成为自由之邦。其五,南非应该作为"地区领跑者"。姆贝基曾在不同的场合,多次提到南非在当代非洲大陆实现复兴的过程中承担着特殊的使命,即要成为非洲大陆复兴与发展的领头羊。为此,在政治方面,南非要增强和促进国家民主力量的发展,包括促进所有包含着人类权益的文化的发展;在经济方面,南非必须重组经济来达到稳定发展,降低失业率,为人民创造更好的生活条件;在社会生活方面,南非必须满足人民消除贫困和提升生活水平的需求,保证良好教育、合理的健康和居住权益。必须采取切实的、持续的措施来对抗艾滋病传播。必须与其他国家合作,共同面对环境等问题的挑战。必须解决儿童生活保障问题和教育问题,使他们像所有的孩子一样拥有自尊和自信。

  进入21世纪,泛非主义思想家提出了"非洲复兴"思想,并且在发展战略及组织机构上进行了较大幅度的调整。由此,非洲大陆在一体化进程中呈现出较快发展的态势。当前,各次区域经济合作组织和非洲联盟对各自次地区层面和大陆层面的经济一体化进程制定了路线图和时间表,这反映非洲大陆在泛非主义指导下一体化的巨大进展,同时也说明非洲大陆的经济一体化进程逐步走上科学化的发展道路。

泛非主义是非洲大陆的民族主义，在其一百多年的发展进程中，不断推动非洲的一体化进程。剖析泛非主义经历的三个历史阶段，我们不难发现，作为非洲大陆的民族主义，泛非主义自1900年诞生起，至今经历了三个历史时期的发展。尽管每个时期非洲大陆所面临的形势和任务有所不同，但是，泛非主义的核心始终是"非洲一体性"。为此，在每个历史发展时期，泛非主义思想家都能依据时代的要求，与时俱进，赋予泛非主义以时代特色，从而不断推动非洲一体化进程。泛非主义诞生已经一百多年了，非洲各族为了非洲的一体化也奋斗了一个多世纪。由于非洲特殊的社会历史条件，包括殖民主义统治的后遗症和落后的经济发展水平，非洲大陆要完成一体化，还需要走很长的路。必须指出的是，泛非主义具有强大的生命力，它已经引导非洲各族取得了巨大进展，在今后的非洲一体化进程中，泛非主义仍然将发挥重要的指导作用。

二、非洲联盟的成立与非洲一体化的新进展

2002年7月9日12时，非盟首任主席、南非总统姆贝基在德班体育场，面对非洲各国领导人和近万名当地群众宣布，"我们今天聚集这里在完成一项庄严的历史使命——成立非洲联盟"。非洲联盟的正式成立标志着非洲在联合自强、实现政治、经济一体化道路上迈出了重要的一步。正如《非盟主题歌》所唱的那样，"非洲团结与联合，努力使之实现，让我们庆祝这一天，因为我们正在向前。所有的国家，昂首团结在一起，手持联合的钥匙通向非洲世纪……这是你的时代，你的世纪，你的权利，非洲人民站起来，团结在一起"。

非洲联盟是在世界经济全球化迅猛发展的新形势下，参照欧盟的模式，在原有的致力于非洲团结、合作的组织——非统的基础上成

立的,它是非洲国家以一体化应对全球化挑战的重要举措。

(一) 20世纪90年代以来非洲在全球化进程中日益"边缘化"

当今的世界是经济全球化加速发展的时代。自20世纪80年代以来,以信息技术革命为核心的高科技革命迅速发展,极大地推动着生产、贸易和金融的全球流动。今天,经济全球化已经成为不可阻挡的历史趋势,它正在对全球经济乃至各国人民的生活方式产生深刻的影响。尽管人们对全球化的定义有多种多样,但是全球化在本质上是资本主义的全球化或全球资本主义的扩张。正如G.阿尔博所说的"全球化只是资产阶级的国际化"。因此,全球化是资本主义生产方式的基本特征。它为追求利润的最大化,要求打破国家疆界,在全球范围内实行资本的增值和再生产。

非洲共有53个国家,21世纪初人口将近8亿,占世界人口的12%。非洲大陆面积为3020万平方公里,占世界陆地总面积的20%。没有非洲的全球化是不完整的,也是不现实的。其实,非洲已经在很大的程度上融入了世界经济,只是以畸形的方式、以不合理的条件加入世界经济之中。在有的指标上,非洲比起世界其他地区来说融入世界经济的程度更高。1990年,非洲与外部的贸易占GDP的45.6%,而同期欧洲的对外贸易只占其GDP的12.8%,北美占13.2%,拉美占23.7%,亚洲占15.2%。非洲资源的很大部分也被西方资本拥有或控制。

由于非洲经济的依附性和脆弱性,它在世界经济的全球化过程中处于很不利的地位,世界经济的全球化与非洲经济的边缘化几乎是同步进行的。换言之,非洲经济融入全球经济的程度越深,其在全球经济中的重要性就越小。总之,最近十几年来,随着经济全球化的发展,非洲在世界政治、经济中的地位变得日益"边缘化"了。非洲经济的边缘化表现在:

第一,非洲在全球生产和贸易活动中所占的比重微乎其微。独立30多年来,非洲畸形的原料出口型经济结构基本没有改变,除少数国家外,非洲国家的出口收入仍主要靠一种或几种农矿初级产品。非洲初级产品出口仍占其出口总额的80%。非洲只占世界GDP的1%,占世界贸易的2%,占世界制造业产品的比重几乎为零。

第二,外部援助和外国直接投资急剧下降。根据联合国发展计划署的报告,1992年以来发达国家对非洲的官方发展援助下降了20%。非洲占发展中国家的外国直接投资比例仍在下降,1976—1980年间为11%,1996—1997年间降为4%。而且,流入非洲的外国直接投资,大部分集中在南非和尼日利亚等国。发达国家对非洲的援助锐减,从1994年的234亿美元降到1998年的173亿美元。

第三,非洲在世贸组织中的声音最弱。至1998年撒哈拉以南非洲38个世贸组织成员国中,只有23个在日内瓦世贸组织总部派驻代表,总数只有60名,另外15国根本没有派驻代表。

第四,非洲债务庞大、增长迅猛。外债已经成为严重制约非洲经济发展的因素。2000年非洲债务达到3500亿美元,相当于非洲国家国民生产总值(不包括南非)的93%,占出口总额的327%。非洲每年大约用230亿美元还债,占其外汇收入的30.9%。据联合国的统计,1970年全非债务总额只有130亿美元,1980年为550亿美元,1990年增至1830亿美元,2000年猛增到3500亿美元。全世界41个重债国中有33个在非洲,其中有20个非洲国家的外债已超过本国的国民生产总值。非洲债务越滚越高,形成恶性循环。非洲发展与债务组织主席奥帕曾经坦言,"我们非洲已经跌进了一个难以自拔的债务陷阱"。

总之,非洲处在全球化竞争中最薄弱的环节。不少非洲国家领导人对全球化给非洲造成的负面作用有一个清醒的认识,埃及总统穆巴拉克说过,"全球化为穷国带来了灾难"。尽管全球化存在负面作用，但是，任何国家都不可能关起国门回避它。事实上，不管非洲的主观意愿如何，它已经开始融入全球化之中了。关键问题是非洲如何回应这种挑战，最大限度地趋利避害，在全球化的过程中为非洲谋取较为有利的国际环境和国际地位。非洲应对全球化需要提高自身的竞争力，要靠集体自力更生。推进非洲经济社会一体化的机构——非洲联盟就这样应运而生的。

(二) 非洲联盟的成立

非盟的诞生既是非洲国家以一体化应对全球化的重大举措，又是泛非主义运动、非洲统一组织发展的必然结果，它使非洲数代领导人的非洲统一的理想变为现实。

追溯非洲统一思想的演变历程，不能不提到泛非主义思想。泛非主义思想最早是在19世纪末提出来的。它是和"黑种人的兄弟关系""非洲个性""黑人魂"这些概念联系在一起的。西印度群岛律师亨利·西尔威斯特—威廉斯于1900年在伦敦组织了一次泛非会议。美国著名的黑人活动家杜波依斯于1919—1945年先后组织了五次泛非代表大会。战后，非洲当地领导人接过泛非主义的旗帜，推动非洲大陆的非殖民地化进程。泛非主义运动不仅要实现非洲大陆的民族解放，而且强调非洲的联合，它的最终目的是"建立一个叫做泛非联邦或叫非洲合众国的组织"。

1963年5月22日至26日，非洲31个独立国家领导人聚会埃塞俄比亚首都亚的斯亚贝巴，于5月25日正式签署《非洲统一组织宪章》，宣告了非洲统一组织的正式诞生。非统组织成立后，高举团结统一的旗帜，维护非洲国家独立与主权，反对殖民主义。经过非统组织几十年的不懈努力，在全世界人民的支持下，有关国家的人民前仆后继，最终赢得了独立。非统组织在20世纪90年代初实现了非殖民化的斗争目标。1994年新南非的诞生，标志着非洲进入一个没有殖民统治的崭新历史时代。

非统组织的历史功绩是不可磨灭的,它为非洲人民的彻底解放,完全摆脱殖民主义的统治做出了重大贡献。然而,在世界经济全球化的新的历史条件下,它难以发挥更大的作用。非统组织是一个松散的,没有实际权力的组织。一年一度的非统首脑会议由于各国分歧较大,很难形成统一的意见,有时即使形成了也难付诸实施。所以非统组织的改革势在必行。非盟就是在非统的基础上成立的。

非洲联盟是非洲联合思想的最终体现。随着非洲联盟的诞生,恩克鲁玛等人所提出的非洲合众国的理想也因此得以实现。

早在20世纪60年代,非洲第一代领导人、加纳总统恩克鲁玛就极力主张非洲的统一。他说:"非洲必须统一,否则即死亡。"他在1963年出版《非洲必须统一》一书中认为,一个统一的非洲应该谋求实现三个目标:"第一,我们应该拥有一个以大陆为基础的全面的经济计划。""第二,我们应该建立一种统一的军事和防御策略。""第三,我们必须采取一种统一的对外政策和外交。"他提出,"我们必须抓住良机……为了非洲的更大光荣和无限幸福,迅速地汇合在一起,建立一个非洲合众国"。那个时代,坦桑尼亚的尼雷尔也提出类似的观点,他说,"我们的目标必须是建立非洲合众国"。

在世界经济全球化飞速发展、非洲日益边缘化的情况下,非洲的联合与统一尤为迫切。20世纪90年代初,非洲国家领导人已经开始意识到经济一体化的重要性。为此,第27届非洲统一组织首脑会议1991年6月在尼日利亚阿布贾举行,会上签署了成立非洲经济共同体的《建立非洲经济共同体条约》。协定预计用34年的时间建立类似今天欧洲的联盟。此时,经济力量较强的南非和利比亚等国家在促使非洲一体化方面更加积极。20世纪90年代末期,姆贝基提出了"非洲复兴"的计划(即后来的"非洲发展新伙伴关系计划"),得到了许多非洲国家的响应。

1999年9月8—9日,利比亚领导人卡扎非在苏尔特召集了一次非洲统一组织特别首脑会议。会上,卡扎非呼吁成立非洲联盟。在2000年7月召开的非统第36届首脑会议上,与会领导人一致通过了《非洲联盟章程草案》。2001年7月9日到11日,第37届非统首脑会议,正式宣布由非洲统一组织向非洲联盟过渡,并且规定过渡期为1年。2002年7月9日,非洲国家领导人聚集南非城市德班,正式启动非盟。

(三) 2063年议程

《2063年议程》是建设非洲未来的蓝图和总体规划。它是将非洲转变为未来世界的经济增长点的非洲大陆战略框架,旨在实现包容性和可持续发展的目标,是泛非主义追求团结、自决、自由的具体体现。[1]

2013年5月在第21届非洲国家元首和政府首脑会议上,也即在非洲独立50周年之际,非洲各国领导人决定将"加强非洲的认同和复兴;反殖民主义与争取民族自决权;推动非洲一体化;促进社会与经济发展;保障和平与安全;改善民主治理争取独立自主;提升国际影响力"这八大理念整合为非洲大陆《2063年议程》。2014年1月,在非盟第22届首脑会议重点讨论了《2063年议程》。2014年6月,在非盟第23届首脑会议公布了该议程的草案。2015年1月,非盟第24届首脑会议对《2063年议程》的议题进行了审核和讨论,会议呼吁成员国落实已达成的议程,包括高铁网络、泛非洲网络等。

非盟《2063年议程》是指引非洲未来50年发展的一个宏大规划,包括七方面的"愿景":一是建设一个在包容性增长和可持续发展基础上的繁荣非洲;二是建设一个在泛非主义理想和非洲复兴愿景基

---

[1] Agenda 2063: The Africa We Want, https://au.int/en/agenda2063/overview.

础上政治一体化的大陆;三是建设一个良政、民主、人本、公正和法治的非洲;四是建设一个和平和安全的非洲;五是建设一个有较强文化认同,有共同遗产、价值和伦理的非洲;六是建设一个由全体公民,包括女性和青年共同推动发展的非洲;七是建设一个强盛、团结和在全球范围具有影响力的非洲。

2015年6月,在南非约翰内斯堡举行的第25届非盟首脑会议为实现《2063年议程》制定首个十年发展规划,列出了一些能有效惠及非洲人民的"旗舰项目":一体化的高速铁路网、虚拟电子大学、制定商品战略、设立年度非洲论坛、2017年前设立非洲大陆自贸区、非洲护照和人口自由流动、大英加水坝项目、泛非电子网络、2020年消弭非洲枪声、非洲外太空战略、单一非洲空运市场和建立非洲金融机构。

2016年7月举行的第27届非盟首脑会议则提出开始实施全非统一电子护照,这是非盟《2063年议程》的一个目标,旨在促进非洲内部贸易和人员流动,推动非洲一体化进程。

2022年2月,非盟发布的《2063年议程》执行情况的第二份大陆报告,对《2063年议程第一个十年实施计划》的执行情况进行了评估,重点介绍了非洲大陆在一系列目标和指标方面取得的进展和总体表现。报告显示,在新冠肺炎疫情爆发前,《2063年议程第一个十年实施计划》的实施稳步推进。然而,非洲在实施《2063年议程》方面取得的进展和发展成果受到新冠肺炎疫情的破坏性影响。尽管面临重重挑战,但非洲的表现相当强劲,在目标得分上,非洲大陆在20个目标中的大多数都取得积极的上升趋势,与2019年的32分(100分为满分,下同)相比,2021年目标的总得分为51分。[1]

---

[1] African Union, *Second Continental Report on the Implementation of Agenda 2063*, Feb., 2022, p. 81. https://au.int/sites/default/files/documents/41480-doc-2nd-continental-progress-report-on-agenda-2063-English.pdf.

《2063年议程》执行情况的第二份大陆报告还对该议程七大愿景进行了具体的评估：在"愿景1.建设一个在包容性增长和可持续发展基础上的繁荣非洲"方面，取得了适度进展，与2021年目标相比，总体得分为37。表现相对较低的原因是，非洲人均GDP从2019年的3170美元下降到2021年的2910美元。在"愿景2.建设一个在泛非主义理想和非洲复兴愿景基础上政治一体化的大陆"方面，取得了重大进展，其84的得分表现强劲。这主要是因为2021年1月1日《非洲大陆自由贸易协定》(AfCFTA)的正式生效。在"愿景3.建设一个良政、民主、人本、公正和法治的非洲"方面，总体得分比表现较弱，得分为42，主要是有能力的机构和各级领导层得分较低。在"愿景4.建设一个和平和安全的非洲"方面，取得了良好进展，总体绩效得分为63，主要因为武装冲突造成的伤亡显著下降。在"愿景5.建设一个有着强大文化认同、共同的遗产、共同的价值观和伦理规范的非洲"方面，得分为45的适度进展。这主要是由于非洲本土文化、价值观和语言未能充分融入中小学课程。在"愿景6.建设一个由全体公民，包括女性和青年共同推动发展的非洲"方面，非洲大陆实现了67的总体得分，原因是妇女在农业总人口中拥有农业土地所有权或有保障权利的比例略有增加，以及妇女在国家议会、区域和地方机构中所占席位的比例有所提高。在"愿景7.建设一个强盛、团结和在全球范围具有影响力的非洲"方面，非洲大陆实现了58总体目标得分。另外，就区域层面而言，东非的表现最高，较2021年目标的总得分为52；其次是南部非洲，总体得分为50；西非的表现为45；中部和北非的得分分别为42和39。[1]

尽管非洲面临多方面的挑战，非洲仍表现出实现《2063年议程》

---

[1] African Union, *Second Continental Report on the Implementation of Agenda 2063*, Feb., 2022, pp. 81—82. https://au.int/sites/default/files/documents/41480-doc-2nd-continental-progress-report-on-agenda-2063-English.pdf.

愿景的坚定决心。议程的第一个十年实施计划的一些目标和指标无法在 2023 年之前全部实现,但显然,非洲大陆在许多领域继续取得了可喜的成果,这为实现《2063 年议程》的中长期愿望和目标在一定程度上提供了保证。

(四)非洲一体化的新进展

20 世纪 60 年代以来,非洲大陆从未停止过推动一体化进程。在非统的许多重要文件中,包括《非洲统一组织宪章》《1980—2000 年非洲经济发展拉各斯行动计划》(简称"拉各斯行动计划"),《非洲经济共同体条约》(简称"阿布贾条约")等,都对非洲经济一体化进行了设计。如 1991 年非统通过的《阿布贾条约》提出,2034 年建立非洲经济共同体,分步骤实现非洲一体化,包括建立自由贸易区、关税同盟、共同市场、中央银行和货币联盟等。但由于各种复杂的原因,非洲经济一体化进展缓慢。为此,非统和后来的非盟在多次多边会议上强调一体化进程的紧迫性,呼吁各地区组织和各成员国加速推进一体化进程。例如 1999 年的《锡尔特声明》、2007 年的《阿克拉声明》以及 2013 年 10 月举行的非洲经济会议都呼吁加快地区一体化进程。①

在非洲一体化进程中,除了非统和非盟之外,非洲次区域组织也发挥了积极作用,其中 8 个次区域经济共同体最为重要。它们是:西非国家经济共同体(ECOWAS,简称"西共体"),南部非洲发展共同体(SADC,简称"南共体"),东部和南部非洲共同市场(COMESA,简称"东南非共同市场"),东非共同体(CEA,简称"东共体"),阿拉伯马格里布联盟(MRU),中部非洲国家经济共同体(ECCAS,简称"中非共同体"),萨赫勒国家共同体(CENSAD),政府间发展管理局(IGAD,简称"伊加特")。它们正通过区域内部一体化的扩大和区域

---

① 姚桂梅:《从一体化视角看非洲工业化的新动力》,《西亚非洲》2016 年第 4 期,第 19—25 页。

间一体化的融合推进全非一体化进程。

非盟成立以来，非洲一体化进程取得了积极进展。2018年1月，非盟第30届首脑会议通过《建立非洲经济共同体之人口自由流动、居住权及安全权议定书》，单一非洲空运市场启动，23个签约国的航空公司开展泛非空运业务。尤其是2018年3月，非盟第10届特别峰会通过《建立非洲大陆自由贸易区的协定》，2019年5月30日《非洲大陆自贸区协定》正式生效。2021年1月1日，非洲大陆自贸区正式运行。

2020年初开始的新冠肺炎疫情的大流行，重创了世界经济，非洲大陆也不例外，不仅给非洲的工业、农业、旅游业等各行各业带来负面影响，而且延缓了非洲一体化的进程。在国家边界关闭和全球供应链崩溃的新冠大流行期间，非洲大陆将比以往任何时候都更加相互依存。据2021年《非洲一体化报告》数据显示，非洲大陆的一体化水平总体较低。该报告在评估一体化进程、机遇和挑战的基础上，强调商品、服务、资本和人员的自由流动对非洲一体化至关重要，提出有必要超越非洲自由贸易区，将人员自由流动作为实现非洲经济共同体的重要步骤。同时呼吁在非洲一体化进程中加强包容性。它涉及性别和青年在非洲一体化中的作用，以及加强非洲一体化的融资。[①]

非洲大陆自由贸易区（AfCFTA）是非统提出建立非洲经济共同体的阶段性目标之一，也是非盟《2063年议程》的旗舰项目之一。2012年1月在埃塞俄比亚亚的斯亚贝巴举行的第18届国家元首和政府首脑会议通过了《非洲大陆自由贸易区协定》，会议通过了建立非洲大陆自由贸易区的决定和促进非洲内部贸易的行动计划，作为一项重要举措，它的实施将促进非洲社会经济增长。非洲大陆自由

---

① African Union, *African Integration Report 2021*, pp.9—14, https://au.int/en/documents/african-integration-report-2021.

贸易区旨在通过加强非洲在全球贸易谈判中的共同声音和政策空间，加速非洲内部贸易并提高非洲在全球市场的贸易地位。①

非洲大陆自贸区是泛非主义思潮在新的历史背景下的新发展。设立非洲大陆自贸区是1991年《阿布贾条约》实现非洲一体化的阶段目标之一。按照《阿布贾条约》路线图，自贸区之前是优惠关税区，之后是关税同盟、共同市场、货币与经济联盟，最终发展为完全的经济共同体。进入21世纪以来，非盟继续推进大陆自贸区的建设，并于2012年批准建立非洲大陆自贸区。2013年，非盟为非洲大陆未来50年发展绘制了《2063年议程》，其中非洲大陆自贸区就是14个旗舰项目之一。2015年6月，非盟启动非洲大陆自贸区谈判。2018年3月，非盟44个成员国签署了非洲大陆自贸协议。2019年5月30日，因有22个签约国正式批准了该协议，达到了协议生效的最低批准国数量门槛，非洲大陆自贸区协议正式生效。因新冠肺炎疫情冲击，非洲大陆自贸区的正式运行推迟到2021年1月1日。②

非洲大陆自贸区惠及非盟55个成员国和8个区域经济共同体（RECs）。非洲大陆自贸区的总体任务是建立一个拥有约13亿人口和约3.4万亿美元综合国内生产总值的单一大陆市场。非洲大陆自贸区是为了消除贸易壁垒和促进非洲内部贸易，它有助于在非洲建立区域价值链，促进投资和创造就业机会，从而在中长期内提高非洲的竞争力。非洲自由贸易区秘书处设在加纳的阿克拉，首任秘书长是瓦克勒·梅内（Wamkele Mene），他负责协调协议的实施。

非洲大陆自贸区有4个主要目标：第一，为商品和服务创建统一的大陆市场，实现资本和人员的自由流动，为以后建立非洲大陆关税

---

① The African Continental Free Trade Area, https://au.int/african-continental-free-trade-area.
② 姚桂梅：《非洲大陆自贸区与中非经贸合作：影响与对策》，《当代世界》2021年第3期，第59—60页。

同盟奠定基础。第二,通过更好地统一和协调全非和区域经济共同体的贸易自由化、便利化制度和政策,扩大非洲区域贸易规模。第三,解决因区域经济共同体成员身份重叠问题带来的挑战,加快次区域和大陆一体化进程。第四,通过经济多元化、农业现代化、保障粮食安全和深化区域价值链等渠道,加快工业化和结构转型进程,提升成员国经济的国际竞争力,实现非洲大陆可持续和包容性的社会经济发展。[1]

非洲国家区域内贸易水平较低,长期在15%—18%的低水平徘徊,[2]远低于亚洲的59%和欧洲的69%。而非洲大陆自贸区的建成将有希望将域内国家间贸易提升50%。所以非盟积极推进非洲大陆自贸区的建设。2023年2月召开的非盟第三十六届峰会聚焦非洲大陆自贸区建设,以"非洲大陆自由贸易区协定年:加快非洲大陆自由贸易区的实施"为本届峰会的主题。会议强调,在全球地缘政治冲突日益加剧、世界经济复苏仍充满不确定性的背景下,非洲各国应进一步团结一致,加快非洲大陆自贸区的建设,推动非洲一体化,促进非洲经济及社会平稳发展。会议呼吁加快贸易一体化;自贸区建设稳步推进;助推非洲实现繁荣发展。

非洲大陆自贸区建设前景广阔。自贸区协定前两阶段谈判已基本完成;交易成本有望降低;贸易联通取得积极进展。同时,挑战也不容忽视。从内部来看,一是解决成员国间产业结构的同质化问题。二是继续提升基础设施水平、改善营商环境。从外部来看,一是避免"去全球化""逆全球化"思潮的干扰。二是在全球市场中提升自身竞争力。

---

[1] 朴英姬:《非洲大陆自由贸易区:进展、效应与推进路径》,《西亚非洲》2020年第3期,第98—101页。
[2] African Union Commission, *African Union Handbook 2022*, p. 23. https://au.int/sites/default/files/documents/31829-doc-2022_AU_Hanbook_ENGLISH.pdf.

三、泛非主义思想家个案——尼雷尔的非洲统一观[1]

朱利叶斯·尼雷尔（Julius Kambarage Nyerere）是坦桑尼亚的开国总统。1922年3月，他出生于坦噶尼喀西部的布蒂亚马村的酋长家庭。尼雷尔接受过良好的教育，在当地上完小学和中学后，先后到乌干达的麦克雷雷学院和英国的爱丁堡大学深造。他早年就积极投身到反对英国殖民统治、争取坦噶尼喀自由的斗争。1954年他出任坦噶尼喀非洲人协会主席，1961年坦噶尼喀赢得独立。翌年，坦噶尼喀共和国建立，尼雷尔当选总统。1964年，坦噶尼喀与桑给巴尔组成坦桑尼亚联合共和国，他担任总统。1985年他主动从总统位置上退下来。1990年，尼雷尔主动辞去坦桑尼亚革命党主席的职务。此后，他担任南方委员会主席，为南南合作与提升发展中国家的国际地位继续努力。1999年10月，尼雷尔因病去世。

尼雷尔为坦桑尼亚的独立、民族融合、社会主义实践，以及非洲大陆的解放和南南合作都做出了杰出的贡献，成为一位20世纪享誉世界的非洲政治家。他在坦桑尼亚被尊称为"穆瓦利姆"（Mwalimu，斯瓦希里语，意为导师），在世界上被誉为争取自由的"非洲英雄"[2]和清正廉明的"非洲贤人"。尼雷尔不仅是一位政治实干家，而且是一位思想家，他留下大量的文献，内容十分丰富，涉及他的建国主张、治国理念、经济政策、传统文化和现代教育思想、对外政策，以及他的非洲统一观。2015年华东师范大学非洲研究所所长沐涛教授牵头翻译

---

[1] 张忠祥：《尼雷尔非洲统一观析论》，《历史教学问题》2017年第3期。
[2] "An African Hero", *Economic and Political Weekly*, Vol. 2, Feb., 1967, pp. 155—156.

了《尼雷尔文献》四卷本。这成为我们深入了解尼雷尔思想、现代坦桑尼亚的发展和中坦关系,乃至 20 世纪下半叶非洲大陆的民族解放运动和泛非主义运动的重要资料。该《文选》的出版必将推动国内对非洲政治人物和非洲现代史的研究。

国内学者对尼雷尔的研究主要集中于他的社会主义思想及实践,[1]对于他的非洲统一思想缺乏研究,本文主要在对《尼雷尔文选》文献解读的基础上,就尼雷尔的非洲统一观进行比较系统的分析和论述。尼雷尔的非洲统一观就是他系统的非洲统一思想,包括非洲统一的基础、非洲统一目标和非洲统一的路径等等。当前,非洲统一进入了一个新的阶段,非盟提出 2017 年建成非洲大陆的自由贸易区,已经制定了《2063 议程》,研究尼雷尔的非洲统一观将有助于对非洲统一历史进程的认识。

(一)"非洲是一个整体"

"非洲是一个整体"反映的是泛非主义思想,从 20 世纪 60 年代到 90 年代,尼雷尔一再强调非洲是一个整体。因此,泛非主义思想构成了尼雷尔非洲统一观的基础。

泛非主义兴起于 20 世纪初,旨在动员非洲人民和美洲黑人联合起来,积极开展非暴力的斗争,以争取黑人的自由和平等,进而争取非洲的独立和统一。在第一代非洲领导人当中,不光是尼雷尔有泛非主义思想,其他领导人也有泛非主义思想,如加纳总统恩克鲁玛、几内亚总统塞古·杜尔、埃塞俄比亚皇帝海尔·塞拉西一世、赞比亚总统卡翁达、肯尼亚总统肯雅塔等。

---

[1] 参见静一:《尼雷尔"社会主义"思想的形成及其特点》,载《西亚非洲》1982 年第 6 期;孙韶林:《尼雷尔民族社会主义的理论与实践》,载《当代社会主义问题》1989 年第 3 期;王磊:《试论坦桑尼亚国家建构初期的机遇与挑战》,《历史教学问题》2014 年第 3 期等。

坦桑尼亚总统尼雷尔是泛非主义领导人中著名的代表,他不仅毕生为坦桑尼亚的独立和发展而努力,而且为泛非事业作出了自己的贡献,他是非洲统一组织的发起人,并长期担任该组织解放委员会主席、非洲前线国家首脑会议主席。在20世纪60、70年代,坦桑尼亚的首都达累斯萨拉姆成为非洲民族解放运动的"圣地"。那时,许多非洲国家的解放组织,如南非非洲人国民大会、津巴布韦非洲民族联盟、莫桑比克解放阵线、纳米比亚西南非洲人民解放组织都在那里设有办事处。在尼雷尔看来,非洲民族主义和泛非主义是密不可分的。非洲民族主义已经不同于过去的民族主义,也不允许外部势力把民族主义用作分裂非洲的工具。他说:"非洲民族主义如果同时不是泛非主义的话,那么它是毫无意义的,是逆时代潮流的,也是危险的。"①

尼雷尔一生致力于非洲的解放和统一,这是因为他认为非洲是一个不可分割的整体。1966年8月23日,尼雷尔在索马里首都摩加迪沙的集会上发表演讲,呼吁和平解决非洲争端。他说:"非洲是一个整体。你和我都是非洲的公民。我们认为自己是非洲人,世界其他国家在区分我们是索马里人还是坦桑尼亚人之前也会认为我们是非洲人。"②到了20世纪80年代,非洲统一进展缓慢,非洲合众国的梦想渐行渐远的时候,尼雷尔仍然坚持"非洲是一个整体"的泛非主义思想。由于尼雷尔对非洲民族解放大业所做出的杰出贡献,安哥拉政府于1985年10月授予他奥古斯蒂诺·内图(安哥拉首任总统)勋章,10月3日,尼雷尔在安哥拉首都罗安达发表了题为"非洲是一个整体"的演讲。他说:"克瓦米·恩克鲁玛首先提出,除非整个非洲

---

① Julius K. Nyerere, "A United States of Africa", *The Journal of Modern African Studies*, Vol.1, March, 1963, p.6.
② Julius K. Nyerere, *Freedom and Socialism*, London: Oxford University Press, 1968, p.222.

得到解放,否则他自己的国家——加纳,不可能彻底地解放。这句话适用于1957年的加纳,后来适用于1961年的坦噶尼喀,现在适用于今天的坦桑尼亚。因为,非洲是一个整体。除非我们整个大陆都能从殖民主义和种族主义中解放出来,否则没有哪一个非洲国家的独立是安全的。"①

非洲大陆既有共性,又有多样性,这使非洲统一面临着诸多机遇和挑战。就多样性而言,非洲大陆的居民在人种上有5个来源,除了尼格罗人种外,还有高加索人种、科伊桑人种、俾格米人种和蒙古人种。非洲存在不同的语族,北非人讲含米特语,西非人主要讲苏丹语,中非和南部非洲土著居民讲班图语,东非居民讲班图语、含米特语和闪族语不等。根据殖民背景的不同,非洲又有英语非洲国家、法语非洲国家和葡语非洲国家等区别。从文明上区分,又有阿拉伯文明和黑非洲文明的区别。

尽管非洲存在种种多样性,尼雷尔仍然主张非洲是一个整体,非洲应该实现统一。首先,非洲统一有利于非洲消除战乱。殖民者在侵略和瓜分非洲的过程中人为地划定非洲的国界,活生生地把非洲的民族拆散到不同的国家中去,并且为日后的民族冲突埋下祸根。尼雷尔认为,只有统一才能避免此类冲突。他说:"把非洲各国分割开的国界是荒唐的,如果我们没有统一,这些国界就会成为冲突的根源。"②尼雷尔不仅认为实行统一可以避免非洲内战的发生,而且,非洲统一还可以避免非洲内部为争夺外援而进行了残酷竞争。1967年4月9日,尼雷尔访问阿拉伯联合共和国(即埃及,作者注)时,在该国议会发表演讲时说:"如果非洲统一成一个国家,那么,那些内部

---

① [坦桑尼亚]朱利叶斯·尼雷尔:《尼雷尔文选》第四卷,谷吉梅、廖雷朝、徐红新、苏章海译,华东师范大学出版社,2015年,第182页。
② Julius K. Nyerere, "A United States of Africa", *The Journal of Modern African Studies*, Vol.1, March, 1963, pp.1—6.

战争——两个非洲国家自相残杀——就会大大减少。如果我们能以联盟的姿态进行协商,非洲穷国为争夺大国经济帮助而进行的残酷竞争就将得以根除。"①其次,非洲统一有利于发展民族经济。只有非洲统一,非洲才能利用自己的资源提高人民的生活水平。只有非洲统一,非洲大陆才能建立统一的大市场,消除国与国之间贸易壁垒,促进区内贸易的发展。第三,非洲统一有利于实现非洲彻底解放。坚持非洲是一个整体,就可以实现已独立的非洲国家对尚未独立的非洲国家的支持,以实现整个大陆的解放。1975年4月7日,尼雷尔在达累斯萨拉姆召开的非洲统一组织外长会议上,做了题为"只有非洲统一才能解放非洲"的讲话,他说:"非洲承诺致力于将整个非洲大陆从殖民主义和种族主义中全部解放出来,其意义在1969年非洲统一组织通过的《卢萨卡宣言》中得以体现。"②

非洲国家独立之后,在统一的问题上存在较大的分歧。当时形成两大派别,一个是以恩克鲁玛和纳塞尔为首的卡萨布兰卡集团,另外一个是以大多数法语黑非洲国家为主体的蒙罗维亚集团。后者强调维护经过艰苦斗争赢得的民族独立和国家主权,强烈反对恩克鲁玛的非洲政治统一。1963年5月,在亚的斯亚贝巴举行的有31个非洲独立国家首脑出席的会议上,恩克鲁玛再次阐述他的关于非洲必须统一的思想,但在首脑会上,除了几内亚总统塞古·杜尔表示愿意为实现非洲统一而放弃部分国家主权之外,其他国家元首没有一个响应和支持恩克鲁玛关于立即实现非洲统一的主张。在这种情况下,会议决定按照大多数国家的意见,建立一个松散的联盟,而把更高一级的统一放在以后去讨论。

---

① Julius K. Nyerere, *Freedom and Socialism*, London: Oxford University Press, 1968, p.292.
② [坦桑尼亚]朱利叶斯·尼雷尔:《尼雷尔文选》第四卷,谷吉梅、廖雷朝、徐红新、苏章海译,华东师范大学出版社,2015年,第48页。

20世纪60—70年代,许多非洲国家发生了军事政变,主张以激进方式实现非洲统一的恩克鲁玛于1966年被政变所推翻,泛非主义运动遭遇到了挫折。多年的政治生涯使尼雷尔更加认清了非洲社会发展的现实,那就是非洲民族主义在不断发展,正在与泛非主义产生矛盾,使泛非主义陷入困境。1966年7月13日,尼雷尔作为东非大学校长出席赞比亚大学落成典礼时,发表了题为"泛非主义者的困境"的演讲,承认非洲民族主义与泛非主义之间已经发生了冲突。他说:"我相信泛非主义者面临着一个真正的困境。一方面,泛非主义要求非洲意识和非洲忠诚,这是事实。另一方面,每一个泛非主义者也必须关注自己与非洲国家的自由和发展,这也是事实。这些事情可能会发生冲突。我们必须如实地承认它们已经发生冲突了。"[1] 1971年9月,尼雷尔向坦桑尼亚国民会议提交了一份题为"独立后的十年"的长篇总结报告,报告中,尼雷尔对非洲统一也进行了反思,认为非洲统一困难重重、效果不如人意。他说:"独立时,我们宣称的另一个主要任务就是促进非洲统一。我们已经取得了一些进步——虽然远不及我们的期望。也许在当时的情况下,我们设定的目标不太现实,期望的进步速度太快。非洲就如一盘散沙;即使是反抗殖民主义和种族主义,不同国家采取的措施也不同。"[2]

20世纪80年代是非洲国家经济发展失去的10年。非洲国家在独立之初经过较快的发展之后,到了20世纪80年代,遭遇到内外危机,经济发展停滞不前甚至是负增长。这时,更多的非洲国家把目光局限在国内事务,尼雷尔深切地感受到泛非主义运动的式微。1986年,由于对非洲解放作出的贡献,尼雷尔获得了津巴布韦授予的哈拉

---

[1] Julius K. Nyerere, *Freedom and Socialism*, London: Oxford University Press, 1968, p.208.
[2] [坦桑尼亚]朱利叶斯·尼雷尔:《尼雷尔文选》第三卷,王丽娟、聂莹、王磊译,华东师范大学出版社,2015年,第241—242页。

雷大学荣誉博士的称号，6 月 7 日在哈拉雷接受这一荣誉博士学位时，发表了题为"非洲解放余下的两项必要任务"的演讲，他说："非洲渴望统一和泛非主义，这是毋庸置疑的。但这种必要性正在被忽视……在过去 30 年，支持泛非主义的呼声逐渐减少，而民族主义的声音逐渐增强。渐渐地，我们开始认为自己首先是坦桑尼亚人，或是津巴布韦人，然后，才是一个非洲人。"①

尽管非洲统一遇到重重困难，但是，尼雷尔始终坚持非洲是一个整体的观念，直到他的晚年，在他辞退坦桑尼亚总统 10 余年后，他仍然主张非洲统一。1997 年 3 月 6 日，在加纳独立 40 周年的庆典上，非洲统一组织的建立者之一的尼雷尔做了题为《没有统一，非洲就没有未来》的演讲，呼吁非洲新一代领导人继续将非洲统一大业推向前进。②

（二）建立"非洲合众国"

尼雷尔主张，非洲统一的最终目标是建立一个联邦制的"非洲合众国"。在非洲第一代领导人当中，不只是尼雷尔主张建立非洲合众国，加纳开国总统恩克鲁玛也提出建立非洲合众国的设想。但是，关于非洲合众国的内涵，尼雷尔与恩克鲁玛是不同的。

1963 年尼雷尔发表了一篇题为"非洲合众国"的文章，阐述了他建立非洲合众国的构想。第一，非洲统一的目标是建立非洲合众国。他说："为了所有非洲国家的利益，不管它的国家大小，必须实现非洲统一，而且必须是真正的统一。我们的目标必须是建立一个非洲合众国。只有这样，非洲人民在经历过几个世纪的经济动荡和社会压

---

① ［坦桑尼亚］朱利叶斯·尼雷尔：《尼雷尔文选》第四卷，谷吉梅、廖雷朝、徐红新、苏章海译，华东师范大学出版社，2015 年，第 192—193 页。
② Julius Nyerere, "Without unity, there is no future for Africa", *New Africa*, May 2013, pp. 157—159.

迫后,才能真正得到他们应得的未来。这个目标必须实现,不论它是通过一个或几个步骤,还是通过经济的、政治的或社会的发展来实现都无关紧要。"①第二,非洲合众国实行联邦制。尼雷尔主张建立一个类似美国联邦制的非洲合众国。实现非洲统一需要建立一个全新的国际实体来取代当前非洲大陆上的很多小的国际团体。只有这样,我们才能利用非洲资源为非洲人民牟利,才能免受来自其他世界威胁的担忧。必须建立跨非洲大陆的单一的、不可分割的国家,因为这是一个实体,而不是很多实体的集成。"新的非洲应是一个联邦制国家,中央和各组成部分的分权应取决于建国者和子孙后代的决定。""但是有些方面必须只归中央政府管辖,如外交、国防、国籍、货币、海关、对外贸易和矿产资源等,至少这些必须归中央管辖。……(地方政府负责)经济发展、治安维持、通讯、公共医疗、教育等。……中央政府越强大,非洲的潜力就会越大。"②第三,建立非洲合众国采取自愿的原则。通过平等协商的自愿原则达成非洲统一,这是尼雷尔所强调的,他说:"从历史上来看,世界各地的统一是通过两个方法完成的:要么通过征服,要么通过协商。想象非洲统一由一个非洲国家对另一个非洲国家的控制实现是荒谬。我们的统一只能是协商谈判的统一,因为它是平等的统一。"③

不同于尼雷尔所主张的联邦制的非洲合众国,恩克鲁玛主张的非洲合众国是一个统一经济、军事和外交的合众国。如何建立非洲合众国?恩克鲁玛主张发挥核心国家的作用,他说:"我们可以由那些愿意创建一个核心的国家发起,暂时建立一个宪政体制,并向其余

---

① Julius K. Nyerere, "A United States of Africa", *The Journal of Modern African Studies*, Vol.1, March, 1963, p.1.
② [坦桑尼亚]朱利叶斯·尼雷尔:《尼雷尔文选》第一卷,韩玉平译,华东师范大学出版社,2015年,第256—257页。
③ Julius K. Nyerere, "A United States of Africa", *The Journal of Modern African Studies*, Vol.1, March, 1963, pp.1—2.

非洲国家敞开大门。"①1961年4月,加纳共和国总统恩克鲁玛、几内亚共和国总统塞古·杜尔和马里共和国总统莫迪博·凯塔在加纳首都阿克拉开会,决定建立"非洲国家联盟",恩克鲁玛把非洲国家联盟作为非洲合众国的核心,凡接受联盟目标的非洲国家或联邦均可参加,以此达到统一非洲的目的。但是,非洲国家独立之初,对来之不易的主权十分珍惜,不愿轻易将主权拱手相让。1965年恩克鲁玛在阿克拉举办非洲统一组织首脑会议,非统组织36个成员国中,有28个国家出席了会议,但只有13位国家元首与会,其中没有一个国家支持他关于建立非洲联盟政府的倡议。尼雷尔后来评价说:"克瓦米·恩克鲁玛是非洲统一的积极推动者,他在1965年阿克拉非统峰会上主张建立一个包括所有独立非洲国家的联合政府,但他失败了。"②

从实际后果来看,尼雷尔所代表的稳健派更容易得到非洲大多数国家领导人的支持;而恩克鲁玛的激进派主张得不到多少支持,最后他自己于1966年被政变所推翻。

(三) 非洲统一的路径

关于非洲统一的路径,尼雷尔与恩克鲁玛不同,尼雷尔主张在各国自愿和平等协商的基础上建立一个联邦制的非洲合众国。他还认为,非洲统一应该是一个循序渐进的过程,通往统一的最好途径就是通过地区联合,还要发挥非洲统一组织的作用。

1. 通过平等谈判达成统一

尼雷尔反对通过武力征服或其他强迫手段实现非洲统一,他主

---

① 唐大盾选编:《泛非主义与非洲统一组织文选》,华东师范大学出版社,1995年,第282页。
② Julius Nyerere, "Without unity, there is no future for Africa", *New Africa*, May 2013, pp.156—159.

张非洲统一必须建立在各国人民自愿的基础上,通过平等谈判达成统一。1965年3月,尼雷尔在美国非洲文化研究学会杂志《非洲论坛》上,发表题为"非洲统一的本质及其必要条件"的文章,再次强调通过平等协商达到非洲统一。这时,已经有36个非洲国家独立,2/3的大陆已经政治解放。他说:"要想在非洲统一进程中取得进展,我们必须认识到当前最重要的是通过平等协商来实现统一。这意味着,非洲大陆没有一个人能按自己最理想的组织形式实现统一。相反,我们应清醒地认识非洲统一的目标并进行郑重协商,自愿放弃一切对非洲统一不重要的事情。只有这样才能实现非洲统一。"[1]1967年4月,尼雷尔在访问阿拉伯联合共和国,当时,许多非洲国家发生了军事政变,引发了一系列困难及紧张局势。4月9日他在该国议会演讲时说:"因为非洲的统一只有在全体非洲人民认可的基础上才能达成。而在当今环境下,这意味着所有非洲国家的认可。没有一个非洲国家,没有一个非洲人,会接受征服得来的统一。"[2]

尼雷尔认为,为了实现安全、领土完整和经济发展三大目标,非洲各国应该在和平谈判和自愿的基础上放弃主权达成统一。他在1965年说:"统一必须做到防止非洲外部势力利用我们的恐惧和需求来牟利,不应使非洲不同国家为了获取经济利益而相互竞争,到最后以政治妥协来收场;非洲应有效地自我管理,并且有能力最低限度地防止外部侵略;统一应确保非洲实现市场统一,而人民不应当被100多个国家的海关和关税壁垒隔开;非洲应实行单一货币政策来促进贸易的发展,通过与经济因素相关管理的合理化来提高生产

---

[1] [坦桑尼亚]朱利叶斯·尼雷尔:《尼雷尔文选》第一卷,韩玉平译,华东师范大学出版社,2015年,第250页。
[2] Julius K. Nyerere, *Freedom and Socialism*, London: Oxford University Press, 1968, p.295.

率。"为此,"单独国家的主权要为其让步,以此来达到所有非洲人的政府"。①非洲实现统一后,各国的主权消亡,取而代之的是整合所有国家的单一的非洲主权。

2."统一必须包容差异"

作为泛非主义者的尼雷尔,起初也是主张尽快实现非洲统一的。1963年他在《非洲合众国》一文中提出:"现在对我们来讲唯一重要的事情是如何尽快实现非洲统一。"②这一年的亚的斯亚贝巴非洲领导人峰会上,绝大多数非洲领导人不愿意放弃主权,不同意马上建立非洲合众国,成立的非洲统一组织主要任务放在非洲的政治解放方面。1965年恩克鲁玛举办的阿克拉非洲统一组织首脑会议也以失败告终。所以,尼雷尔逐渐认识到,非洲统一只能是一个漫长的过程,并且统一必须包容差异。

1967年4月9日,尼雷尔在访问阿拉伯联合共和国时,在该国国议会发表题为"非洲统一条件的新视角"的演讲时说:"实现非洲统一将很不容易。具有独立主权的单元从不会轻易将自治权让给一个更大的单位。……通向非洲自由与统一之路是一条漫漫长路,且艰难崎岖,但它绝非不可逾越。"③这时非洲已有36个独立国家,人口从30万到4000万不等。这些国家不仅语言和政体不同,与非洲以外的国家建立了互不相容的关系;各国之间的经济与其说是互补不如说是相互竞争;各国宪法在形式和复杂性方面存在差异;有些国家有国教而其他国家不信仰宗教。

尼雷尔主张非洲统一必须照顾到非洲国家的不同情况,包容差

---

① [坦桑尼亚]朱利叶斯·尼雷尔:《尼雷尔文选》第一卷,韩玉平译,华东师范大学出版社,2015年,第252—255页。
② Julius K. Nyerere, "A United States of Africa", *The Journal of Modern African Studies*, Vol.1, March, 1963, pp.1—2.
③ Julius K. Nyerere, *Freedom and Socialism*, London: Oxford University Press, 1968, pp.295—300.

异。1968年2月26日,尼雷尔在访问象牙海岸(今科特迪瓦)时做了题为"统一必须包容差异"的演讲,他强调非洲统一必须包容非洲的多样性,主张统一问题要优先于意识形态上的分歧。这时非洲由38个独立的国家组成,每个国家的国情不同。"倾向于社会主义制度的国家之间在政治和经济组织上也有所不同,倾向资本主义制度的国家之间也有所不同。我们现在建设的制度还会发展,这种差异还会扩大。差异是客观存在的。摆在我们面前的唯一道路就是接受它。""如果我们想要团结起来,就必须在统一进程中包容这些差异,允许它们存在,以这种方式,我们统一的进程才能完成。"①尼雷尔进一步认为,做到以下三点就可以达成非洲统一。"第一件事就是,每一个民族、每一个国家必须拥有自主选择他们的政治经济体系和制度的权利,因为所选择的政治经济体系和制度与人民息息相关。第二件事就是,我们制定安排非洲各民族间合作计划时必须认识到,我们当中谁也不可以只顾一己之私,罔顾他人利益,每一个人都必须考虑别人的需求和愿望。第三件事就是,我们都必须接受非洲的最高权威,各民族的手足情义和合作关系,要高于所有外部关系。"②

3. 区域联合是通往统一的最好途径

尼雷尔比较清醒地认为,非洲统一应该是一个循序渐进的过程。在1963年的亚的斯亚贝巴会议上,他说:"就跟非洲独立是一个过程一样,非洲统一也必定是一个过程。"③1964年7月,非洲统一组织第二次会议在开罗举行,大会就非洲统一的主题进行了激烈的讨论。7月20日,尼雷尔就该主题做了演讲。尼雷尔主张通过肯尼亚、乌干达和坦噶尼喀的联合,成立东非联邦,把它看作是非洲统一的一个步

---

① [坦桑尼亚]朱利叶斯·尼雷尔:《尼雷尔文选》第三卷,王丽娟、聂莹、王磊译,华东师范大学出版社,2015年,第9—10页。
② 同上书,第10页。
③ [坦桑尼亚]朱利叶斯·尼雷尔:《尼雷尔文选》第一卷,韩玉平译,华东师范大学出版社,2015年,第156页。

骤。但是,在开罗会议上,遭到攻击,批评方认为,东非联邦有悖于亚的斯亚贝巴宪章的精神。尼雷尔仍然坚持自己分阶段实现非洲统一的主张:"这个过程或短或长,实际上,我们的目标越大,过程的时间就越长,但不管时间长短,总是一个过程,而过程就需要一步步来实现。在统一的道路上,排斥循序渐进的进步就是排斥统一本身。"①

尼雷尔认为,地区联合是实现非洲统一的最佳途径,他说:"我们通往统一的最好途径就是通过地区联合,这会迅速加快我们的经济实力,同时也会告诉人民统一带来的好处。"②1965年7月尼雷尔在《非洲统一的本质及其必要条件》一文中认为,小范围的联合对于建立非洲合众国是有利的,他说:"两个或两个以上的国家通过兼并或联邦的形式成为一个主权国家将会产生两个影响:第一,该区域至少很快能尝到更大程度的联合和实力的增加带来的利益。第二,这将会减少需要坐下来协商非洲统一最终形式的国家的数量。"③1968年1月28日,尼雷尔总统向利比里亚议会做了"非洲统一"为主题的演讲。他认为两个或两个以上国家的联合,对非洲统一也是有推动作用的。他说:"在致力于推进非洲进步的同时,我们要努力实现更大范围内的区域统一。……有时候,两个或两个以上的独立国家形成一个联盟或者联邦是有可能的。这样一来,非洲主权国家的数量就减少了,也在一定程度上弱化了最终会出现的问题。"④

在地区联合方面,尼雷尔做出过不懈的努力。早在坦噶尼喀独立之前,尼雷尔就提出了成立东非联邦的思想。1960年6月,尼雷尔

---

① [坦桑尼亚]朱利叶斯·尼雷尔:《尼雷尔文选》第一卷,韩玉平译,华东师范大学出版社,2015年,第222页。
② Julius K. Nyerere, "A United States of Africa", *The Journal of Modern African Studies*, Vol.1, March, 1963, pp.1—6.
③ [坦桑尼亚]朱利叶斯·尼雷尔:《尼雷尔文选》第一卷,韩玉平译,华东师范大学出版社,2015年,第259页。
④ [坦桑尼亚]朱利叶斯·尼雷尔:《尼雷尔文选》第三卷,王丽娟、聂莹、王磊译,华东师范大学出版社,2015年,第15—16页。

出席在亚的斯亚贝巴举行的非洲独立国家第二次会议上,他在报告中说,建立一个东非联邦是如此重要,如有必要的话,坦噶尼喀愿意把它的独立推迟,以便同肯尼亚和乌干达同时宣布独立,并同它们立即结成联邦。"我认为,如果人民希望实现联邦,最好的时机不是在实现各国的独立之后,而是在各国实现独立之前。"①在尼雷尔和肯尼亚总理乔莫·肯雅塔和乌干达总理密尔顿·奥博特的共同推动下,于1967年坦桑尼亚、肯尼亚和乌干达三国成立东非共同体。

东非共同体与尼雷尔设想的东非联邦有很大的距离,因为东非共同体是经济一体化的协调组织,而东非联邦原来的意思是一个联邦国家。但是,尼雷尔在坦噶尼喀和桑给巴尔合并问题上做得相当成功。尼雷尔对桑给巴尔作出了很大的让步。在联合共和国的1300万人口中,桑给巴尔的人口只有35万;事实上,桑给巴尔比大陆上17个专区中的任何一个专区都小。可是,从1967年起,尼雷尔的22名内阁成员中,有7名是桑给巴尔人;在坦桑尼亚议会的183名议员中,有40名是桑给巴尔人。尼雷尔的理由是,不管实现完全的一体化是多么缓慢和痛苦,但把桑给巴尔留在共和国内总比留在外面好。②

尼雷尔把坦噶尼喀和桑给巴尔的成功联合,看作是非洲统一的一个重要步骤,他说:"如果两个国家可以实现联合,那三个也可以;如果三个国家可以实现联合,那三十个国家联合起来也是可能的。""我们把这些小联合、小发展当作是迈向非洲统一的一步。"③

4. 非洲解放是非洲统一的基础

尼雷尔长期担任非洲统一组织解放委员会的主席和非洲前线国

---

① [坦桑尼亚]朱利叶斯·尼雷尔:《尼雷尔文选》第一卷,韩玉平译,华东师范大学出版社,2015年,第55页。
② [英]威廉·埃杰特·史密斯著,上海人民出版社,1975年,第205—206页。
③ [坦桑尼亚]朱利叶斯·尼雷尔:《尼雷尔文选》第一卷,韩玉平译,华东师范大学出版社,2015年,第215—216页。

家首脑会议主席,把追求非洲大陆的彻底解放作为自己的毕生事业,从财力、物力以及道义上给予罗得西亚、莫桑比克、安哥拉和南非等地的反对殖民主义和种族主义的斗争予以坚决的支持。究其原因,就是他相信,非洲解放是非洲统一的基础。

为了支持非洲民族解放运动,尼雷尔不惜与英国断交。由于英国政府没有采取有效行动,致使少数白人控制的罗得西亚政府于1965年11月11日单方面宣布独立,12月14日尼雷尔领导下的坦桑尼亚断绝了与英国的外交关系。当时,非洲统一组织通过一项决议,号召所有的非洲国家断绝与英国的外交关系,如果到某一期限罗得西亚史密斯政权还没有被打倒的话。坦桑尼亚执行了该项决议,几内亚、加纳、马里、埃及、毛里塔尼亚、刚果(布),苏丹和阿尔及利亚等其他8个非洲国家跟着行动,还有26个国家没有行动。"坦桑尼亚和英国的邦交关系差不多到31个月以后才恢复。"①

1976年11月17日,尼雷尔在尼日利亚伊巴丹大学集会上的讲话时,肯定了反对殖民主义的正确性,他说:"回顾非洲独立的15年,成功有限,失败很多。我知道,我们团结一致,争取脱离殖民主义的束缚是正确的。我知道,我们支持南部非洲各族人民孜孜追求的政治自由是正确的,但并不是我们要求的自由。自由,真正的自由,必须是彻底摆脱外国的统治。"尼雷尔认为,非洲国家要获得真正的自由不是那么容易的,是一个历史过程,得经历四个阶段,"首先是脱离殖民者和少数种族的束缚;二是脱离其他国家的经济主宰;三是摆脱非洲人民自身的贫困、不公和压迫;四是思想自由,结束思想镇压,不要认为其他民族、国家本质上更优越,不要认为别国的经验可以自动照搬,满足非洲人民的需要和期望"②。

---

① [英]威廉·埃杰特·史密斯著,上海人民出版社1975年,第231页。
② [坦桑尼亚]朱利叶斯·尼雷尔:《尼雷尔文选》第四卷,谷吉梅、廖雷朝、徐红新、苏章海译,华东师范大学出版社,2015年,第94—95页。

尼雷尔不遗余力地支持非洲民族解放运动,是基于他的泛非主义思想,因为他相信"非洲是一个整体"。在尼雷尔看来,非洲已独立的国家有义务和责任支援非洲尚未独立的国家和地区从事的民族解放运动,而只有当整个非洲都赢得独立之时,自己的国家才是安全的。

5. 发挥非洲统一组织的作用

包括尼雷尔在内的非洲统一组织的建立者,为非统组织设定了两大目标:"一是把我们的大陆从殖民主义和少数人的统治下全部解放出来;二是实现非洲统一。"① 非洲统一组织成立之初,尽管困难重重,内部分歧严重,但并非一无是处,如非统组织1964年作出的《关于非洲边界不得改变的决议》,对于制止非洲国家的领土之争,阻止非洲国家的分裂都起了积极作用。古伊·阿尔诺德评价说:"非统组织在它成立的最初10年取得了一些成绩:它解决了一些争端;建立了一个统一的非洲声音……非洲国家领导人经常性的会议达成一些协议。"②

非洲统一组织在促进非洲大陆的政治解放方面发挥了积极的作用,而非洲大陆的独立是非洲统一的基础。1963年5月召开的亚的斯亚贝巴会议,起草了《非洲统一组织宪章》,并成立该组织的解放委员会,总部设在达累斯萨拉姆。1963年5月24日,尼雷尔在非洲独立国家会议上做了讲话,他说:"我们来到这里,是为了在通往非洲统一的道路上,能够找到我们的共同特性……我们准备支持我们的兄弟塞古·杜尔总统的建议:留出国家预算的1%用于解放尚未取得自由的非洲。"③ 后来,尼雷尔也是这么做的,尽管坦桑尼亚是个

---

① Julius Nyerere, "Without unity, there is no future for Africa", *New Africa*, May 2013, p.157.
② Guy Arnold, "OAU, not as bad as people think", *New Africa*, May 2013, pp.168—171.
③ [坦桑尼亚]朱利叶斯·尼雷尔:《尼雷尔文选》第一卷,韩玉平译,华东师范大学出版社,2015年,第155页。

贫穷的国家,为了支持非洲民族解放运动,20世纪60年代中叶,坦桑尼亚对非洲统一组织解放委员会的捐款,每年大约为16000英镑左右。①

在非洲统一的进程中,尼雷尔主张发挥非洲统一组织的作用。1990年7月10日,尼雷尔以南方委员会主席的身份,在亚的斯亚贝巴召开的非洲统一组织峰会上,做了题为"非洲统一组织是非洲唯一的重要力量"的讲话,他说:"我们非洲有非洲统一组织,这使我们成为了唯一一个有能力作为一个整体发言或行动的大陆。"②1994年8月15日,在坦桑尼亚小城阿鲁沙召开的非洲统一组织解放委员会正式解散之前的最后一次会议上,尼雷尔做了题为"非洲统一:非洲统一组织的未竟事业"的演讲,提出设立非洲统一组织统一委员会,以推动非洲的联合与统一。他说:"我强烈要求我们这一代的领导者和人民通过设立非洲统一组织统一委员会来开始实现非洲统一的运动。统一委员会的任务将是为非洲统一做规划、制定出实现统一的必要步骤,并发起运动来实现统一。"③

6. 加强泛非主义的宣传,培养非洲意识

针对非洲国家独立后,各国民族主义的意识不断增长,而泛非主义的意识逐渐削弱的情况,尼雷尔主张加强泛非主义的宣传,培养非洲意识,以此培植非洲统一的基础。在这方面要发挥学校教育的积极作用。1968年1月28日,尼雷尔总统向利比里亚议会做了题为"统一势在必行"的演讲。他认为,做到以下两点,就可以不断推进非洲统一。其一是必须牢记非洲统一的目标;其二是加强区域联合。他说:"我们要始终在人民面前重申非洲是一个整体的概念。在学校

---

① Julius K. Nyerere, *Freedom and Socialism*, London: Oxford University Press, 1968, pp. 200—205.
② [坦桑尼亚]朱利叶斯·尼雷尔:《尼雷尔文选》第四卷,谷吉梅、廖雷朝、徐红新、苏章海译,华东师范大学出版社,2015年,第240页。
③ 同上书,第292页。

里,我们要教育孩子们,让他们知道自己既是利比里亚人或者坦桑尼亚人,也是非洲人。"①

由于对非洲解放作出的巨大贡献,1986年尼雷尔获得津巴布韦哈拉雷大学荣誉博士称号,6月7日,他在哈拉雷大学作了题为"非洲解放余下的两项必要任务"的演讲,提出要发挥非洲大学在非洲统一中的积极作用。他说:"在这项工作中,非洲大学起着重要的作用。他们不但有能力和人力资源理解非洲团结的迫切需要,而且会有实际措施促进团结的实现。"非洲大学的相互合作也有助于非洲团结,"学校之间的师生交流、联合课程的推广、非洲语言的学习以及对非洲历史的重视都会有助于相互理解并加强团结"②。

到了20世纪90年代,随着纳米比亚的独立和新南非的诞生,标志着非洲大陆政治解放的完成。对于非洲统一组织的建立者而言,他们为非洲统一组织设定的第一个目标,即把非洲大陆从殖民主义和少数人的统治下全部解放出来的目标已经实现,而第二个目标,即实现非洲统一则任重而道远。尼雷尔自己也到了暮年,但他对非洲统一更加迫切,并寄希望于非洲年轻的一代。1997年3月6日,在加纳独立40周年的庆典上,尼雷尔做了题为《没有统一,非洲就没有未来》的演讲。他再次呼吁,时不我待,加快非洲统一。"我们这一代领导非洲实现政治自由,当前的非洲领导人和非洲人民必须拣起非洲自由的熊熊火炬,用他们的热情和决心为火炬增添燃料,并将统一大业不断推行前进。"③

---

① [坦桑尼亚]朱利叶斯·尼雷尔:《尼雷尔文选》第三卷,王丽娟、聂莹、王磊译,华东师范大学出版社,2015年,第15—16页。
② [坦桑尼亚]朱利叶斯·尼雷尔:《尼雷尔文选》第四卷,谷吉梅、廖雷朝、徐红新、苏章海译,华东师范大学出版社,2015年,第195—196页。
③ Julius Nyerere, "Without unity, there is no future for Africa", *New Africa*, May 2013, p.159.

总之，尼雷尔的非洲统一观是坚定而务实的。就非洲统一的目标而言，尼雷尔是坚持不懈的。自20世纪60年代初，尼雷尔提出建立非洲合众国的设想，到20世纪90年代末他逝世前夕，仍然为建立非洲联盟而呼吁和奔波。就非洲统一的路径而言，尼雷尔的主张是相当务实的。他主张在各国自愿和平等协商的基础上建立一个联邦制的非洲合众国，并且认为，非洲统一应该是一个循序渐进的过程，通往统一的最好途径就是通过地区联合。尼雷尔在非洲统一问题上采取务实和稳健的作风，一方面是由他的性格所决定的。尼雷尔出身自坦桑尼亚最小的部落桑纳基（Zanaki）部落，他能够得到该国各个部落的支持，很大的原因就是他能够听取不同的意见，该性格也成就了尼雷尔成为一位开明的政治家。他的同时代人评价他说，"这个领导人平易近人，他能够轻而易举地使别人接受他和他的思想"。[1]在1963年非洲统一组织成立的时候，考虑到蒙罗维亚集团和卡萨布兰卡集团之间的团结，尼雷尔赞同非洲统一组织设立解放委员会而没有设立统一委员会。另一方面，也是由客观形势所决定的，在经历一系列挫折后，尼雷尔也越来越认识到建立非洲合众国的时机还没有成熟。

非洲合众国没有如第一代非洲领导人尼雷尔等人所愿而建立起来，这是有诸多主客观原因造成的。就主观原因而言，非洲国家独立后，泛非主义和民族主义此消彼长，非洲各国显然不愿意将来之不易的主权交出来，以便建立一个大陆层面的合众国。区域合作也不是真正向国家联盟过渡，更多的是经济和安全领域的合作；非洲主权国家不是越来越少，而是在增加，厄立特里亚和南苏丹的独立一再打破1964年非统组织规定的非洲边界不可改变的原则。就客观原因而言，非洲的新老殖民者，仍然把非洲看作其势力范围，不愿意看到一

---

[1] [英]威廉·埃杰特·史密斯著，上海人民出版社1975年，第76页。

个统一而强大非洲的出现,甚至打压主张急统的非洲领导人,如支持政变,将恩克鲁玛赶下台。尽管非洲合众国没有建立起来,但是非洲统一的第一个目标已经实现,那就是实现了非洲大陆的独立和政治解放。

非洲统一思想在 21 世纪的今天仍然具有现实意义,它推动着非洲大陆继续走向新的联合与发展。自 20 世纪 90 年代中叶以来,非洲国家领导人所倡导的非洲复兴,就是新形势下的泛非主义。2001 年非洲联盟的成立,是非洲统一进程的继续和发展,2013 年非盟提出《2063 议程》,就是要在非洲独立一百年之际实现非洲大陆的真正复兴,而非洲大陆的真正复兴离不开非洲一体化和非洲大陆新的联合。

第十四讲

新南非的政治经济与外交

南非是非洲重要的国家,然而南非长期遭受白人种族主义的统治,他们在南非推行种族隔离制度,广大非洲人和有色人种遭受政治上的歧视和经济上的剥削,陷入不人道的境地。这种情况到20世纪90年代初有了根本的改变,1994年曼德拉当选南非总统标志着新南非的诞生。新南非诞生后,改变了外交上长期遭受孤立的局面,展现了雄心勃勃的新兴大国外交。2020年新冠肺炎疫情对南非的经济发展和社会生活造成很大的破坏,南非拉马福萨政府积极应对,取得了比较明显的成效。

一、新南非的诞生与民族和解的开启

南非原来是一个严格实行种族隔离制度的国家,形成白人是老爷,黑人和其他有色人种长期遭到歧视和奴役的族群关系,因此在20世纪的60至80年代,受到国际社会的谴责和制裁。这种情况到20世纪90年代初发生了巨大的变化,1994年新南非的诞生宣告了白人种族主义统治在南非的终结,开启了族群和解的新历程。

(一) 南非种族隔离的由来与强化

南非的种族隔离制(Apartheid),作为政治术语是从1948年南非国民党上台执政后才广泛流行起来的。但是这一制度的缘起,可以追溯到开普殖民地的建立之初。

南非这块大地原来是科伊桑人和班图人的家园。科伊桑人分为科伊人和桑人两部分,前者又叫"霍屯督人",后者又叫"布须曼人"。他们的肤色淡黄,桑人主要从事狩猎采集,而科伊人则有少量的畜牧业。班图人是非洲黑人的重要一支,班图人大迁徙在历史上持续了近2000年,向南迁徙的班图人抵达今天的南非,他们主要从事农业生产。自1652年荷兰海军军官范·里贝克登上开普之后,南非就开始了种族不平等的历史。

范·里贝在南非登陆的目的是为了给荷兰东印度公司的船只提供补给,向他们供应新鲜的肉类和蔬菜。1659年范·里贝帮助白人"自由民"抢占科伊人土地,从桌湾到法尔斯湾建起一道篱笆,圈了6000英亩土地,这是种族隔离的最早尝试。1685年殖民当局下令,禁止白人和黑人通婚。从1658年起,黑奴制被引进开普殖民地,黑奴的数量很快超过白人移民。为了管理黑奴,1760年,殖民当局规定奴隶要携带"通行证"。

1806年英国统治开普殖民地后,继续荷兰的种族主义政策。1809年正式颁布了《通行证法》,规定科伊人必须与白人订立劳工协定,才能获得通行证,否则将作为"游民"而受惩罚。1812年又发布《开普学徒法》,规定黑人儿童满8岁后,要去白人农场当"学徒"。这种学徒制,实际上是一种变相的奴隶制。

1910年南非联邦建立后,种族不平等愈演愈烈。南非的立法、行政和司法机构全部掌握在白人手里。根据1913年的《土著人土地法》,禁止黑人在"非洲人保留地"之外占有或购买土地。而所谓的"非洲人保留地",总共约900万公顷,仅占南非领土的7.35%,而且由100多块互不相连的土地构成。1936年颁布的《土著人托管和土地法》，使"非洲人保留地"占南非领土的12.7%，以此作为非洲人与白人之间最终的土地划分。

1948年南非国民党政府上台后，制定和修改了60多项种族主义法律，将南非已有的种族歧视和种族压迫制度推向极端。如1949年通过的《禁止杂婚法》规定，不准欧洲人与任何非欧洲人通婚。按照此项法律规定，一个牧师要是替一个白人和一个非欧洲女人证婚，那他就将被判10年苦役，哪怕那个女人只有1/16的黑人、印度人或犹太人的血统。1950年通过的《人口登记法》和《集团住区法》使种族隔离制度进一步系统化。前者规定，凡是年满16岁的南非居民要领取注明所属种族及其外貌特征的身份证。后者划定了各个种族的特定居住地，不同种族之间实行隔离居住。

南非国民党政府在20世纪50年代实行"班图斯坦计划"，"班图斯坦"后来被称为"黑人家园"，南非在20世纪六七十年代共建立了10所所谓的"黑人家园"，所有南非的非洲人都被划归某个黑人家园，城镇地区的非洲人被剥夺公民权利，他们的住所只能租用而不能拥有。因此形成流动劳工制度，在约翰内斯堡郊区形成了巨大的贫民窟——索韦托。

在种族隔离制度下，黑人和其他有色人种不仅在政治上无权，经济上受到剥削，而且在日常生活中也受到全面的歧视。如《铁路和港口使用法》修正案，加强了火车和轮船上的种族歧视，黑人和白人不能共用一个车厢或一个船舱。此外，飞机的座椅、厕所的手巾都实施种族隔离措施。南非黑人还要随身带通行证，上面有非洲人的照片、编号，并详细载明其相貌、纳税情况和许多其他事项，随时准备接受警察的盘查，毫无人身自由可言。

（二）南非人民的斗争及新南非的诞生

对于南非广大黑人和有色人种而言，最大的愿望是废除种族隔离统治,实行种族平等。在南非人民反抗种族主义的斗争中,非国大逐渐成为这一运动的领导核心。1912年1月8日,"南非土著人国民大会"在布隆方丹宣告成立,约翰·杜比(1871—1946)被选为第一任主席。1923年改名为"南非非洲人国民大会"(简称非国大),旨在维护非洲人的民族权益,反对白人的种族主义统治。1926年2月非国大在布隆方丹召开全国代表大会,会议严厉谴责一切形式的种族歧视和压迫制度,要求修改宪法,保证全体居民不分肤色一律平等。由于其领导人大多是政治上温和的上层非洲人士,如酋长和律师等,主张在合法的范围内进行非暴力反抗。加之早期民族主义者脱离下层群众,所以成效有限。这种状况到20世纪40年代才有了明显的改观。

在黑人群众运动的推动和种族矛盾日益尖锐的形势下,非国大开始调整方针和策略。二战期间,很多年轻的黑人工会活动家和年轻的知识分子参加非国大,为组织带来了活力。1943年,非国大当中的年轻人建立了"非洲人国民大会青年联盟"。青年联盟的骨干是一批激进的、有才干的青年政治活动分子,纳尔逊·曼德拉、沃尔特·西苏鲁、奥利弗·坦博、罗伯特·索布克韦都是当时青年联盟的中坚。在青年联盟的推动下,非国大制定了更激进的纲领和策略。1949年,非国大通过《行动纲领》,提出"民族自决""反对任何形式的白人统治"等政治口号,并决定冲破合法斗争的局限,采取积极抵制、不服从、不合作的方式,发达罢工和群众运动,以反对白人种族主义统治。

非国大联合印度人大会、有色人人民组织和(白人)民主人士大会,于1955年6月26日在约翰内斯堡附近的克利普顿召开人民大会,来自各种族的2884名代表参加,其中2222名黑人、320名印度人、230名"有色人"和112名白人。"人民大会"通过了著名的《自由宪章》。"宪章"提出,南非属于所有生活在这里的黑人和白人;每个人都应有选举权和被选举权；各民族平等，共同享有南非的财富和土地；每个人都应有基本人权、就业权利、受教育权利和住房保证。这是在反对种族主义统治的运动中第一次提出比较完整的社会变革方案，成为非国大的政治纲领。

1960年3月，非国大在反对"通行证法"的"沙佩维尔惨案"后，被南非当局宣布为"非法"组织，它的一些主要领导人流亡国外，国内组织则转入地下。此后，非国大提出了进行武装斗争的主张，并于1961年12月建立了军事组织——"民族之矛"，由曼德拉任司令，领导武装斗争。1962年，曼德拉等领导人被捕入狱，关押到罗本岛黑人政治犯监狱。

20世纪80年代末90年代初，南非白人政权在国内人民的长期反抗和国际社会的制裁下，不能像以前那样继续实行种族隔离统治，进行了若干的改革。与此同时，非国大及时调整斗争策略，提出政治解决南非问题和灵活处理制宪谈判的主张。1990年2月，南非总统德克勒克宣布，取消对非国大、泛非大和南非共产党等组织的禁令，释放曼德拉。1991年2月至6月，共有80多项种族主义法令被废除，还有近140项立法中的种族主义内容被删改。其中最主要的是废除了作为种族隔离制度支柱的几项法律，即1913年和1936年的《土著人土地法》，1950年的《人口登记法》和《集团住区法》等。

1994年4月，非国大在南非首次不分种族的大选中获胜，曼德拉当选总统，宣告了新南非的诞生。

南非和平民主进程

南非政治发展的转折点开始于1990年。当年2月2日，南非总统德克勒克在议会宣布，无条件释放黑人领袖纳尔逊·曼德拉，并解除对南非非洲人国民大会（非国大），阿扎尼亚泛非主义者大会（泛非大）和南非共产党等反种族主义组织的禁令，从而正式拉开了南非和平民主进程的序幕。2月11日，曼德拉走出牢笼，结束了长达27年的铁窗生活。

和平民主进程启动后,非国大和国民党政府在此后4年多的艰苦谈判过程中,双方主流派克服重重阻力,排除了来自黑人、白人保守和极端势力的破坏和干扰,在平等、和平协商的基础上,最终完成了从种族隔离到种族平等这一人类历史上罕见的政治过渡。

总的看来,南非的和平民主进程大体上经历了三个阶段:

1. 消除制宪谈判主要障碍阶段(1990年2月至1991年12月)

消除制宪谈判主要在非国大和南非国民党政府之间进行。所谓制宪谈判障碍,是1989年8月由非洲统一组织南部非洲特别委员会通过的《哈拉雷宣言》中提出的谈判先决条件:解除党禁,释放政治犯,保证流亡人员安全回国,废除镇压性法令,取消紧急状态,撤出黑人城镇驻军。非国大坚持只有在南非政府满足了上述先决条件后,才能进行多党实质性谈判。到1991年10月,南非政府已基本满足了非国大提出的谈判先决条件。自1989年底到1991年7月,南非政府共释放了1100余名政治犯。1991年8月,南非政府又同意赦免4万流亡人员。1991年2月到6月,南非议会开始清理种族隔离法令,共有80多项种族主义法令被废除,还有近140项立法中的种族主义内容被删改。其中最主要的是废除了作为种族隔离制度支柱的几项法律,即1913年和1936年的《土著人土地法》,1950年的《人口登记法》,1966年的《集团住区法》,1984年的《黑人住区发展法》。这些为制宪谈判铺平了道路。

2. 多党制宪谈判阶段(1991年12月至1993年12月)

1991年12月20—21日,具有历史意义的"民主南非大会"第一次会议的召开标志着南非制宪谈判开始进入了实质性谈判阶段。这次会议共有19个政党和组织的200多名代表参加。其任务是通过多党谈判,确定共同接受的制宪原则。会后签署的《意向声明》宣布:与会政党要为建立一个统一的南非而努力;在新国家里,将没有种族隔离或其他形式的歧视和压迫。会议还成立了 5 个工作委员会，负责对制定新宪法和过渡性行政安排问题提出报告。

此后，由于非国大和国民党在涉及权力与利益分配的关键性问题上分歧较大并互不相让。国民党主张制宪机构为两院制议会，白人应该享有政治否决权；非国大则主张"多数统治"。

1992 年 11 月 25 日，非国大实行重大战略转变，通过了由南非共产党全国主席斯洛沃起草的名为《谈判的战略目标》的文件，由过去主张立即实行"多数统治"改为同意在一定时期内与白人"分享权力"，共同执政，分阶段向"黑人多数统治"过渡。从 1992 年 12 月到 1993 年 2 月，非国大和国民党政府先后进行了 3 轮双边高级密谈，在若干重大制宪问题上达成了广泛的共识。

3. 首次多种族大选竞选阶段（1993 年 12 月至 1994 年 5 月）

为保证大选如期、公正和自由地举行，1993 年 12 月 7 日成立了由 19 个政党各派 1 名代表组成的过渡行政委员会，作为首次多种族大选竞选阶段的最高权威机构。同年 12 月 14 日，又成立了由 11 名无党派知名人士组成的独立选举委员会。其主要职能是监督各党派的竞选活动、组织和监督大选、宣布大选结果和对大选进行权威性的评估。

1994 年 4 月 26—29 日，非国大、国民党、因卡塔自由党等 27 个政党参加了南非历史上首次多种族民主大选。5 月 6 日，独立选举委员会宣布，全国共有 1972.2 万名选民参加投票，占选民总数的 87%。这一结果在冷战后非洲国家举行的多党选举中是不多见的。而且，大选期间南非政治暴力活动大幅度下降，社会秩序大大好转。这表明，实现和平民主过渡、结束种族主义统治是民心所向、众望所归。

非国大以绝对优势取得了大选的胜利。在全国选举中，非国大得票率为 62.7%，国民党为 20.4%，因卡塔自由党获得 10.5%。

在省级选举中,非国大在9个省中的7个省获得胜利,其中5省得票在77%—92%之间,在这5省议会中处于压倒多数地位,其他两省得票率也都超过半数。国民党在西开普省得票率53%,高出非国大20%。因卡塔自由党在夸祖鲁—纳塔尔省得票50%,高出非国大18%。

南非的全国议会实行两院制,由国民议会和参议院组成。国民议会的400名议员由选民按比例代表制普选产生。参议院的90名议员则由全国9个省各出10名,按各政党在省议会所拥有议员的比例产生。总统由国民议会选举产生,另设两位副总统,由在国民议会中获得80议席(20%)以上的政党产生。政府由总统、副总统及27名部长组成。任何在国民议会中获得20议席(5%)以上的政党都有资格在政府中产生1名部长。因此,非国大获得总统、第一副总统和18名部长的席位,国民党占有第二副总统和6个部长席位,因卡塔自由党获得3个部长席位。在国民议会的400个议席中,非国大252席,国民党82席,因卡塔自由党43席,自由阵线9席,民主党7席,泛非大5席,非洲基督教民主党2席。在参议院的90名议席中,非国大60席,国民党17席,因卡塔自由党5席,自由阵线5席,民主党3席。

1994年5月9日,国民议会选举曼德拉为南非历史上第一任黑人总统。曼德拉任命非国大的姆贝基和国民党的德克勒克为第一和第二副总统。5月11日,南非新内阁宣誓就职。在27名内阁部长中,从党派情况看,非国大18名,国民党6名,因卡塔自由党3名。从种族区分来看,27名部长中,黑人14名,白人7名,"有色人"3名,印度人3名。内阁部长的人选都是经过非国大、国民党和因卡塔自由党三方协商而确定的,这样组成了以黑人居多数和领导地位的民族团结联合政府。

(三) 南非新宪法的制定及新体制的确立

南非民族团结政府成立后,面临的一项最重要的任务就是在两年内制定一部民主宪法来取代 1993 年临时宪法。根据历史宪法的规定,制宪议会由全民大选后产生的国民议会和参议院联合组成,它必须在两年内起草和通过新宪法。1994 年 5 月,制宪议会举行第一次全体会议,起草和制定南非正式宪法的多党谈判由此拉开了序幕。

南非参政的各党,除了因卡塔自由党(1995 年退出制宪谈判),都参加了制定新宪法的谈判。由 490 名议员组成的制宪议会,下设 7 个专门委员会,对包含 15 章 251 条的临时宪法进行辩论和修订。各政党争论的焦点主要集中在中央和地方的权力分配以及劳工关系、财产法案和语言教育等公民基本权利法案的有关条款。经过艰苦反复的谈判,各方最后同意在不威胁国家统一的前提下,加强省级政府的立法和财政权。在劳资关系问题上,新宪法规定资方无权解雇罢工工人,但同时说明类似争执可比照"劳工关系法"处理。在财产的条款中,新宪法既写进保护公民的财产所有权,又同时规定政府有权根据公共利益有偿征用土地、实施土地改革。在有关语言教育的条款中,没有硬性规定必须用单一语言进行教学,但指出作为一种可行的选择,宪法允许单一语言教育的存在。

1996 年 5 月 8 日,南非制宪议会以 421 票赞成,2 票反对,10 票弃权的压倒多数通过了《南非共和国宪法法案》。新宪法共分 14 章,它明确规定:宪法是国家根本大法,具有至高无上的法律地位;实行三权分立,立法机构由国民议会和省级全国委员会组成;所有南非公民,不分种族、性别、宗教信仰和社会地位,法律面前人人平等。包括英语、南非荷兰语、祖鲁语和科萨语在内的 11 种语言为南非官方语言,享有同等的法律地位。1996 年 12 月 10 日,南非总统曼德拉正式签署了新宪法。新宪法的签署标志着南非政治过渡的完成,为种族平等的新体制的确立和今后的民族国家建设奠定了法律基石。正如曼德拉在签署新宪法时所说的,新宪法所包含的公正平等和民主自由原则是广大南非人民,尤其是占人口总数 3/4 的黑人群众 300 多年来反抗殖民压迫、争取民主自由解放斗争目标的最高体现。

非国大"一党执政"新体制的确立

与临时宪法相比,新宪法最大的变化在于它摈弃了"权力分享"原则,取消了多党联合组阁的制度,改而实行由在议会取得多数的党单独组阁的制度。新宪法实际上"敲响了多党参政的丧钟"。

1996 年 5 月 9 日,在制宪议会通过新宪法的翌日,南非第二副总统、国民党主席德克勒克以新宪法没有写入保障执政党权力分享的条款为由,宣布该党退出民族团结政府,并将以主要反对党的身份在政府外发挥"维护多党民主体制"的建设性作用。6 月 30 日,国民党正式退出民族团结政府,随后又退出西开普省之外的其他省的政府,作为反对党存在。国民党的退出标志着南非两大政党合作局面的结束以及两年前建立的多党合作体制事实上的终结。

按照临时宪法和新宪法附件的规定,多党联合政府本可以持续到 1999 年大选。国民党的提前退出,提前 3 年结束了过渡性政治安排。之所以如此,据国民党主席德克勒克的公开讲话称,是形势的发展使国民党在政府外发挥"建设性"反对党作用的时机成熟了。他认为,一个强大的反对党的发展,对保持和促进多党民主政体是十分必要的。但分析家认为,国民党此举主要基于 1999 年大选的需要,是着眼于下届大选而采取的一次战略调整。

(四)族群和解新历程

新南非之所以会比较顺利地诞生,与非国大及时调整政策分不开。20 世纪 90 年代初,随着形势的发展,非国大认识到,南非仍处在"民族民主革命"阶段,资本主义制度在相当长的历史阶段内仍将主导南非经济,应采取"混合经济体制"。1992 年 5 月,非国大通过《关于民主新南非的政策指南》,不再提及国有化,而是强调通过实施切实可行的总体发展战略,调整南非经济结构,建立强大、充满活力和均衡发展的国民经济,同时积极稳妥地进行社会财富再分配,满足人民的基本生活需求。

南非新政府成立以来,先后颁布实施了"肯定行动"和《黑人经济扶持计划》(BEE)等法规,以推动并帮助黑人在经济上得到发展。前者强调的是纠正就业机会方面的不平等。后者强调的是资源(生产资料)的分配,促使黑人能够有实质意义地参与经济活动,为黑人经济发展争取资金。1994年至2004年间,南非建成160万套住房;新建700所卫生所;900万人得到罐装饮用水供应;为640万人提供了新的卫生设施;450万儿童从小学营养计划实施中受益;社会救济覆盖人群从290万增加到740多万。

曼德拉上台执政以后,注重种族和解,最大限度地团结一切可以团结的人。他采取措施安抚白人情绪,以稳定社会经济。他在政治上组建民族团结政府,大量留用白人官员和技术人员,保护白人的经济利益。正如曼德拉所言:"我为反对白人种族统治进行斗争,我也为反对黑人专制而斗争。""让黑人和白人成为兄弟,南非才能繁荣发展。""压迫者和被压迫者一样需要获得解放。"

1994年5月10日,世界政要云集南非,曼德拉在这一天宣誓就任南非总统。参加典礼的,有以色列总统威茨曼,也有巴勒斯坦领导人阿拉法特,有美国的第一夫人希拉里,也有美国的老对头——古巴领导人卡斯特罗。在参加典礼的宾客之中,还有詹姆斯·格里高利,他是曼德拉坐牢期间的狱警。珀西·尤塔是1963年审判时力主将曼德拉判死刑的检察官,曼德拉专门设宴款待,令世人赞叹不已。

曼德拉从自己身边安排白人保镖开始,一点一滴地做着和解工作。他邀请前白人总统德克勒克担任副总统,前南非军队总指挥官乔治·梅林在新的南非国防部队中留人原职;曼德拉不计前嫌,允许前司法部长,曾囚禁过他的科比·库齐担任参议院主席。并在1995年南非承办橄榄球锦标赛后,赢得了多数白人的心。对于南非黑人来说,橄榄球是白人专属运动,是南非种族隔离制度的象征。主要由白人组成的南非橄榄球国家队也遭到黑人抵制。通过自己的影响力,曼德拉促成南非成为1995年英式橄榄球锦标赛举办地。决赛在南非与新西兰之间进行,那天,曼德拉还穿上了绿色与金色相间的南非队队长6号球衣、头戴羚羊队球帽出现在赛场上,球队士气大振,最终一举夺魁。

由于在族群和解方面所做的贡献,1993年曼德拉获得了诺贝尔和平奖,2003年,曼德拉85岁生日时,联合国秘书长安南致电祝贺,称他为"和解与和平的楷模"。1997年,79岁的曼德拉宣布辞去非国大党内主席的职务,将担子交给了年轻的姆贝基。2009年,联大通过决议,自2010年起,将每年7月18日曼德拉的生日定为"曼德拉国际日",以表彰他为和平与自由做出的贡献。

二、新南非外交战略[①]

进入21世纪以来,南非在外交上表现得相当活跃。各方与非洲的峰会,如中非合作论坛北京峰会、日非峰会、欧非峰会、印非峰会等,南非自然是重要的一员,不仅如此,南非与欧盟建有峰会,与印度和巴西结成"对话论坛",南非顶住内外压力奉行对津巴布韦的"温和外交",一直主张通过对话和谈判解决津巴布韦的政治危机,在2008年7月联合国安理会讨论制裁津巴布韦的决议草案时投了反对票。今年年初,南非还与中国一起举办系列活动隆重纪念中南建交十周

---

① 张忠祥:《新兴大国南非外交战略评析》,《西亚非洲》2009年第6期。

年。此外,南非还在紧锣密鼓地准备 2010 年世界杯足球赛,这将是非洲国家首次举办此类体育盛会。

南非外交的日趋活跃是与国际社会对非洲重新关注,非洲国际地位的上升相联系,更重要的是植根于南非民主变革以来经济的较快发展和国力的增强。事实上,姆贝基(1999 至 2009 年任南非总统)时期南非已经跻身于新兴大国的行列,所以,新兴大国南非的外交主要是论述姆贝基时期南非的外交。种族隔离时期南非的外交,国内已有专著问世[1],曼德拉时期南非的外交,也有同志论及[2],但是,对于姆贝基时期南非外交的研究,在国内尚属空白。

(一) 正在崛起的新兴大国

南非面积约 122 万平方公里,人口约 4740 万(2006 年),其领土面积在非洲居第九位(苏丹、阿尔及利亚、民主刚果、利比亚、乍得、尼日尔、安哥拉、马里之后),人口居非洲第五位(尼日利亚、埃及、埃塞俄比亚、民主刚果之后)。2007 年南非 GDP 为 2776 亿美元,居世界第 28 位[3],从这一名次来看,南非自然称不上是世界大国。但纵观排名前 40 位的国家,南非是唯一入选的非洲国家,因此,说它是非洲的大国却是十分恰当的。此外,南非自然资源丰富,是世界五大矿产国之一。金融、法律体系比较完善,通讯、交通、能源等基础设施良好。所以,南非的综合国力排名比 GDP 排名还要靠前。2007 年,在英国简氏全球国力排名座次榜上,南非位列第 22 位,排在印度尼西亚和阿根廷之后。

南非是撒哈拉以南非洲最早开启现代化进程的国家。早在 19 世纪 70、80 年代,在矿业革命的推动下,南非开始了现代化的历程。

---

[1] 沐涛:《南非对外关系研究》,华东师范大学出版社,2003 年。
[2] 曾强:《新南非外交工作的成就》,《国际资料信息》1999 年第 7 期;张象主编:《彩虹之邦新南非》,第十九章,"南非新外交的实施",当代世界出版社 1998 年,第 351—364 页。
[3] World Development Indicators Database, World Bank, 1 July 2008.

首先从矿业突破,接着发展制造业和现代农业。20世纪60、70年代是南非经济高速发展时期,1960—1970年,南非国内生产总值年均增长8.9%。[1]到20世纪70年代中叶,南非已经建立起发达的现代工业体系,完成工业化。当时,南非的国民生产总值约占整个非洲大陆的三分之一,是周边十个国家总和的三倍多[2]。这一时期,南非还称不上是新兴大国,因为自1948年至1990年,南非实现臭名昭著的种族隔离制度。尽管这时南非拥有强大的军力和发达的经济,但却是不折不扣的政治侏儒:联合国和众多国家、国际组织对其实行全面制裁,南非被摒弃于从联合国到国际奥委会等组织之外,在非洲一度仅剩马拉维一个邦交国,当时的南非,被形象地称为"国际弃儿"。到20世纪80年代末,由于制裁南非经济持续下滑,国内产生总值的增长率下降到,"20世纪80年代的1.8%,最后在20世纪90年代初陷入负增长(-1.1%)"[3]。从1990年开始,时任南非总统的德克勒克为了改变南非外交上十分孤立的处境,制止不断下滑的国内经济,着手改善南非的种族关系,实现民主变革。1994年南非进行首次不分种族的大选,曼德拉当选民族团结政府的总统。

南非何时才称得上是新兴大国?只有在种族隔离制度废除以后,尤其到了姆贝基执政时期,南非才跻身于新兴大国的行列。新兴大国至少应当符合以下标准:第一,拥有相当的物质基础,如较大的国土面积、较多的劳动力资源、较为丰富的矿产资源,至少可发挥地区性的影响力;第二,有参与国际体系重大政治、经济、社会及文化事务的较强意愿,并为国际社会所认可;第三,综合国力发展态势良好,可能为国际体系的转型贡献自己的力量。种族隔离制度废除后,经

---

[1] The Yearbook of South Sahara, 1974, p.745.
[2] 艾周昌、舒运国、沐涛、张忠祥:《南非现代化研究》,华东师范大学出版社2000年版,第1页。
[3] 南非储备银行数字1995年6月,[南非]海因·马雷著,葛佶、屠尔康译,《南非:变革的局限性——过渡的政治经济学》,社会科学文献出版社2003年版,第130页。

过曼德拉时期的恢复和发展,南非的外交抱负日益壮大,它不仅追求南部非洲霸主地位,还要力争做非洲甚至第三世界的代言人。1999年,南非加入20国集团,成为主要的发展中国家的一员。2003年6月,南非和巴西、印度3国成立"对话论坛",拟定了三国互相扶持、共同迈向大国行列的目标。2007年,南非海军制定了雄心勃勃的发展计划,表示将"向远洋进军",这被认为是南非追求大国地位的又一强烈信号。此外,南非还是非洲仅有的两个公开谋求安理会常任理事国的国家之一。在新兴大国中,南非虽不如"金砖四国"(BRICs,即巴西、俄罗斯、印度和中国)那样突出,但鉴于它在非洲的特殊地位,以及在国际事务中的积极表现,许多学者都倾向将其列入新兴大国之列。[1]

(二) 南非外交战略的重点

外交是内政的延续,任何国家的外交必定是为其国内政治服务的。在种族隔离时代,南非白人政权实行亲西方外交政策和地区强权政策,对南部非洲邻国的侵略和颠覆、与以色列、中国台湾结成"三角联盟"[2],其目的都是为了巩固其种族主义统治。1994年民主南非诞生后,重返国际社会,为南非社会经济的发展创造良好的外部环境,是曼德拉时期南非外交的目标。到1999年,与南非建交的国家由1993年底的83个猛增到180多个。姆贝基则奉行独立自主的全方位外交政策,努力实现新兴大国的抱负,其外交目标"是捍卫南非的国家利益和价值观,促进非洲的复兴,创造一个更加美好的世界"。姆贝基时期南非外交的指导性原则是:"促进人权;促进民主;在处理

---

[1] 杨洁勉:《新兴大国群体在国际体系转型中的战略选择》,《世界经济与政治》2008年第3期;Steven W. Hook, *Comparative Foreign Policy: Adaptation Strategies of the Great and Emerging Powers* (New York: Prentice Hall), 2002。

[2] 沐涛:《南非对外关系研究》,华东师范大学出版社2003年版,第84页。

国与国的关系上遵守正义和国际法;维护国际和平和采取国际协商机制解决冲突;在世界事务中维护非洲的利益;通过地区和国际合作推动经济发展。"①

关于南非外交战略的布局,早在1997年底非国大在第50次全国代表大会的政治报告中就已经提出:(1)进一步加强与南部非洲发展共同体各成员国的关系,通过现有机制积极推动区域经济一体化的进程;(2)加强同所有非洲国家的关系,为非洲的复兴做出积极贡献;(3)加强与南方国家的合作关系,建立强有力的统一战线,用同一个声音与发达国家对话;(4)加强同发达国家的关系;(5)加强同世界多边政府组织的关系。②南非外交部在2008年至2011年战略计划文件中吸纳了上述精神,提出了南非外交七大优先考虑的领域:推动非洲问题的解决;加强南南合作;推动南北合作;参与全球治理;加强与各国政治、经济的联系;增强团体的力量;提供行动支持服务。③在上述两份文件中,关于南非外交战略的重点基本吻合,主要有以下几个方面:

第一,以非洲为其外交立足点,并将维护南部非洲地区安全与发展作为外交优先考虑的目标。南非对非洲的外交战略的具体举措有4点:(1)参与本地区和非洲大陆的一体化,包括发挥非盟及其机构的作用,推动南部非洲发展共同体的发展。(2)完成作为非洲社会经济发展计划的非洲发展新伙伴计划(NEPAD),以及作为NEPAD区域目标的南部非洲发展共同体的地区战略发展计划。(3)支持非洲的和平、安全、稳定和战后重建。(4)通过与非洲大陆所有国家的富有成效的对话与合作加强双边政治、社会和经济联系。④以非洲为其

---

① Department of Foreign Affairs' Strategic Plan 2008—2011, pp.7—8.
② 曾强:《新南非外交工作的成就》,《国际资料信息》1999年第7期。
③ Department of Foreign Affairs of South Africa' Strategic Plan 2008—2011, p.5.
④ Ibid., p.9.

外交的立足点是与种族隔离时代南非白人当局企图"脱非入欧"的思想有着根本的区别,反映出南非愿意与非洲大陆同呼吸共患难。这一思想,早在1996年5月8日,姆贝基在南非议会里做的一次著名演讲中反映了出来,姆贝基在他的题为《我是一名非洲人》的演讲中说,"今天,作为一名非洲人的感觉真好","我是一名非洲人。……利比里亚、索马里、苏丹、布隆迪、阿尔及利亚人民因暴力冲突所受的痛苦,也是我承受的痛苦。我的大陆上的贫穷、灾难和非人遭遇的阴郁耻辱,是我们共同承担的重负"。[1]2004年6月18日姆贝基为《今日非国大》撰文时指出:"非洲是南非外交政策的核心焦点"[2],因为,南非的未来是与非洲大陆的未来,尤其是与南部非洲的邻国紧密联系在一起的。

随着经济实力的增强,南非在非洲事务中发挥着越来越重要的作用。南非倡导"非洲复兴",积极推动非统组织向非洲联盟转变,并积极促成泛非议会、非盟委员会等主要机构的成立,以非洲国家的联合自强应对经济全球化的挑战。2002年7月南非主办非盟首次首脑会议并当选为主席国,姆贝基担任非盟首任主席。南非积极推动"非洲发展新伙伴计划"的实施。该计划提出今后15年内,非洲国家的GDP年均增长率保持7%,到2015年,将非洲贫困人口减少一半。南非积极发挥地区大国作用,重视改善、加强与尼日利亚、阿尔及利亚等地区大国的关系,建立"国家双边委员会";主张通过政治手段和平解决争端,积极参与调解埃厄冲突及刚果(金),刚果(布)、布隆迪、苏丹等问题;敦促成立"非洲互查机制",强烈谴责以军事政变方式更迭国家政权,推动非统首脑会议作出不接纳非民选政府的决定。

在南非的非洲战略中,南部非洲是它重中之重。种族隔离时代,

---

[1] 温宪:《我是非洲人——姆贝基传》,世界知识出版社2000年版,第15页。
[2] ANC Today, Vol. 4, No. 24, Http://www. anc. org. za/ancdocs/anctoday/2004/at24. htm.

南非是南部非洲动乱的策动者,阻碍南部非洲的民族独立运动。民主变革后,南非被南共体所接纳,于 1994 年加入该组织,并积极推动该区域一体化组织的发展。2006 年 10 月 27 日,姆贝基在非国大的网站上撰文,明确提出"南部非洲必须统一"。①2008 年 7 月 15 日,南非无偿援助塞舌尔 360 万美元,用来帮助塞克服当前的经济困难。②2008 年 2 月 8 日,姆贝基在南非议会发表演讲时指出,南非应该利用担任南共体主席国之机,积极推动南部非洲自由贸易区在今年建立起来。在津巴布韦问题上,南非姆贝基政府反对制裁,而是主张通过和谈的方式实现政治解决,是与保持南部非洲的和平稳定的思想相一致的。

第二,加强南南合作,尤其与新兴大国的协同。南非把自身定位为一个发展中国家,并将加强南南合作放在其外交战略的重要位置上,姆贝基曾说,南南合作是"南非对外体系中的核心领域之一"③。南南合作是为了在全球化中维护和提升南方国家的利益,同时也是为了维护南非自身的利益。南非主张在促进南方国家的发展问题上扮演一个重要的角色,具体举措主要有:(1)深化印度—巴西—南非对话论坛;(2)加强环印度洋区域合作联盟;(3)强化亚非新型战略伙伴关系;(4)为建立印度—非洲论坛作贡献;(5)加强中非合作论坛;(6)积极参与南方组织,如不结盟运动、77 国集团④。

在南非的外交战略思维里,南半球应分担全球的和平、民主和政治稳定,北半球则应施与更多的援助、市场准入、取消外债、增加投资等。南方国家占世界总人口的 75%,在国际政治和经济组织中却只有 1/3 的投票权,因此应积极整合和发挥现有的不结盟运动和 77 国

---

① ANC Today, Vol. 6, No. 42, Http://www.anc.org.za/ancdocs/anctoday/2006/at42.htm.
② 塞舌尔《民族报》消息,南非华人报 2008 年 7 月 28 日。
③ Http://www.info.gov.za/speeches/2008/08020822021001.htm.
④ Department of Foreign Affairs South Africa' Strategic Plan 2008—2011, p.29.

集团这些南方国家组织的作用,以便在联合国、国际货币基金组织等多边机构的改革中确保南方的利益。南方国家还可以考虑建立南方首脑会议的模式,以便在与西方八国首脑会议的沟通和联系中增强自身的力量。此外,南非与其他新兴大国一起利用"二十国集团"的框架,加强协调寻求工业化国家在农业补贴和市场准入议题上作出让步。

在南南合作方面,南非十分重视与其他新兴大国的协作。1997年,南非与印度建立了战略伙伴关系,两国建有双边联合委员会。2003年6月南非、巴西、印度三国成立"印—巴—南对话论坛"(IBSA)。它不仅成为三国在国际组织及多边论坛中加强政治磋商与合作的平台,还成为它们加强相互间经贸合作的重要机制。2006年9月,印—巴—南对话论坛首次峰会在巴西举行。2007年10月,"印—巴—南对话论坛"第二次峰会在南非举行。2000年南非与中国建立伙伴关系,宣布成立高级别国家双边委员会,2004年中南关系提升为战略伙伴关系。南非外交部2007年5月15日发表声明指出,与中国发展战略伙伴关系是南非外交政策的重点之一,南非希望进一步拓展与中国的双边贸易活动。中非合作论坛为加深中国与南非的交往提供了一个重要平台,中国是南非在亚洲最大的贸易伙伴,两国间的贸易往来占中非贸易总量的21%。此外,南非希望在中国的帮助下,使非洲的关切在联合国和其他国际场合得到更多支持。①

第三,实行多边务实外交,重视发展南北关系。南非民主变革后,实行多边务实外交,姆贝基与曼德拉一样都很重视发展与发达国家的关系。不论是《非洲发展新伙伴计划》,还是南非自己的发展,都需要发达国家的支持。2004年年初,姆贝基在其竞选纲领中宣布,要在2014年前把南非的失业和贫困人口数量削减一半。为了实现

---

① 新华网,2007年5月17日。

这一目标,姆贝基政府决定通过发展公共工程项目在今后5年内创造100万个就业机会,与此同时,需要健全南非的社会福利保障体系,加强对失业者的技能培训。2006年2月,南政府公布实施《南非加速和共享增长倡议》(ASGISA),加大政府干预经济力度,通过加强基础设施建设、实行行业优先发展战略、加强教育和人力资源培训等措施,促进就业和减贫。要实现这些计划,除了南非自身的努力外交,还需要发达国家的大力支持。南非发展南北关系的主要领域有:(1)加强与欧盟、八国集团、英联邦以及其他的北方组织等合作;(2)加强与经济合作与发展组织(OECD)的合作;(3)发挥日非峰会的作用等。①

南非重视发展与欧美发达国家的关系。欧盟是南非最大的贸易伙伴、投资国及援助方。欧盟投资占南非外来直接投资的一半以上。南非与欧盟签有贸易、发展与合作协议,建有合作联委会机制;与英国、德国建有高级别双边磋商机制;与法国建有经贸联委会机制;与爱尔兰建有伙伴论坛。在此基础上,南非与欧盟成立首脑会议,2008年7月25日首届欧盟与南非首脑会议在法国波尔多举行。讨论的议题包括气候变化问题、移民问题和食品安全问题在内的世界性议题,包括欧盟—南非经济伙伴关系协定、世贸组织相关问题和私营业在非洲发展中作用在内的经济议题以及津巴布韦、苏丹、乍得和中东地区的安全议题。②此外,南非利用欧非峰会、八国集团与发展中国家的对话、英联邦等机制,加强与北方国家的合作。

南非同美国的关系密切。美国是南非第二大贸易伙伴,南非是美国在撒哈拉以南非洲最大的出口市场。2006年双边贸易额约764亿兰特。1992年以来,美先后向南非提供各类援助近7亿美元。双方签有"防御互助条约"和军事协定。布什政府上台后,两国以部长

---

① Department of Foreign Affairs South Africa' Strategic Plan 2008—2011, p.29.
② 新华网 2008 年 7 月 25 日。

级"双边协调论坛"取代原副总统级的双边委员会。美国同意向南非开放农产品市场。南是美"非洲经济增长与贸易机会法案(AGOA)"第二大受惠国。2003、2004年,南连续两年成为接受美援助最多的非洲国家。2005年8月,南非与美国签署协议,加入"非洲应急行动培训和援助",成为加入该项目的第13个非洲国家。①

日本与南非建有"日本—南非伙伴论坛"。日本是南非第四大贸易伙伴,也是南重要的投资国和援助国之一。2006年南日贸易额716亿兰特。1994年以来,日对南投资约5亿美元。2006年4月,南非副总统努卡率团访问日本,寻求日本对南非新出台的"加速和共享增长倡议"的支持。南非积极利用日非峰会加强与日本的合作,2008年5月,姆贝基出席在东京召开了第4届日非峰会。

第四,积极参与全球治理,通过多边体系寻求全球政治、社会和经济的稳定和安全。这方面,南非关注的领域很广泛,包括构建国际新秩序、反对恐怖主义、食品安全、难民问题、裁军和反扩散、气候变化与环境保护等等②。主张集体安全的南非,将多边外交视为主要外交战略,其中,联合国是最重要的角色,因此,南非认为联合国的功能应该强化,主张在联合国系统和它的特殊的机构促进发展、安全、人权,关注可持续发展、减债、贫困、艾滋病、全球化、新一轮世界贸易谈判等与发展中国家切身利益紧密相关的重大议题,它是联合国、英联邦、非盟、不结盟运动等70多个国际组织成员国。南非还积极参加联合国人权、裁军等领域的活动,主张维护民主、人权,倡导改革现有国际体系,建立以多边主义和国际法为基础的公正、平等的国际新秩序。2004年南非成为泛非议会永久所在地。2006年南非当选联合国人权理事会成员(至2010年)。2007—2008年南非担任联合国安理会非常任理事国。

---

① 中华人民共和国外交部网站。
② Department of Foreign Affairs South Africa' Strategic Plan 2008—2011, pp. 13—16.

（三）影响南非外交战略选择的指导思想

自20世纪末以来，姆贝基大力倡导"非洲复兴"的思想，这一思想成为决定南非外交战略的主要指导思想。该思想主要建立在非洲人自主意识的觉醒、尊重人权以及政治民主的建立、经济振兴计划等三大支柱上。虽然"非洲复兴"思想并非姆贝基首创，泛非主义的先驱和第一代非洲领导人，如布莱登、杜波伊斯、恩克鲁玛等都曾提出过类似的思想，但姆贝基是在非洲面对世界经济全球化变得日益边缘化的新背景下提出这一思想的。这是非洲新一代领导人应对非洲边缘化的产物。同时，南非赢得废除种族隔离制度的胜利之后，需要有一个新的目标，非洲复兴的思想既能将南非的命运与整个非洲的命运联系在一起，又是一种新的努力方向，"非洲复兴在南非内部获得了一种强有力的意识形态上的作用。……使它代替了消融中的反对种族隔离的意识形态"。①

非洲复兴，即通过统一与合作重建非洲，这是姆贝基时代外交思想的重要组成部分。何为非洲复兴？1998年4月9日，姆贝基在日本东京发表的题为《非洲复兴：南非与世界》的演讲中，做了比较系统的阐述，他说："我们必须制止那些使得世界上许多人认为非洲人没有能力建立和维护好的治理制度的行为。""只有我们自己制定计划，只有我们自己为政策的成败负起责任，非洲复兴才能取得成功。""非洲的不发达必须是世界上其他地区每个人关心的事情，非洲复兴的胜利不仅关乎着非洲人民生活的改善，而且关乎着整个人类的尊严。"②综合姆贝基关于非洲复兴思想在多个场合的论述，这一思想的主要内容有：(1)非洲有辉煌的历史，也必将有光明的未来。(2)非洲自独立至20世纪90年代中期，是新殖民主义的历史。非洲复兴

---

① ［南非］海因·马雷著，葛佶、屠尔康译，《南非：变革的局限性——过渡的政治经济学》，社会科学文献出版社2003年版，第341页。
② 温宪：《我是非洲人——姆贝基传》，世界知识出版社2000年版，第170页。

的条件:以新南非诞生为标志的非殖民化彻底完成;非洲人民认识到新殖民主义已经失败;随着冷战结束,大国在非洲争夺势力范围的斗争已经弱化;全球化进程在加速进行。(3)非洲要建立民主政治制度。(4)建立现代市场经济体制。(5)南非可以为非洲复兴做出贡献。(6)国际社会可以为非洲复兴做出贡献。[1]

在非洲复兴思想的指导下,南非以非洲为其外交的立足点,大力推进非洲的联合和自强,推动非盟的成立和内部机构的完善,提出并努力实施《非洲发展新伙伴计划》。要实现这一计划,又离不开国际社会的支持和帮助,国际社会也应该为非洲的复兴做出贡献,因此,南非重视发展与发达国家的关系。在非洲复兴的旗号下,南非将自己的命运与整个非洲的命运联系在一起,并且表示,南非可以为非洲的复兴做出自身的贡献,这反映出南非作为新兴大国的宏大抱负。

(四) 对南非外交战略的评价

外交战略的选择固然受到外交思想的指导,但它的基础是国内政治经济形势。南非外交战略的选择是与南非国内经济政治形势的变化相一致的。姆贝基执政以来,南非经济取得了较快发展,自2003年至2007年,南非经济年均增长速度一直保持在5%左右,和曼德拉时期的南非不同,这时的南非不再限于重返国际社会大家庭,其外交变得更有抱负。姆贝基的外交是以取得非洲更大的经济发展为指向,同时寻求以更好的方式提高本身的国际地位,两者都是与南非国内重建和经济社会发展相互一致的。总之,姆贝基时期的南非外交是为其作为新兴大国崛起服务,为南非的继续发展营造良好的外部环境,包括处理好与邻国的关系、本地区国家的关系以及与其他新兴大国、发达国家的关系等等。姆贝基时期南非的外交战略具有下面

---

[1] 钟伟云:《姆贝基非洲复兴思想内涵》,《西亚非洲》2002年第4期。

一些特点：

第一，毫不掩饰地追求大国地位。南非在种族隔离制度废除之后，政治地位迅速上升，同时，随着国内经济形势的好转，其对大国地位的追求也立即表露出来，它不仅要做非洲地区大国，还要成为具有世界影响的大国。它以非洲的复兴为己任，大力加强与其他新兴大国的协同与合作，主张创立南方国家峰会，积极争取成为联合国安全理事会常任理事国，这些都是其追求大国地位的最好体现。

第二，在外交上强调民主、人权，积极参与全球治理。在种族隔离时代，占人口少数的南非白人是老爷，广大黑人是奴隶，毫无民主、人权可言。所以，民主南非建立后，他们倍感民主、人权的可贵，将促进民主和人权列为南非外交的指导性原则之中。在非盟成立之后，南非敦促在非盟内部建立国家间"防止和消除冲突中央机构"，这一机构被授予干预和解决非洲大陆所发生的冲突。此外，南非还敦促在非盟内部设立"互查机制"，制止非洲国家损害民主、人权的行为。

第三，敢于顶住压力，坚持自己的外交原则。南非主张通过对话与和平谈判解决国际争端，反对动辄使用制裁和武力解决。2007年南非担任联合国安理会非常任理事国的第一个月，就投票反对美国起草的要求缅甸军政府释放政治犯的提案，2007年5月它就美国发起的关于黎巴嫩事务的一个提案表示弃权。南非主张与伊朗接触而不是制裁，姆贝基还反对制裁苏丹和津巴布韦，2008年7月，美国在安理会上提出了一项关于津巴布韦的提案，南非就投了反对票。南非在外交上坚持自己的原则，有时让"华盛顿的决策者头痛"。美国的非洲事务高级官员弗雷泽对此解释说，"这部分在于他们将自己视为一个全球大国，部分在于他们认为自己代表了发展中国家的声音"。

总之，姆贝基时期南非外交取得了令人瞩目的成就，不论是倡导非洲复兴、参与建立印—巴—南对话论坛、作为主要的发展中大国参与八国峰会,还是积极参与解决非洲的一些热点问题,都产生了积极的影响。当然,南非外交也面临着挑战,在新兴大国群体里面,南非综合实力是比较弱的。比较公认的新兴大国有中国、印度、巴西、俄罗斯和墨西哥等。在 2007 年世界 GDP 的排名中,中国居第 4 位,巴西第 10 位,俄罗斯第 11 位,墨西哥第 14 位,南非则为第 28 位[①]。所以,南非外交的国内经济基础不如其他新兴大国雄厚,南非外交战略的目标与其国力存在一定程度的脱节。此外,南非的国内矛盾,它的高失业率和高犯罪率,也会对外交产生不利的影响,2008 年 5 月底 6 月初的南非暴力排外事件,就曾损害到南非的国际形象。

三、拉马福萨政府抗击疫情努力恢复南非经济[②]

新南非成立近三十年以来,虽然在种族平等与政治民主方面取得显著进步,但在经济发展方面除了部分年份之外步履维艰。1994—2004 年南非经济年均增长 3%,2005—2007 年年均增长超过 5%。近年来,受全球经济走低、国内罢工频发、电力短缺等多重因素影响,南非经济持续低迷。2014—2019 年南非经济年均增长率仅为 0.95%。2020 年 3 月以来,南非又深受新冠肺炎疫情的冲击,经济发展更是雪上加霜。新冠疫情至今(2022 年 5 月 1 日)已造成全球 5 亿多人感染,超过 600 万人死亡,的确是一场百年不遇的世纪疫情。在此背景下,南非拉马福萨政府采取多种政策举措,克服疫情造成的不利影响,努力振兴经济。

---

① World Development Indicators Database, World Bank, 1 July 2008.
② 张忠祥:《世纪疫情冲击下南非经济复苏的成效与挑战》,《当代世界》2022 年第 9 期。

（一）新冠肺炎疫情对南非经济的冲击

南非不是新冠疫情传入非洲最早的国家,但新冠病例自2020年3月5日在南非首次确诊之后,疫情在南非快速蔓延,确诊病例迅速上升,感染人数和死亡人数在非洲大陆占比都是最高的。这很大程度上因为南非是非洲重要的旅游目的国,2019年到访南非的国际游客超1000万人,人员流动性大。至2021年2月初,南非已经历新冠肺炎两波感染,病例达150万人,超4.5万人死亡。此后南非又经历第三波与第四波疫情,其中第四波新冠病毒的变异株奥密克戎是在南非首次检测到的。截至2022年4月11日,南非新冠病例373.2万,占非洲大陆病例总数的32.2%;新冠死亡约10万人,占非洲死亡病例的39.7%。

1. 出现75年来最严重的经济衰退

作为新冠肺炎疫情最严重的非洲国家,南非经济遭受重创。南非实行封禁之初,每天造成100亿兰特的经济损失,因为失业和停工,部分家庭和企业的收入降至零。南非旅游业在新冠疫情大流行之前占GDP比重为8.6%。由于新冠疫情大流行导致旅游及休闲活动受限,南非旅游业成为遭受疫情冲击最为严重的行业之一。2020年南非游客数量减少近四分之三,仅接待280万人次游客。因大流行的封禁以及社会救助导致南非债务快速上升。2020年9月30日,南非政府债务总额同比增长20.3%,达到3.7万亿兰特,占国内生产总值的75.2%。截至2021年1月底,南非政府债务总额3.9万亿兰特,占国内生产总值的比重升至80.2%。受新冠肺炎疫情以及实施封禁措施影响,2020年南非经济萎缩6.4%,为自1946年以来最严重的经济衰退。同纵向比,南非2020年经济衰退比2009年受国际金融危机影响时(2009年南非经济萎缩1.8%)多4.6个百分点。同横向比,南非在2020年的经济衰退比世界平均水平还多3个百分点,比撒哈拉以南非洲高出4.2个百分点。

世界与部分地区 GDP 增长率(%)

	2019	2020	2021	2022	2023
世　界	2.6	-3.4	5.5	4.1	3.2
发达经济体	1.7	-4.6	5.0	3.8	2.3
新兴市场和发展经济体	3.8	-1.7	6.3	4.6	4.4
撒哈拉以南非洲	2.5	-2.2	3.5	3.6	3.8
南　非	0.1	-6.4	4.6	2.1	1.5

资料来源：World Bank Group: *Global Economic Prospects*, January, 2022, p. 4。

2. 失业率创新高

新南非建立以来，该国的失业率一直居高不下。1994 年南非官方失业率 20%，2006—2015 年南非平均失业率为 25%。2019 年第四季度南非失业率又升至 29.1%。2020 年 2 月南非总统拉马福萨在国情咨文中坦言："十多年来，南非经济没有以任何有意义的速度增长，失业率在增加，我们的经济复苏停滞不前。每年进入劳动力市场的 120 万年轻人中，大约 2/3 的人仍未就业、接受教育和培训。超过一半的年轻人失业，这是一场危机。"

受新冠肺炎疫情以及实施封禁措施影响，南非经济严重收缩，大量企业破产，失业率激增，仅在 2021 年第一季度至第三季度南非就损失 74.2 万个工作岗位。2021 年第一季度南非失业率攀升至 32.6%，2021 年第二季度南非失业率创下 34.4% 的历史新高。2021 年第四季度南非失业率高达 35.3%，相较于 2021 年第三季度增长 0.4 个百分点，再次创下自 2008 年开始季度劳动力调查以来最高水平。到 2022 年 2 月份南非总失业人口达 1100 万，3 月 24 日南非总统马福萨在第四届南非投资大会开幕式上发言时，承认疫情对就业的巨大冲击，他说："大流行使我们的经济遭到严重破坏，失业加剧，导致近 200 万个工作岗位流失。"普华永道(PwC)发布《2022 年南非经济展望》称,南非在总失业率和青年失业率两方面均居全球榜首。

3. 暴发自新南非成立以来最严重的骚乱

新南非成立之后,发生过多次骚乱,如2008年和2015年因排外而引发的骚乱都造成了数十人的死亡和严重的财产损失。而2021年7月发生的骚乱是新南非自成立以来最严重的一次。虽然此次骚乱因前总统祖马入狱而起,但促使骚乱蔓延的根本原因是新冠疫情带来的失业和贫困加剧。骚乱主要发生在夸祖鲁-纳塔尔省和豪登省,导致300多人丧生,约3000家商店遭到抢劫,共造成约500亿兰特经济损失。而夸祖鲁-纳塔尔省和豪登省是南非的经济重心,这两个省加起来占南非GDP的50%,占南非人口的45%。所以,本次南非骚乱既是疫情影响引发,同时它对南非抗疫和经济复苏都是十分有害的。

(二) 拉马福萨政府促进经济恢复的举措

新冠肺炎疫情发生后,南非政府采取多种措施积极应对。2020年3月中旬,南非总统拉马福萨宣布全国进入灾害状态,以应对冠状病毒病大流行。6月至10月份南非政府又先后出台基础设施建设《战略综合项目》(SIPS)、《南非经济重建与复苏计划》(PESP)和《总统就业刺激计划》(ERRP),通过扩大投资、加强基建、刺激就业、增加电力供应等举措,努力促进经济复苏。

第一,进行大规模的社会救助

2020年4月,南非政府推出总额为5000亿兰特(约占南非GDP的10%)的社会和经济救助方案。这是南非历史上社会救助规模最大的一次,内容包括:直接向最贫困的家庭提供每月350兰特的社会救济补助金(SRD);为失业工人提供工资并为陷入困境的企业提供各种形式的救济。

南非的社会救助取得了明显的成绩。到2021年2月,共有1800万人(接近1/3的人口)获得了每月350兰特的社会救济补助金。通过临时雇主—雇员救济计划(TERS),向超过450万工人支付了超过570亿兰特的工资。通过贷款担保计划,已为1.3万家企业批准了约189亿兰特的贷款。通过大规模的救助避免了大面积饥荒与人道主义危机,保持了南非社会的基本稳定,为经济恢复与重建奠定了某些基础。

第二,以基建为抓手稳经济

在经济遭遇困难时,抓基建稳经济是常用的做法,南非拉马福萨政府在克服新冠疫情对经济冲击时也是如此。2020年6月,南非政府公布未来10年总投资2.3万亿兰特(约合1380亿美元)优先发展基础设施项目清单,其中优先发展的基础设施项目被称为"战略综合项目"(SIPS),首批公布的战略综合项目有62个,涉及供水和卫生、能源、交通运输、数字基础设施、农业和农产品加工、人居工程等领域。2020年10月公布的《南非经济重建与复苏计划》,其设定五大目标之首就是加大基础设施投资。

基建需要大量投资,南非拉马福萨政府则通过召开投资大会,积极筹措经济恢复和重建所需的资金。2020年11月第三届南非投资大会在疫情期间如期召开,并设法筹集了约1080亿兰特的投资承诺。加上2018年和2019年两届投资大会确认的投资,南非收到了7740亿兰特的投资承诺。2020年11月,1720亿兰特资金(约占此前承诺的四分之一)已落实了投资。2022年3月24日南非政府在约翰内斯堡召开第四届投资大会,获得3320亿兰特投资承诺。南非四届投资大会共获得投资承诺1.1万亿兰特,实现了拉马福萨总统在2018年提出的1.2万亿兰特投资目标的92%。

第三,千方百计促进就业

在疫情暴发前南非就是一个高失业率的国家,失业率接近30%。

受新冠肺炎疫情的影响，南非失业率屡创新高。为提振遭受疫情打击的南非经济，促进就业，2020年10月南非拉马福萨政府启动了《总统就业刺激计划》，该计划旨在下个财政年度内在南非创造80万个就业岗位。到2021年1月，该刺激计划已支持了超过43万个就业机会，到2022年2月已支持超过85万个就业机会。

南非约80%的就业人员在私营部门工作。所以要稳就业，必须加大对中小企业的扶持。疫情暴发之初，南非政府及时推出中小企业资助计划，为中小企业融资提供一定额度的担保，以解决中小企业的燃眉之急。2022年初，南非政府继续推出中小企业反弹支持计划。其主要内容是通过银行和发展金融机构提供150亿兰特中小企业贷款担保，帮助因新冠肺炎疫情及相关封禁措施而陷入困境的中小企业。扶持中小企业不仅是稳经济的重要举措，更是促进就业的重要途径。

第四，保障电力供应

经济发展电力要先行。为了保证电力供应，南非政府对国家电力公司(Eskom)进行改革，将国家电力公司重组为三个独立的发电、输电和配电实体。南非政府还采取了紧急的大幅增加发电量的行动：成功投标2000兆瓦的应急电力，开始从可再生能源、天然气和煤炭中额外采购电力。此外采取应急措施，增加国家电力公司以外的发电能力，并且推动家庭与企业自发电合法化：1兆瓦以下的自用小规模发电无需许可证；1兆瓦以上的自用发电120天内处理完毕。

此外，南非还加强与新兴经济体的合作。在这方面，中国与南非合作抗疫助力南非经济复苏。疫情暴发之初，中国向南非捐赠95台呼吸机，5万个外科口罩，3000副护目镜，11000个防护口罩和衣物等。2021年两国贸易额逆势增长，达到543.5亿美元，同比增长50.7%，其中南非对华出口额332.3亿美元，同比增长59.6%。

在上述举措的共同作用下，2021年南非经济出现反弹，经济增长率达到4.9%,高出撒哈拉以南非洲当年经济增长率1.4个百分点,也是南非自2007年以来增长率最高的一年。当然2021年南非经济反弹在世界范围来看并不算高,甚至低于世界平均水平0.6个百分点。2021年南非经济反弹的主要贡献是农业、制造业、服务业和运输业。以葡萄酒行业为例,2021年南非葡萄酒出口价值为102亿兰特,葡萄酒出口额达到创纪录水平,南非葡萄酒出口市场,除了欧洲传统市场保持稳定,中国等新兴市场也实现销量增长。

疫情期间南非经济也出现了新的亮点,数字经济得到快速发展。随着消费者逐渐认识到在线购买产品和服务的便捷性,南非市场正转向电子商务,尤其是新冠肺炎疫情期间网上购物以创纪录的速度增长。2019年底,南非网上购物仅占零售总额的2%,2020年9月,网上购物占零售总额飙升至40%。2020年南非在线总销售额增长55%,2021年继续增长42%,预计2025年南非电子商务市场将会超过4000亿兰特。

(三)南非经济复苏面临诸多挑战

面对新冠疫情的冲击,南非通过大规模的干预,多措并举努力提振经济,取得了一定的成绩,2021年实现了经济增长4.9%,并在大灾面前保持社会面的基本稳定。这说明南非政府的经济刺激计划与行动获得一定的成功,南非抗疫初见成效。但总的来看,南非经济还没有走出疫情的影响实现真正的复苏。从近期来看,南非经济复苏面临诸多挑战。

第一,新冠大流行对南非的影响远未结束

虽然南非政府在2022年4月5日已经宣布结束长达750天的国家灾难状态,南非民众开始回归疫情暴发前的正常生活状态。但是疫情并未真正结束,当前新冠变异奥密克戎毒株还在世界范围大流行。南非又是一个外向型经济的国家,与外部世界的经济联系密切,受世界产业链、供应链的影响比较深。南非旅游业,交通运输业等服务行业难以迅速恢复到疫情之前。2022年2月16日,拉马福萨总统在南非议会发言时承认:"大流行给我们的经济造成了严重的破坏,需要数年时间才能修复。"

不仅如此,南非的新冠疫苗接种速度比较慢,比例不算高,新冠疫情卷土重来的风险比较高。到2021年7月24日,南非只有630万人接种疫苗,即仅有10%的人口接种了疫苗。截至2022年2月10日,南非接种了3000万剂新冠疫苗,约45%的成年人和60%的50岁以上的人接种了疫苗。非洲平均接种率不到20%,南非的接种率高出一倍多。但同欧美发达国家相比,南非的接种率还是不高的,尤其是18岁以下的青少年很多人还未接种,留下隐患。南非的卫生部门也担心接种率不高可能导致第五波疫情的来临。

第二,南非电力不足未有明显改观

南非拥有13座火电厂,1座核电站,2座抽水蓄能电站,6座水电站,2座燃油电站。南非95%以上的电力供应来自南非国家电力公司。但是近年来,南非国家电力公司设备老化、债务缠身、效率不高,经常拉闸限电。2021年南非停电持续时间从2020年的859小时增至1136小时,南非电力紧张问题达到前所未有的水平。南非能源供应短缺约4000兆瓦,电力不足不仅影响居民日常生活,而且严重制约了南非经济的恢复与发展。

对于南非电力行业的改革,南非国内已经讨论了多年,南非政府计划接管国家电力公司的部分或全部260亿美元债务,并在2022年底前完成拆分国家电力公司为独立的发电、输电和配电实体的过程。应急的措施是允许家庭和企业自主发电,以备急需。长远的解决办法是通过风能和太阳能发电,增加新的发电量。与此同时,南非能源绿色转型压力很大。因为南非电力结构以燃煤发电为主,其中煤炭能源占83.5%。2021年10月麦肯锡发布报告称,南非需要1510亿美元用于绿色转型。斯泰伦博什大学最新的智库报告也提出,南非需要在未来30年内花费2500亿美元才能摆脱对煤炭的依赖,实现能源绿色转型。无论是接管国家电力公司的债务,还是进行能源绿色转型,对于南非政府来说最大的问题是缺乏资金,所以南非在短时间里大量增加电力供应是困难重重的,而这又影响到南非经济的复苏。

第三,南非经济发展存在深层次的结构性矛盾

自2008年全球金融危机以来,南非经济增长乏力,陷入深度贫困、高失业和不平等的困境,经济增长乏力与高失业率、社会治安不佳三者之间形成了死结,亟需进行根本性的改革以振兴经济增长。

1994年新南非诞生之后,在社会正义与公平方面取得了举世瞩目的成就,南非不仅实现了黑人政治上的解放,而且建立了覆盖面广泛的社会保障。正如南非总统拉马福萨在2019年国情咨文中讲到:"南非拥有世界上最全面、影响最深远的生活保障网络之一,为贫困家庭和赤贫之间提供了缓冲。"社会保障固然是必要的,但不可否认,南非在公平与效率的关系问题存在一定的偏颇,即重视了公平,一定程度上忽视了效率。而这恰恰影响到南非企业家积极性发挥以及南非产品在国际上的竞争力。

此外,南非刑事犯罪高发以及腐败问题的存在使得南非营商环境欠佳,也影响到企业投资。世界银行的年度营商环境报告显示,南非的营商环境在目前跟踪的190个国家中排在第82位。南非大多数就业人员受雇于私营部门,南非政府创造一个营私部门可以投资和释放经济活力的环境至关重要。南非为自己设定了在未来三年内跻身全球营商环境前50名的目标,这一任务是十分艰巨的。

第四,俄乌冲突导致全球经济增长放缓及通胀加剧,给南非经济复苏带来不利的外部影响

2022年4月19日,国际货币基金组织(IMF)发布了最新一期

《世界经济展望报告》,认为俄乌冲突将导致2022年全球经济增长放缓及通胀加剧,故而调低了对2022年及2023年全球经济增长的预测。该报告预计2022年和2023年全球经济都将增长3.6%,这与2022年1月的预测相比,分别下调0.8个百分点和0.2个百分点。报告预计2022年与2023年南非经济的增长率分别为1.9%和1.4%,比世界平均水平分别低1.7与2.2个百分点。又据南非统计局的统计,2022年4月份南非生产者价格指数(PPI)同比增长13.1%,继3月份同比增长11.9%之后再创自2013年以来的最大涨幅。评级机构穆迪发布报告称,在乌克兰冲突和美国加息的背景下,预计2022年南非通胀率将高达8%,远高于南非储备银行目标区间(3%—6%)。这些都说明,俄乌冲突对南非经济的不利影响已经开始显现。

总之,面对世纪疫情,南非政府通过多项举措积极提振经济,使2021年经济出现明显的反弹。由于新冠疫情影响尚未结束,加之负荷削减、资金紧张,以及全球经济环境和供应链挑战的影响,短期来看南非经济复苏困难重重。但南非经济有比较好的基础,它是非洲工业化程度最高的经济体,碳排放量是非洲大陆平均水平的10倍。它拥有庞大的服务业,2020年南非服务业占国内生产总值的61.4%,而撒哈拉以南非洲的平均水平为48%。此外,南非拥有相对发达的基础设施,政局总体保持稳定,与外部世界保持着良好的关系。所以,只要进行切实的经济改革,打击腐败,强化治安,改善营商环境,发挥中小企业的生产积极性,进一步加强与新兴经济体的合作,从中长期来看,南非经济的前景仍然是向好的。

第十五讲

非洲正走向复兴

进入 21 世纪以来,随着非洲一体化的推进和非洲经济的较快发展,国际社会对非洲大陆的看法有了明显的变化,一改冷战结束初期对非洲悲观的评价,如"问题大陆""失望大陆",改用比较积极的评价,非洲复兴成为国际社会热议的话题。2011 年 12 月 3 日英国《经济学家》撰文称,"非洲是个希望的大陆:非洲正在复兴"。美国学者杰克·布赖特和奥布里·赫鲁比称"非洲是正在崛起的大陆"和"未来的全球经济引擎"[1]。非洲政治家更是对非洲复兴充满信心,埃塞俄比亚前总理梅莱斯在非盟第 18 届首脑会议开幕式上说:"我们梦寐以求的非洲复兴已经开始。"[2]非盟第 21 届峰会以"泛非主义和非洲复兴"为主题,通过了《非盟/非统 50 周年宣言》,提出到非统成立 100 年之际,即 2063 年建成繁荣富强的非洲[3]。那么,如何看待非洲复兴?今后非洲的发展是否就一片光明?

---

[1] [美]杰克·布赖特和奥布里·赫鲁比:《未来非洲:正在崛起的大陆、未来的全球经济引擎》,敖军译,重庆:西南师范大学出版社 2020 年版,第 283—290 页。

[2] "The African Renaissance is Beginning"—Meles Zenawi, http://allafrica.com/stories/201201290046.html.

[3] 50ᵗʰ Anniversary Solemn Declaration, http://au.int/en.

一、非洲复兴思想的起源与发展

非洲是人类的发祥地,在历史上创造了灿烂的文明。20 世纪的考古发掘已经证明,非洲是最早出现人类的大陆,肯尼亚的 1470 号人和埃塞俄比亚的露西就是其代表。尼罗河流域的古埃及文明是闻名世界的四大古代文明之一,在时间上比中国文明与印度文明都要早一些。此外,库施文明、班图文明、豪萨文明和斯瓦希里文明等都是古代非洲黑人文明的重要组成部分。中世纪西非地区相继出现加纳、马里和桑海帝国,这些古代的王国和帝国将当地的班图文明与外来的伊斯兰文明融合在一起,把西部非洲的黑人文明推向一个新的高度。英国非洲史学者巴兹尔·戴维逊对古代西非文明予以高度的评价,他说:"这些国家往往比同时期的欧洲还要先进。"[1]直到今天,马里共和国杰内大清真寺和南部非洲的大津巴布韦等遗址仍然给人们以强烈的震撼,感叹非洲黑人文明的巨大魅力。近代以来,非洲长期遭受殖民入侵和殖民掠夺,导致非洲的落后。

非洲复兴是几代非洲人的梦想。19 世纪末,"非洲民族主义之父"——爱德华·威尔莫特·布莱登大力倡导非洲人的团结,主张建立一个强大的西非国家,以保证世界各地的非洲人的利益。他首先提出以"非洲个性"为中心的民族主义思想,他将黑人看作一个整体,提出共同命运说,主张世界各地的黑人联合起来。布莱登特别注重恢复和培养非洲人的自尊和自信,他认为必须对非洲充满信心。非洲独立之后,以加纳开国总统恩克鲁玛为代表的第一代非洲国家领

---

[1] 巴兹尔·戴维逊著,屠尔康、葛佶译:《古老非洲的再发现》,北京:三联书店 1985 年版,第 120 页。

导人高举非洲复兴的旗帜。恩克鲁玛主张通过非洲统一实现非洲复兴,他认为,一个统一的非洲,应该实现三个目标:第一,拥有一个以大陆为基础是全面的经济计划,以增强非洲的工业和经济实力。第二,建立一种统一的军事和防御策略。第三,采取统一的对外政策。恩克鲁玛大声疾呼:"命运已向非洲领导人提出了挑战。我们必须抓住良机,以证实非洲人民的天赋能够克服主权国家中存在的分离主义倾向,为了实现非洲更大光荣和无限幸福,迅速地汇合在一起,建立一个非洲合众国。"①非洲统一组织正是在泛非主义推动下建立的,它在促进非洲国家摆脱殖民统治,实现民族解放的进程中发挥了积极作用,但是非洲并未实现真正的统一,恩克鲁玛本人因为积极推动非洲的联合而损害了加纳本国的利益,被政变赶下台。

20 世纪 90 年代末,南非政治家姆贝基赋予非洲复兴以新的内涵。1994 年新南非诞生以后,首任黑人总统曼德拉的主要任务是实现种族和解,他的继任者姆贝基的任务是凝聚国内外力量,发展南非经济。所以,在南非政治民主进程完成之后,非洲复兴成为一个新南非的目标,它将南非的命运与整个非洲的命运联系在一起,有利于提升南非在整个非洲的政治地位。

1996 年 5 月 8 日时任南非副总统的姆贝基在南非宪法会议上发表演讲,在这篇题为"我是非洲人"的演讲中,姆贝基提出了非洲复兴的思想。②姆贝基倡导的非洲复兴思想主要有四个方面的内容:第一是社会方面,强调人民的社会福利;第二是政治方面,强调民主化和反腐败,反对违反宪法的行为;第三是经济方面,要促进非洲大陆经济的发展和复兴;第四是地缘政治方面,要改善非洲在国际社会中的

---

① 唐大盾选编:《泛非主义与非洲统一组织文选(1900—1990)》,上海:华东师范大学出版社 1995 年版,第 278—283 页。
② Elias K. Bongmba, "Reflections on Thabo Mbeki's African Renaissance", *Journal of Southern African Studies*, Vol.30, Number 2, June 2004, pp.291—316.

政治地位,要对安理会、国际货币基金组织和世界银行等国际组织的改革都提出非洲的建议。①

1999年姆贝基就任南非总统后大力推动非洲复兴。为了赋予非洲复兴理念以具体的形式,姆贝基与其他一些非洲国家领导人,包括尼日利亚的奥巴桑乔、阿尔及利亚的布特佛利卡、埃及的穆巴拉克、还有塞内加尔的瓦德等,共同推出"非洲发展新伙伴计划",以集体方式作出承诺,保证促进民主准则、公众参与、良政和合理的经济管理。他们还推动建立"非洲互查机制",作为"非洲发展新伙伴计划"的一项主要内容,希望利用这一制度推动各国政府实行良政,从而实现政治稳定、经济快速增长,使非洲走上持续发展的道路。2001年成立非洲联盟以取代非洲统一组织,也是姆贝基推行非洲复兴计划的一部分。

从非洲复兴思想的发展历程来看,它具有一个共同特点,那就是泛非主义,非洲复兴与泛非主义紧密相连,非洲要实现复兴,必须发挥集体的力量,实现非洲的团结与统一。姆贝基的非洲复兴思想也呈现出泛非主义的特点,这是20世纪60年代恩克鲁玛泛非思想的继续②。当然,非洲复兴思想的内涵在不断丰富和发展,姆贝基的非洲复兴思想增加了政治民主、人民福利、经济发展和国际地位等新的内涵。

二、如何看待非洲复兴

非洲复兴是一个长期的历史进程,不可能在短短的一二十年里

---

① 刘海方:《南非学者马洛卡与中国学者畅谈"非洲复兴"思想》,载《西亚非洲》2000年第4期。
② P. Vale and S. Maseko, "South Africa and the African Renaissance", *International Affairs*, 74, 2(1998), pp. 271—287.

有根本的改观。因为,发展经济、改善民生和提升国际地位等都是长期的任务,即便是经济发展了,也不能以此认定民族复兴已经完成。不过,在非洲独立半个世纪之后,这一大陆确实展现出积极的态势。2010年,17个非洲国家隆重庆祝独立50周年,塞内加尔在首都达喀尔举行了非洲复兴纪念碑揭幕仪式。南非成功举办2010年世界杯足球赛,说明非洲已经具备举办大型国际赛事的能力。总的来看,非洲正走在通往复兴的路上,表现在经济的较快发展、一体化取得进展、民主化进程和政局总体稳定等方面,但是,离非洲真正实现复兴还有很长的路要走。

当前,非洲复兴主要表现在一体化取得的进展和非洲经济的较快增长。2002年非洲联盟正式成立,标志着非洲联合向前迈出了一大步。非盟在维护非洲的安全、促进经济发展、用一个声音对外说话等方面都有很大的进步。非盟设有安全理事会,实施非洲国家互查机制,反对用非法的手段实现政权更迭。非盟大力促进非洲大陆经济的发展,致力于非洲发展新伙伴计划,规划跨地区的基础设施建设,推动自贸区的建设。2012年2月第18届非盟首脑会议提出到2017年建立非洲自贸区的目标。进入21世纪以来,非洲经济取得了较快的发展,2000年至2010年间,世界上10个经济发展最快的国家有6个在非洲。根据国际货币基金组织2013年1月23日《世界经济展望》最新预测,2011年撒哈拉以南非洲经济增长率为5.3%,2012年为4.8%,2013年为5.8%,2014年为5.7%,经济发展速度明显高于世界平均水平。2011年非洲国家的外汇和黄金储备达到创记录的5120亿美元,大大高于美国1520亿美元。世界银行公布的《2013年全球营商环境报告》显示,自2005年以来,全球营商环境改善最好的50个国家中有17个位于撒哈拉以南的非洲地区。高盛公司最近发表的题为《非洲经济的转折》的报告将非洲的商机与中国上世纪90年代初期的情况相提并论。美国《外交政策》杂志刊文称,

"非洲由世界施舍对象成为最佳投资机遇"。①国际社会普遍认为 21 世纪是"非洲的非洲",非洲大陆是世界下一个增长最快的引擎。②

近年来,非洲经济的较快发展,其因素是多方面的,既有内因,又有外因。从内部原因来看,一些饱经战乱的非洲国家局势趋于稳定,为经济发展提供了前提条件。许多非洲国家采取以市场为导向的政策,正在培育一个更加有利的投资环境。从外部因素来看,金砖国家与非洲的合作推动着非洲的经济发展和非洲的复兴。金砖国家通过对非洲的贸易和投资,帮助非洲国家将资源优势转化为经济优势,改善非洲的贸易环境,增加非洲的就业。同时,金砖国家积极参与非洲的基础设施建设,为非洲经济的进一步发展奠定基础。金砖国家与非洲的贸易额从 2000 年的 223 亿美元增至 2008 年的 1660 亿美元。2012 年金砖国家与非洲的贸易额达 3400 亿美元,在过去的 10 年间增长了 10 倍,预计 2015 年金砖国家与非洲的贸易将超 5000 亿美元,其中中国贡献 60%,为 3000 亿美元③。中国对非投资存量已从 2003 年底的 4.9 亿美元增加到 2011 年的 147 亿美元,涉及采矿、金融、制造、建筑、旅游、农林牧渔等诸多领域,对非投资企业已超过 2000 家。南非标准银行的一份研究报告称,自 2003 年以来,大量金砖国家的资金流向非洲,其中,中国对非洲投融资为 300—400 亿美元,印度为 120—200 亿美元,南非为 120—150 亿美元,巴西为 80—120 亿美元,俄罗斯为 50 亿美元④。

金砖国家对非洲复兴的推动尤其以中国为典型。中国已经成为

---

① Norbert Dorr, Susan Lund, and Charles Roxburgh, *The African Miracle: How the world's charity case became its best investment opportunity*, Foreign Policy, December 2010, pp.80—81.
② Alex Perry, "Africa Rising", *Time*, 12/3/2012, Vol.180, Issue 23.
③ Jeremy Stevens, Simon Freemantle, "BRICS trade is flourishing, and Africa remains a pivot", http://research.standardbank.com.
④ Simon Freemantle, Jeremy Stevens, "BRIC and Africa", http://www.trademark.sa.org/node/1291.

推动非洲经济发展的新因素,中国对非洲经济增长的贡献率每年在20%以上。进入新世纪以来,随着金砖国家加强与非洲的合作,非洲逐渐改变了冷战结束初期被边缘化的不利境地。非洲开发银行首席经济学家、副行长穆苏里·恩库贝认为:"随着南方国家作为新的合作伙伴,扮演着更加重要的角色,非洲发展的图景正在发生变化。"①

当然,对于非洲复兴也需要有一个清醒的认识,不能估计太高。正如前联合国秘书长科菲·安南所告诫的:"我们要审慎小心,不可把憧憬的希望当成业已成就的现实。"②近年来,非洲经济取得了较快发展,但是非洲经济总量不大,2011年非洲经济总量约为1.87万亿美元,世界经济总量约72万亿美元,非洲经济总量占世界的2.6%。非洲在世界贸易与投资中所占的份额同样微乎其微,不到2个百分点。非洲人口增长迅速,非洲人口年均增长率2.5%,从1980年到2010年,非洲城镇居民人口比例从28%上升到40%,数以百万计的人们长期居住在贫民窟和棚户区里,缺乏最起码的生活设施条件。2009年北非的失业率为23.4%,撒哈拉以南非洲的失业率为12.1%。非洲民生的改善任务繁重,贫困率超过人口的50%,非洲复兴任重而道远。

三、非洲复兴面临的挑战

当前,非洲大陆尽管出现了开始复兴的良好态势,但不可否认,非洲复兴面临诸多内外挑战。

---

① Richard Schiere, Leonce Ndikumana and Peter Walkenhorst ed, *China and Africa: an Emerging Partnership for Development?* African Development Bank Group 2011, p. iii.

② [英]马丁·梅雷迪思著,亚明译:《非洲国——五十年独立史》,北京:世界知识出版社2011年版,第621页。

就非洲内部而言,如何维护和平与安全、保持政治稳定是首先需要解决的问题。非洲的安全形势趋向好转是事实,但非洲往往是老的热点问题尚未完全解决,又出现新的热点问题,非洲的和平安全问题经常出现反复。2011年初爆发的北非变局至今尚未尘埃落定,利比亚安全形势堪忧,2012年美国驻利比亚大使在班加西遇袭身亡。埃及宗教和世俗两大政治派别仍然在角逐。利比亚战争的外溢效应使得马里北部被宗教极端势力所控制,导致法国出兵马里。2013年中非共和国实现了非宪政的政权更迭。和平与安全是非洲经济发展的基础,所以,维护非洲的和平与安全十分重要。同时,维护非洲的和平与安全任务又非常艰巨,既有民族宗教矛盾又有经济利益的纠纷,还有外来干涉的因素。

其次,非洲还面临调整经济结构,选择适合自身发展道路的问题。非洲独立半个多世纪以来,单一产品经济结构没有根本性的改变,许多国家仍然依靠矿产品和经济作物等初级产品换取外汇,此外,许多非洲国家还没有找到一条适合自身发展的道路,受外部影响比较大,不论是独立之初的资本主义道路和非资本主义道路,还是20世纪80年代以来的结构调整,非洲在很长时间里都是在被动地接受外来的发展模式。进入21世纪以来,非洲一些国家提出"向东看",想搭上亚洲新兴大国发展的快车,学习东方国家的发展经验。但是,各国的国情不一样,不能照搬别人的经验,更重要的是探索适合自己的发展道路。如对基础设施的投资受国力的影响,当前,非洲对基础设施的投入占国内生产总值的4%,而中国是14%。

第三,非洲一体化面临的挑战。一体化是实现非洲复兴的必由之路,但是从非统成立及向非盟过渡,至今已有半个世纪,非洲一体化仍然没有完全实现。在非洲统一的问题上,存在两大派别。一派称为"渐进派",其代表人物是南非的姆贝基,乌干达的穆塞维尼和埃塞俄比亚的前总理莱斯总理;另一派称为"激进派",其代表人物是利比亚前领导人卡扎菲和塞内加尔总统瓦德。"渐进派"认为,应该遵循阿布贾条约提出的计划分阶段进行,首先强化地区集团或地区经济共同体,然后在此基础上建立非洲共同体。"激进派"认为,应该加快速度,立即建立一个大陆政府,作为建立非洲合众国的关键一步。2006年非盟第七届峰会讨论"非洲合众国政府"方案时,时任南非总统的姆贝基评论说:"摆在面前的是一份我们没有时间阅读研究的文件,长达107页。它削弱国家主权,并将之移交给一个职权尚不明确的机构。我不能在没有征询我国议会和相关机构意见之前就代表政府表示同意。"[1]高举非洲复兴旗帜的姆贝基在推动非洲一体化的具体行动中是一个温和派,说明在非洲统一和民族国家利益发生矛盾时,非洲绝大多数政治家普遍是要维护民族国家利益的。

非洲一体化还面临物质方面的限制,譬如基础设施落后的问题,尤其是跨区域基础设施的限制。落后的基础设施成为制约非洲一体化的主要瓶颈。交通运输成本占非洲内陆国家总生产成本的20%到40%,远远高于发达国家平均10%的比例。落后的基础设施限制了非洲区内贸易的发展,2010年非洲区内贸易仅占非洲贸易的11%。非洲国家已经普遍认识到发展跨区域交通设施建设的重要性,2003年8月由非洲经委会、非洲开发银行、非洲联盟会同区域性组织共同制定了"泛非公路网规划",目标是通过发展非洲公路基础设施,促进非洲贸易和一体化。2010年10月,在南非召开的第二届非洲发展新伙伴计划的基础设施峰会上,南非总统祖马详细介绍了泛非公路网规划。该规划总长共计56683公里,包括三纵六横共9条跨国公路。该公路网的建设任重而道远,因为,目前其65%的里程尚未建成[2]。

---

[1] [加蓬]让·平,侯贵信、朱克玮译:《非洲之光》,北京:世界知识出版社2010年版,第134页。
[2] Programme for Infrastructure Development in Africa, Inception report/Transport Section, pp. 89—90.

第四,就外部环境而言,非洲在全球化的进程中处于不利的地位。非洲十分密切地与世界市场联系在一起,非洲与外部世界的贸易大大高于区域内的贸易,但是,非洲作为原料产地和销售市场的地位至今没有根本性的改变,非洲的工业化也是屡遭挫折,更谈不上建立完整的工业体系,这对非洲的可持续发展是非常不利的。此外,外部世界主要是西方发达国家不能平等地对待非洲,经常以自己的价值观强加到非洲国家的头上,在提供援助时附加政治条件,甚至赤裸裸地军事干涉,如2011年3月美法英等国公然发动对利比亚的战争,旨在捍卫西方的价值观和经济利益,打着"保护的责任"的旗号,披上联合国授权的合法外衣,也改变不了干涉主义的事实。近年来,美军非洲司令部的设立,以及在吉布提、塞舌尔和埃塞俄比亚等国设有无人机军事基地,法国接连在非洲的干预行动,引发对非洲被重新军事化的担忧。为此,有学者指出:"要警惕非洲的重新军事化,不要让'反恐'扰乱经济发展。"[1]

总之,尽管近年来非洲形势趋向好转,非洲的未来被外界普遍看好,但是,非洲仍然面临诸多内外挑战,如果不现实地面对这些挑战,一味地保持乐观,那么,非洲的前途不是看好,而是堪忧。

四、非洲复兴的前景

非洲复兴虽然面临挑战,但是也存在着诸多机遇。一方面,非洲复兴已经成为非洲政治家和有识之士的共同目标,并且不断地创造条件,朝这一方向努力。非盟第20届和第21届峰会均以"泛非主义与非洲复兴"为主题。另一方面,非洲复兴存在着比较有利的外部环

---

[1] 北京大学非洲研究中心编:《北大非洲电讯》2012年第68期。

境,那就是新兴大国的崛起促使国际体系的转型。新兴大国与非洲的合作,增加了非洲选择合作伙伴的余地,有利于非洲国际地位的提升。当然,机遇固然存在,但需要非洲主动去抓住机遇,这样非洲复兴才有美好的前景。要实现真正的非洲复兴,非洲需要从以下几个方面去努力:

第一,进一步推进非洲一体化。非洲复兴只能走集体自力更生的道路。非洲有54个国家,其中15个是内陆国家,非洲面积不足10万平方公里的国家有15个,不足5万平方公里的国家有13个,不足1万平方公里的国家有5个(佛得角、科摩罗、毛里求斯、塞舌尔、圣多美和普林西比)。这一状况是殖民遗产之一,因为非洲的自然边界线只占26%,其余都是殖民者在瓜分非洲时人为划定的。非洲国家只有联合自强才能真正实现复兴。所以,非盟高调纪念非统成立50周年,继续高举"泛非主义"的旗帜,这也说明非洲领导人已经深知只有联合自强才是非洲的唯一出路,只有联合自强才能实现非洲的真正复兴。为了推进非洲一体化,非洲需要促进区内贸易,需要加快建设跨国跨区域的基础设施,以实现互联互通。2021年1月1日,非洲大陆自贸区的启动标志着非洲一体化进入了一个新的阶段。

第二,增强自主发展能力。假如非洲今后仍然是资源供应地和商品销售市场,那么,非洲复兴就十分渺茫。非洲领导人对自身问题不乏清醒认识。在2013年5月南非召开的世界经济论坛上,非洲开发银行行长卡贝鲁卡、肯尼亚总统肯雅塔等人指出,非洲不能一味依赖外援,而要学会运用丰富的资源为自己的经济增长提供资金,实现可持续发展。南非学者《贫穷的设计师》的作者莫列齐·姆贝基认识到,非洲的贫穷在很大程度上是西方造成的,"华盛顿共识"延缓了非洲社会经济发展,非洲需要寻找适合自己的发展道路,这样才能实现非洲复兴。非洲近几年提出再工业化战略,希望把非洲的资源优势转化为经济优势。非洲开发银行在2013—2022年战略规划中提出五个优先发展领域：基础设施的发展；区域经济一体化；私人企业的发展；良治与责任；技能与技术。①这些都说明，非洲正在探索适合自己的发展道路，以增强自主发展能力。

第三，加强与全球南方的合作。非洲是全球南方的重要组成部分，加强与全球南方的合作，首要是加强与金砖国家的合作。非洲已经与金砖国家开展了良好的合作，2013 年 3 月 27 日金砖国家在南非德班召开的第五届峰会，峰会之后，金砖国家领导人同 12 个非洲国家国家元首和政府首脑及非盟委员会主席祖马等举行了对话会，金砖国家和非洲在基础设施领域的合作成为此次对话会的主题。金砖国家不仅在经济方面与非洲的合作潜力很大，而且在和平安全、国际事务等领域合作的空间仍然很大。在这方面，第五届中非合作论坛有了新的突破，2012 年 7 月，非盟首次作为正式成员参加了在北京召开的中非合作论坛第五届部长级会议，实现了非盟多年以来一直希望更多地参与中非合作论坛的夙愿。中国与非洲之间通过中非合作论坛、"一带一路"倡议等平台与机制正在加强合作，中非携手推进现代化十大伙伴行动，深化中非合作，引领全球南方现代化。

正如埃塞俄比亚前总理梅莱斯所言，几代非洲人梦寐以求的非洲复兴已经开始，这一良好的局面是在非洲国家独立半个世纪之后才到来的，实属来之不易，需要各方呵护。同时，非洲复兴的道路是漫长的，需要非洲国家与国际社会的共同努力，抓住历史机遇，不断创造条件，推动非洲真正实现复兴，以促进全球南方整体性崛起。

---

① African Development Bank Group: *At the Center of Africa's Transformation Strategy for 2013—2022*, pp. 2—3.

主要参考书目

艾周昌主编:《非洲黑人文明》,北京:中国社会科学出版社 1999 年版。

艾周昌、沐涛:《中非关系史》,华东师范大学出版社 1996 年版。

艾周昌、舒运国、沐涛、张忠祥:《南非现代化研究》,上海:华东师范大学出版社 2000 年版。

毕健康:《埃及现代化与政治稳定》,北京:社会科学文献出版社 2005 年版。

高岱、郑家馨:《殖民主义史》(总论卷),北京:北京大学出版社 2003 年版。

李安山:《非洲古代王国》,北京:北京大学出版社 2011 年版。

李安山:《非洲民族主义研究》,北京:中国国际广播出版社 2004 年版。

李安山:《非洲现代史》(上、下卷),南京:江苏人民出版社 2021 年版。

李保平:《非洲传统文化与现代化》,北京:北京大学出版社 1997 年版。

李新烽:《南非土地制度研究》,北京:中国社会科学出版社 2022

年版。

刘伟才：《大津巴布韦学术史论》，上海：上海三联书店 2020 年版。

陆庭恩：《帝国主义与非洲（1914—1939）》，北京：北京大学出版社 1987 年版。

陆庭恩、艾周昌主编：《非洲通史》（三卷本），上海：华东师范大学出版社 1995 年版。

陆庭恩、艾周昌编著：《非洲史教程》，上海：华东师范大学出版社 1990 年版。

陆庭恩、黄舍骄、陆苗耕主编：《影响历史进程的非洲领袖》，北京：世界知识出版社 2005 年版。

沐涛：《南非对外关系研究》，上海：华东师范大学出版社 2003 年版。

舒运国：《非洲史研究入门》，北京：北京大学出版社 2012 年版。

舒运国：《失败的改革——20 世纪末撒哈拉以南非洲经济结构调整评述》，长春：吉林人民出版社 2004 年版。

舒运国：《泛非主义史》，北京：商务印书馆 2014 年版。

谈世中主编：《反思与发展——非洲经济调整与可持续发展》，社会科学文献出版社 1998 年版。

吴秉真、高晋元主编：《非洲民族独立运动简史》，北京：世界知识出版社 1993 年版。

杨人楩：《非洲通史简编（从远古至 1918 年）》，北京：人民出版社 1984 年版。

张宏明：《多维视野中的非洲政治发展》，北京：社会科学文献出版社 2007 年版。

张铁生：《中非交通史初探》，北京：三联书店 1965 年版。

张忠祥：《中非合作论坛研究》，北京：世界知识出版社 2012

年版。

张忠祥等:《20世纪非洲史学与史学家研究》,北京:商务印书馆2023年版。

郑家馨主编:《殖民主义史非洲卷》,北京:北京大学出版社2000年版。

朱伟东、王琼、史晓曦编译:《非洲大陆自由贸易区法律文件汇编》,北京:社会科学文献出版社2020年版。

联合国教科文组织编写:《非洲通史》(八卷本),中国对外翻译出版公司、联合国教科文组织,1984—2006年。

[埃及]萨米尔·阿明:《不平等的发展:论外围资本主义的社会形态》,高金舌译,北京:社会科学文献出版社2017年版。

[比利时]简·范西纳:《作为历史的口头传说》,郑晓霞等译,张忠祥校,上海:上海三联书店2020年版。

[圭亚那]沃尔特·罗德尼:《欧洲如何使非洲欠发达》,李安山译,北京:社会科学文献出版社2017年版。

[德]黑格尔:《历史哲学》,王造时译,上海:上海书店出版社2006年版。

[加蓬]让·平,侯贵信、朱克玮译:《非洲之光》,北京:世界知识出版社2010年版。

[美]威·爱·伯·杜波伊斯:《非洲——非洲大陆及其居民的历史概述》,秦文允译,北京:世界知识出版社1964年版。

[美]塞缪尔·亨廷顿:《文明冲突与世界秩序的重建》,周琪、刘绯、张立平、王圆译,北京:新华出版社1998年版。

[美]杰克·布赖特和奥布里·赫鲁比:《未来非洲:正在崛起的大陆,未来的全球经济引擎》,敖军译,重庆:西南师范大学出版社2020年版。

[南非]海因·马雷著,葛佶、屠尔康译,《南非:变革的局限

性——过渡的政治经济学》，社会科学文献出版社 2003 年版。

［尼日利亚］埃比戈贝里·乔·阿拉戈:《非洲史学实践——非洲史学史》，郑晓霞等译，张忠祥校，上海：上海社会科学院出版社 2016 年版。

［尼日利亚］托因·法洛拉:《尼日利亚史》，沐涛译，上海：中国出版集团东方出版中心，2010 年。

［加纳］克瓦米·恩克鲁玛著:《新殖民主义》，北京：世界知识出版社 1966 年版。

［几内亚］吉·塔·尼亚奈:《松迪亚塔》，李震环、丁世中译，上海：上海译文出版社 1983 年版。

［斯威士兰］杰森·希克尔:《鸿沟》，孙晓静译，重庆：西南师范大学出版社 2020 年版。

［坦桑尼亚］朱利叶斯·尼雷尔:《尼雷尔文选》4 卷，沐涛等译，华东师范大学出版社 2015 年版。

［英］巴兹尔·戴维逊:《古老非洲的再发现》，屠尔康、葛佶译，北京：生活·读书·新知三联书店 1985 年版。

［英］凯文·希尔顿:《非洲史》，赵俊译，刘鸿武校，上海：东方出版中心 2012 年版。

［英］维克多·特纳:《象征之林——恩登布人仪式散论》，商务印书馆 2006 年版。

佐伊·马什，G. W. 金斯诺思合著，伍彤之译:《东非史简编》，上海人民出版社 1974 年版。

［英］马丁·梅雷迪思著，亚明译:《非洲国——五十年独立史》，北京：世界知识出版社 2011 年版。

Ajayi, J. F. Ade and Crowder, M., *History of West Africa*, London: Longman, 1985.

Ajayi, J. F. Ade, *People and empires in African history: essays in memory of Michael Crowder*, London: Longman, 1992.

Ajayi, J. F. Ade, *African historiography: essays in honour of Jacob Ade Ajayi*, London: Longman, 1993.

Alagoa, Ebiegberi Joe, *The Practice of History in Africa: a History of African Historiography*, Onyoma Research Publications, 2006.

Anne Hilton, *The Kingdom of Kongo*, Oxford: Clarendon Press, 1985.

Boahen, A. Adu, *Africa Under Colonial Domination 1880—1935*, University of California Press, 1985.

Boahen, A. Adu, *African perspectives on colonialism*, Baltimore: Johns Hopkins University Press, 1987.

Brett Bowden, ed., *The Empire of Civilization: The Evolution of an Imperial Idea*, The University of Chicago Press, 2009.

Davidson, B., *Africa in History: Themes and Outlines*, New York: Collier Books, 1991.

Diop, Cheikh Anta, *Civilization or Barbarism: An Authentic Anthropology*, Lawrence Hill Books, 1991.

Fage, J. D. and Oliver, R., *Cambridge History of Africa*, Vol.3, Cambridge: Cambridge University Press, 1977.

Falola, Toyin, *Key Events in African History, A Reference Guide*, London: Greenwood Press, 2002.

Freund, Bill, *The African City: a History,* New York: Cambridge University Press, 2007.

Gordon Childe, *African civilization, precolonial cities and states in tropical Africa*, Cambridge, 1987.

Kevin Shillington: *History of Afrcia*, Palgrave Macmillan, 2012.

Louise Minks, *Traditional Africa*, San Diego: Lucent Books, 1995.

McMahon, Elisabeth, *The idea of development in Africa: a history*, Cambridge University Press, 2021.

Michael J. Kolb, *Making Sense of Monuments: Narratives of Time, Movement, and Scale*, Oxon and New York: Routledge, 2020.

Kevin Shillington ed., *Encyclopedia of African History*, New York: Taylor & Francis Group, 2005.

Ogot, Bethwell A., *History as Destiny and History as Knowledge: Being Reflections on the Problems of Historicity and Historiography*, Kisumu: Anyange Press Limited, 2005.

Philipson, D. W., *The Later Prehistory of Eastern and Southern Africa*, London: Heinemann, 1977.

Robert W. Strayer, *Ways of the World: A Brief Global History with Sources (2nd ed.)*, New York: Bedford/St. Martin's, 2013.

Ross, Robert, Mager, Anne Kelk and Nasson, Bill eds. *The Cambridge History of South Africa: Volume 2 1885—1994*, Cambridge University Press, 2011.

Thompson, L., *A History of South Africa*, Yale University Press, 1990.

Tomlinson, Richard, *Emerging Johannesburg: Perspectives on the Postapartheid City*, New York, 2003.

Vansina, Jan, *Oral Tradition as History*, Madison: the

University of Wisconsin Press, 1985.

Walters, Ronald W., *Pan Africanism in the African Diaspora*, Wayne State University Press Detroit, 1993.

Webster, J. B. and Boahen, A. A. with Tidy, M. ed., *The Revolutionary Years West Africa since 1800*, London: Longman House, 1981.

Yuri M. Kobishchanov, Translated by Lorraine T. Kapitanoff, *Aksum*, University Park and London: The Pennsylvania State University Press, 1979.

图书在版编目(CIP)数据

非洲史十五讲 / 张忠祥著. -- 上海 : 上海三联书店, 2025.4. -- ISBN 978-7-5426-8791-3

Ⅰ.K4

中国国家版本馆 CIP 数据核字第 2025TH6394 号

非洲史十五讲

著　　者 / 张忠祥

责任编辑 / 殷亚平
特约编辑 / 李若宝
装帧设计 / 徐　徐
监　　制 / 姚　军
责任校对 / 王凌霄

出版发行 / 上海三联书店

(200041)中国上海市静安区威海路 755 号 30 楼

邮　　箱 / sdxsanlian@sina.com
联系电话 / 编辑部：021-22895517
　　　　　 发行部：021-22895559
印　　刷 / 上海雅昌艺术印刷有限公司

版　　次 / 2025 年 4 月第 1 版
印　　次 / 2025 年 4 月第 1 次印刷
开　　本 / 655mm×960mm　1/16
字　　数 / 320 千字
印　　张 / 25
书　　号 / ISBN 978-7-5426-8791-3/K·820
定　　价 / 98.00 元

敬启读者，如发现本书有印装质量问题，请与印刷厂联系 021-68798999